팬데믹

PANDEMIC 1918

1918

역사상 최악의 의학적 홀로코스트, 스페인 독감의 목격자들

팬데믹

PANDEMIC 1918

1918

캐서린 아놀드 지음
서경의 옮김

《팬데믹 1918》에 쏟아진 찬사들

"아놀드는 군대와 간호사, 의사들뿐 아니라 민간인들의
삶도 들여다보고 있으며, 재앙의 인간적인 면을 잘 그려내고 있다. …
보통 사람들의 감동적인 이야기."

《월스트리트 저널》

"탄탄한 연구가 돋보이며 … 대유행병 독감의 위협에 뚜렷한
경고를 보낸다."

《퍼블리셔스 위클리》

"역사가 아놀드는 질병이 초래한 일상의 영향을 잘 그려냈다.
… 재미있게 읽을 수 있다."

《라이브러리 저널》

"자세하고도 섬뜩한 이야기 … 아놀드는 치명적인 스페인 독감을
직접 겪고 살아남은 자들의 생생한 이야기를 들려주며,
또한 그 영향을 살펴본다."

《북 페이지》

"풍성한 이야기 … 뛰어난 자료 조사."

《커커스 리뷰》

"캐서린 아놀드는 이 미스터리 질병의 공포와 불확실성을
감성적으로 풀어내기 위해 개인들의 경험에 초점을 맞추었다.
… 참혹하면서도 속도감이 돋보이는 《팬데믹 1918》은
마치 추리 소설을 읽는 듯한 흥분을 선사한다."

《BBC 히스토리 매거진》

"아놀드의 최신작은 과학자와 정치가에서 질병을 직접 겪은
일반 남녀에 이르기까지 개인들의 이야기에 초점을 맞추고 있다."

《BBC 히스토리 리빌드》

"이 시의적절한 책을 통해 우리는 다시 한번 현대 의학의 진보에
감사한 마음을 갖게 된다."

《더 레이디》

목차

한국어판 서문 ·· 13
코로나 시대, 시의적절한 반면교사

서문 ··· 17
재앙의 바람

1장   희생자와 생존자 ······························· 37

2장   '녹다운' 열병 ··································· 50

3장   이름 없는 살인자 ····························· 63

4장   보이지 않는 적 ······························· 76

5장   어느 치명적인 여름 ·························· 88

6장   적을 알라 ······································ 103

7장   죽음의 송곳니 ································· 116

8장   마치 유령과 싸우는 것처럼 ··············· 133

9장   폭풍의 눈 ······································ 147

10장   수의와 나무 상자 ···························· 165

11장   스페인 여인 워싱턴으로 가다 ············· 181

12장   '독감을 어쩔 수가 없다' ··················· 191

13장　'토박이 딸이 죽다' 203

14장　치명적 항해 217

15장　죽음의 배 229

16장　'밤에 도적 같이' 237

17장　죽음의 가을 252

18장　휴전 기념일 277

19장　검은 11월 289

20장　여파 306

21장　'바이러스 고고학' 319

22장　홍콩 커넥션 333

23장　무덤의 비밀들 345

주석 356

참고 문헌 364

감사의 글 370

사진 출처 371

찾아보기 373

일러두기

* 책의 제목이나 신문, 잡지 이름에는 겹화살괄호(《 》), 예술 작품, 보고서 등의 제목에는 홑화살괄호
  (〈 〉)를 사용했다.
* 각주에서 출처 표기 외에는 옮긴이와 편집자의 주이다.
* 본문의 괄호는 중략 부분을 제외하고 원서와 같다.

"그것은 인류 대학살, 문명 궤멸의 서막이었다."

H.G. 웰스(Wells), 《우주 전쟁(War of the Worlds)》

함장은 갑자기 피곤해보였다. "벤슨, 나는 가끔 그런 생각이 든다네. 공기 자체가 그 망할 놈의 인플루엔자에 중독된 것이라고. 지난 4년간, 수백만 구의 썩어가는 시체들이 영국해협에서 아라비아까지 유럽 전역을 뒤덮었지. 우리가 아무리 바다 밖으로 3천 킬로미터를 나간다 해도 결코 그것을 피할 수는 없을 걸세. 지난번 항해에서 그러했듯이, 그 놈은 검은 무형의 안개처럼 스며드는 것이지."

허버트 포크너 웨스트(Herbert Faulkner West),
《세팔로니아호, 1918년 북대서양 이야기
(HMS Cephalonia: A Story of the North Atlantic in 1918)》

재앙이 닥친 이곳을 얼른 피하라!
뜨겁고 더러운 공기 속에 역병이 가득하다
붐비던 시장 그리고 거리, 한때는 삶으로 북적이던 곳
이제는 교회 묘지처럼 적막하고 악취가 가득하다
겁에 질린 채 몸을 떨며 그녀는 숨을 죽인다
절망적인 공포 속에서, 그리고 그녀의 강한 심장이 느낀다
치명적인 죽음의 송곳니를.

수재너 무디(Susanna Moodie),
〈시골로의 여정(Our Journey up the Country)〉

나의 조부모님 오브리 글래드윈Aubrey Gladwin과
랠리지 배글리 글래드윈Lalage Bagley Gladwin,
그리고 그분들처럼 1918~1919년에 발생한
스페인 독감 대유행병으로 목숨을 잃은 수많은 분들을 기리며
이 책을 바친다.

코로나 시대, 시의적절한 반면교사

《팬데믹 1918》이 한국에서 출간된다는 소식은 나에게 더할 나위 없는 영광이다. 1918년 스페인 독감이라는 대유행병pandemic에 관한 나의 연구 결과를 새로운 독자들과 나눌 수 있는 기회를 허락해 준 출판사 황금시간과 한국의 독자들에게 감사한다.

지금은 그 어느 때보다 과거에 있었던 대유행병에 관해서 알고 싶어 하는 독자들의 열망이 크다. 세계적으로 1억 명 넘게 사망케 한 대규모 자연 재앙을 온 세계가 어떻게 극복했는지 정말 궁금해 한다. 제1차 세계 대전 당시 미 육군 기지를 면밀히 조사한 닥터 빅터 본 Victor Vaughan은 상관에게 이렇게 보고했다. "만약 유행병이 지금과 같은 산술적 비율로 확산을 지속한다면 인류의 문명은 지구상에서 완전히 소멸될 것이다."

내가 《팬데믹 1918》을 집필할 당시에는 이 책이 이토록 시의적절한 것이 되리라고는 상상하지 못했다. 내가 2015년에 1918년의 스페인 독감을 다룬 책을 쓰기로 결심한 계기는 나의 친조부모 역시 그 희생자였기 때문이다. 나의 어머니보다 연세가 꽤 많았던 나의 아버지는 스페인 독감으로 고아가 되었는데, 당신이 돌아가실 때까지 조부모님의 죽음에 관해 아무런 말씀을 하지 않으셨다. 그래서 2015년 이전까지 이미 런던의 죽음과 매장burial, 베들럼 정신병원, 사형제도 등을 다룬 역사서를 저술했던 나는 자연스럽게 다음 프로젝트로 스페인 독감을 선택하게 되었다. 처음에는 런던의 스페인 독감을 주제로 하려고 했지만, 곧 영국 전역과 전 세계에 미친 독감의 영향을 살펴보게 되었다. 사실 중국에서 시작되어 아시아와 전 유럽을 휩쓸었던 1665년의 대역병 이래로, 이처럼 전 세계를 집어삼킨 대재앙은 없었다.

《팬데믹 1918》을 집필하면서, 우리가 또 다른 대유행병을 겪게 될 줄은 꿈에도 생각하지 못했다. 하지만 다행스럽게도 코로나바이러스는 스페인 독감에 필적할 만한 규모가 아니다. 이 글을 쓰고 있는 지금, 《로이터》의 보도에 따르면 전 세계의 코로나바이러스 감염자 수는 350만 명을 넘어섰고 사망자 수는 25만 명에 다가서고 있다. 사망률과 신규 감염자 수가 감소하는 추세 속에서 많은 실제 사례가 보고에서 누락된 것이 아닌가 하고 염려하는 전문가들도 있지만, 이를 고려하더라도 1918년의 대유행병에는 비교할 게 못 된다. 또한 지금 우리는 1918년 당시와 같은 세계적 분쟁을 겪고 있지도 않다. 제1차 세계 대전이 진행 중이던 당시에는 대규모 부대 이동으로 몇 달 만에 스페인 독감이 전 세계로 확산되었다. 조금 조심스럽긴 하지만 전쟁으로 비유를 하자면, 현 상황은 제2차 세계 대전에 가깝다. 다만 모든 나라가 같은 편이며, 공동의 적은 코로나바이러스인 셈이다.

코로나바이러스가 끼친 가장 큰 영향은 폐쇄와 격리, 엄격한 행동 수칙 발효 같은 현상일 것이다. 시민들 대부분은 자신과 공동체의 생존을 위해서 개인의 자유를 제한하는 조치에 기꺼이 자발적으로 순응하고 있다. 한국에서는 드라이브스루를 이용한 감염 테스트, 휴대폰 앱을 통한 감염자 위치 및 이동 경로 정보 제공 등으로 코로나바이러스를 통제하고 있다. 이는 상당히 효과적인 대응책으로 보이며 영국에도 도입되기를 바란다. 불행히도 영국은 현재 유럽에서 가장 높은 사망률을 보이고 있다.

스페인 독감이 2차와 3차 확산으로 1918년 여름과 가을에 비극적으로 많은 사망자를 쏟아낸 것처럼, 코로나바이러스 역시 치명적인 2차 확산이 있는 것은 아니냐고 염려하는 분들이 있다. 물론 그럴 가능성은 있지만 철저한 예방 조치와 모든 시민의 책임감 있는 행동이 결합한다면 그 같은 확산은 막을 수 있으리라고 믿는다.

사망자 수와 언론의 보도를 보노라면 착잡한 마음을 떨칠 수가 없다. 1918년 당시와는 달리, 지금은 뉴스가 순식간에 전 세계로 전파된다. 나쁜 소식이 누적되면 과잉 정보가 되어 해로울 수도 있다. 하지만 유비무환이라 하지 않았던가. 적어도 지금은 의사와 공중보건 당국자들이 어떤 조치를 내려야 할지 알고 있다. 중국 우한과 한국의 사례에서 볼 수 있듯이, 코로나바이러스의 확산은 억제될 수 있다. 하지만 그러려면 의료계와 정부, 개인이 이를 위해 필수적인 제한 조치를 감수하려는 엄청난 노력이 필요하다.

결론적으로, 독자들이 《팬데믹 1918》을 재미있게 읽고, 또 유용한 정보를 많이 얻을 수 있기를 바란다. 우리가 스페인 독감에서 배운 것이 있다면, 그것은 어떠한 극한 상황에서도 사람들은 살아남을 것이라는 사실이다. 최전선에서 분투하는 의료진의 헌신, 작은 행동으로 서로를 보살피는 보통 사람들의 인류애와 친절, 그리고 사랑이 있기에 그것이 가능하다.

2020년 5월
캐서린 아놀드
Catharine Arnold

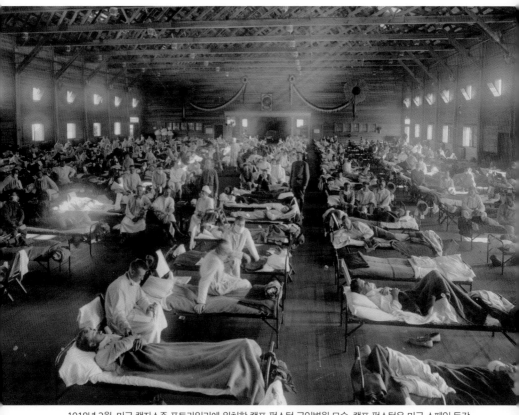

1918년 3월, 미국 캔자스주 포트라일리에 위치한 캠프 펀스턴 군인병원 모습. 캠프 펀스턴은 미국 스페인 독감 대유행의 진원지 중 하나였다.

영국의 명사 로즈 셀프리지(가운데)와 자녀들. 로즈 셀프리지는 스페인 독감 초기 희생자 중 한 명이다.

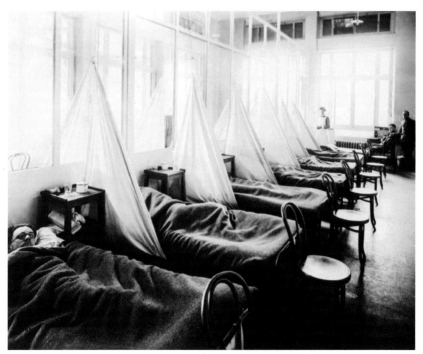

프랑스에 위치한 미 육군 캠프 병원. 1918년 4월, 스페인 독감의 1차 확산이 연합군을 강타했다.

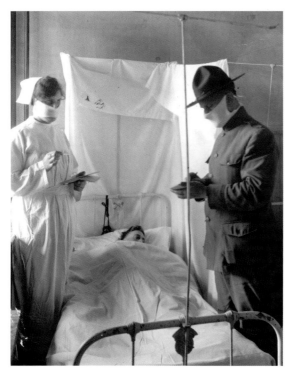

1918년 미국 뉴욕주 포트포터에
위치한 미합중국 제4통합병원.
추가 감염을 막기 위해 마스크와
칸막이를 사용하고 양옆 병상이
반대 방향이 되도록 배치했다.

미국 제4통합병원의 근무자들. 의료진과 장교들은 병원에서 근무하는 동안 마스크를 썼다.

'독감을 어쩔 수가 없다.' 스페인 독감에 대한 걱정이 커져가는 상황을 묘사한 그림. 미국 《하퍼스 위클리》 1918년 8월 16일.

1918년 9월, 비운의 미 해군함 레비아탄이 위장을 마친 모습.

마스크를 쓴 뉴욕시 집배원.
1918년.

1918년 9월 13일, 인플루엔자에 대비해 마스크를 쓴 간호사가 소화전에서 물병에 물을 받고 있다.

1918년 9월 28일 미국 뉴올리언스 캐널스트리트에서 펼쳐진 제4차 자유 국채 운동 퍼레이드에 참가한 간호사들. 보건 당국의 만류에도 불구하고 퍼레이드가 진행되었으며 많은 군중이 운집했다.

1918년 8월 16일, 거즈 마스크를 쓰고 교통정리를 하고 있는 뉴욕시 교통경찰.

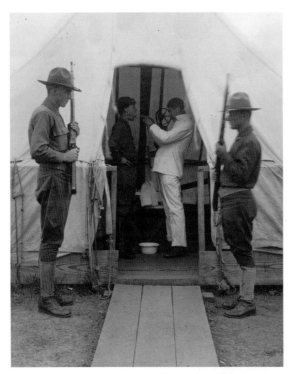

1918년 11월 6일, 미국 텍사스주 러브필드의 인플루엔자 예방을 위한 분무 치료소.

분무 치료를 받기 위해 줄을 서서 대기하고 있는 군인들.

제1차 세계 대전과 스페인 독감이라는 재앙이 동시에 덮친 가운데, 1918년 12월 프랑스로 원정을 떠나는 미 육군 행렬.

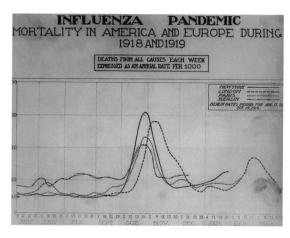

1918~1919년 강력한 2차에 이어 3차 대유행까지 스페인 독감의 추이를 그린 그래프.

1918년 미국 캘리포니아주 더블린의 가족과 고양이. 고양이에게도 마스크를 씌운 모습이 눈길을 끈다.

1918년 스페인 독감 대유행 시기 워싱턴 D.C.의 적십자 응급구호소 구호 시범 모습.

1918년 미국 워싱턴주 시애틀에서는 마스크를 쓰지 않으면 전차를 탈 수 없었다.

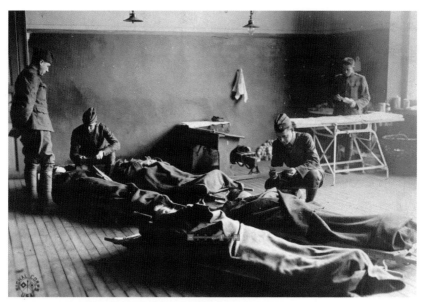

1918년 룩셈부르크 홀레리흐 미 육군 제290야전병원 접수 병동.

'침 뱉지 마시오!'
1918년 필라델피아 해군 비행기
공장에 걸린 감염 예방용 경고문.

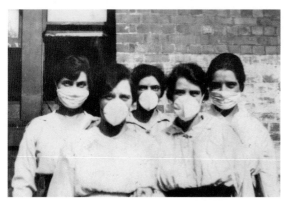

1919년 스페인 독감이 창궐한
호주 브리즈번에서 여성 5명이
수술용 마스크를 쓰고 병원으로
보이는 벽돌 건물 앞에 서 있다.

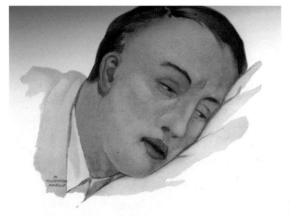

스페인 독감으로 치명적인 청색증
증상을 보이는 환자를 그린 그림.

1918~1919년 스페인 독감 대유행 시기 미 워싱턴 D.C.의 월터리드병원. 환자들은 탁 트인 공간에 줄지어 늘어
선 병상에 수용되었고, 간호사들은 천 마스크로 코와 입을 가렸다.

'사람들이 밀집한 곳, 병균이 우글거리는 곳으로 갈 때마다 알약을 하나씩 빨아 드세요.' 옛 신문에 실린 포마민트 광고.

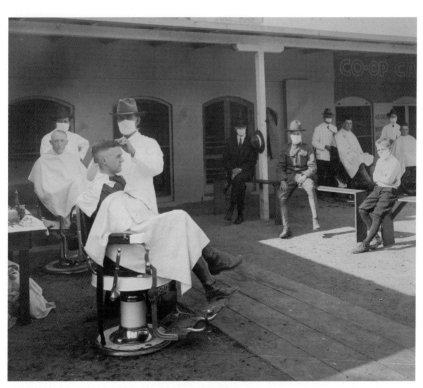

스페인 독감 시기 캘리포니아대학교 내 야외 이발소. 1918년.

1919년 노르웨이 화가 에드바르트 뭉크가 그린 '스페인 독감에 걸렸을 때의 자화상'.

스페인 독감의 악몽을 주제로 한
딕시컵(종이컵 브랜드)의 광고.
1920년.

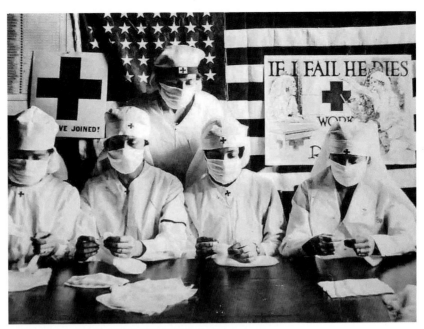

적십자 자원봉사자들이 주민들에게 질병 예방법을 가르쳤다.

영국의 에이스 조종사로서 빅토리
아 십자 훈장을 받은 윌리엄 리프
로빈슨은 '붉은 남작'에 의해 격추
당하고도 살아남았지만 스페인 독
감에 희생되고 말았다.

1919년 스페인 독감 대유행 시기 호주 시드니 교육청 건물 입구. 대부분 마스크를 쓰고 있다.

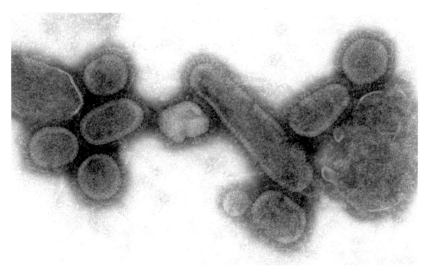

1918년 스페인 독감을 일으킨 인플루엔자 A형(H1N1) 바이러스.

재앙의 바람

2008년 9월, 바람이 훑고 간 영국 요크셔Yorkshire 교회 묘지 너머로 석양이 질 무렵, 납으로 밀봉한 낡은 관 하나가 다시 땅에 묻히고 있었다. 89년 만에 처음으로 개봉된 지 몇 시간 만의 일이었다. 어스름 무렵에 조사가 울려 퍼졌고, 사람들은 유해에서 채취한 샘플을 액화질소에 담가 얼린 뒤 연구소로 보냈다. 수백만의 목숨을 구하기 위한 일이었다. 의료 연구진은 제1차 세계 대전 마지막 해에 1억 명이 죽은 '스페인 독감' 바이러스를 식별하기 위해 마크 사이크스Mark Sykes(1879~1919) 경의 유해를 발굴했다. 영국 외교관이었던 마크 경은 스페인 독감에 걸려 1919년 파리 강화 회의에 참석했다가 튈르리정원Tuileries Gardens 근처 호텔에서 숨을 거두었다. 많은 스페인 독감의 희생자와 마찬가지로, 마크 경 역시 감염 전에는 젊고 건강한 상태였으며 나이는 한창때라고 할 수 있는 서른아홉 살이었다.

마크 경의 유해는 귀족이었던 그의 신분에 걸맞게 납으로 밀봉한 관에 안치되었으며, 요크셔 동부에 있는 사이크스 가문 저택인 슬레드미어하우스Sledmere House로 이송되었다. 마크 경은 저택 곁 세인 트메리교회의 묘지에 묻혔다. 만약 그의 유해가 담긴 관이 두꺼운 납으로 밀봉되지 않았더라면, 그의 삶은 조용히 역사 속으로 사라졌을지 모른다. 밀봉한 납의 화학 작용으로 유해의 연조직이 아주 서서히 부패한 상태라면, H5N1 조류 독감 바이러스를 연구하는 과학자들은 이 바이러스 이전에 존재했던 바이러스의 행태를 연구할 수 있는 특별한 기회를 얻게 되는 셈이었다. 1918~1919년의 유행병을 일으킨 원인을 연구한 이론 중에는 이 유행병이 H5N1 조류 독감 바이러스와 유사한 H1N1 신종 인플루엔자 조류 바이러스에서 기인했을 것이라는 가설이 있다. 연구진은 마크 경의 유해에서 인플루엔자 바이러스가 어떻게 종의 장벽을 넘어 동물에서 사람으로 전파될 수 있었는지 귀중한 정보를 얻을 수 있을 것이라 믿었다.

2011년 당시 전 세계를 통틀어 연구 가능한 H1N1 바이러스 샘플은 오직 다섯 개만 있었는데, 그중에 납으로 밀봉한 관에 담겨 잘 보존된 유해에서 추출한 것은 없었다. 과학자들은 앞서 알래스카에서 발견된 동결 유해에서 H1N1의 염기서열을 이미 해독했다. 하지만 실제로 어떻게 바이러스가 희생자를 죽이는지, 어떻게 1919년에 돌연변이를 일으켜서 마크 사이크스 경을 죽일 수 있었는지 의문점이 많이 남아 있었다.

마크 경 유해 연구 팀을 이끌었던 저명한 바이러스학자 존 옥스퍼드John Oxford 교수는 기자들에게 이렇게 말했다. "마크 경은 바이러스가 거의 소진되어가고 있을 무렵인 유행병 말기에 사망했습니다. 우리는 이 바이러스가 가장 극성을 부렸던 무렵과 거의 끝나가던 때, 모두 어떻게 활동했는지 알아보려고 합니다. 마크 경의 유해에서 얻은 샘플로 매우 중요한 문제에 귀중한 해답을 얻을 수 있을지도 모릅니다."

요크York 교구로부터 유해 발굴 허가를 얻는 데 2년이 걸렸고 고등법원 판사가 주재하는 특별 청문회도 거쳐야 했다. 마침내 허가를 얻은 옥스퍼드 교수 팀은 생화학 방호복을 착용한 채 의료진, 성직자, 환경 공무원, 마크 사이크스 경의 후손 등이 참관한 가운데 무덤 발굴에 착수했다. 먼저 짧은 기도문을 낭독한 뒤 묘비석을 치웠고, 방호복과 방독면으로 무장한 연구진 앞에서 마침내 밀봉된 관의 뚜껑이 열렸다. 그토록 오랜 시간 동안 준비한 끝에 이루어진 숨 막히고 긴장된 순간이었다.

그런데 조사는 시작부터 실패한 것처럼 보였다. 밀봉된 관의 상단 부분에서 균열이 발견되었는데, 이는 최상의 샘플을 얻을 기회가 이미 사라졌다는 것을 의미했다. 관 뚜껑이 관을 덮은 흙의 무게를 견디지 못해 갈라졌고 사체는 이미 심하게 부패해 있었다. 그럼에도 연구 팀은 사체를 더는 손상시키지 않기 위해 관을 움직이지 않은 채 갈라진 틈 사이로 폐와 뇌의 조직 샘플을 추출해냈다. 비록 사체의 상태는 좋지 않았지만, 과학자들은 유해에서 추출한 조직 샘플을 연구함으로써 H1N1 바이러스의 유전적 정보와 사망했을 당시 마크 경의 상태를 알아낼 수 있었다.

마크 사이크스 경의 유해를 발굴하는 것은 제1차 세계 대전 마지막 해에 전 세계를 강타한 치명적인 질병을 이해하기 위한 여러 시도 중 하나였다. 1918년 봄부터 1919년 여름까지 세 번에 걸쳐 발생했으며, 이후 '스페인 독감'이라 이름 붙은 대유행병은 전 세계에서 1억 명을 희생시킨 것으로 추정된다. 이 질병은 처음에는 스페인 독감이라 불리지 않았고, 대신 좀 더 화려하게 '스페인 여인Spanish lady'이란 별명으로 불렸다. 스페인 독감은 변화무쌍하고 파악하기 어려운 짐승이었으며 호흡 곤란, 내출혈, 발열 같은 일반적인 증상으로는 정의할 수 없는 놈이었다. 이 질병이 점점 진화해 나가자 많은 의사와 민간인들은 이 세기말적 질병이 실제로 독감인지 확인할 수조차 없었다.

나라 이름과 관련해서, 스페인은 스페인 독감과 직접적인 관계가 없었다. 1918년 초기에 의사들 대부분은 이를 공격성이 강한 일반적인 인플루엔자의 하나라고 생각했다. 하지만 유행병이 지속되면서 스페인의 알폰소Alfonso 13세와 많은 신하들이 희생되자, 스페인 언론은 이 치명적인 인플루엔자의 변종을 적극적으로 다루기 시작했다. 언론에서 이런 논쟁이 가능했던 이유는 스페인이 제1차 세계 대전에서 중립국이었기 때문이다. 영국이나 미국 같은 나라에서는 언론 검열 때문에 유행병 관련 보도가 불가능했고, 《란셋The Lancet》이나 《영국의학저널British Medical Journal》 같은 의학 학술지에서만 다룰 수 있었다. 영국은 국토방위법Defence of the Realm Act 때문에 공포나 절망감을 조장하는 기사를 신문에 게재할 수 없었다. 1918년 6월 '스페인 독감'이라는 말이 처음 등장했을 때, 런던의 《타임스The Times》지는 이 질병을 한낱 지나가는 유행처럼 취급했다. 그러나 1918년 가을 스페인 독감의 2차 공습이 전 세계를 강타하자 더는 이를 하찮게 여길 수 없게 되었다. 미국에서는 사망자가 55만 명 발생했는데,

이는 전쟁에서 죽은 사망자의 다섯 배나 됐다. 한편 유럽의 사망자 수는 200만이 넘었다. 영국과 웨일스의 사망자는 20만 명으로 추정되었는데, 이는 총 인구 기준으로 1천 명당 4.9명에 해당하는 숫자였다. 이들은 인플루엔자와 그 합병증, 특히 폐렴으로 사망했다.

오늘날에는 조류 독감, 사스, HIV 및 에볼라 등에 경각심이 높음에도 불구하고, 여전히 인플루엔자 같은 흔한 질병이 그토록 광범위하게 전염되고 많은 사망자를 낼 수 있으리라고 생각하기는 쉽지 않다. 사람들 대부분은 평생 여러 번 인플루엔자에 노출될 것으로 예상되며, 인플루엔자 백신의 유효성은 50퍼센트에 불과하지만, 사람들은 별다른 치료를 받지 않아도 생존할 것으로 생각된다. 그렇다면 스페인 독감은 무엇이 그렇게 달랐으며 왜 그토록 많은 사망자를 냈던 것일까?

이러한 요인을 이해하려면 먼저 인플루엔자의 본질을 정의하고 이 질병의 역사를 살펴봐야 한다. 일반적으로 인플루엔자는 공기로 전파되는 바이러스가 일으키는 복합적인 질병으로서, 주로 기침이나 재채기를 통해 미세한 비말 형태로 개인 사이에 전파된다. 사람 사이의 근접 접촉이 감염을 널리 확산시킬 수 있으며 특히 학교나 군대 병영, 병원처럼 많은 사람이 밀집해 있는 곳이 위험하다. 학교에 다니는 아이들이 먼저 바이러스에 감염된 후 가족에게 전파하는 일도 흔하다.

비록 스페인 독감은 인플루엔자 바이러스의 변종 중 가장 치명적인 것이었지만 인플루엔자 자체는 전혀 새로운 것이 아니다. 재앙으로서 인플루엔자에 관한 기록은 고대까지 거슬러 올라간다. 히포

크라테스는 기원전 412년 그리스에서 발생한 인플루엔자 유행병을 언급했으며, 리비우스 역시 고대 로마의 역사에서 비슷한 역병의 창궐을 기록했다.

'인플루엔자influenza'라는 말 자체가 실제로 쓰인 것은 대략 1500년 무렵이다. 이탈리아인들은 별들의 '영향influence' 때문에 발생하는 것으로 생각된 질병에 이 이름을 붙였다. 또 다른 기원으로 거론되는 것은 '인플루엔자 디 프레도influenza di freddo'라는 이탈리아어 표현인데, 이는 '감기의 영향'이라는 뜻이다.

15세기까지 이 질병은 영국에서 '뮤어mure' 또는 '뮤우어murre'라고 불렸으며, 이 질병으로 캔터베리수도원의 수도사 두 명이 사망했다. 또한 1485년 보즈워스 전투The Battle of Bosworth 이후 창궐한 '수도 앵글리커스Sudor Anglicus' 또는 '영국 발한병English sweate'에 대한 기록이 남아 있다. 1562년에는 에딘버러Edinburgh의 랜돌프Randolph 경이 세실Cecil 경에게 스코틀랜드 메리 여왕의 증세에 관해 편지를 보냈다. 랜돌프 경의 기록은 인플루엔자의 창궐을 경험한 사람에게는 매우 친숙하게 들릴 것이다.

여왕님은 이곳에 도착하자마자 이 지역에서 유행 중인 새로운 질병에 걸리셨는데 여기서도 처음 보는 질병이라고 합니다. 이 질병은 곧 궁정 전체로 번졌으며 남녀노소를 가리지 않았고, 영국인 또는 프랑스인 같은 국적도 상관이 없었습니다. 이 역병은 두통, 위통, 심한 기침을 동반했는데, 어떤 사람은 오랫동안 어떤 이는 비교적 짧은 기간 고생했으며, 이는 이 질병의 특성에 맞는 신체 조건의 차이 때문이라 생각됩니다. 여왕님은 엿새 동안 침대에 몸져누워 계셔야 했습니다. 매우 위험해 보였지만 이 질병으로 죽은 사람은 많지 않았고 나이 많은 노인만 몇 명 사망했습니다.[1]

'계몽의 시대'인 18세기가 되자, 과학적 탐구 정신으로 무장한 의사들과 과학자들은 이 유행병과 그 질병의 특성에 관해 더욱 진보한 기록을 남길 수 있었다. 의사들은 인플루엔자가 더러운 공기나 안개 때문이 아니라 감염으로 전파된다는 사실을 깨닫게 되었고, 그래서 주요 유행병을 기록하는 것이 매우 중요한 일이 되었다. 1743년에 특별히 치명적인 전염병이 발생했는데 이탈리아가 그 진원지였다. 이 질병이 유럽 전체로 전파되면서 인플루엔자라는 용어가 널리 쓰이게 되었으며, 1743년 5월판 《젠틀맨스 매거진Gentleman's Magazine》에도 등장했다. 런던에서는 이 유행병 때문에 사망자가 한 주 만에 세 배나 폭증했다. 호레이스 월폴Horace Walpole[2]은 1743년 3월 25일자 편지에서 이 유행병의 영향을 이렇게 기록했다. "런던에 거주하는 가족들 중에 아픈 사람이 대여섯 명 이상 되지 않는 집은 하나도 없었다. 많은 사람이 새로 노동자를 고용해야만 했다. 약재상이었던 거니어Guernier는 새로 조수 두 명을 고용했지만 밀려드는 환자들에게 약을 제대로 공급하기에는 역부족이었다."

이후 한 세대 뒤에 발생한 역사상 최악의 인플루엔자에 대해서 의사 에드워드 그레이Edward Gray는 의학증진협회The Society for Promoting Medical Knowledge의 요청으로 1782년에 '카타르 유행병에 대하여An Account of the Epidemic Catarrh'라는 제목을 단 회고문을 남겼다.

19세기 최초의 인플루엔자 유행병은 파리에서 발생했고, 이어 1803년에 영국과 아일랜드에서도 발생했다. 이 시기에 이르러 의사들은 사회적 접촉으로 생기는 전염 과정과 고립 또는 격리의 효용성을 연구하기 시작했다. 1831년에는 치명적인 인플루엔자가 유럽 전역을 휩쓸었는데, 폐렴이 대표적 합병증으로 떠올랐다. 이 유행병은 세 번에 걸쳐 발생했으며, 1833년이 두 번째, 1837년이 세 번째였다. 이 세 번째로 발생한 치명적인 인플루엔자로 더블린에서만 3천 명이 목숨을 잃었는데, 이를 두고 런던의 한 의사는 "더할 수 없이 참혹한 재앙"이라고 적었다.

1847~1848년 사이에 또 다른 인플루엔자 대유행이 발생하여 런던에서만 5천 명 넘게 목숨을 잃었는데, 이는 보통의 인플루엔자 유행 기간에 비해 훨씬 많은 숫자였기에 콜레라에 비견되었다. 6주에 걸쳐 영국 전역으로 전파되었으며 많은 사람이 인플루엔자와 연관된 폐렴, 기관지염, 천식과 유사한 질병으로 사망했다.

1918년 유행병 기간에 환자를 치료한 의사들 중에는 1889~1891년 인플루엔자 대유행을 기억하는 사람이 많았다. 이 대유행병은 중국 남부 지역에서 처음 발생한 것으로 추측되는데, 명칭은 '러시아 독감'으로 불렸다. 러시아 독감 역시 미국을 덮쳤는데, 유럽에서 증기선을 타고 미국으로 이민 온 가난한 이민자들이 들여온 것이라는 의심을 받았다. 미국에서는 25만 명이 러시아 독감으로 사망했고, 이 독감은 일본과 남미, 아시아로 전파되었다. 러시아 독감은 영국에서 1889년에서 1894년 사이에 네 번에 걸쳐 발생했고 사망자는 대략 10만 명이나 되었다. 1894년 이후로는 1918년 스페인 독감이 전혀 예상치 못한 상태에서 전 세계를 강타하기 전까지 별다른 유행병이 발생하지 않았다.

비록 인플루엔자 바이러스는 1930년대 전까지는 그 존재가 제대로 인식되지 못했지만, 이미 많은 의학자들이 인플루엔자의 특성을 이해하려고 노력했다. 인플루엔자 분야의 권위자로서 세계적인 바이러스학자인 제프리 타우벤버거Jeffery Taubenberger는 1918년까지의 연구 상황을 다음과 같이 잘 설명하고 있다.

> 그 당시까지는 인플루엔자가 바이러스 때문에 발생한다는 사실이 밝혀지지 않았다. 다만 과학이나 의학 논문에서는 바이러스가 존재한다는 사실이 막 받아들여지기 시작하는 상황이었다. 바이러스라는 말은 라틴어로 '독poison'을 의미한다. 바이러스는 일부 단백질에 들어 있는 유전자 뭉치에 불과하다. 따라서 바이러스가 생물체인지 아닌지는 논란의 소지가 있다. 아마도 일종의 복합적 화학물질이든지 아니면 매우 간단한 생물 형태일 것이다.[3]

한편, 과학자들은 1918년 무렵에 이미 세균학의 본질을 이해하고 있었으며 연구실에서 여러 세균성 물질의 표본을 배양했고, 여과 과정을 거치며 감염 물질을 걸러내는 방법을 연구했다. 타우벤버거의 말에 따르면, 그들은 많은 박테리아를 배양하고 식별했으며 신종으로 분화시킬 수 있었다. 또한 박테리아의 크기를 알아냈으며 알려진 모든 박테리아의 통과를 막을 수 있는 여과 장치를 개발했다.

그런데 과학자들은 박테리아가 걸러지도록 만든 여과 장치를 무언가가 여전히 통과하며, 그 결과 감염이 진행된다는 사실을 알게 되었다. "그래서 그들은 감염 원인이 일종의 화학 물질이나 독, 또는 '바이러스'라고 생각했으며 유기체라고는 생각하지 않았다"라고 타우벤버거는 설명한다. 이는 전자 현미경이 발명되기 이전의 일이었으며, 광학 현미경으로는 바이러스를 관찰할 수 없었기 때문에 당시 과학자들은 바이러스가 실제로 존재한다는 사실을 이해할 수 없었다. 단지 감염을 일으키는 무언가가 여과 장치를 통과하는 것이라고 생각했다. "이러한 바이러스가 무엇이든 간에, 감염을 유발하는 유기체든 작용제든 미세한 박테리아든 어쨌든 간에, 그것은 너무 작아서 볼 수도 배양할 수도 걸러낼 수도 없었다. 따라서 과학자들은 인플루엔자가 바이러스라는 사실을 알지 못했고, 세균성 질병이라고 생각했다."

타우벤버거는 바이러스를 의인화하여 "매우 영악한 작은 짐승들"이라고 묘사했다. 한 인터뷰에서 그는 이렇게 말했다. "개인적으로 저는, 바이러스가 살아 있으며 말하자면 저의 적이라고 생각합니다." 스페인 독감을 유발한 바이러스의 경우, 의학자들은 매우 영악한 작은 짐승을 상대하는 셈이었다.

1918년 1월 세계는 여전히 제1차 세계 대전을 치르고 있었다. 전례 없는 세계적 분쟁은 결국 3천800만 명이란 사망자를 기록했다. 전쟁이 여전히 격렬한 가운데 H1N1 인플루엔자가 발생했으며, 이는 유럽에서 아프리카까지, 태평양에서 북극해까지, 인도에서 노르웨이까지 전쟁으로 죽은 사람보다 더 많은 희생자를 냈다. 감염자 중에서

10~20퍼센트가 사망했는데, 감염자 수는 전 세계 인구의 3분의 1에 해당했다. 이 유행병이 발생한 지 첫 25주 안에 약 2천500만 명이 사망했으며, 역사가들은 스페인 독감을 가리켜 '흑사병보다 더 많은 희생자를 낸, 역사상 가장 큰 의학적 대학살'이라고 불렀다. 인도에서만 1천700만 명이 사망한 것으로 추정되는데, 그중에서 1천388만 명이 영국령 인도에서 사망했다. 아프리카에서는 전체 인구의 2퍼센트가 죽임을 당했는데, 가나에서만 10만 명이 사망했다. 탄자니아에서는 전체 인구의 10퍼센트가 희생된 것으로 추정되는데, 유행병 이후 이어진 기근으로 수천 명이 추가로 목숨을 잃었다. 미국의 사망자 수는 50만 명이 넘는다. 당시의 언론 검열 상황, 부정확한 사망 진단서와 진료 기록에 나타난 숫자 등을 감안할 때 전 세계의 사망자 수는 훨씬 더 많을 수 있다. 존 옥스퍼드 교수의 말에 따르면, 다른 나라들의 자료보다 턱없이 낮은 중국의 사망자 수는 재확인해야 할 필요성이 있으며, 사기 저하를 막는다는 차원에서 군인들의 사망 현황도 은폐된 것으로 보인다. 최종 사망자 숫자가 얼마이든 1918년 인플루엔자 대유행병이 인류 역사상 가장 치명적인 자연 재해의 하나였음에는 의문의 여지가 없다.

1918년 대규모 부대 이동이 군대 내에서 스페인 독감을 확산시켰다면, 전쟁에 시민들의 총력 동참을 독려하기 위한 전쟁 국채 구매 운동 그리고 전후 승전 퍼레이드 등은 민간인 사이에 인플루엔자를 확산시키는 데 기여했다. 필라델피아의 경우 그런 국채 구매 운동이 치명적인 결과를 초래했고, '형제 사랑Brotherly Love[4]시'의 치사율은 급격히 치솟았다. 영국은 정부 관료들이 국민들의 사기 저하를 우려한 나머지 버스와 전차의 격리 조치조차 주저했다.

전쟁이 끝난 후에도 스페인 독감은 멈추지 않았다. 사망률은 치솟았고, 휴전을 환영하기 위해 맨체스터 앨버트스퀘어에 모인 인파는 생각지 않게 스페인 여인을 받아들인 셈이 되었다. 그 결과 이 치명적인 바이러스는 1919년까지 활발하게 활동했다.

스페인 독감의 가장 끔찍한 점은 무서울 만큼 전염성이 강하다는 사실 외에도 무시무시한 증상이었다. 평범한 인플루엔자와 비교해 볼 때 이 바이러스에 감염된 사람은 처음 증상을 보일 때까지 최소 24시간부터 4~5일까지 잠복기를 거쳤다. 첫 증상으로는 두통, 오한, 마른기침, 발열, 무기력증, 식욕 부진 등이 나타났다. 그다음 전신 피로와 함께 더러 기관지염이나 폐렴이 뒤따랐다. 인플루엔자 감염 뒤 다시 기력을 되찾기까지는 몇 주가 넘게 걸렸다. 문제를 더욱 어렵게 만드는 것은 인플루엔자가 뚜렷이 구별되는 독특한 임상 실체임에도 불구하고, 많은 환자들과 몇몇 의사들이 다른 호흡기 질환까지 뭉뚱그려 독감으로 다루는 경향이 있다는 사실이다. 일반적인 독감의 경우 사람들은 대개 며칠 일을 쉬고 해열진통제를 먹은 다음 소파에 누워 뜨거운 레몬차를 마시면 되는 것쯤으로 생각한다. 하지만 스페인 독감의 경우에는 훨씬 더 공격적이며 빠르게 증상이 악화된다.

1918년 여름에 시작된 유행병의 치명적인 2차 공습 때에는 감염자들이 거리에서 픽픽 쓰러졌고, 폐와 비강에서 출혈을 보였다. 또한 폐에 고름이 차면서 부족해진 산소 공급으로 발생하는 헬리오트로프 청색증heliotrope cyanosis 때문에 피부가 검푸른 색으로 변했다.

또한 공기 기아air hunger 현상 때문에 뭍으로 나온 물고기처럼 숨을 헐떡거렸다. 급하게 사망한 사람은 차라리 운이 좋은 편이었다. 그러지 않은 사람들은 분출성 구토, 심한 설사로 고통받다가 뇌에 산소 공급이 부족해지면서 미쳐 날뛰다가 죽어갔다. 회복한 사람들 중에도 평생 신경 질환, 심장병, 무기력증, 우울증 등에 시달리는 경우가 적지 않았다. 의사와 간호사들은 열성적으로 환자들을 돌보았으며, 그러다가 질병에 감염되는 경우도 많았다. 런던의 세인트매릴본병원 의료 감독관이었던 배즐 후드Basil Hood는 자신이 근무했던 병원의 끔찍한 상황을 기록으로 남겼는데, "평생 의사 생활 중에서 가장 처절한 경험이었다"라고 적었다. 서부 전선의 의료 팀은 부상병들을 돌보는 것 외에도 끊임없이 밀려드는 사체들을 수습해야 했는데, 검푸르게 변한 사체들은 죽은 지 몇 시간 안에 부패가 진행되었다.

전쟁터에서는 연합군과 독일군 모두 막대한 인명 피해를 입었다. 미군은 사망자 10만 명 가운데 4만 명이 스페인 독감으로 목숨을 잃었다. 부대 이동이 인플루엔자를 지구 곳곳으로 확산시키는 가운데, 스페인 여인은 미군을 따라 미국에서 프랑스로 이동했다. 그러한 이동 중에는 미 해군 레비아탄USS Leviathan호의 불행한 항해가 있었다. 열악한 환경 속에서 항해하다가 96명이 스페인 독감으로 사망했고 항구에 정박한 후에도 수십 명이 추가로 목숨을 잃었다.

민간인들의 삶도 나을 것이 없었으며 가족 전체가 집안에서 한꺼번에 죽는 일도 있었다. 부모가 몸져눕자 아이들은 굶주려 죽은 것이다. 자기가 죽고 나면 아이들이 굶어 죽을 것이라고 확신한 나머지 아이들을 살해하는 부모도 있었다. 남아프리카에서는 사체와 죽어가는 광부들이 열차 밖으로 던져졌고, 철로 변에 그대로 방치되었다. 뉴욕에서는 600명이 고아가 되었다. 세계 곳곳의 많은 도시가 일상 생활이 정지되면서 유령 도시로 변했다. 워싱턴과 케이프타운에서는 장의사들이 관을 구하지 못했고, 필라델피아에서는 매장지가 부족해지자 시의회가 굴착기로 공동묘지를 갈아엎기로 결정하기도 했다. 또한 스페인 여인의 모습이 점차 1348년의 흑사병과 1665년의 대역병, 그리고 1840년대에 유럽을 초토화시켰던 끔찍한 콜레라와 발진티푸스를 연상시키게 되자, 이 질병은 인플루엔자가 아니라 재앙 그 자체이며 결국 인류를 몰살시킬 것이라고 믿는 사람들마저 생겼다. 미국의 전염병학자 빅터 C. 본이 1918년에 지적했듯이, 당시의 의사들은 14세기 피렌체인들이 흑사병에 무지했던 것처럼 독감에 관해 아는 것이 없었다. .

전쟁을 벌이는 양쪽 진영의 군인과 민간인들은 이제 '죽음'이 새로운 적임을 깨닫게 되었다. 몇몇 지역에서 발생했던 전염병이 끔찍한 세계적 대유행병으로 바뀌어가자, 세계는 마치 외계인의 침공이라도 받은 듯 벌벌 떨었다. 스페인 독감은 H.G. 웰스의 공상과학소설《우주 전쟁War of the Worlds》을 떠올리게 하기에 충분했다.

스페인 독감의 또 다른 불편한 특성은 사망자의 연령대였다. 보통은 매우 어리거나 늙은 사람, 면역 체계에 문제가 있는 환자들이 인플루엔자에 가장 취약했고 목숨을 잃었다. 하지만 스페인 독감 유행병의 희생자는 거의 모두 건강한 젊은이였으며 이들은 인생의 절정기에 죽어야 했다. 임산부 역시 특별히 취약했는데, 스페인 독감은 산모와 아기를 모두 죽였다. 매사추세츠주에서는 한 조산사가 젊은 여인의 미숙아 출산을 도왔는데, 산모와 아이 모두 몇 시간 만에 사망했다.

1918년 봄부터 1919년 여름까지, 스페인 여인은 죽음의 무도를 멈추지 않았고 아무런 경고 없이 무작위로 공격을 감행했다. 마치 재난 영화 속의 이야기처럼 누가 살고 누가 죽을지 전혀 알 수 없는 상황이 이어졌다. 살아남은 자 중에는 프랭클린 D. 루스벨트가 있었는데, 그는 비운의 미 해군함 레비아탄에 승선했다가 거의 초주검 상태로 뉴욕에 도착했다. 영국 총리 데이비드 로이드 조지David Lloyd George 역시 인플루엔자 때문에 죽을 뻔했는데, 그가 그렇게 죽었다면 연합국의 사기에 큰 악영향을 미쳤을 것이다. 마하트마 간디Mahatma Gandhi 역시 살 수 없을 것이라는 소문이 있었고, 빌헬름Wilhelm 황제도 신하들과 함께 큰 고통을 겪었다. 미국의 소설가 존 스타인벡John Steinbeck 역시 감염되었다가 회복했고, 작가 메리 매카시Mary McCarthy, 배우 릴리안 기시Lillian Gish, 그루초 막스Groucho Marx 그리고 월트 디즈니도 마찬가지였다. 스페인 독감을 경험한 사람은 심리적으로 큰 영향을 받은 것으로 생각된다. 특히 작가들의 경우가 두드러져 보인다. 스타인벡은 독감을 겪고 난 후 인생관이 완전히 바뀌었다고 한다. 스페인 독감을 회상하면서《청황색 말, 청황색 말 탄 자Pale Horse, Pale Rider[5]》를 집필한 작가 캐서린 앤 포터Katherine Anne Porter는 이 질병을 신의 계시처럼 여겼으며, 이를 통해 삶의 방향이 바뀌었다고 고백했다. 위대한 미국의 소설가 토마스 울프Thomas Wolfe는 대표적 걸작《천사여, 고향을 보라Look Homeward, Angel》에서 스페인 독감으로 세상을 떠난 동생의 이야기를 강렬하고도 매혹적으로 풀어냈다.

　스페인 독감의 출현으로 전시 의료계는 커다란 도전에 직면했다. 어떻게 치료, 통제, 방역을 해서 이 유행병을 막을 것인가? 이 질병이 양측 군대에 미친 영향이 너무나 막대했기 때문에, 군부는 이와 관련한 많은 연구를 실시했다. 민간 정부는 전쟁에 총력을 기울이기 위해 의도적으로 인플루엔자를 도외시했지만, 영국과 미국의 군의관들은 발진티푸스와 콜레라 같은 전염병에 관한 기존 연구 지식을 바탕으로 해결책을 찾기 시작했다. 하지만 그들은 곧 한계에 부딪혔다. 우선 싸워야 할 대상이 정확히 무엇인지 알지 못했다. 오늘날 우리는 바이러스가 인플루엔자를 일으키는 것임을 알고 있지만, 1918년 당시 과학자들은 박테리아가 일으키는 질병이라고 생각했다. 박테리아 질병 즉, 세균병bacterial disease은 파이퍼균Pfeiffer's bacillus을 보이는 특징이 있다. 결국에는 이 암울하고 끔찍한 시기에 진행된 연구에서 놀라운 과학적 성과가 나왔다. 인플루엔자가 인간, 조류, 돼지를 감염시킬 수 있다는 사실을 알게 되었고, 인플루엔자 바이러스를 세 가지 유형, 즉 A형(스미스, 1933), B형(프랜시스, 1936), C형(테일러, 1950)으로 분류해냈다. 하지만 1918년 가을에는 의학자들이 백신을 개발하기 위해 사투를 벌여야 했는데, 곁에서 동료들이 쓰러져 가는 것을 지켜보며 처절하게 시간과 경주해야 했다.

　'스페인 여인'이라는 별칭을 제외하면, 스페인 독감의 가장 뚜렷한 이미지는 안면 마스크다. 사실 마스크 자체는 질병을 예방하는 데 큰 도움이 되지 못했지만 이 유행병의 아이콘이 되었다. 보통 흰 색상으로 머리 뒤로 고정했고, 의료진에서 일반 대중으로 점점 퍼져 나갔다. 많은 마을과 도시에서 마스크를 쓰지 않고 외출하는 것을 위법화했다. 교통경찰도 마스크를 쓰고 교통을 통제했고, 가족사진 촬영도 마스크를 쓴 채로 진행되었으며, 심지어 고양이와 개들도 마스크를 착용했다. 샌프란시스코에서 신혼여행 중이던 한 커플은 의사에게 사랑을 나눌 때에도 마스크만 쓰고 있었다고 수줍게 고백했다. 이당시 사람들이 마스크를 쓰고 찍은 사진들을 보면 기괴하고 초현실적인 느낌이 들며, 마치 공상과학 영화의 한 장면을 보는 듯한 기분이 든다.

스페인 독감에서 가장 논란이 되는 점은 그 기원에 관한 것이다. 연구자들이나 역사가들은 지금도 이 유행병의 원인과 그 본질을 두고 논쟁을 벌이고 있다. 어떤 이들은 스페인 독감이 프랑스의 전쟁터에서 발생했고 동물 독감에서 변이된 것이라고 주장하는가 하면, 또다른 이들은 스페인 독감은 인플루엔자가 아니라 중국에서 발생한림프절선페스트bubonic plague의 일종이며 연합군을 지원하기 위해 차출된 중국인 노동자들로부터 미국과 유럽으로 전파되었다고 주장한다. 전시에는 음모론이 많이 퍼지기 때문에, 많은 사람이 스페인 독감을 인공적으로 만들어진 것으로 믿었다는 사실도 결코 놀랍지 않다. 그들은 인공적으로 만들어진 이 질병이 독일군 유보트를 타고 미국 동부 해안으로 살포되었거나 또는 바이엘 아스피린으로 확산되었다고 주장한다. 종교심이 깊은 사람들 중에는 스페인 독감이 인류의죄악성과 특히 전쟁을 일삼는 죄악에 대한 신의 심판이라고 보는 무리도 있었다. 이 질병을 직접 겪거나 본 사람들 중에는 질병의 원인이 무인지대6)에서 썩어간 수많은 사체와 겨자 가스의 영향 때문이라고 생각한 사람이 많았다. 이러한 주장들에 대한 논의는 지금까지도 계속 이어지고 있다.

　　이 책《팬데믹 1918》의 목표 중 하나는 유명인 무명인에 상관없이, 이 유행병을 직접 목격한 사람들의 관점에서 스페인 독감의 영향을 검토해보는 것이었다. 이를 위해 이스트엔드East End[7)]의 여학생들, 메이페어Mayfair[8)]의 젊은 여성들, 보스턴의 어린 학생들 그리고 이탈리아 이민자들의 기억을 기록했다. 또한 '영국에서 가장 아름다운 여성'으로 불렸던 레이디 다이애나 매너스Lady Diana Manners[9)]와 휴전일 밤 절망감에 휩싸였던 그녀의 약혼자 더프 쿠퍼Duff Cooper의 이야기도 만날 수 있다. 전쟁 시인 로버트 그레이브스Robert Graves는 장모의 이야기를 들려준다. 그의 장모는 어느 날 밤 극장에 갔다가 스페인 독감에 걸려 사망했다. 자원봉사 응급구호대Volunteer Aid Detachment 소속으로 참전하여 초기 형태의 스페인 독감에 감염되었다가 회복했고, 이후《청춘의 증언Testament of Youth》을 집필한 베라 브리튼Vera Brittain의 이야기도 있다. 또한 전선에서 인플루엔자 환자들을 돌보기 위해 분투한 수많은 간호사들도 있다. 한편, 잊힌 영웅들의 이야기도 빠뜨릴 수 없는데, 제임스 니벤James Niven 박사는 맨체스터의 보건 책임자로서 많은 사람의 목숨을 구했지만, 스스로 충분하지 못했다고 자책했다. 의학자 월터 플레처Walter Fletcher는 인플루엔자의 해결책을 찾기 위해 일생을 바쳤다. 군의관 그레임 깁슨Graeme Gibson 소령은 연구를 진행하다가 순직하고 말았다. 스페인 독감의 희생자 중에는 오스트리아 화가 에곤 실레Egon Schiele처럼 유명인도 있었지만, 대부분은 가까운 가족 외에는 조문객조차 없었던 무명인이었다.

나의 조부모 역시 그들 중 하나이다. 중국과 아프리카, 인도, 러시아 (공산 혁명의 대혼란 속에서) 등 많은 지역에서 이 유행병에 관한 정확한 기록이 이루어지지 않았는데, 이는 희생자가 수백만 명이나 됨에도 제대로 집계되지 못했으며 그들의 이야기 역시 대유행병의 공포 속에서 영원히 소실되었음을 의미한다. 이러한 이유 때문에 나는 개인들의 이야기에 초점을 맞추기로 작정했다. 이들의 이야기는 거의 모두 가족의 기억, 문서, 회고록 등으로 보전되었다. 또한 유명한 사람들의 삶 역시 주의 깊게 살펴보았다. 이들의 이야기는 거의 모두 영국과 미국에서 스페인 독감을 경험한 사례이기 때문에, 이 책의 내용은 본의 아니게 서구 사회 중심이 되었다. 하지만 스페인 독감이 영국령 인도와 남아프리카, 뉴질랜드에서 미친 영향도 간략하게나마 살펴보았다.

이 책의 마지막 장에서는 제프리 타우벤버거가 진행한 H1N1 바이러스 연구, 노르웨이의 북극해 영구 동토층에 묻힌 노르웨이 광부들의 사체에서 샘플을 채취하기 위해 시도된 비운의 발굴 작업, 아이들을 포함해서 여섯 명이 희생된 1997년 홍콩 조류 독감의 섬뜩한 사례 등도 살펴보았다. 또한 미래에 스페인 여인이 또 다른 모습으로 우리 곁을 찾아올 수도 있다는 불쾌한 가능성도 생각해보았다.

마지막으로, 1918~1919년 사이에 1억 명을 죽인 치명적 바이러스를 서술하면서 내가 왜 스페인 여인이라는 용어를 썼는지 설명하고자 한다. 1918년 6월 스페인 독감이 처음으로 유럽 전역을 강타하자, 많은 신문의 만화와 삽화가 이 질병을 스페인 여인으로 묘사했다. 스페인 독감은 온몸에 검은 플라멩코 드레스를 두르고 머리에는 만틸라10)를 쓴 채, 손에는 부채를 든 깡마른 해골 여인으로 그려졌다. 이런 기괴한 모습에 담긴 숨은 의미는 스페인 여인이 매춘부처럼 자기 기분대로 동시에 모든 사람을 감염시킬 수 있다는 암시였다. 스페인 여인은 정치 풍자에 자주 등장했으며 인플루엔자 유행병의 상징이 되었고(또 다른 아이콘은 안면 마스크), 유행병 기간 내내 전 세계 수많은 출판물에 등장했다. 스페인 여인은 몇십 년이 지난 뒤에도 여전히 매력을 잃지 않았으며, 리처드 콜리어Richard Collier가 쓴 뛰어난 역사서 《스페인 여인의 재앙The Plague of the Spanish Lady》에 제목으로 다시 등장했다.

나는 1918년 인플루엔자 대유행병의 집필을 막 시작했을 때는 스페인 여인이라는 표현을 배격했다. 왜냐하면 여성 비하적인 클리셰에 지나지 않는, 도움이 안 되는 개념이라고 생각했기 때문이다. 하지만 몇 개월을 보내면서 '여인'의 의미를 점점 더 이해하게 되었다. 이 가공의 인물을 통해 세상 사람들은 그들이 겪은 고통의 의미를 무의식적인 수준에서나마 이해하게 되었다. 그리스 신화 속 세계에서 이 여인의 기원은 복수의 여신 에우메니데스Eumenides다. 또한 힌두교 파괴의 여신 칼리Kali도 그녀와 관련이 있어 보인다. 기독교 성화 속에서 스페인 여인은 성모의 그림자 면이고, 비통한 성모이며, 파괴적인 전쟁을 벌이는 세상에 벌을 주는 절멸의 천사이다. 그녀는 또한 클래식 팜 파탈이며 검은 옷을 입은 여인이다. 슬픔의 성모이며 우리의 고뇌이다. 문화적 현상으로서 거부할 수 없는 존재이다. 이 책은 그런 그녀의 이야기다.

1장

희생자와 생존자

한 영국인 이등병의 비극적인 죽음

프랑스 북부군인병원에 먼동이 터올 무렵, 젊은 군인 한 명이 목숨을 잃었다. 불행히도 이는 프랑스 최대 야전 병원인 에타플Étaples의 제24통합병원에서는 흔한 일이었다. 이미 군인 수백 명이 질병이나 부상으로 목숨을 잃었다. 1917년 2월 21일, 영국 켄트Kent주 출신의 농부 아들 해리 언더다운Harry Underdown 이등병의 죽음 역시 별반 다름없는 또 하나의 죽음처럼 보였다. 해리의 사망진단서 내용도 별다르지 않았다. 20세였던 해리는 '유행 기관지폐렴bronchio-pneumonia'으로 사망했으며, 이는 인플루엔자에 따른 합병증이었다. 그런데 사실 그는 나중에 스페인 독감으로 변이된 끔찍한 전염병의 첫 희생자였을 수도 있다.

해리의 짧은 생은 비극적이었지만 특별한 것은 아니었다. 제1차 세계 대전 동안 전사한 수많은 젊은이 중 한 사람이었을 뿐이었다. 1897년 켄트주 애시퍼드Ashford 근교에서 태어난 해리는 하지엔드

Hodge End라는 가족 농장에서 자랐다. 전쟁이 벌어졌을 때 그는 농장에 머무는 쪽을 선택했는데, 그래서 나중에 직업을 적을 때 '건초꾼'이라고 썼다. 그러나 1915년 말, 해리는 마음을 바꾸어 입대하기로 결심했다. 키 156센티미터에 체중이 60킬로그램이었던 그는 군복무 적합 판정을 받았고 예비군에 입대했다. '하루는 육군에서 복무하고, 나머지 기간은 예비군으로 복무하다가 (중략) 육군 최고회의가 소집 명령을 내리면 이에 응한다'는 조건이었다. 예비군 소속이 된 해리는 농장으로 다시 돌아갔다. 1916년 4월 해리는 육군으로 소집되었고, 퀸스(왕립 서부 서리Surrey)연대 12대대 소속 이등병으로서 육군 보급창에서 기초 훈련을 받았다. 그러다가 4개월 만에 몸 상태가 나빠진 해리는 편도선염으로 입원했다. 이후 회복과 재발을 반복하다가 1916년 8월 5일이 되어서야 비로소 '완치 퇴원' 판정을 받았다.

해리는 곧바로 프랑스 전선에 투입되었다. 투입된 지 몇 주 만에 그는 포탄이 터져 생긴 잔해 더미에 매몰되는 사고를 당했다. 비록 신체적인 부상은 없었지만, 현대의 전투 스트레스에 해당하는 포탄 충격shell shock이 심해 후방으로 옮겨졌다. 노팅엄Nottingham의 배그소르프Bagthorpe군인병원으로 후송된 그는 '심한 충격으로 언어와 기억을 상실했다'는 진단을 받았다. 이에 따른 치료로 '휴식과 브로민화물Bromides 투여'라는 처방을 받았다.

이러한 불행을 겪었음에도 해리는 군대에 남기로 작정했다. 1916년 11월 퇴원한 그는 자대로 복귀했다. 영국에서 몇 주간 대기한 후 1917년 2월 프랑스로 투입되었다. 그러나 2주 만에 '유행 기관지폐렴'에 걸리고 말았다. 이 병명은 왕립육군의무군단Royal Army

Medical Corps, RAMC의 군의관 J.A.B. 하먼드Hammond 중위가 붙인 것이었다. 하먼드 중위는 동정심과 투철한 직업적 관심으로 해리의 상태를 유심히 살펴보았고, 이 증상이 에타플에서 보았던 환자들의 증상과 비슷하다는 사실을 발견했다. 이 증상을 보였던 환자들은 아무도 회복하지 못했다.

하먼드 중위는 환자의 폐 아래 엽葉에서 뚜렷한 유향성 수포음, 즉 터지는 소리를 들을 수 있었기 때문에 처음에는 일반적인 대엽성 폐렴lobar pneumonia처럼 보인다고 생각했다. 하지만 해리의 경우에는 엄청나게 많은 화농성 고름이 나왔고, 극심한 호흡 곤란으로 괴로워했으며, 공황에 빠져 침대 밖으로 뛰쳐나오려고 했다. 그뿐만이 아니었다. 상태가 악화되자 얼굴 피부에는 산소 부족으로 탁한 연분홍빛 청색증마저 나타나기 시작했다. 그러다 얼마 지나지 않아 해리는 사망했다.

하먼드 중위와 동료들은 해리의 사망이 유행 기관지폐렴으로 인한 그해의 스무 번째 사망임을 확인했고, 이 전염병의 추이를 관심 있게 살펴보기 시작했다. 그들은 이 전염병의 예후가 범상치 않으며 전쟁과 관련이 있을지도 모른다고 생각했다. 하먼드 중위는 육군 병리학자 윌리엄 롤런드William Roland 대위, 그리고 에타플 시체안치소 및 연구소 담당관인 T.H.G. 쇼어Shore 박사와 함께 이 병을 연구하기 시작했다. 하먼드의 연구 결과는 1917년 7월 의학저널 《란셋》에 실렸다. 이 논문은 왕립육군의무군단의 존 로즈 브래드퍼드John Rose Bradford 경의 관심을 끌었는데, 그는 에타플에서 고문 군의관으로 복무 중이었다. 나중에 왕립의사협회 회장에 오르게 되는 브래드퍼드 경은 연구소 중심 연구의 열렬한 신봉자였으며, 당시 에타플에서 이뤄지던 국가적 총력전에서 큰 역할을 했다. 초기에는 의학적으로 관심을 끌 만한 사례가 거의 없어서 좌절감을 맛보았던 터라 고향의 아내에게 보내는 편지에서 이런 심정을 솔직히 털어놓기도 했다. 하지만 유행 기관지폐렴이 급부상하면서 그의 호기심을 자극했다. 1917년 2월에서 3월 사이에 에타플에서는 해리 언더다운이 걸린 것과 같은 질병으로 군인 156명이 목숨을 잃었다. 브래드퍼드 경은 하먼드를 불러 이 질병의 심화 연구를 실시했다.

이 질병의 특성은 환자가 죽은 뒤에야 비로소 분명하게 드러났다. 대엽성폐렴은 보통 부검 때 병리학자들이 환자의 폐엽 가운데 한쪽에서 손상을 발견한다. 그런데 이 병의 환자들에게는 기관지염이 광범위하게 퍼져 있었다. 절개해서 살펴보면, 엽기관지에서 탁한 황색 고름이 흘러나왔고, 몇몇 경우에는 H인플루엔자균과 함께 박테리아도 여럿 발견되었다. 1917년 겨울 화농성 기관지염purulent bronchitis 진단을 받고 사망한 156명의 군인 가운데 45퍼센트는 화농성 분비물이 엽기관지를 틀어막고 있는 상태를 보였다. 에타플에서 이러한 질병은 소규모 유행병의 양상을 보였기에 하먼드는 이러한 특성을 독자적 병리 현상으로 판단했고, 이듬해《영국의학저널》에 제출한 논문에서 이 질병에 화농성 기관지염이란 이름을 붙였다.

1917년 겨울에 터진 화농성 기관지염의 가장 큰 문제점은 기존 치료법이 듣지 않는다는 사실이었다. 의사들은 산소 치료, 증기 흡입, 방혈 등 가능한 모든 치료법을 동원했지만 효과가 없었다.

하먼드 팀이 에타플에서 화농성 기관지염 현상에 대해 조사하는 동안, 영국 올더숏Aldershot의 육군 병영에서도 비슷한 질병이 발생했다. 올림픽 챔피언 해럴드 에이브럼스Harold Abrahams의 형이자 왕립 육군의무군단 군의관인 아돌피Adolphe 에이브럼스 소령은 1916년에서 1917년까지 올더숏의 코노트Connaught병원 책임자로 근무했다. 이곳의 많은 환자들 역시 겨울 동안 화농성 기관지염을 앓았다. 이 환자들의 증상은 에타플의 환자들과 놀라울 만큼 비슷한 양상을 보였다. 황색 고름을 배출하고 청색증 증상이 나타났으며, 어떤 치료법도 듣지 않았고 치사율은 높았다.

에이브럼스와 그 동료들은 브래드퍼드 경이나 하먼드와는 별도로 올더숏에서 연구를 실시했는데, 1917년 여름과 가을에 각기《란셋》에 기고한 논문을 통해 같은 질병을 연구하고 있음이 밝혀졌다. 에이브럼스는 이 질병이 자신의 예상보다 훨씬 광범위하게 퍼져 있으며, 겨울 동안 더욱 창궐하게 될 것이므로 예방책 마련의 필요성이 더욱 절실하다고 결론을 내렸다.

에이브럼스의 주장처럼 만약 화농성 기관지염이 예상보다 더욱 광범위한 지역에 퍼져 있다면 이 질병이 어떻게 전파되었는가 하는 의문이 생긴다. 해리 언더다운이 근무 초기 올더숏 또는 배그소르프에서 화농성 기관지염에 감염되었던 것일까? 건강이 좋지 않음에도 불구하고 군대에 남아 전투에 참여하려고 했던 결심 때문에, 해리는 의도치 않게 치명적 질병의 초기 형태를 서부 전선 전역으로 전파하게 된 것일까? 에타플의 군인 묘역에 잠든 해리 언더다운이 최초 감염자였을 것으로 결론을 내리기가 쉽겠지만, 사실 해리의 운명은 전투가 아니라 나중에 스페인 독감으로 알려진 치명적 질병으로 사망한 많은 군인들과 다를 게 없다. 이처럼 이 질병과 이 질병을 일으키는 바이러스의 기원을 파악하는 것은 훨씬 복잡한 일이었다.

어쩌면 해답은 에타플에 있었는지도 모른다. 이곳에는 대규모 군사 기지가 있었는데 스페인 독감 진원지의 유력한 후보 중 하나이다. 불로뉴Boulogne에서 남쪽으로 24킬로미터쯤 떨어져 있으며, 파드칼레Pas-de-Calais주에 속한 작은 도시인 에타플의 기지에는 항만시설, 철도차량 기지, 상점, 병원, 감옥, 훈련소, 그리고 참전 부대에게 장애가 되는 온갖 것들이 있었다. 보병 기지, 훈련장, 사격장, 묘지, 세탁소에다 우체국도 두 곳이나 있었다. 또한 군마가 전투에서 여전히 중요한 역할을 담당했기 때문에, 참전 중인 말 수천 마리를 돌보기 위한 마구간이 있었다. 식량 조달을 위한 돼지와 오리, 거위, 닭도 있었다. 전쟁 중에 동물과 인간이 함께 지내는 것은 수백 년간 이어져 온 친숙한 모습이었다. 제1차 세계 대전에 참전한 의사들은 예상하지 못했다. 오리가 조류 독감 바이러스의 병원소로서 배설물로 토양을 오염시키고, 먹이를 뒤지던 돼지가 이것을 삼켜 조류 바이러스를 배양했다가 다시 인간과 접촉함으로써 생기는 인간 독감 바이러스가 기존의 조류 바이러스와 결합될 수 있다는 사실을 말이다. 20세기 말이 되어서야 비로소 존 옥스퍼드 그리고 제프리 타우벤버거 교수 같은 바이러스학자들이, 조류 독감이 종 사이의 장벽을 뛰어넘어 인간을 감염시키고 죽일 수 있는 인플루엔자 바이러스로 변이될 수 있다는 사실을 밝혀냈다.

이러한 치명적인 페트리 접시[1]에 더해진 또 다른 요소는 중국 노동자였다. 이들은 전쟁을 지원하기 위해 중국에서 수송되었다. 중국 북부 지역에 있던 영국 군대에 의해 차출된 중국 노동자들의 주요 임무는 연합군의 작전이 차질 없이 수행되도록 돕는 것이었다. 이들은 항구에서 부대의 숙영지까지 탄약과 보급품을 날랐다. 에타플에서 볼 수 있었던 동물과 중국 노동자의 존재는 당시 군대의 흔한 모습이었다. 중국 노동자가 위생에서 문제를 일으키리라고는 생각지 않았는데, 1910~1911년 사이 만주에 창궐한 폐페스트Pneumonic plague는 4만3천에서 많게는 6만 명이나 되는 사망자를 냈다. 이 숫자는 1665년 런던 대역병 당시 사망자 숫자와 맞먹는다. 나중에 홍콩대학의 케네디 쇼트리지Kennedy Shortridge 박사 같은 바이러스학자들은 중국을 인플루엔자 유행병의 진원지로 인식했다. 어린 새끼 돼지를 집 안에서 키우기도 하는 등, 가축 축사 곁에서 생활하는 중국인의 몸에 밴 생활 습관이 원인이었을 것으로 그들은 추측했다. 쇼트리지 박사는 "필요한 모든 요소, 즉 오리, 돼지, 사람, 밀접 접촉이 모두 존재했다"고 말했다.

오리, 돼지, 사람이란 조건은 에타플 역시 비슷했다. 이런 요소에 병영을 강타한 전염성 질병이 결합되었다. 에타플은 기본적으로 여러 보병 집결지로 이루어졌으며, 부대들은 도시를 남북으로 관통하는 철도의 동편 고지대에 주둔했다. 영국에서 차출한 수많은 보병 사단이 이곳으로 왔으며, 부대별로 재편성과 훈련을 거쳐 전선으로 투입되었다. 또한 다른 전선으로 투입되기 위해 전출되는 요원들도 있었고 치료나 요양을 거친 요원으로 이루어진 임시 부대도 있었다. 여기에는 끊임없이 후송되어 온 영국군 환자와 부상병, 그리고 전선에서 잡힌 독일군 포로도 포함되었다. 이들은 제24통합병원에 배속된 자원봉사 응급구호대 소속의 젊은 영국 여성 베라 브리튼과 그 동료들의 간호를 받았다.

에타플에서는 삶 자체가 한시적이었다

에타플은 평상시에도 암울한 곳이었다. 스카우트 운동을 이끌었던 로버트 베이든 파월의 아내이자 1918년 스카우트 총재에 오른 올라브 베이든 파월Olave Baden-Powell 여사는 이곳 진지의 YMCA 군인 복지관에서 자원봉사를 했는데, 에타플을 "더럽고, 역겨우며, 냄새나는 촌 동네"라고 묘사했다. 장교들은 이곳 진지를 벗어나 르투케Le Touquet의 해안가에서 여유를 즐길 수 있었지만, 사병들은 아무런 휴식도 없이 열악한 환경을 견뎌야만 했다. 불링Bull Ring이라 불리던 훈련장에서는 병사들이 좀처럼 병원에서 퇴원하지 못했고, 참호 속에서 오래 근무한 경험이 있는 병사들조차 영국에서 막 차출된 신병들과 똑같은 훈련을 받아야만 했다. 독가스전 훈련과 불링에서 받는 2주짜리 훈련이 기본적인 훈련 프로그램이었는데, 병사들은 2주간 해안가 모래 언덕을 오르내리며 장교들의 감독과 하사관들의 혹독한 훈련을 견뎌야 했다. 교육을 맡은 하사관들은 팔에 찬 노란 완장 때문에 카나리아라고 불렸고, 실제 전선에서 근무한 경험이 없었기 때문에 참전 경험이 있는 병사들과 어느 정도 긴장 관계를 유지했다. 훈련 환경도 열악했고 훈련장 이동과 훈련만으로 하루가 다 지나갔다. 에타플은 영구적 기지였음에도 병사들은 천막에서 생활해야 했다. 하루 배급 식량은 소고기 두 쪽, 비스킷 두 개, 양파 하나가 전부였다. 한 장교는 "이곳의 훈련이 말할 수 없이 사기를 저하시킨다"

고 했고, 또 다른 이는 불링의 훈련을 두고 "2주간의 지옥 경험"이라고 회상했다. 완전히 치료가 안 된 상태임에도 전선으로 복귀한 병사들을 상대했던 한 상병은 이렇게 말했다. "왜 그런 상태로 복귀했냐고 내가 묻자 그들은 한결같이 불링에서 탈출하려면 어쩔 수 없었다고 대답했다."

극도로 열악한 환경과 극심한 사기 저하 때문에 결국 1917년 9월 9일 일요일, 에타플에서 반란이 일어났다. 베라 브리튼은 여성 요원들이 안전을 위해 봉쇄된 병원에 몸을 숨겼다는 등 흉흉한 소문을 들었으며, 에타플의 반란은 결국 극악한 훈련 조건이 불러온 불가피한 결과였다고 회상했다.

전쟁 시인 윌프레드 오언Wilfred Owen은 1917년 말에 에타플에서 근무했는데, 그도 이곳 기지에 매우 부정적인 견해를 밝혔다. 그는 새해 전날 고향 어머니에게 보내는 편지에 다음과 같이 썼다.

지난해 이때쯤(방금 막 자정이 지났네요), 저는 황량하고 끔찍한 숙영지의 텐트 속에서 바람을 맞으며 누워 있었습니다. 프랑스도 영국도 아닌, 마치 도살 당할 때를 기다리는 짐승을 임시로 모아놓은 대기소 같은 느낌이었습니다. 스코틀랜드 부대가 왁자지껄 떠들며 노는 소리가 들렸죠. 그들은 이제 죽고 없습니다. 그렇게 될 줄 이미 예견했겠지요. 오늘 밤 문득 그 생각이 들었습니다. 나도 그렇게 해야 할지, 우리도 그렇게 해야 할지, 어머니도 그렇게 해야 할지…….하지만 저는 너무 깊게, 오래 생각하지 않았습니다. 왜냐하면 저는 회피의 달인이니까요. 대신 저는 진지에 있는 병사들의 얼굴에 드리운 매우 괴이한 표정을 생각했습니다. 물론 영국에서도 전쟁이 벌어지고 있겠지만, 그곳에서는 결코 볼 수 없는 그런 표정이지요. 아마그 어떤 전쟁터에서도 볼 수 없을 겁니다. 오직 에타플에서만 볼 수있는 표정입니다. 그것은 절망도 공포도 아닙니다. 공포보다 훨씬더 끔찍한 공포입니다. 마치 죽은 토끼처럼 아무런 감정도 없는, 무표정이기 때문입니다.[2]

많은 단점에도 불구하고, 에타플은 야전 병원이 들어설 최적지였다. 기지는 남부의 아베빌Abbeville과 솜Somme으로 이어지는 철도에서 가까웠다. 따라서 전쟁터의 부상병을 후송한 뒤, 투입 준비가된 병사를 다시 전선으로 투입하기가 쉬웠다. 또한 에타플은 불로뉴에서 가까웠는데, 불로뉴는 가장 단거리로 영불 해협을 건너 영국으로 갈 수 있는 곳이었다. 이는 독일 잠수함이 해협을 지키는 상황에서 매우 중요한 고려 사항이었다.

종군 간호사로 봉사하기 위해 옥스퍼드대학에서 하던 공부를 포기한 베라 브리튼은 1916년 8월 3일에 제24통합병원에 처음 도착했다. 그녀는 에타플의 첫인상에 대해 "모래 언덕과 바다 사이에 위치한, 영롱한 불빛이 습지 위에 걸려 있는 곳"이라고 시적으로 묘사했다. 그와 달리 장교들과 남자들은 훨씬 덤덤하게 에타플을 그저 '모래 언덕'이라고 불렀다.

병원 기지는 군사 기지보다는 오히려 작은 마을처럼 보였다. 철도 양쪽 들판에 의사용 천막과 간호사용 오두막이 열을 지어 끝없이펼쳐져 있었다. 제24통합병원 자체만으로도 환자 2만2천 명을 돌볼 수 있는 병상이 있었는데, 열두 동이던 목조 오두막 병동의 벽은 한 련화 덩굴로 뒤덮여 있었고, 창문에는 꽃무늬 커튼이 달려 있었다. 하지만 멀리서 들려오는 대포 소리는 병원의 목적과 긴장감을 분명 히 일깨워주었다. 에타플의 모든 인원과 물자는 언제나 유동적이었 으며, 우정도 한시적, 약속도 한시적이었다. 무엇보다 삶 그 자체가 가장 한시적이었다.

제24통합병원은 서부 전선에서 발생하는 엄청난 사상자와 전쟁 에 따르는 질병에 대처하기 위해 설립되었다. 초기에는 전쟁에서 발 생하는 전통적인 부상을 치료했는데, 나중에는 고성능 폭탄과 기관 총 같은 무기 체계의 혁신에 따라 점차 상황이 악화되어 갔다. 베라 가 처음 병원에 도착하여 받은 임무는 섭씨 32도가 넘는 후덥지근하 고 좁은 천막 속에서 전쟁 포로들의 붕대를 갈아주고 상처에서 고름 을 짜내는 일이었다. 9월이 되자 기온은 여전히 높았고 간호 요원들 은 선충류 기생충 가운데 하나인 위충胃蟲에 감염되기 시작했는데, 그들은 이 병을 에타플리티스Etaplitis라고 불렀다. 환자들이 너무 바 짝 붙은 상태로 수용되었기에 이질과 장티푸스의 위험이 높았다. 또 한 패혈증과 참호에서 얻은 부상이 곪아터질 위험도 컸다. 한편, 당 시에는 잘 알려지지 않은 참호족염도 발생했는데 이는 발가락에 괴 저가 발생하여 결국 발가락이 떨어져나가는 증상이었다. 또한 참호 열도 횡행했는데 이는 이Pediculus humanus[3]가 매개체가 되는 것으로 나중에 밝혀졌다. 또한 전쟁신염war nephritis으로 알려진 새로운 증상 도 있었는데 두통, 열, 콩팥 손상 등이 뒤따랐다. 그뿐 아니라 겨자 가스의 흡입은 흉부 감염과 폐렴을 불러왔고, 해리 언더다운과 전우들의 목숨을 앗아간 폐기관지염pulmonary bronchitis을 일으켰다. 전쟁은 부상병들의 사기를 떨어뜨렸고, 면역 체계를 약화시켰으며, 요양 중인 병사들은 여전히 몸이 약하고 질병에 속수무책이었다.

이러한 상황이다 보니 의료 팀은 전쟁 기간 내내 격무에 시달릴 수밖에 없었다. 에타플에선 보통 하루에 남녀 의료 팀 1만 명이 근무를 했고, 매일 철도를 타고 열차 100대가 전선에서 사상자를 실어 날랐다. 의료 팀은 병원의 수용 능력을 훨씬 초과한 환자들을 돌보느라 지쳐갔고, 결국 많은 요원들이 피로와 질병에 쓰러졌는데, 베라 역시 그들 중 하나였다. 1918년 1월 12일 베라는 동생 에드워드로부터 영국 휴가에 동행하자는 편지를 받았고 그 기회를 붙잡았다.

하지만 이틀 뒤 베라는 불로뉴에 너무 늦게 도착하는 바람에 해협을 건너는 배를 타지 못하고 항구에서 하룻밤을 보내야 했는데, 펄펄 끓는 열과 찌를 듯한 두통으로 밤새 앓아야 했다. 다음날 아침 베라는 힘든 항해를 거쳐 포크스턴Folkestone에서 칼바람을 맞으며 기차를 타고 고향으로 향했다. 그녀의 상태는 전혀 나아지지 않았고 고향인 켄싱턴Kensington에 도착했을 때는 거의 초주검인 상태가 되었다.

이튿날 아침 베라의 체온은 39.5도였고 회복될 때까지 휴가를 연장하라는 지시를 받았다. 베라는 참호열이라고도 알려진 원인불명 열병Pyrexia of Unknown Origin에 걸린 것으로 생각했는데, 이는 전쟁과 관련된 많은 질병을 뭉뚱그려 부르는 증상이었다. 또한 베라의 증상은 스페인 독감의 초기 증상과 비슷했는데, 다행히 그녀는 후기 증상인 화농성 기관지염, 청색증, 공기 기아 등은 피할 수 있었다. 과연 베라는 병사들을 돌보는 동안 초기 형태의 바이러스에 감염되었다가 면역체를 얻게 되었던 것일까?

베라가 에타플에서 감염된 것인지, 아니면 영국으로 가던 항해 도중에 바이러스에 노출된 것인지는 알 길이 없다. 하지만 해리 언더다운 이등병과는 달리 살아남았으며, 자신의 경험을 《청춘의 증언》이라는 책에 기록했다. 이는 제1차 세계 대전을 다룬 가장 강렬한 회고록의 하나로 꼽힌다. 언더다운 이등병과 베라 브리튼의 운명은 매우 달랐지만, 그들의 이야기는 모두 스페인 독감의 기원을 둘러싼 의학적 미스터리를 생생하게 보여준다.

2장

'녹다운' 열병

젊은 사람들을 쓰러뜨리는 질병의 수수께끼

1918년 2월 몹시 추웠던 어느 날 밤, 닥터 로링 마이너Loring Miner는 캔자스주 해스켈Haskell 카운티에 사는 한 환자의 호출을 받았다. 닥터 마이너는 그 노파가 '녹다운' 열병(옛날에는 독감을 그렇게 불렀다)에 걸려 심한 기침과 오한으로 고생하고 있다는 얘기를 이미 들어 알고 있었다. 인플루엔자는 거의 모든 환자에게는 며칠이면 지나가는 간헐적 열병이었다. 하지만 아주 어린 아이나 노인에게는 위험할 수 있었다. 왜냐하면 인플루엔자의 합병증이 취약 계층에게 매우 치명적이었기 때문이다. 닥터 마이너는 가죽 왕진가방을 집어 들고 마차에 올라 외딴 농장으로 길을 떠났다. 우락부락한 얼굴에 팔자수염이 인상적인 그는 이 황량한 시골 마을에서 매우 사랑받는 의사였다. 그의 환자들은 정신 말짱한 다른 의사보다 차라리 술 취한 닥터 마이너가 더 믿을 만하다고 입을 모았다.

농장에 도착한 닥터 마이너는 눈앞에 펼쳐진 광경에 충격을 받앉다. 환자인 노파는 이미 헬리오트로프 청색증 증상을 보이고 있었는데, 산소 부족으로 피부가 검푸르게 변해 있었다. 그녀는 살아남기 위해 사투를 벌이고 있었으며, 발작성 기침과 호흡 곤란으로 큰 고통을 받고 있었다. 가족들은 그녀 주위에 양동이와 수건을 들고 둘러서 있었는데, 거듭되는 내출혈로 계속 피를 토해냈기 때문이다. 닥터 마이너는 즉시 인플루엔자 감염에 따른 폐렴으로 진단을 내렸는데 이렇게 격렬한 증상은 본 적이 없었다. 환자는 괴로워하다가 이내 숨을 거두었다. 이후로도 며칠 동안 그는 이 환자의 범상치 않은 증상을 기록할 여유가 없었다. 밀러드는 비슷한 사례로 계속 불려 다녔기 때문이다. 주민들은 밤낮을 가리지 않고 그의 집 문을 두드리거나 그가 일하는 병원으로 찾아와 도움을 요청했다. 많은 환자들이 병에 걸리기 전에는 매우 건강했는데, 농장 청년이나 젊은 여성들이 아무런 경고 없이 쓰러졌다. 보통 유아나 노인들에게 치명적일 수 있는 것으로 알려졌던 인플루엔자가 마을에서 가장 건강한 청장년층을 공격하는 것으로 보였다. 신기하기도 하고 두렵기도 했던 닥터 마이너는 이 신비로운 질병의 수수께끼를 풀기 위해 온힘을 다했다. 그는 환자의 면역 체계를 자극하기 위해 심지어 디프테리아와 파상풍 주사를 놓기도 했다. 하지만 그는 해스켈 카운티 전역을 뛰어다니며 인플루엔자를 상대해야 했기에 이 질병을 따로 연구할 시간이 없었다. 미국에서 최초로 제작된 자동차 모델 중 한 대를 갖고 있기도 했지만, 그의 주요 이동 수단은 오래된 마차였다. 왕진을 마치면 너무 지쳐서 마차에 앉은 채로 곯아떨어지기 일쑤였는데, 그럴 때면 말이 스스로 집을 찾아가곤 했다. 왕진 스케줄 사이에 어쩌다 시간이 생기면 치료법을 찾기 위해 의학 서적을 뒤적이거나 다른 의사들에게 문의를 했고, 환자들의 소변과 혈액 샘플을 분석했다. 그는 이 질병이 외딴 농장에서 많이 발생했기 때문에 축사와 관련이 있지 않을까 의심했지만 증거를 찾지는 못했다. 마치 어둠 속에서 싸우고 있는 모양새였다. 1918년 당시는 현대적 바이러스 개념이 아직 의학계에 알려지지 않은 때였다. 박테리아보다 작은 입자가 존재한다는 것은 알려져 있었지만, 1938년이 되어서야 비로소 전자현미경을 통해 바이러스의 존재를 눈으로 확인할 수 있게 되었다.

과학자들은 이미 천연두, 탄저병, 광견병, 디프테리아, 뇌막염 등 여러 질병의 세균 백신을 연구하고 있었다. 하지만 인플루엔자를 위해 쓸 수 있는 세균 백신은 제한적이었다. 의사들은 인플루엔자를 상대하기 위해 전통적인 치료법에 의존할 수밖에 없었다. 침대 휴식, 기침 억제와 진통을 위한 아편opium 그리고 나무껍질에서 추출한 키니네quinine 처방이 전부였다. 키니네는 전통적으로 말라리아 치료제로 썼지만 더 이상 그런 목적으로는 권장하지 않았으며, 환자가 땀으로 독소를 배출하게 함으로써 회복을 돕는 것이라 생각했다. 또한 많은 환자가 민간요법에 눈을 돌렸는데, 어떤 것은 상대적으로 그럴 듯했다. 약초와 함께 레몬, 위스키 그리고 마늘이 전통적인 만병통치약이었고, 괴이한 요법으로는 각설탕과 함께 피마자기름이나 등유를 마시는 것이 있었다.

해스켈 카운티 주민들이 사랑하는 이들을 걱정하느라 숨을 죽이고 있을 때, 지역 신문인 《산타페 모니터Santa Fe Monitor》지는 독자들의 일상 소식을 자세히 전해주는, 전통적인 마을 신문의 소임을 수행하고 있었다. "에바 반 알스틴Eva Van Alstine 부인은 폐렴을 앓고 있으며"라는 기사 뒤에는 마치 위로라도 하듯 "그녀의 어린 아들 로이Roy는 일어날 수 있을 정도가 되었다"는 소식이 이어졌다. 하루 이틀 뒤에는 "랠프 린드만Ralph Lindeman 씨가 여전히 많이 아픈 상태이며, 골디 볼게하겐Goldie Wolgehagen 양은 아픈 자매 에바Eva를 대신해서 비먼Beeman 상점에서 일하고 있다"는 기사가 실렸다. 또한 독자들은 "호머 무디Homer Moody 씨가 많이 아프다고 하며, J.S. 콕스Cox 부인은 많이 좋아졌지만 여전히 매우 약한 상태이고, 랠프 매코널Ralph McConnell 씨는 이번 주에 몹시 아팠다"는 소식도 전해 들었다. 《산타페 모니터》는 "거의 모든 카운티 주민이 유행성 감기la grippe 또는 폐렴을 앓고 있다"고 기사를 맺었다.

이 기사들에 등장하는 무던 표현들은 해스켈 카운티를 덮친 인플루엔자의 영향을 과소평가한 것이었다고도 할 수 있다. '아픈' 또는 '약한' 같은 표현은 환자와 그 가족이 겪은 극심한 공포를 제대로 대변해주지 못했다. 또한 인플루엔자가 전파되는 속도, 청색증과 출혈의 끔찍한 증상들, 공기 기아 때문에 환자들이 숨을 헐떡이며 허공을 움켜잡는 모습도 잘 보여주지 못했다.

몇 주 후에 해스켈 카운티를 휩쓸었던 인플루엔자는 느닷없이 시작되었던 것처럼 갑자기 사라졌다. 하지만 닥터 마이너는 농장에 거주하던 한 노파의 죽음에서 시작된 이 사태를 잊지 않았다. 그는 인플루엔자의 흔한 합병증인, 속발폐렴secondary pneumonia으로 환자 셋을 잃었으며, 또 다시 이런 사태가 재현되지 않을까 무척 염려했다. 그래서 워싱턴 정부 부처에 편지를 써서 해스켈 카운티의 인플루엔자 창궐 사태를 경고하는 메시지를 전했고, 아울러 이러한 유행병에 각별히 대비할 것을 촉구했다. 하지만 그의 경고는 무시되었다. 인플루엔자는 보건 당국에 발생을 보고해야 하는 신고 대상 질병이 아니었고, 정부는 전쟁에 총력을 기울이는 데만 모든 관심을 집중하고 있었다. 이것이 국가적 사기 진작을 이유로 치명적인 인플루엔자 바이러스 경고를 무시해버린 첫째 사례일 것이다. 닥터 마이너의 임상 보고서는 결국 출판되기는 했지만 의학전문지에 실리는 것으로 그쳐 세간의 주목을 받지는 못했다. 다음은 1918년 4월 5일에 출간된 〈공중 보건 보고서Public Health Reports〉에 실린 내용이다. "인플루엔자. 1918년 3월 30일, 캔자스 해스켈, 심각한 유형의 인플루엔자가 18건 발생, 그중에서 3명 사망, 캔자스주 해스켈에서 보고됨."

　　한편, 해스켈 카운티에서는 《산타페 모니터》가 작은 마을의 소소한 일상을 계속해서 전하고 있었다. 젊은 딘 닐슨Dean Nilson이 복무 중 휴가를 받아 고향으로 돌아왔는데, 신문에는 "딘은 군 생활이 적성에 맞는 것처럼 보인다"는 기사가 실렸다. 딘이 집으로 돌아온 바로 그 무렵에 어니스트 엘리엇Ernest Elliott은 복무 중인 형을 면회하기 위해 포트라일리Fort Riley의 캠프 펀스턴Camp Funston으로 길을 떠났다. 해스켈 카운티에서 480킬로미터쯤 떨어진 곳에 있는 이 군사 보호 지역은 딘 닐슨이 떠나왔던 바로 그 지역이었다. 어니스트 엘리엇이 길을 나설 무렵, 그의 어린 아들 메르틴Mertin이 아팠다. 그가 집을 떠난 사이에 어린 아들의 상태가 악화되었다. 《산타페 모니터》는 "어니스트 엘리엇의 어린 아들 메르틴은 폐렴을 앓고 있다"는 기사를 전했다. 메르틴은 치명적인 인플루엔자에 이미 노출되었고, 그의 아버지는 비록 이 병의 희생자는 아니었지만 이 전염병을 가지고 포트라일리로 가게 된 셈이었다. 며칠 뒤, 딘 닐슨 역시 같은 캠프로 돌아갔다. 두 사람 모두 뜻하지 않게 바이러스를 전파한 셈이었다. 이는 미국이 세계 대전에 참전함으로써 불거진 예상치 못한 결과였다.

미국은 1918년에 명실상부한 참전국이 되었다. 우드로 윌슨 Woodrow Wilson 대통령의 주도로 이미 한 해 전에 독일에 선전포고를 했던 미국은 이제 징병, 파병, 전쟁 국채 구매 운동 등에 총력을 기울이고 있었다. 1918년 봄에 이르러 미국은 전쟁에서 결정적 역할을 할 준비가 되었다. 애국심의 열기 속에서 국가의 부름에 응답하여 장정 400만 명이 자원입대를 하거나 징집되었다. 시골 촌구석과 대도시, 중서부 초원지대와 맨 아래쪽 남동부 지역 등 전국 각지에서 모여든 장정들은 캠프로 소집되었고, 공동의 적과 대치 중인 여러 전선으로 투입되기 위하여 기초 군사 훈련을 받았다. 그런데 전염병학자인 빅터 C. 본 박사에 따르면, 불행히도 이들이 사는 환경은 전염병이 발생하기에 최적의 조건이었다. 본 박사는 이를 두고 1936년 출간된 회고록에서 이렇게 말한다.

제1차 세계 대전 때 군대를 동원하는 과정에서 각지에서 모여든 장정들은 각자 고향의 전염병을 집결지로 가지고 왔다. 징집병들은 먼저 각 주에서 집결을 했다. 그들의 출신지는 천차만별이었다. 평상복을 입은 채로 모여들었는데, 어떤 이들은 깨끗하게 차려 입었고 또 어떤 이들은 더러운 옷차림 그대로였다. 각자 자기 지역에서 흔한 박테리아의 샘플들을 가지고 왔다. 그들은 이러한 미세 유기체들을 몸이나 옷에 지닌 채로 모여들었다. 각 주의 집결지에서는 매우 밀집된 상태로 대기해야 했는데, 대기하는 동안 이런저런 모병 절차를 거쳐야 했으며 그런 다음 군용 열차를 타고 다음 집결지로 이동했다.[1]

본 박사가 이 글에서 언급한 질병은 홍역이지만 1918년 육군 병영에서 창궐한 인플루엔자 유행병 역시 같은 규칙을 적용할 수 있다. 하지만 그 당시 그의 글과 동료 군의관들의 증언은 제대로 받아들여지지 않았다. 제1차 세계 대전 당시 군대 동원 절차에 따른 위험성을 사전에 미리 당국에 지적했지만 "군대 동원 소집의 목적은 민간인을 최대한 신속하게 훈련된 군인으로 만드는 것이지 전염병 방역 시범을 보이는 것이 아니다"라는 대답이 돌아왔다.

본 박사는 감염이 발생할 수 있는 최악의 장소가 군대 병영이라고 말했다. "사람들이 밀집하면 할수록 감염의 확산을 통제하기가 어려워진다. 병영만큼 근접 상태에서 지속적으로 접촉이 이루어지는 환경도 없다."

두 번의 모래 폭풍 뒤에 찾아온 인플루엔자

텍사스주 포트라일리의 캠프 펀스턴이 바로 그런 병영이었다. 이곳은 미국 전역에서 소집된 동원 캠프의 전형적인 본보기였다. 캔자스주 정션시티Junction City 근처의 포트라일리 군사보호 지역에 있는 캠프 펀스턴은 프레더릭 펀스턴Frederick Funston 장군의 이름을 땄으며, 제1차 세계 대전 당시 소집된 신병들의 집체 신병 교육을 실시하기 위해 설립된 사단 훈련소 16곳 가운데서 가장 규모가 컸다. 1917년 7월에 공사가 시작되었으며 건물들은 도시 블록식 장방형으로 똑같이 배열했는데, 중앙에 간선로를 두고 양쪽에 지선로를 두었다. 캠프에는 건물 2천800에서 4천 동의 건물이 신축되었고, 이는 이곳에 배속된 미 육군 제89사단 소속 신병 4만여 명을 수용할 수 있는 규모였다. 캠프 건설에는 대략 1천만 달러의 비용이 들었다.

캠프 펀스턴은 병영이라기보다는 하나의 도시에 가까웠다. 영내에 주택, 훈련장, 상점, 극장, 문화 센터, 병원, 도서관, 학교, 작업장, 심지어 커피 로스팅 하우스까지 있었다. 숙소용 막사는 폭 13.1미터, 길이 42.7미터의 2층 건물이었다. 내부에는 부엌, 식당, 중대장 사무실, 보급실, 분대용 내무실 또는 공동 내무실이 있었다. 각 내무실에는 침대 150개가 배치되었는데 이는 1917년 당시 미 육군 보병 중대 인원 규모였다.

캠프 펀스턴의 주요 임무는 미국 중서부 주에서 징집한 신병들을 해외로 파병할 수 있도록 훈련시키는 것이었다. 신병들은 제식 훈련과 군사 기술을 배우는 데 전념했고, 이들 중서부 지역 병력을 훈련시키기 위해 프랑스와 영국 같은 외국 군대에서 뽑힌 장교도 많이 배속되었다. 비록 많은 병사가 고향을 그리워했지만, 자유 시간에는 극장에서 쇼를 관람하거나 문화 센터에서 여유를 즐기기도 했다. 89사단 356보병연대 소속인 제임스 H. 딕슨James H. Dickson은 친구에게 보내는 편지에 이런 글을 쓰기도 했다. "유니스, 가끔 소식 좀 전해줘. 여기 캔자스에선 새 소식이 드물다고. 바람에 다 날아가버려서." 여기 등장하는 바람은 매우 의미심장하다. 병사들은 캠프 펀스턴의 열악한 날씨를 불평했다. 겨울에는 뼛속까지 시렸고 여름에는 찌는 듯이 더웠다. 포트라일리의 첫 간호부장이었던 육군 간호대 소속 엘리자베스 하딩Elizabeth Harding 중위는 이렇게 회상했다. "포트라일리에 처음 부임했을 때가 1917년 10월 중순이었고, 마침 눈보라가 휘몰아치고 있었다. 이곳에서 나는 내가 기억하는 한, 내 평생 가장 추운 겨울과 가장 무더운 여름을 보냈다." 마치 열악한 날씨만으로는 부족하다는 듯이 눈앞을 분별할 수 없을 만큼 강력한 먼지바람이 휘몰아쳤다. 거기다가 동물의 배설물을 태울 때 나오는 연기가 상황을 더욱 어렵게 만들었다. 포트라일리는 미국 기병대의 중심지였고, 말과 노새도 수천 마리나 배속되어 있었다. 병사들은 승마술을 배웠고 수의학과 편자술, 마구 제조술까지 섭렵해야 했다. 나중에 장군에 오르게 되는 조지 패튼George Patton도 이곳에서 근무했는데, 주말에는 폴로를 하거나 도약 시범을 보이곤 했다. 말들은 다달이 9톤쯤 되는 배설물을 쏟아냈고 이를 규정대로 처리하는 방법은 태우는 것뿐이었다. 그 결과 배설물이 타면서 발생한 재와 먼지바람이 결합되어 코를 찌를 듯한 황색 연무가 퍼졌다. 미세한 먼지 알갱이는 폐와 기관지를 악화시켰고, 병사들은 천식, 기관지염, 폐렴으로 고생했다. 탁한 검은 연기는 몇 시간 동안 지면을 뒤덮었으며 호흡기 계통을 더욱 악화시켰다.

여느 군대 병영의 가장 큰 문제 중 하나는 전염성 질병의 확산이었다. 콜레라와 이질 같은 '전쟁터' 질병을 예방하기 위해 모든 병사들은 예방 접종을 받았다. 전염성 질병의 증상을 조금이라도 보이는 병사는 완치되거나 전염시킬 위험성이 완전히 사라졌다고 확인될 때까지 격리되었다. 1918년 당시 포트라일리 기지 병원의 사령관은 에드워드 슈라이너Edward Schreiner 대령이었다. 그는 의사로서 처음에 방위군에서 복무하다가 정규 의무부대로 합류했으며, 1916년에는 멕시코 국경의 지구병원을 지휘했다. 육군 간호사들도 불과 1년 전 암울한 상황에서 이곳에 도착했다. 하딩 중위는 당시를 이렇게 회상했다. "막사를 병원으로 개조 중이었다. 처음에는 지하층을 제외하면 화장실과 욕실도 없는 원시적 수준이었다. 온수와 난방은 거의 공급이 되지 않았다."

1918년 3월 9일 토요일, 포트라일리에 거대한 먼지 폭풍이 불어닥쳤다. 병사들이 기억하는 한 가장 끔찍한 먼지 폭풍이었다. 그날 캔자스에서는 해가 완전히 빛을 잃었다는 말이 나돌았다. 열차 운행이 중지되었으며 포트라일리는 숯검정과 재로 뒤덮였다. 병사들이 이를 치워야 했는데, 지휘관들은 작업하는 병사들에게 마스크를 착용하라고 지시할 생각을 하지 못했다. 그다음 월요일인 3월 11일, 중대 취사병인 앨버트 기첼Albert Gitchell 일병은 상관에게 인후염과 두통을 보고했다. 당직 의무사관은 기첼 일병의 증상이 모래 폭풍과 배설물을 태운 것 때문일 거라 판단했지만, 열이 40도까지 오르자 그를 격리 병동으로 옮겼다. 곧이어 리 W. 드레이크Lee W. Drake 상병과 아돌프 허비Adolf Hurby 하사도 비슷한 증상을 보고했다. 허비 하사는 열이 41도로 기첼 일병보다 높았고, 목, 비강, 기관지에 염증을 호소했다. 환자들이 계속해서 늘어나자 당직 의무사관은 슈라이너 대령에게 지원을 요청했다. 점심 때까지 슈라이너 대령과 의무사관들은 107명이 넘는 환자들을 진료했고, 주말까지 캠프 펀스턴의 환자는 522명으로 늘어났으며, 3월 말이 되자 1천100명을 넘어섰다. 폭증한 환자를 수용하기 위해 격납고를 임시 병동으로 요청해야 했다. 슈라이너 대령은 이러한 인플루엔자의 창궐을 꼼꼼히 살피면서 환자 돌보기에 여념이 없었는데, 특히 한 해 전에 있었던 불미스러운 일을 답습하지 않기 위해 각별히 주의를 기울였다. 1917년 육군 장교 존 다이어John Dwyer는 신병이 인플루엔자로 사망하자 군법회의에 회부되었다. 그는 지휘 태만으로 유죄 평결을 받았는데, 이는 신병의 독감 증상이 심각했음에도 신병에게 추가 임무를 지시했기 때문이었다. 다이어는 보직 해임 처분을 받았다.

이 전염병이 초래한 상황은 매우 심각했지만 예상하지 못한 것은 아니었다. 많은 병사가 좁은 공간에서 부대끼며 생활해야 하는 막사에서 전염병이 도는 것은 흔한 일이었다. 하딩 중위는 이렇게 기록했다. "캠프 펀스턴처럼 많은 인원이 함께 생활하면 여러 유행병이 발생했다. 병사들 중에는 농장 출신이 많았는데, 이전에 전염병에 노출된 경험이 없는 사람이 대부분이었다." 그런데 이 전염병은 일반적인 유행병과는 양상이 사뭇 달랐다.

슈라이너 대령의 초기 진단은 인플루엔자 감염이었다. 병사들의 증상은 전통적인 인플루엔자와 예후가 매우 비슷했다. 처음에는 오한이 들었다가 고열, 두통에다 요통이 뒤따랐다. 그런데 어떤 환자는 일어설 수조차 없었고, 발작성 기침, 분출성 비강 출혈, 공기 기아 같은 증상을 보였으며, 질식으로 죽기도 했다. 또한 사망자 수가 유달리 많았다. 거의 모든 환자가 5일 안에 회복했지만, 48명은 폐렴, 출혈 같은 합병증으로 사망했다. 치명적인 변종 인플루엔자가 캠프 펀스턴을 휩쓸고 지나가자, 슈라이너 대령은 3월 30일, 워싱턴의 육군 총사령부에 "매우 극심한 두 차례 모래 폭풍에 이은 인플루엔자로 많은 인원이 사망함"이라고 전보를 보냈다. 슈라이너 대령에 대한 사령부의 반응은 닥터 로링 마이너의 경고 때 당국이 보인 반응과 전혀 다르지 않았다. 그들은 그의 경고를 심각하게 받아들이지 않았다.

먼지 폭풍은 캔자스에서 흔한 현상이었다. 군대 병영에서 전염병이 도는 것도 마찬가지였다. 그런데 이 두 가지 현상이 결합되자, 전례 없는 새로운 재앙이 탄생한 것으로 보였다. 닥터 마이너와 슈라이너 대령 모두 폐페스트 형태의 이 재앙이 진정한 위협이 되리라는 사실을 알아차렸다. 중세의 흑사병인 폐페스트는 인플루엔자와 마찬가지로 숨breath으로 전파되었고, 이전 장에서 이야기했듯이 만주에서 이미 창궐한 전례가 있었다. 중국 북부 지역에서 온 중국인 노동자 20여만 명이 프랑스에 주둔한 연합군을 지원하기 위해서 북미를 거쳐 이동했다. 그들이 데려온 폐페스트가 새로운 환경에서 변이를 거쳐 새로운 악성 변종 인플루엔자로 변신하게 된 것일까? 물론 이러한 가설은 닥터 마이너가 증언한, 외딴 농장에서 발생한 사례는 설명하지 못한다.

슈라이너 대령은 먼지 폭풍이 유행병을 촉발했다고 믿었던 것 같은데, 사실 다른 가능성이 있었다. 혹시 돼지 독감이 기지에 배속된 동물로부터 변이를 일으킨 것은 아닐까? 아니면 '선역strangles, 腺疫'이라 불리는 말 독감horse flu이 병영에 있는 기마대 말 수천 마리에서 변이를 일으킨 것은 아닐까? 그 말 중에 독감에 걸린 말이 있었을 가능성은 얼마든지 있다. 이 독감이 배설물을 태울 때 병영 전체로 확산되었을 수도 있다. 쉽게 말해서, 자욱한 흙먼지가 인플루엔자를 직접적으로 유발한 것은 아닐지라도, 확산에 도움이 된 것은 분명하다. 병사들은 흙먼지 때문에 며칠 동안 숨을 제대로 쉬지 못하고 헐떡여야 했는데, 이는 독감 바이러스가 창궐하는 데 가장 좋은 조건이었다.

그 뒤 인플루엔자는 해스켈 카운티 때와 마찬가지로, 시작할 때 그랬던 것처럼 홀연히 사라져버렸고, 유럽에서 벌어지고 있는 전쟁 준비의 열기 속에 점차 잊혀져 갔다.

3장

이름 없는 살인자

훗날 《분노의 포도》를 쓰게 될 소년이 쓰러지다

　1918년 봄, 미국의 전시 총동원이 점점 고조되고 있을 때, 특별히 심각한 변종 인플루엔자가 뉴욕에서 플로리다, 캘리포니아 그리고 앨라배마까지 전국에서 동시다발로 군대 병영을 휩쓸었다. 과밀수용과 비위생적인 막사 문제에 시달렸던 군대에서 인플루엔자는 흔한 질병이었지만, 몇몇 장교들은 이 악성 독감의 확산 속도와 심각성에 경각심을 갖게 되었다. 한편, 새로운 치사성 인플루엔자는 민간인들 속에도 파고들었는데, 사람들이 밀집해서 모이게 되는 학교나 감옥이 그 타깃이었다. 다음에 소개되는 여러 사례는 미국 전역에서 스페인 독감의 '1차 공습'이 얼마나 독단적인 모습으로 이루어졌는지 잘 보여준다.

　미 육군의 에드워드 슈라이너 대령은 이미 캠프 펀스턴에서 발생한 인플루엔자에 우려를 표명한 바 있었다. 뉴저지주 캠프 딕스Dix의 제78사단 사단장인 휴 스콧Hugh Scott 소장 역시 비슷한 걱정을 했다. 1918년 4월 휴 스콧 소장은 미국 의무총감 윌리엄 크로포드 고거스William Crawford Gorgas 장군에게 캠프 딕스에서 발생한 질병의 확산을 보고했다. 특별히 인플루엔자가 문제였는데, 이로 인해 폐렴이 크게 증가했다. 스콧 소장은 캠프가 티끌 하나 없이 완벽한 상황에서 어떻게 그러한 유행병이 발생했는지 설명할 길이 없어 답답해했다.

그는 고거스 장군에게 보내는 서한에서 그가 취한 캠프 딕스의 위생 조치를 설명했고, 캠프로 와서 한번 검열을 해 달라고 부탁했다. 스콧 소장은 부하들의 감염을 막기 위해 그가 할 수 있는 모든 조치를 다하기 전까지 조금도 쉬지 않았다.

고거스 장군은 스콧 소장의 진정을 매우 심각하게 받아들였다. 그는 이미 미 육군에서 발생한 황열병yellow fever을 정복한 적이 있었다. 황열병은 독성이 증가하는 둘째 단계에서 유발되는 황달에서 그 명칭이 기원했고, 감염된 모기 암컷을 병원체로 하는 바이러스성 질병이었다. 고거스 장군은 위생 예방 프로그램을 써서 이 바이러스를 성공적으로 차단했고, 이 때문에 유명해졌다. 그는 그때와 똑같은 열정으로 폐렴의 창궐을 무력화시키기 위해 동분서주했으며, 이 악성 질병의 발생 원인 중 하나가 과밀집이라고 확신했다.

고거스 장군은 이렇게 확언했다. "내일 당장 캠프 딕스의 모든 인원에게 개인별 숙소를 제공할 수 있다면 폐렴을 당장 잡을 수 있다고 확신하오." 그는 바로 이런 방법으로 파나마 운하의 건설 노동자들 사이에서 발생한 폐렴에 대처했다고 설명했다. 그리고 이렇게 덧붙였다. "우리에겐 미합중국 최고의 과학자들이 많이 있소. 그들은 폐렴의 전염을 전심으로 연구하고 있으며, 우리는 아마도 미국-스페인 전쟁 때 황열병과 말라리아를 잘 막았던 것처럼, 폐렴도 성공적으로 격퇴할 수 있을 것이오."

캠프 딕스에서 발생한 전염병 희생자 중 한 사람은 제15기병대 소속 해리 T. 프레슬리Harry T. Pressley 일병이었다. 그는 캠프 딕스의 봄철 유행병 때 인플루엔자에 감염되었는데, 근무를 열외할 만큼 증상이 심하지는 않다는 진단을 받았다. 다행히 그는 사무실에서 근무했기 때문에 육체적 활동을 많이 하지는 않았다. 그와 달리 프레슬리의 동기인 시드 앨런Cid Allen 역시 감염되었는데 훈련을 지속하라는 명령을 받았으며, 1918년 4월 프랑스로 파병될 때까지 회복하지 못했다.

이러한 악성 변종 인플루엔자가 동시다발로 창궐하고 난 후에야 비로소 미군은 문제의 심각성을 인식했다. 캘리포니아와 플로리다, 버지니아, 앨라배마, 사우스캐롤라이나, 조지아의 육군 캠프에서 인플루엔자가 발생했다. 고거스 장군은 캠프 오글레토프, 고든, 그랜트, 루이스, 도니판, 프리먼트, 셔먼, 로건, 핸콕, 키어니, 매클렐런 등 많은 캠프에서 유행성 인플루엔자가 발생했다고 보고했다.

유행병 발생은 군대에만 한정된 것은 아니었다. 해스켈 카운티의 닥터 마이너가 증언한 자료에 따르면, 인플루엔자는 해스켈 카운티 인디언 학교도 강타했다. 이곳에서는 북미 원주민 아이들이 직업 훈련을 받고 있었다. 재학생 400명 중에서 세 명이 목숨을 잃었다. 인플루엔자로 인한 사망자는 시카고와 디트로이트에서도 발생했는데, 1918년 3월에는 포드 자동차 공장에서 일하는 근로자 수천 명이 인플루엔자에 감염되었다. 의문의 질병은 계속 확산되었으며 빠른 속도로 이동했다. 슈라이너 대령 같은 의사들에게는 이 치명적 변종 인플루엔자가 기존의 것과 다른 형태임이 분명했지만, 이 오랜 숙적에게는 아직 새로운 이름이 없었다. 한 육군 군의관은 새 이름을 붙이려고 시도했다. 〈H. 캠프 키어니 사단 의무대장 보고서〉를 보면, 그 지역에서 쓰인 용어인 '일본 인플루엔자'가 질병의 이름으로 잘못 기재되어 있다. 4월 첫째 주 샌디에이고에 입항한 일본 소함대 인원 중에 인플루엔자 환자들이 있었는데, 이들이 이 전염병을 옮긴 것으로 믿었던 것 같다.

질병 사례에 관한 기록 문서가 많지 않아서 전염병 확산을 추적하는 것이 쉽지 않았다. 군 당국은 병사들의 신체적 근무 적합 여부가 군 복무를 위해 매우 중요했기 때문에 병사들의 진료 기록을 철저히 관리했다. 하지만 민간인의 경우에는 그러한 기록이 부실했으며, 인플루엔자는 신고 대상 질병이 아니었다. 이 기간 중에 이 치사성 전염병을 다룬 기록은 1918년 4월 5일자 〈공중 보건 보고서〉에서 해스켈 카운티의 전염병 발생을 짤막하게 언급한 것이 유일하다.

인플루엔자는 필연적으로 학교에서 많이 발생했다. 희생자 중에는 존 스타인벡이 있었다. 훗날 《분노의 포도The Grapes of Wrath》를 쓰게 될 소년은 어느 날 창백하고 어지러운 모습으로 캘리포니아 학교에서 집으로 돌아온 후, 곧 침대에 쓰러져서 어머니 올리브Olive를 깜짝 놀라게 했다. 존은 체온이 급격히 상승했고 의식이 혼미해졌다. 그는 나중에 그 당시를 이렇게 회상했다. "나는 끝없이 나락으로 추락했고 천사의 날개 끝이 눈가를 스칠 때까지 추락을 멈추지 않았다." 지역 의사였던 닥터 머갠서Merganser가 급히 호출되었고, 그는 재빨리 침실을 임시 수술실로 바꾸었다.

그는 에테르ether에 마취된 소년의 가슴을 절개하고, 감염된 폐에 접근하기 위해 갈비뼈 몇 개를 제거한 후 늑막의 고름을 빼냈다. 그의 누이는 당시를 이렇게 회상한다. "우리는 그때 그 아이가 죽을 것이라고 생각했습니다. 존의 모습은 정말 끔찍했어요. 우리는 그를 위해 할 수 있는 모든 것을 다 했습니다. 그런데 그의 상태가 다시 나빠졌지요. 오랜 시간이 흘렀고, 결국에는 다시 괜찮아졌습니다. 우리는 정말 죽을 만큼 겁이 났었어요."[1)]

이러한 과감한 치료는 성공을 거두었고, 존은 여름방학 전 마지막 3주 동안 다시 학교에 다닐 수 있을 만큼 건강을 회복했다. 하지만 그는 이후 평생토록 폐 문제로 고생을 해야 했다. 이러한 경험이 남긴 심리적 영향 때문에 존 스타인벡은 상당히 유약하고 민감한 감성을 갖게 되었는데, 이는 그의 작가적 심성의 토양이 되었다. 그의 전기작가인 제이 파리니Jay Parini는 이렇게 말했다. "그는 마치 자신이 삶의 절벽 끝에 서 있는 듯한 느낌을 받은 것 같다." 앞으로 이 책에서 만나볼 많은 스페인 독감 생존자들과 마찬가지로, 스타인벡은 이 경험으로 평생 지울 수 없는 상처를 입었다.

미국의 감옥은 인플루엔자의 주요 타깃이었다. 인플루엔자는 넘치게 수용된 재소자들 사이에서 빠르게 확산되었다. 1918년 캘리포니아주 샌쿠엔틴San Quentin에서 발생하여 재소자 1천900명 가운데 500명이 감염된 것은 꽤 유명한 사례다. 이들은 끔찍한 생체 실험의 희생자가 되었던 것처럼 보인다.

감옥의 환경을 생각해보면, 샌쿠엔틴에서 인플루엔자 유행병이 발생한 것은 그리 놀라운 일이 못된다. 1913년에 교도소 의사로 새로 부임한 닥터 리오 스탠리Leo Stanley는 이곳의 열악한 위생 상태에 경악을 금치 못했다. 그는 전염병 관련 기록에서 이렇게 말했다. "환기 장치는 끔찍했고 감방은 초만원이었으며 통기 면적은 턱없이 부족했다." 스탠리는 특히 결핵 확산을 염려했는데, 결핵은 당시 주요 사망 원인이었다. 또한 그는 인종별 격리 수용이 되지 않은 것에 혐오감을 숨기지 않았는데, 이를 통해 인종에 관한 그의 편견을 엿볼 수 있다. 그는 이렇게 기록했다. "백인, 흑인, 인디언이 무차별적으로 섞여 있다. 주위 환경은 더럽기 짝이 없다." 여러 단점에도 불구하고 스탠리는 모범적인 교도소 의사로서 열정을 다해 임무를 수행했다. 유급 조수 네 명과 재소자 서기, 간호사로 팀을 꾸린 스탠리는 효율적인 진료 체계를 수립했으며, 재소자들은 아침저녁으로 약을 타기 위해 줄을 섰다. 1918년 4월 인플루엔자가 샌쿠엔틴에 처음 발생했을 때, 그 진행 과정을 기록으로 남긴 사람이 바로 스탠리였다.

비말 감염, 괴질의 원인으로 처음 주목받다

샌쿠엔틴에서의 첫 확산은 4월 13일에 시작되었는데, 이때는 재소자 A가 로스앤젤레스 감옥에서 이감되어 왔을 때였다. 로스앤젤레스 감옥은 이미 여러 재소자가 감염된 상태였다. 재소자 A는 샌쿠엔틴에 오기 전부터 아팠는데 그의 증상은 열이 수반된 전신 통증이었다. 그는 4월 14일 일요일 샌쿠엔틴으로 이감되자마자 마당에 모여 있던 재소자 1천900명과 합류했으며, 식당에서 그들과 함께 밥을 먹었고 밤에는 다른 신입 20여 명과 함께 입소실에 수감되었다. 다음 날 상태가 많이 악화된 재소자 A는 38.3도의 열에 오한, 허리와 뼈의 통증으로 감옥 병원에 입원했다. 이때부터 5월 26일까지 샌쿠엔틴에서는 유례없이 심각한 유행병이 확산되었다. 환자 101명이 입원했고 그 가운데 일곱 명이 기관지폐렴으로 발전했으며 세 명이 사망했다.

유행병은 4월 23일 화요일에 정점에 다다랐다. 환자 여덟 명이 새로 입원했고 다음날인 4월 24일에는 다시 열여섯 명이 입원했다. 이 이틀 동안 전체 재소자의 절반 정도가 아팠다. 스탠리의 기록은 다음과 같다.

기록을 살펴보면 하루에 보통 150명에서 200명이 병원에 진료와 상담, 조언을 요청하는데, 요즘에는 700명에서 750명이 모습을 보인다. 보통은 3명에서 7명이 질병을 이유로 근로 열외를 받았는데, 요즘은 열외 인원이 25명에서 62명에 이른다. 일상 과업에서 면제된 이들은 모두 많이 아팠으며 열이 37.8~38.3도 정도였고 허리 통증과 심한 탈진 증상을 보였다. 평상시라면 모두 입원시켜야 될 상태였지만 시설 부족으로 어찌할 수 없었다. 대신 그들은 해가 지기 전까지는 감방에 들어갈 수 없고 야외에 있어야 하는 조치를 받았다. 왜냐하면 이 괴질이 대낮에 후덥지근한 방에 갇혀 있을 때 더욱 확산되는 것으로 생각되었기 때문이다.

이러한 조치는 인플루엔자의 초기 치료법을 잘 보여준다. 당시

의사들은 인플루엔자에 관한 이해가 없었지만, 신선한 바람이 환자에게 도움이 된다는 빅토리아 시대의 믿음을 여전히 신봉했다. 그래서 독감 환자의 가족들에게 창문을 열어 놓으라는 조언을 많이 했다.

스탠리는 샌쿠엔틴에서 발생한 독감 환자들의 숫자에 진정으로 놀랐다. 그는 평소에 재소자들이 작업을 회피하기 위해 꾀병을 부리는 일이 많다고 확신했기 때문에 더욱 그러했다. 스탠리의 회고록을 보면 그는 꾀병 환자, 불평분자, 건강염려증 환자들을 솎아내는 데 출중한 능력이 있었다. "꾀병을 분별해내는 재능 덕분에 많은 미움을 받게 되었고 (중략) 고문을 즐기는 새디스트 의사라는 오명을 얻었다." 스탠리는 엄격하면서도 공정한 교도소 의사가 되려면 이러한 비난을 어쩔 수 없이 감수해야 한다고 생각했다.

그런데 이번의 경우에는, 샌쿠엔틴의 재소자들이 진짜로 아팠다. 비록 많은 재소자들이 아파도 일을 계속했지만 제분소, 재단소, 가구 공장, 주조 공장에서는 환자가 너무 많이 발생하여 조업을 계속 진행하는 것이 거의 불가능했고, 주지사는 전면적 조업 중단을 고려했다.

스탠리의 보고서를 보면 인플루엔자의 발생이 얼마나 빠르게 진행되었는지 알 수 있다. "이 시기에는 날씨가 따뜻하고 햇볕이 많이 들었다. 아픈 사람들은 때때로 작업장을 떠나 바깥으로 나갈 수 있도록 조치되었다. 많은 사람이 너무 아파서 작업장으로 돌아가지 않고 대신 땅바닥에 드러누워 햇볕을 쬐었다."

샌쿠엔틴의 유행병은 서서히 잦아들었지만 스탠리의 회고에 따르면 500명 넘는 재소자가 감염되어 고생을 했다. 스탠리는 질병이 둘째 주와 셋째 주 화요일과 수요일에 정점에 이른 사실에 관해 나름의 설명을 내놓았다. 재소자들은 매주 일요일 아침에 '활동사진'을 관람할 수 있었는데, 여덟 시와 열 시에 두 번 상영되었다. 영화 관람실은 반지하에 있었으며 환기가 제대로 되지 않았고, 인공조명을 달았으며 언제나 초만원이었다. 샌쿠엔틴의 재소자 1천900명 가운데 거의 전부가 참석했는데, 오전 중에는 관람실이 늘 후덥지근하고 연기와 체취로 악취가 났다. 환풍기가 설치되어 있었지만 충분하지 못했으며, 상영 시간 사이에 충분히 환기시킬 시간이 부족했다. 재소자 한 무리가 관람을 끝내자마자 다음 재소자들이 입장하는 식이었다. 어떤 이들은 자리를 뜨지 않고 연달아 관람하기도 했다.

이 영화 관람이 샌쿠엔틴 유행병의 시발점이었을까? 스탠리는 그렇게 생각했던 것 같다.

이 호흡기 질환이 일요일 영화 관람 때 재소자들을 공격했다고 가정해 보면, 36시간에서 60시간의 잠복기가 있었던 것 같다. 그래서 그 다음 화요일과 수요일에 환자가 급증했던 것이다. 감염 사례들의 전형적인 예를 보면, 그들은 일요일에 영화를 보았고 그 다음 화요일 또는 수요일에 두통, 발열, 오한, 뼈 통증, 심한 탈진, 구토 같은 증상을 보였다. 로스앤젤레스에서 이감되어 온 재소자가 이곳에 이 유행병을 전파한 것으로 보인다. 왜냐하면 그가 첫 환자였고, 그가 도착한 지 얼마 되지 않아 많은 환자가 발생했기 때문이다.

스탠리는 재소자 A가 다른 재소자들과 근접 접촉을 하고 아마도 비말 감염으로 이 질병을 전파했을 것으로 보았다. 그는 이 특정 변종 독감의 독특한 증상을 주목한 최초의 의사들 중 하나였다. "환자들은 호흡 곤란(숨쉬기 힘들어 함), 청색증(혈액 산소 부족으로 피부가 푸른색을 띰), 폐에서 분출된 묽은 핏빛 액체 등을 보였다." 또한 스탠리는 그때까지 기록된 적이 없는 이 질병의 또 다른 특징에 주목했다. 바로 반복 효과였는데, 회복한 것처럼 보였던 환자가 다시 재발하여 재입원하는 사례를 말한다. "이 유행병의 경우, 환자 가운데 9퍼센트가 2, 3주 후에 모든 증상이 사라져 퇴원했다가 10일쯤 후에 재발하여 되돌아왔다."

훗날 그 악영향으로 입증했듯이, 이 새 변종 인플루엔자는 인종과 종교를 가리지 않고 무차별 공격을 감행했다. 샌쿠엔틴에서 희생된 환자의 73퍼센트가 백인, 18퍼센트가 멕시코인, 6퍼센트가 흑인이었고, 3퍼센트가 중국인이었다. 스탠리에 따르면, 인플루엔자에 감염된 많은 환자가 상태 악화로 결핵을 얻었고 결국 그 때문에 사망에 이르게 되었다.

재소자 A가 다른 재소자에게 독감을 전파했다는 스탠리의 가설은 신빙성이 있다. 그런데 이 가설은 재소자 A가 이감될 당시, 그에게 한 조치와 관련된 문제를 야기한다. 스탠리의 말처럼 재소자 A가 이감될 때 이미 독감을 앓고 있었다는 사실이 확인되었다면, 독감의 확산을 방지하기 위해 그를 격리 조치했어야 했다. 그런데 그 대신에 그는 다른 재소자들과 자유롭게 어울리도록 허락되었고, 환기가 매우 열악한 초만원 영화 상영관에도 갈 수 있게 방치되었다. 이것은 단순한 부주의였을까, 아니면 무언가 다른 속셈이 있었던 것일까?

역사가 이선 블루Ethan Blue는 닥터 리오 스탠리를 연구해서, 그가 평범한 교도소 의사가 아니었음을 분명히 밝힌다. 닥터 리오 스탠리는 우생학자였으며, 샌쿠엔틴의 죄수를 대상으로 한 괴이한 생체 실험으로 유명해졌다. 이 생체 실험에는 윤리적으로 타당성이 애매모호한 경우도 있었는데, 그중에는 늙고 '활기를 잃은 남자'들을 치료하기 위해 그들의 고환을 가축이나 사형이 집행된 사형수의 고환으로 대체하는 이식수술이 포함되었다. 이러한 시술은 회춘법이라고 알려졌는데, 늙은 남자의 테스토스테론 수준을 다시 높이기 위해 젊은 남자의 고환을 이식한다는 아이디어였다. 스탠리는 샌쿠엔틴의 의사직을 수락한 지 5년 후인 1918년에 이미 회춘 실험을 시작했다. 그런데 그의 관심은 늙은 남성의 줄어드는 정력을 소생시키는 것에 국한되지 않았다. 닥터 스탠리는 우생학적 신념에 고무된 나머지 온갖 민족과 인종의 유입으로 점차 백인 남성상이 위협을 받고 있는 나라의 현실을 바로잡고 싶어 했다. 이는 백인 남성의 생식력을 최대한 증대시키고 이른바 '바람직하지 않은' 인종의 생식 능력은 박탈함으로써 이루어질 수 있다고 믿었다.

생체 실험에 관한 스탠리의 성향을 고려한다면, 그가 로스앤젤레스 감옥에서 이송된 재소자 A를 일부러 샌쿠엔틴의 재소자들과 어울리게 내버려두었다는 추측도 가능성뿐만은 아닐 수 있다. 감옥은 영리한 닥터가 실험실 환경 속에서 질병이 진행되는 과정을 관찰하기에 가장 알맞은 조건이었다. 샌쿠엔틴에서 인플루엔자가 확산되는 과정을 지켜본 닥터 스탠리의 기록은 여전히 중요한 자료로 남아 있다. 그가 조기 생체 실험을 시행하기 위해 의도적으로 환경 조건을 조작했는지 여부는 추측에 그칠 수밖에 없지만, 유력한 가설임은 틀림없다. 스탠리가 이 치명적 변종 인플루엔자로 기대 이상의 소득을 얻은 것은 분명하다.

한편, 샌쿠엔틴 바깥세상에서는 이 치명적 변종 인플루엔자가 조용하고 은밀하게 사망자를 내고 있었다. 미국에서 이 질병은 암암리에 확산되었으며, 여기저기서 갑자기 발생하여 큰 충격을 주었다가 다시 사라지곤 했다. 보고에 철저했던 군대의 기록과 괴상한 닥터 스탠리가 기록한 내용을 제외하면, 이 질병의 영향력이 실제로 어떠했는지 판단하기는 쉽지 않다. 1918년 초여름 무렵, 인플루엔자의 '1차 공습'은 쇠퇴한 것으로 보였다.

이탈리아 시타델라Cittadella에서는 주세페 아고스토니Giuseppe Agostoni 소위가 육군병원에 입원한 25세 병사를 돌보고 있었다. 이탈리아계 이민 2세였던 미국인 아고스토니는 인플루엔자가 소속 연대를 초토화시키는 모습을 무력하게 지켜봐야 했다. 그와 그의 동료들은 이런 유행병을 일찍이 본 적이 없었다. 병사들은 피를 토했고, 고름이 가득 찬 폐 때문에 질식으로 목숨이 위험한 상태였다. 얼굴은 푸르게 변했고, 힘겹게 내뱉는 숨소리는 오리가 내는 꽥꽥 소리처럼 들렸다. 지푸라기라도 잡는 심정으로 아고스토니는 주사기를 꺼내들고 병사의 팔에서 피를 뽑아내기도 했는데, 피를 뽑아내면 울혈을 조금이나마 덜 수 있으리라 생각했기 때문이다. 하지만 혈액은 10cc쯤 뽑아내자 바로 응고되었고 타르처럼 끈끈한 검은색으로 변했다. 죽어가는 병사를 무기력하게 바라보던 아고스토니는 알지 못했지만, 이와 비슷한 장면이 유럽 전역에서 나타나고 있었다. 그만의 문제가 아니었다. 그는 보이지 않는 적 앞에서 속수무책으로 괴로워했던 수많은 사람 중 하나였을 뿐이다. 죽음, 그리고 그것의 사악한 전령, 이름 없는 치명적 질병이 바로 그들이 상대하는 보이지 않는 적이었다.

4장

보이지 않는 적

유럽행 미군 수송선에 함께 오른 인플루엔자

1918년 봄 독일 군대가 프랑스에 대규모 공격을 감행할 무렵, 양측은 모두 치명적인 새 변종 인플루엔자의 공격을 받고 있었다. 당시 연합국과 독일은 그 사실을 알지 못했는데, 그들은 사실 그 어떤 인간의 군대보다 강력한 적을 상대하고 있었던 것이다.

독일 군대는 이 세계 대전을 이길 것이라 확신하고 프랑스를 공격했다. 러시아가 전쟁에서 물러났기 때문에, 독일은 전쟁 경험이 풍부한 100만 병력과 대포 3천 문을 서부 전선에 집중시킬 수 있었으며 수적 우위를 차지할 수 있었다. 서부 전선에는 보병 사단이 37개 배치되었고 추가로 예비 사단 30개가 뒤를 받치고 있었다. 전선 내 여러 지구에서 영국과 프랑스 군대는 4대 1의 비율로 독일 군대에 수적 열세를 보였다.

프랑스의 전세가 절박한 가운데, 영국 군대는 파스샹달 Passchendaele 전투에서 심각한 손실을 입었다. 독일군은 연합군의 약세를 인지했고, 승리를 거두려면 미군이 도착하기 전에 신속하게 공격을 감행해야 한다는 사실을 알고 있었다.

처음에는 독일군이 4개월 만에 프랑스 영토 3천237평방킬로미터를 점령하면서 승리를 거두는 것처럼 보였다. 1918년 5월까지 독일군은 마른Marne강에 다다랐으며, 중포병부대는 파리를 사격권 안에 두게 되었다. 그 결과, 이미 100만 명 이상이 프랑스 수도를 탈출했다.

그런데 독일이 공격을 시작할 때쯤 보이지 않는 적이 프랑스에 진출한 연합국 원정군을 파고들기 시작했다. 루앙Rouen과 위메르Wimereux의 야전 병원 의사들과 병리학자들은 온갖 질병이 창궐하는 것으로 알려진, 악명 높은 이프르Ypres 돌출지구에서 열병이 확산되고 있다고 보고했다. 이는 독일의 대규모 공격을 대비하고 있던 서부전선의 영국군과 새로 도착한 미군에게 적잖은 경계심을 불러일으켰다.

비록 장티푸스 같은 전쟁 질병이 잘 억제되었고, 4년간 지속된 전쟁에도 불구하고 영국군의 신체적 건강 상태가 양호한 편이었음에도 불구하고, 인플루엔자는 꾸준히 발생했다. 그런데 이번에 발생한 인플루엔자는 무언가 달랐다.

많은 의학 전문지의 논문이 이 유행병을 다루었는데, 이 질병의 갑작스러운 발생이나 일반적 인플루엔자와 다른 점을 보고했다. 의사들은 이 유행병이 전통적인 유행성 독감la grippe 또는 참호열trench fever의 증상과 들어맞지 않는다는 사실에 실망하면서도 동시에 호기심을 보였다. 이 증상에는 무언가 분명히 다른 점이 있었다. 하먼드와 롤런드는 에타플에서 그들이 진단한 질병이 화농성 기관지염이라는 이론을 내놓았지만, 이 새로운 질병의 병인론을 두고는 커다란 견해 차이를 보였다.

영국 원정군이 이 미스터리 질병으로 심각한 타격을 받고 있을 때, 1918년 3월 대서양을 건너 프랑스로 가던 미 연합국 원정군이 인플루엔자의 공격을 받았다는 보고서가 나왔다. 3월에 유럽으로 떠난 미군 8만4천 명은 그들이 타고 있던 수송선에 인플루엔자가 함께 탔다는 사실을 알지 못했다. 유럽으로 향하던 미군 제15기병대는 항해 중에 인플루엔자의 공격을 받았다. 환자가 36명 발생했고 3명이 사망했다. 캠프 딕스에서 인플루엔자 유행병에 걸렸다가 회복한 해리 프레슬리 일병 역시 그 배에 타고 있었다. 캠프 딕스에서 많이 아팠음에도 불구하고 훈련 지속을 명령받았던, 프레슬리 일병의 동기 시드 앨런은 출항한 지 이틀 만에 숨을 거두었다. 프레슬리 일병은 자신의 친구가 바다에 수장되었는지, 아니면 프랑스 땅에 묻혔는지 결코 알아내지 못했다.

살인 독감은 전군에 계속 퍼져 나갔고, 3월 말이 되자 이 전염병의 가장 끔찍한 특징 중 하나인 극심한 청색증이 널리 퍼지게 되었다. 1918년 4월 1일 미국 간호사 셜리 밀러드Shirley Millard는 일기에 이렇게 썼다. "인플루엔자 환자로 넘쳐난다. 나는 인플루엔자를 유행성 독감 정도로 생각했는데 그보다 훨씬 증상이 심각하다. 일단 열이 높은데, 믿을 수 없을 만큼 높은 수치라서 다시 측정하는 경우가 허다하다. (중략) 사망하게 되면(대략 절반 정도가 사망한다), 피부가 섬뜩한 짙은 회색으로 변하며, 곧바로 화장을 한다."

전염병은 점점 확산되었지만 연합국 측은 미군의 도착을 열렬히 환영했다. 1918년 4월 13일, 자원봉사 응급구호대 베라 브리튼은 대규모 파견대가 에타플에 들어서는 것을 보고 동료 간호사들에게 이렇게 외쳤다. "여기! 여기! 미군이 도착했어!"

나는 다른 간호사들과 함께 달려 나가 미합중국 군대가 실제로 전쟁에 참전하기 위해 발을 내딛는 모습을 지켜보았다. 그들은 심신이 지친 영국 군대와는 비교할 수 없을 정도로 늠름하고 멋진 모습이었다. 이들이야말로 봄볕을 받으며 카미에르Camiers로 진격할 우리의 구세주였다. 그들은 수백 명이 족히 넘어보였으며, 용맹무쌍한 자태로 아미엥Amiens으로부터 닥쳐올 위험을 막는 든든한 방어벽이 되어줄 것으로 보였다.[1]

그런데 비극은 이미 프랑스에 인플루엔자가 창궐한 상황 속에서 미군이 뜻하지 않게 훨씬 더 치명적인 악성 독감을 들여왔다는 사실이었다. 4월 15일, 미 연합국 원정군의 첫 유행성 인플루엔자 환자가 보르도Bordeaux 근처의 캠프에서 발생했다. 보르도는 미군이 유럽으로 들어오는 주요 항구 중 하나였다. 잘생기고 건강한 시골 청년들은 미국이 전쟁에 참여한 대가를 치러야 했다. 전염병학자 닥터 본에 따르면, 도시 사람들은 여러 감염원들이 많은 환경에서 살기 때문에 어느 정도 호흡기 질환에 면역을 가지고 있었다. 하지만 시골 청년들은 호흡기 질환에 훨씬 더 취약했다.

인플루엔자는 이러한 젊은이들을 수천 명씩 죽였다. 사실 종전

후의 평가를 보면, 전쟁에서 사망한 미군보다 스페인 독감으로 죽은 미군이 더 많았다. 미군을 열렬히 환영했던 베라 브리튼과 그 동료들은 이 젊은 군인들에게 닥쳐올 불행을 전혀 예상하지 못했다.

영국 육군 의무부의 알프레드 솔타우Alfred Soltau 대령의 기록에 따르면, 이 질병은 온갖 질병이 창궐하는 것으로 알려진 이프르 돌출 지구에서 제일 먼저 발생했다. 이 질병의 확산에 따른 그의 초기 대응은 소극적이었다. 인플루엔자는 육군의 질병 목록에 항상 등장했기 때문이었다. 유행병이 확산되기 시작할 무렵에도 대령은 크게 경각심을 갖지 않았으며, 대신 이 질병에 '3일열병'이라는 새 이름을 붙여주었다. 이는 '3일간의 잠복기, 3일간의 발열, 3일간의 회복'을 의미했다. 그는 감염환자가 많다는 사실을 제외하면 이 질환을 크게 염려할 필요가 없다고 결론을 내렸다.

5월 말이 되자 감염의 1차 공세가 수그러들었다. 하지만 6월 초에 다시 재발했고 감염 숫자가 급격히 늘더니 3주차에 정점을 찍었다.

솔타우 대령이 가장 우려했던 것은, 이 유행병이 감염자가 증가할수록 점점 더 치명적으로 변이한다는 사실이었다. 초기의 환자들은 빠르게 회복되고 별다른 합병증 증세를 보이지 않았지만, 다음 번 확산 때 감염된 환자들은 호흡기 계통의 합병증을 호소하는 경우가 많았다. 6월 인플루엔자 센터에 입원한 환자 중 2퍼센트 정도가 심각한 폐병변pulmonary lesion 증상으로 발전했고 그중에서 많은 환자가 목숨을 잃었다. 이러한 현상은 특히 만성 신장병변renal lesion 환자에서 두드러졌다. 이러한 환자의 경우, 급격한 신부전renal inadequacy 악화와 심각한 독혈증toxaemia으로 거의 모두 사망에 이르렀다.

솔타우 대령은 군인으로서 1918년 봄 유행병이 갖는 군사적 의미의 중대성을 잘 인지했다. 부대 전체가 작전에서 제외되기도 했다. 한 포병 연대는 부대원 3분의 2가 앓아눕는 바람에 급박한 전세 속에서도 3주간 작전을 수행하지 못했다. 군사적 견지에서 볼 때, 살인 독감은 연합국에 오히려 전화위복이 되었다. 연합국의 정보 분석에 따르면 독일군 역시 이 독감으로 심각한 타격을 입었다. 솔타우 대령의 말을 빌리자면, 이는 독일군이 오래 준비한 매우 중요한 공격을 연기시킨 요인 가운데 하나였다.

솔타우 대령은 부대 이동과 징집이 유행병 확산에 책임이 있다고 주장한 최초의 인물 중 한 사람이다. 그는 미국 의무대 소속 진서 Zinsser 소령의 말을 인용했다. "부대 편성으로 부대 내 유기체에 어느 정도 면역성을 기를 수 있다. 하지만 그러한 편성을 와해하고 재편성하는 것은 유행병 발생으로 이어질 수 있다. 면역성을 기른 사람들이 종류가 다른 유기체에 노출되거나, 새로운 유기체가 신규 편성 부대와 접촉할 경우, 기존의 면역성이 제대로 발휘될 수 없기 때문이다."

5월 말까지 인플루엔자는 프랑스 군대 전역으로 확산되었고 군 당국은 모든 유행성 독감의 발생을 전신으로 보고하도록 명령했다. 미국에서 인플루엔자의 첫 확산이 잦아드는 동안, 유럽에서는 화려하게 등장을 알렸다.

5월 9일 미군 제26사단은 3일열병이 유행하는 가운데 독일군의 화학 가스 공격을 받았다. 5월 중순에는 열병이 제42사단을 덮쳤고 곧 환자들이 병원을 가득 채웠다. 거의 모든 병사들은 곧 회복했지만 몇몇에게는 가장 끔찍하고 치명적인 2차 폐렴으로 발전했다. 새로운 인플루엔자는 놀라울 만큼 감염력이 강했다. 덩케르크Dunkirk에 주둔한 제168보병연대와 미 해군 수상기 기지 수병들의 90퍼센트가 정도의 차이는 있지만 이 병에 감염되었다.

플라멩코 춤을 추는 악귀, 신문 1면을 장식

5월 말까지 인플루엔자는 무난히 '중간 무인지대'를 건너 독일 육군을 강타했다. 독일군은 이 인플루엔자를 '블리츠 카타르Blitz katarrh'라고 불렀는데, 6월에만 13만9천 명이 감염되었고 7월 초에 정점을 찍었다. 이 질병은 평균 4일에서 6일 동안 지속되었고 병력에 막대한 타격을 주었으며, 독일 육군을 거의 초주검 상태로 몰고 갔다. 6월 말, 독일군 사령관 에릭 폰 루덴도르프Eric von Ludendorff는 각 사단 병력 중 2천 명 이상이 인플루엔자를 앓고 있고 보급체계는 와해되었으며 병사들은 굶주리고 있다고 기록했다. 독일군 총사령부는 90만 명이 넘는 사상자를 대체하기 위해 사투를 벌였고, 인플루엔자 때문에 점점 더 많은 독일 군인들이 전투에서 배제되었다. 7월 말이 되자 루덴도르프는 독일의 공격이 인플루엔자 때문에 지연되고 있다고 비난했다.

그는 회고록에서 이렇게 말했다. "우리 군대는 처참하게 당했다. 인플루엔자가 퍼졌다. 매일 아침마다 참모장이 인플루엔자 환자에 관해 보고하는 것을 듣는 일은 고역이었다. 부대장들은 만약 영국군이 다시 공격을 시작한다면 자신의 부대가 위험하다고 불평을 늘어놓았다." 인플루엔자는 승승장구하던 독일 군대를 무릎 꿇게 만들었고, 역시 피해를 입었던 연합군은 독일군이 재정비하는 동안 시간을 벌 수 있었다.

1918년 6월 말 런던의 《타임스》지는 니에프Nieppe 숲에서 성공적으로 진격한 영국 군대에 관한 기사를 실었다. 이 작전에서 영국군은 300명이 넘는 독일군 포로를 잡았다.

이들로부터 독일 군대 내에 널리 퍼진 인플루엔자 소문이 사실임을 확인할 수 있었다. 이 질병의 심각성은 독일군이 왜 공세를 늦출 수밖에 없었으며, 공격을 준비 중이던 사단들이 왜 전투를 시작할 수 없었는지 잘 설명해주었다. (중략) 그들에 따르면 이 질병은 전군의 모든 병과에 확산되어 있었다.2)

인플루엔자의 첫 공세는 영국 해군에게도 커다란 영향을 미쳤다. 4월 스코틀랜드 오크니섬Orkney Island 연안의 스캐퍼플로Scapa Flow와 퍼스오브포스Firth of Forth의 로사이스Rosyth에 정박한 해군 대함대 내에서도 인플루엔자가 발생했다. 군의관 더들리Dudley 소령에 따르면, 1918년 5월에서 6월 사이 영국 해군 함대의 사령부가 있는 스캐퍼플로에서 처음으로 인플루엔자가 발생했다. 병원선 아가디르Agadir는 당시 자체 승조원 중에서는 경미한 환자 몇 명이 발생했고 대함대에서는 인원의 10퍼센트 정도가 감염되었다고 보고했다. 군의관 레이먼드Raymond 중령에 따르면, 5월에 발생한 감염은 인플루엔자가 발생한 경순양함의 연료 공급에 참여했던 화부들이 배로 돌아오면서 시작된 것으로 보인다. 그 결과 1918년 7월 1일 해군참모총장 로슬린 위미스Roslyn Wemyss 제독은 관방장관 모리스 행키Maurice

Hankey 경에게 "인플루엔자가 해군에 널리 퍼졌으며 그 결과 많은 구축함의 출항이 취소되었고, 바로 그런 이유 때문에 몇몇 상선을 잃게 되었다"고 보고했다.

5월 말 스페인의 발렌시아Valencia에서 보고서들이 올라오기 시작했다. "고열이 특징이며 감염 기간은 길지 않은, 유행성 감기를 닮은 정체불명의 질병이 발생했다." 봄철 인플루엔자는 알프스를 넘어 이탈리아로 들어갔으며 다시 중립국인 스페인으로 넘어갔다. 유행성 괴질 출현 소식이 마드리드에 알려지자 마드리드시는 극장들을 폐쇄하고 전차 운행을 중지했다. 전통적인 치료제인 레몬은 가격이 치솟았지만 사람들은 이 질병을 심각하게 여기지 않았다. 마드리드 일간지《엘 리베랄El Liberal》은 1918년 5월 30일자 기사에서 독자들에게 전혀 불안해 할 필요가 없다고 전했다.

국왕 알폰소Alfonso 13세가 왕실 예배당의 미사를 참석한 뒤 이 병에 걸렸고, 각료인 미구엘 빌라누에바Miguel Villanueva, 산티아고 알바Santiago Alba, 에두아르도 다토Eduardo Dato 등도 감염되었지만 시민들 사이에서 즉각적인 공황은 없었다. 시인인 후안 페레즈 수니가Juan Pérez Zúñiga는 이 질병에 코웃음을 치면서 '인기 많은 질병'일 뿐이라고 일축했다.

더 이상 치료제는 없습니다, 나으리들
말을 줄이는 것밖에는요.
이 질병에 관해서, 이 병에 쏟는 관심이
마드리드를 들끓게 할 뿐입니다.[3]

저널리스트 마리아노 데 카비아Mariano de Cavia 역시 이 질병을 일축했다. "이 보잘것없는 유행성 감기trancazo가 뭐가 대단하단 말인가? 그저 한 3일 누워서 쉬고 약 먹으면 그만인 것을."

알폰소 왕은 회복했지만 수수께끼의 새 질병은 '스페인 독감'이라는 이름으로 영원히 사람들의 뇌리에 남게 되었다. 삽화가들은 스페인 독감을 '스페인 여인'이라는 악귀로 묘사했는데, 이빨을 드러낸 해골이 검은 플라멩코 드레스를 입고 춤을 추는 끔찍한 모습이 온통 신문의 1면을 장식했다.

스페인이 중립국이었기 때문에 이른바 스페인 독감의 진행 상황이 전쟁 국가들에서도 자유롭게 보도되었고 의사들도 의학 전문지에서 이를 두고 자유롭게 논의했다. 다음에 나오는 《영국의학저널》의 발췌문은 당시 의사들이 스페인에서 발생한 유행병에 어떠한 의문을 가졌는지 잘 보여준다.

스페인에서 널리 확산 중인 급성 카타르성 유행병은 지난 호에서 아마도 인플루엔자일 것으로 예상되었고 사망자가 거의 없는 것으로 보고되었지만, 이번 보고에 따르면 10일 동안 700명이 사망한 것으로 나타났다. 만약 실제 감염자가 보고된 것처럼 정말 많은 숫자라면 사망률은 매우 낮은 것으로 보인다. 닥터 삐딸루가Pittaluga를 인용한 6월 3일자 《타임스》 기사를 보면 이 질병은 복부 기관보다는 호흡 기관에 영향을 미치는 것으로 보인다. 또한 며칠 사이에 자주 재발된다. 이 질병은 분명히 인플루엔자의 특성을 보이는데, 세균학적 실험에서는 인플루엔자균influenza bacillus이 발견되지는 않았지만 파라수막염균parameningococcus으로 보이는 유기체가 발견되었다. 임상적으로 인플루엔자가 의심되는 경우, 보통은 인플루엔자균이 보이지 않는다고 알려져 있다. 대신 파라수막염균과 외형상 유사성이 있는 카타르성 단구균Micrococcus catarrhalis이 흔히 발견된다. 비록 의학연구위원회의 최근 보고서 내용처럼 수막염 매개체의 유행이 접촉으로 크게 증가할 수 있는 것은 사실이지만, 스페인에서 발생한 유행병에 필적할 만한 뇌척수열cerebro-spinal fever의 발생에 관해서는 알려진 것이 없다. 어떠한 결론을 내리기 전에, 더 많은 세균학적 정보가 나오기를 기다려야 할 것이다.[4]

마드리드대학의 기생충학 및 열대병리학과장인 구스타보 삐딸루가Gustavo Pittaluga 박사는 새 질병이 인플루엔자가 아니라고 처음 주장한 의사 중 한 사람이다. "우리가 겪고 있는 유행병은 다음과 같은 근본적인 이유 때문에 유행성 독감과 다르다. 첫째, 증상이 독감에 비해 훨씬 더 일률적이다. (중략) 둘째, 인플루엔자를 유발하는 병원체인 파이퍼균으로 보이는 세균 형태가 거의 보이지 않는다." 한편 삐딸루가의 최대 라이벌인 그레호리오 마라뇬Gregorio Marañón은 그 질병이 인플루엔자라고 확신했다. 이들의 서로 다른 주장은 의료계 논쟁의 효시 격인 설전으로 이어졌고, 이는 유행병 자체보다 더 오래도록 지속되었다.

초기에는 많은 스페인 언론이 인플루엔자에 관해 그 영향력을 무시해도 좋을 만큼 대수롭지 않은 것으로 취급했다. 하지만 좀 더 경각심을 가져야 한다는 목소리도 있었다. 시사평론가 안토니오 소사야Antonio Zozaya는 매일의 일상적 삶 속에는 인플루엔자보다 더 무서운 위협이 있다고 주장했다. 그는 고속도로, 철도 그리고 심지어 자살의 위험성도 이야기했다. 그럼에도 불구하고 유행병 역시 심각한 문제임을 인정하면서 금욕적 접근이 필요하다고 주장했다. "유행병이 닥쳤다. 매우 불행한 사태이다. 우리는 유행병 때문에 이 잔인한 세상에서 더욱 억눌려 살거나 넋 놓고 있어서는 안 된다. 분별 있게 살자. 착하게 살자. 그리고 고통을 당하더라도 위엄을 잃지 말자."

그러는 사이에 암울한 상황이 스페인을 덮쳐왔으며 이는 곧 몇 달 안에 유럽 전역으로 퍼져갔다.

중앙로를 따라 내려가던 장례 행렬에서 마차를 몰던 마부가 마치 번개라도 맞은 듯 땅바닥으로 고꾸라졌다. 지켜보던 사람들은 깜짝 놀랐다. 조문객 중 한 사람이 느닷없이 바닥에 쓰러졌고 곧 숨을 거두었다. 장례 행렬을 따르던 사람들은 공황에 빠졌고 모두 뿔뿔이 흩어졌으며, 망자의 관이 실린 마차만 덩그러니 남았다. 구급차가 와서 사망한 사람들을 수습했고, 마을 경비원이 와서 말의 고삐를 쥐고 앞에서 마차를 끌어 묘지까지 갔다.[5]

5장

어느 치명적인 여름

아무도 모르게 영국을 찾은 '스페인 여인'

1918년 5월 '스페인 여인'은 이미 스캐퍼플로에 발을 내딛었다. 그달 말 그녀는 스코틀랜드 기지창에 도착했고 글래스고Glasgow항에 정박한 배들에서 세 명을 죽였다. 고반Govan과 고르벌스Gorbals의 빈민가는 곧 8주 동안 인플루엔자 유행병에 시달렸다. 7월 17일《글래스고 헤럴드Glasgow Harald》는 인플루엔자로 13명, 폐렴으로 26명이 사망했다고 보도했다. 한 주 후에는 사망자가 더욱 늘어 인플루엔자로 14명, 폐렴으로 49명이 목숨을 잃었다.

스페인 독감이 스코틀랜드에서 남쪽으로 내려오는 동안, 전선에서 귀향하는 군인들은 이 질병을 고향으로 데리고 갔다. 인플루엔자는 포츠머스Portsmouth와 영국 해협의 여러 항구에 상륙했고, 런던과 버밍엄Birmingham으로 진행했으며, 북쪽으로는 리즈Leeds, 맨체스터Manchester 그리고 리버풀Liverpool까지, 서쪽으로는 브리스톨Bristol과 카디프Cardiff까지 진출했다. 1918년 7월 햄프셔Hampshire의 브램리

Bramley 캠프에 수용된 독일군 전쟁 포로 3천 명 중에서 거의 1천 명이 감염되었다고 보고되었으며, 이들은 결국 근처 민간 병원으로 이송되었다.

스페인 여인이 영국에 들어오면서 발생한 희생자 중에 유명한 사람으로는 로즈 셀프리지Rose Selfridge(1860~1918) 여사가 있다. 시카고에서 출생했으며 런던 옥스퍼드 거리에 자기 이름을 딴 백화점을 설립한 해리 고든 셀프리지Harry Gordon Selfridge의 아내다. 1916년 가족이 도르셋Dorset의 하이클리프Highcliffe성으로 이주하자, 정열적이고 활동적이었던 그녀는 두 딸과 함께 적십자 활동에 동참했다. 이후 근처 크라이스트처치병원에서 간호 활동을 마친 로즈 여사는 미합중국이 참전하자 하이클리프성에 미군을 위한 요양병원을 개설했다. 하이클리프의 로즈 여사를 방문한 미국 기자 헤이든 처치Hayden Church에 따르면, 그녀는 이 병원의 운영에 매우 열성적이었다. "이 미국인 비즈니스맨이 아내에게 준 크리스마스 선물은 완벽하게 설비를 갖춘 요양 캠프였다." 처치는 이렇게 적었다.

초가지붕을 댄, 100년은 넘어 보이는 크리켓 코트 별관을 사령관 사무실과 부엌, 그리고 활기 넘치는 식당으로 개조했다. 이곳에서는 요양 중인 미군들이 식사를 한다. 이들이 지내는 막사는 총 12동이고 각 동에는 2인 1실 숙소가 있다. 각 막사의 입구 쪽에는 햇볕과 비바람을 막는 두꺼운 고무 커튼이 있는데, 이는 축 위에 고정되어 있어서 항상 해가 비치는 쪽을 바라볼 수 있게 고안되었다. 또한 레크리에이션 막사에는 축음기, 보드게임, 도서류, 지도, 필기도구를 비롯한 여러 물품이 완비되어 있어 편리하게 이용할 수 있다. 마지막으로, 내과병동으로 알려진 건물이 있는데, 여기에는 캠프를 감독하는 미군 하사관의 숙소, 리넨실, 남자 욕실 등이 있다.[1]

불행히도 로즈 여사는 간호를 하다가 인플루엔자 증상을 보였고 폐렴에 걸렸다. 그녀는 1918년 5월 12일에 사망해 성 근처 하이클리프에 있는 세인트마르크교회 묘지에 안장되었다. 홀로 된 남편 해리 셀프리지는 그녀의 뜻을 받들어 요양 캠프 사역을 계속해 나갔다.

스페인 독감은 여러 경로를 거쳐 영국으로 밀려들어왔다. 먼저 북부 지역이 가장 큰 타격을 입었으며 특히 북부 산업 도시들이 큰 피해를 보았다. 이 조용한 위협은 상점이나 사업, 대중교통에서 사람들 사이에 전파되고 점차 시골 지역으로 확산되었다. 뉴캐슬에서는 근로자의 70퍼센트가 병에 걸리면서 노동력이 급격히 감소했다. 더럼Durham 지역 또한 타격을 입었다. 석탄 공급이 부족해지자 국민들은 최대한 연료를 아껴 총력전에 동참하도록 권고 받았다.

광부들은 2차 호흡기관 감염에 취약했다. 《타임스》에 따르면 석탄 광부들이 특히 인플루엔자에 취약한 것으로 나타났는데, 노팅엄셔Nottinghamshire의 언론은 이렇게 보도했다. "노섬벌랜드Northumberland와 더럼에서는 급속하게 질병이 퍼져 탄광이 심각한 영향을 받고 있다. 어떤 경우에는 근로자의 70퍼센트가 일을 못하고 있다." 노팅엄셔에서는 "디그비 탄광의 많은 근로자들이 (중략) 질병에 걸려 집에 돌아가야 했다." 노팅엄셔의 탄광들은 큰 타격을 입었고 맨스필드Mansfield 채취장에서는 하루에 250명이 감염되기도 했다.

1918년 6월 22일 《타임스》 기사에 따르면, 스페인에서 발생한 것과 비슷한 인플루엔자가 버밍엄에서 출현했고 그 결과 탄약 공장과 제철소가 심각한 노동력 부족을 겪게 되었다. "지방 도시들 중에서는 버밍엄에서 맨 처음으로 인플루엔자 사망자 수가 급격히 증가했다가 꾸준히 유지되었으며, 이웃 도시인 울버햄튼Wolverhampton과 코벤트리Coventry에서도 비슷한 시기에 사망자가 발생했다." 2주 후에는 사우스웨일스South Wales에 인플루엔자가 출현했다. 《타임스》는 몬머스셔Monmouthshire 탄광에서 인플루엔자 사례 수백 건이 발생했다고 보도했다.

랭커셔Lancashire에서는 한 직조 공장이 노동자의 4분의 3을 해고해서 400명이던 직원이 100명으로 줄었다. 《요크셔 텔레그래프 Yorkshire Telegraph》의 보도에 따르면, 셰필드Sheffield에서는 한 공장에서 근로자의 15퍼센트가 해고되었고 키니네 수요가 폭증했다. 사망자가 늘어나자 셰필드의 부서기관이 나서서 무덤 파는 사람들에게 다음과 같이 호소하기에 이르렀다. "사망 후 7일에서 9일까지 시신이 집에 그대로 방치되고 있습니다. 매우 심각한 상황입니다." 고향으로 돌아온 휴가병들이 이 질병을 유발했다는 두려움 속에, 셰필드 의회는 군인들의 영화관 출입과 기타 유흥업소 출입을 금지했다.

인플루엔자는 6월 말 이스트미들랜즈East Midlands를 강타했고, 공장과 탄광에 막대한 타격을 주었다. 지역 언론에 따르면 더비Derby 시에서 감염이 심했고 일터와 학교가 영향을 받았는데, 다행히 증상이 그리 심하지 않은 유형으로 여겨졌다. 7월 초 《레스터 머큐리 Leicester Mercury》지는 이미 많은 사람이 새 인플루엔자에 감염되었고 19세 여성이 첫 사망자가 되었다고 보도했다. 다음날 같은 신문은 이런 기사를 게재했다. "인플루엔자 유행병은 노스 노팅엄셔North Nottinghamshire까지 확산되었으며 수백 명이 감염되었다."《러프버러 헤럴드Loughborough Herald》역시 비슷한 소식을 전했는데, 크게 불안해할 이유는 없어 보인다고 밝혔다. "왕국 곳곳에서 인플루엔자 확산 소식이 전해지고 있으며, 특히 큰 타운들이 많은 영향을 받고 있다. (중략) 사망 사례들도 보고되고 있지만, 보건 당국의 견해에 따르면 (중략) 이 유행병은 널리 확산되고 있기는 하나 대개 증상은 비교적 심하지 않은 유형으로 보인다."

그런데 7월 11일자에서《헤럴드》는 어두운 논조로, 배로어폰소어Barrow upon Soar2)의 한 지역에서 인플루엔자로 일가족 중 세 명이 사망했다고 보도했다. 50여 킬로미터 북쪽에 있는 노팅엄Nottingham 에서는《노팅엄 저널》이 이렇게 보도했다. "우리나라의 경우 이 유행병은 다른 지역보다 미들랜즈와 북부 지역에서 가장 심각하다. (중략) 비록 노팅엄에서 발생한 질병이 심각한 유행병 형태라고 속단하기는 어렵지만 많은 감염 사례가 발생한 것만은 사실이다."

7월 한 달 내내 전국적인 인플루엔자 확산 상황이 계속 보도되었고, 상황이 처음 생각했던 것보다 훨씬 나쁘다는 것이 분명해졌다. 곧 사망자와 사회적 혼란에 관한 소식들이 신문 지면을 채우기 시작했다.《노팅엄 저널 앤드 익스프레스》의 제1면 머리기사에는 "독감 재앙, 지역사회를 더욱 피폐하게 만들다"라는 표제와 함께 인플루엔자가 노팅엄과 더비셔 전역으로 확산되고 있고, 더비와 링컨Lincoln에서는 사망자가 발생했으며, 학교들이 폐쇄되고 주요 사업들은 연기되었으며, 감염 환자들이 길거리에서 쓰러지고 있다는 소식이 올랐다. 레스터 언론에 소개된 한 여성의 사망 소식은 이 질병이 얼마나 빠르게 희생자를 덮칠 수 있는지 잘 보여준다. "한 여성이 거리에서 의사를 불러 세우고는 자신이 인플루엔자에 감염되었다고 말했다. 의사에게 증상을 설명하던 여성은 이야기 도중 갑자기 쓰러졌고 곧 숨을 거두었다."

6월 말 스페인 여인은 그레이터 맨체스터Greater Manchester의 샐퍼드Salford에 도착했다. 1918년 6월 25일 《샐퍼드 리포터Salford Reporter》는 이렇게 보도했다. "인플루엔자 유행병이 샐퍼드에 이르렀다. 이 병은 기존의 기침 감기 종류가 아니며 증상이 매우 심각하다. 한 주 만에 환자 수백 명이 관내에서 발생했으며 의사들은 몹시 바쁘다." 신문은 독자들에게 증상을 느끼면 즉시 침대로 가서 누워 쉴 것을 당부했고, 의사와 인터뷰한 내용을 다음과 같이 인용했다. "만약 밖을 돌아다니면서 이 증상을 떨쳐버리려고 하면 상태가 훨씬 악화된다."

맨체스터에서는 경험이 풍부한 보건 책임자 제임스 니벤 박사가 인플루엔자 유행병과 싸우고 있었다. 그는 많은 임상 경험과 공공정보를 보유한 베테랑이었다. 닥터 니벤은 예전에 인플루엔자 유행병을 경험한 적이 있었다. 1890년 그가 올덤Oldham에서 일하고 있을 때 러시아 독감이 그 도시를 덮쳤다. 니벤은 즉각 대처했다. 그는 즉시 환자들의 격리와 감염 지역 방역 작업을 명령했고 그 결과 의심의 여지없이 많은 인명을 구했다. 1891년과 1892년에 러시아 독감이 다시 발생했을 때 올덤은 이웃 도시들보다 훨씬 더 잘 대처할 수 있었다.

1918년 6월 니벤은 같은 전략을 구사했다. 질병 정보와 대처 요령을 쉽고 평이한 영어로 적어서 전단지 3만5천 장을 만들었고, 이를 지역 공장들과 사업체에 배포다. 또한 이미 감염된 사람들은 일터로 돌아가기 전 3주간 자가 격리를 하도록 권고함으로써 인플루엔자 확산을 방지했다. 1918년 7월 18일 맨체스터의 교육위원회는 니벤의 권고를 받아들여 각급 학교의 휴교를 결정했다. 아이들은 학교 책상에 앉은 채로 숨을 거두기도 했는데, 이들은 마치 뿌리에 독이 스며든 식물 같았다. 인플루엔자는 불현듯 아이들을 공격했으며 가장 눈에 띄는 증상은 졸음이었다.

니벤의 조치가 많은 생명을 구했음에는 의문의 여지가 없다. 봄부터 초여름까지 맨체스터 시민 10만여 명이 인플루엔자에 감염되었는데 사망자 수는 상대적으로 적은 322명이었다. 이는 니벤의 조직적인 대응이 얼마나 효과적이었는지 잘 보여준다.

한편, 이러한 도전에 잘 대처해왔던 니벤도 이번 상대가 기존의 질병과 다르다고 느꼈다. 이 새로운 질병에는 두 가지 변칙이 있었다. 전통적 인플루엔자는 아주 나이가 많거나 적은 취약 계층을 타깃으로 삼았는데, 그와 달리 이번 독감은 근로자와 주민 중에서 가장 젊고 건강한 사람들을 공격했다. 또 다른 변칙은, 이번 독감이 전통적인 독감 시즌인 겨울이 아니라 여름에 발생했다는 사실이었다. 니벤은 인플루엔자가 다시 돌아올 때, 감염되었다가 회복한 사람들에게 면역성이 생겨 있기를 바랄 뿐이었다.

남부 런던에서는 아직 사기가 높았다. 대중들은 최신 전쟁 소식으로 한껏 들떠 있었다. 서부 전선에서 연합국이 우세하다는 보고가 들어왔다. 기나긴 4년간의 식량 부족과 식량 배급, 체펠린Zeppelin 비행선3)의 공습과 사망자에 대한 애도 끝에, 마침내 종전이 시야에 들어왔다. 《맨체스터 가디언Manchester Guardian》의 보도에 따르면 "최근 이틀 동안 기쁜 소식으로 런던의 분위기가 한껏 고조되었다. 아직은 시기상조겠지만, 시민들의 표정에는 이미 승전의 깃발과 타종이 만연해 보였다."

이런 흥분의 도가니 속에서 때 아닌 인플루엔자의 발생은 이례적인 일이었지만 심각하게 여겨지지 않았다. 《일러스트레이티드 런던 뉴스The Illustrated London News》는 과학면 기사에서 이렇게 주장했다. "사실 이 질병은 매년 반복되고 있는데, 다행히도 이번 인플루엔자는 증상이 매우 약해 보이며, 원래의 인플루엔자가 확산을 거듭하면서 점차 약화되고 있는 것이 아닌가 생각한다." 한편 《타임스》는 이 특이한 질병에 새로운 이름을 붙였다. 신문 1면에 "스페인 독감 – 환자의 증상"이라는 제목을 내걸고, 이 질병의 원인이 "건조하고 바람이 많이 부는 스페인의 봄 때문이며 (중략) 그 계절은 늘 불쾌하고 건강에 해롭다. 습한 날씨 또는 습한 바람이 아마도 전염병의 진행을 저지하는 것 같다"고 추측했다. 또한 같은 기사에서 신문은 어설픈 유머를 곁들여 이렇게 보도했다. "전쟁이라는 '매질하는 오르빌리우스4)'로부터 국제 정세에 깊은 관심을 갖도록 훈련을 받은, 거리에서 만난 한 남성은 몇 주 전 스페인을 빠르게 휩쓴 유행병 소식을 듣고는 '이곳에도 빨리 왔으면 좋겠다'고 말했다."

때 아닌 공연 호황, 바이러스 확산 부추겨

스페인 독감이 전 국토를 휩쓸고 지나는 동안 런던 사람들은 거의 열대성 더위를 즐겼고, 어떤 이들은 더할 나위 없이 목가적인 삶을 누렸다. 《이브닝 스탠더드》의 한 여성 편집자는 "저 활발한 미생물"이라는 부제 아래 다음과 같이 가볍게 논평했다. "달력을 보니 최근까지 지속된 더운 날씨가 '자선활동 미생물'과 '낮에 열리는 공연 미생물'을 잠재우기는커녕 오히려 최고조로 활동하도록 자극한 것 같다. 그 결과 자선단체들은 앞으로 몇 주간 더 바빠지게 생겼다."

같은 기사에서 독자들은 가장 매혹적인 코러스 걸들이 런던 웨스트엔드 공연에서 입는 의상에 관한 숨 막히는 설명도 볼 수 있었다. 게이어티 걸Gaiety Girl[5]인 루비 밀러Ruby Miller는 뮤지컬 코미디 〈고잉 업Going Up〉에서 눈부셨다. "그녀는 은회색 새틴 드레스를 입고 있었는데, 양쪽에는 패니어[6]를 넣은 풍성한 주름이, 트인 앞쪽으로는 리본이 달린 속바지가 보였다." 그리고 "연보라색 실크 이브닝 드레스에는 (중략) 하렘식 밑단과 은박 허리띠가 둘러져 있었다." 한편 마리 로어Marie Lohr[7]는 글로브 극장에 나타났는데 "옥색 수가 놓인, 몸에 달라붙는 형태에 넓게 접힌 벨트를 하고, 한쪽에 큰 녹색과 흰색 버튼 세 개가 달린 하얀 드레스를 입고 있었고, 진주 단추가 달린 검은 벨벳 칼라에 길고 곧은 녹색 줄무늬의 하얀 천을 두르고 있었다."

전쟁 중임에도 불구하고 《맨체스터 가디언》은 유별나게 짙고 울창한 녹음과 함께 웨스트엔드에서 이루어지고 있는 런던 사교 시즌의 망령을 감지했다. 보도에 따르면, 웨스트엔드의 상인들은 평상시

처럼 영업을 계속했다. 메이페어의 그로브너스트리트Grosvenor Street
와 그 밖의 지역에서는 페인트칠과 모르타르 작업이 진행되었고 리
젠트스트리트Regent Street는 페인트가 부족함에도 불구하고 여름 분
위기로 들뜬 모습이었다.

　　많은 남자들이 전쟁에 참여했기 때문에 시골 별장에서 주말을
보내는 일은 뜸해졌다. 작은 식당의 파티를 제외하면 거의 유흥이 없
는 상황에서, 세인트제임스파크공원은 일종의 18세기 유행의 부활
을 통해 멋진 유원지의 본모습을 되찾았다. 대형 미술 전시회는 평상
시처럼 계속 열렸고, 왕립미술원의 여름 전시회는 많은 관객, 특히
요양 중인 군인 관람객을 불러 모았다. 심지어 여름철 전통 중 하나
인 여름 무도회도 반짝 인기를 끌었는데, 특히 상류층 어머니들은 신
랑감이 급속히 줄어드는 상황 속에서 딸들을 시집보내기 위해 최선
을 다했다.

　　이처럼 화려한 런던의 모습은 극적인 변화를 보인 면이 있는데,
그 이유는 바로 미국인들의 출현이었다. 미국의 참전이 이 같은 변화
의 주요 원인이었다. 전시에 다른 나라 사람들이 몰려오는 것이 새로
운 일은 아니었다. 이미 런던에는 벨기에 수녀들, 브뤼셀 멋쟁이들,
그리고 크고 늘씬한 체구에 암울한 표정을 한 호주와 뉴질랜드 군인
들의 '우호적 침공'이 있었다. 하지만 《맨체스터 가디언》에 따르면
전쟁이 발발한 지 네 번째 해는 미군의 해였다.

　　"카키색과 푸른색 제복을 입은 미군이 런던을 거의 접수하면
서 전쟁의 해가 저물고 있다. (중략) 작년에는 미군 수십만 명이 영국
을 거쳐 프랑스로 싸우러 갔다." 이제 미군은 런던 극장가로 몰려들

었고, 극장가는 이미 젊은 군인들로 넘쳐났다. 전쟁 중임에도 1918
년 런던의 웨스트엔드는 드루리레인Drury Lane 극장과 샤프츠베리
Shaftsbury 극장의 오페라, 그리고 해머스미스Hammersmith에 있는 킹스
시어터King's Theater의 길버트와 설리번Gilbert and Sullivan 오페라로 활
기가 넘쳤다.

반전주의자 캐롤라인 플레인Caroline Playne은 회상했다. "1918년
여름 동안 극장 수요가 폭증했다." 전쟁의 악몽에서 잠시라도 벗어나
기 위해 군인, 수병, 민간인 할 것 없이 극장과 보드빌 극장8)으로 몰
려들었다. 불행히도 라이브 공연은 스페인 독감 확산에 최적의 조건
이라는 것이 증명되었다.

"1916년에는 연극을 기획해도 성공할 기미가 전혀 없었다.
1918년에는 최악의 연극조차 표를 구하기가 어려웠다. 거의 모든 공
연이 큰 성공을 거두었다. 사람들은 앞다투어 표를 구하기 위해 전쟁
을 벌였다." 연극 극장을 대관하려면 웃돈을 지불해야 했고, 이는 연
극 푯값의 지속적인 상승으로 이어졌다. 다른 유흥거리가 거의 없는
상황에서 이러한 현상은 놀라운 일이 아니었다.

"거의 모든 계층이 번영을 누렸고, 다른 유흥거리가 문을 닫음으
로써 많은 인파가 극장으로 몰리게 되었다. 자동차 이용은 무역이나
전문 직종에 제한되었다. 스케이트장이나 파티 등도 더는 없었다."

드루리레인 극장은 여전히 밤에 장관을 연출하곤 했다. 발코니
는 보석으로 장식되었고, 줄지어 대기하는 마차의 행렬과 몇몇 하
인들도 보였다. 군인들과 수병들 사이에는 여전히 구체제에 충직한
무리도 있었다. M. 나보코프Nabokov(소설가 블라디미르 나보코프

의 부친)와 러시아 외교관들은 한쪽에 앉아 〈보리스 고두노프Boris Godounov〉9)와 무대 위의 그 어떤 것보다도 극적인 러시아 변혁의 장면들을 관람했다.

이러한 배경 속에서, 시인 로버트 그레이브스Robert Graves의 장모 메이블 프라이드Mabel Pride 여사는 인플루엔자 증상을 떨치고, 휴가 나온 아들 토니와 함께 극장에 가기로 결심했다. 어떤 작품을 보러 갔는지는 알 길이 없지만, 많은 작품이 공연되고 있었던 것은 분명하다. 메이블이 아들을 데리고 극장으로 갔던 1918년 여름의 작품들 중에는 플레이하우스에서 공연한 찰스 호트리Charles Hawtrey와 글래디스 쿠퍼Gladys Cooper 주연의 〈말 안 듣는 아내The Naughty Wife〉, 대프니 드모리어Daphne du Maurier의 아버지 조지 드모리어가 출연하고 윈덤Wyndham에서 공연한 〈디어 브루투스Dear Brutus〉, 런던 파빌리온London Pavilion에서 펼쳐진 악명 높은 캐나다 댄서 모드 앨런Maud Allan의 공연 등이 있었다. 모드는 토리Tory당 의원이 제기한 엄청난 혐의의 대상이 되었는데, 바로 그녀가 전임 총리 허버트 애스퀴스Herbert Asquith의 아내이자 독일 스파이였던 마고Margo 애스퀴스의 여자 동성애 애인이라는 것이었다.(이 혐의들 중에서 어느 것이 가장 충격적인지 논란이 있었다.) 좀 더 진지한 취향인 사람이라면 코트The Court에서 공연한 입센Ibsen의 〈훌륭한 건축가The Master Builder〉를 고를 수 있었고, 좀 더 가벼운 것을 원하는 사람은 히즈 매저스티His Majesty에서 공연한 〈추 친 차우Chu Chin Chow〉나 세인트 제임스St James에서 공연한 〈내 마음 속 페기Peg O' My Heart〉를 보는 것도 나쁘지 않았다.

메이블은 아들과 함께 시내에 너무도 나가고 싶었던 나머지 의사를 찾아갔고, 열을 내리기 위해 아스피린 한 움큼을 먹은 다음 아들 토니와 함께 극장으로 갔다. 그것은 그녀의 마지막 외출이 되었으며, 그녀는 이틀 후에 숨을 거두었다. 로버트 그레이브스는 나중에 이렇게 회고했다. "죽어가는 그녀에게 마지막 위안이 된 것은 그녀의 상태가 심각해 아들의 휴가가 연장된 것이었다." 그 뒤 그레이브스는 토니가 9월에 전사했다는 소식을 들었다.

메이블의 죽음은 많은 사례 중 하나에 불과했다. 런던의 자신만만한 분위기에도 불구하고, 스페인 독감은 런던을 휩쓸었으며 많은 사망자를 내고 있었다. 희생자 가운데 많은 이들이 건강했던 젊은이였는데, 첼시와 웨스트민스터의 부유한 계층과 베스널 그린Bethnal Green 지역의 빈곤층을 가리지 않았다. 1918년 7월 2일 작가 버지니아 울프Virginia Woolf는 이렇게 기록했다. "사방에서 확산되고 있는 인플루엔자가 바로 옆까지 찾아왔다." 여기서 바로 옆은 템스Thames강변 리치몬드Richmond의 파라다이스로드Paradise Road였다. 울프의 이웃은 사망했지만, 울프는 비록 평생 고생했을지언정 살아남았다.

또 다른 작가 레이디 신시아 애스퀴스Lady Synthia Asquith도 스페인 여인과의 끔찍한 만남을 회고했다. 공포 소설가로 잘 알려진 레이디 신시아는 31세에 이미 작가로서 입지를 다졌으며,《피터팬》의 작가 J.M. 베리Berry나 D.H. 로렌스Lawrence와 어깨를 나란히 견주었다. 그녀의 일기에는 전쟁 당시 런던의 재미있고 숨 막히는 이야기가 많이 담겨 있다. 그런데 이 독감에 관해서는, 과연 자신이 살아남을 수 있을지 걱정했다. "점심을 먹기 직전 어제와 똑같은 증세가 다시 찾아왔다. 다만 훨씬 더 심했다. 체온이 39도를 넘어섰고 오후 내내 밤까지 평생 가장 끔찍한 고통을 견뎌야 했다. 머리는 깨어질 것 같고 팔과 다리는 몹시 저리고 아팠으며, 온몸이 불덩이 같고 오한이 났다. 나는 처절한 신음 속에 뒹굴 수밖에 없었다."

레이디 신시아 애스퀴스의 사례는 스페인 독감이 건강하고 부유한 계층을 공격하는 경향을 잘 보여주지만, 런던의 다른 지역에서도 이 질병이 확산되고 있었다. 미군 프레슬리 일병은 캠프 딕스에서 인플루엔자에 걸렸다가 살아남았고, 프랑스로 가는 도중에 친구 시드를 잃었다. 그 뒤 런던에서 체류 중이던 프레슬리는 7월 10일 여자친구에게 이렇게 편지를 썼다. "런던은 세계 다른 지역과 마찬가지로 스페인 독감 유행병을 겪고 있다. 고열과 전신 피로감을 유발하는 것으로 보이며 감염 환자들은 보통 사나흘 정도 침대 신세를 지는 것 같다."

같은 날 이스트런던의 월섬스토Walthamstow에서는 엘시 바넷Elsie Barnett이 메소포타미아에 있는 남편에게 편지를 썼다. "여기는 이른바 스페인 독감 때문에 아주 난리가 났어요. 하지만 의사들은 군인들이 들여온 말라리아라고 생각하는 것 같아요. 감사하게도 저는 아직까지는 감염되지 않았습니다. 장뇌camphor를 바르라는 경고를 듣고 있는데, 감염 환자들은 곧바로 누워서 쉬지 않으면 몇 시간 안에 사망하기도 합니다."

사우스런던 출신인 나이 어린 마르저리 포터Margery Porter 역시 그해 여름에 스페인 독감에 걸렸다. 다음은 그녀의 회상이다.

나는 무남독녀 외동딸로 아버지, 어머니와 함께 살았다. 우리 가족은 독감에 걸린 뒤 침대에 눕는 것 말고는 아무것도 할 수가 없었다. 서 있을 수가 없었기 때문이다. 다리가 완전히 풀려버리는데 결코 과장이 아니다. 우리 동네 사람들은 모두 감염되었다. 한 집 건너 옆집에는 할머니와 할아버지, 이모 세 분이 살고 있었다. 그분들도 모두 감염되었는데 우리 가족 중에서는 할아버지만 돌아가셨다. 다른 사람들은 모두 회복되었지만 아주 오랜 시간이 걸렸다. 왜냐하면 독감이 온몸에 증상을 일으켰기 때문이다. 내 경우에는 감기나 재채기 증상은 없었다. 하지만 팔다리에 극심한 통증을 느꼈고 식욕이 전혀 없었다. 2주 정도 독감을 앓고 난 후에 다시 학교에 나가기 시작했던 것 같다. 나는 운이 좋은 편이었다. 내 평생 가장 아팠던 경험이었다.[10]

1918년 8월 말 스페인 여인은 영국을 떠났다. 4개월 전 처음 도착할 때도 그랬던 것처럼 별안간 기이하게 떠나버렸다. 8월 20일 한 미국인 의사는 런던에서 고향으로 보내는 편지에 이렇게 썼다. "얼마 전 편지에서 이야기했던 인플루엔자 유행병이 완전히 사라져버렸다." 하지만 질병이 남긴 상처는 끔찍했다. 1918년 7월 3주 동안, 런던 시민 700명이 인플루엔자로 목숨을 잃었고 475명이 폐렴으로 사망했다. 6월에서 7월 사이에 영국에서 인플루엔자로 사망한 사람의 숫자는 모두 1만 명이었다. 1918년 11월에는 이 숫자가 7만 명을 넘어섰다.

6장

적을 알라

대유행병, 과학을 조롱하며 퍼지다

영국 본토에 여름이 찾아왔고 스페인 독감을 경고하는 목소리가 점점 커져가기는 했지만, 전쟁을 위한 국민적 총력전을 뛰어넘지는 못했다. 전쟁은 민간인의 삶을 지배했고, 국내 전문 의료진의 절반이 군대를 위해 투입되었으며, 병원들 역시 군대의 필요에 적극 따라야 했다. 의료계는 닥터 니벤의 권고대로 소독, 통지, 격리를 하는 수준에 머물렀고, 예방책이나 치료 방법을 내놓지 못했다. 요양, 아편제 투입, 민간요법 등 전통적인 치료법을 제외하고는 독감을 위한 합의된 치료법도 없었다. 그뿐만 아니라 주요 인물들이 스페인 독감을 중요하게 생각하지 않음으로써 상황이 더욱 어려워졌다.

지역행정위원회Local Government Board, LGB의 보건 책임자 아서 뉴스홈Arthur Newsholme은 "인플루엔자의 확산을 저지할 수 있을 만한 보건 대책이 마련되지 않았다"며 인플루엔자가 너무 빠르게 확산되어 통제할 수 없다고 주장했다. 1918년 여름 그는 이러한 이유로 행정 당국에 제출할 공식적인 LGB 보고서 작성을 거부했다. 당시에는 인플루엔자 확산을 저지하기 위한 전략을 개발하고 행정 명령을 내릴 실질적인 보건부가 존재하지 않았다는 사실 역시 상황을 더욱 어렵게 만들었다. 1918년 당시 공중 보건의 책임은 지역 위생 당국 그리고 시의회의 임명을 받은 지역 보건 담당관에게 있었다. 또한 인플루엔자는 신고 대상 질병이 아니었기에, 유행병이 확산되는 상황에서도 격리 명령을 내릴 만한 법적 근거가 없었다. 지역행정위원회 역시 인플루엔자 확산을 저지하기 위해 할 수 있는 일이 아무것도 없다는 입장이었다. 뉴스홈은 정부가 전쟁에 총력을 기울이는 상황에서 국민이 계속 일을 해나가도록 하는 것이 국가적 책무이며, 국가의 존망이 위태로운 상황에서 인플루엔자를 걱정하는 것은 비애국적인 태도라고 주장했다. 한편, 당국이 치명적인 유행병이 창궐하는데도 손을 놓고 있을 수밖에 없었던 또 다른 이유는 이 질병의 원인을 두고 의료계 전반의 합의가 도출되지 않았기 때문이었다.

반면에 영국 육군은 이 유행병에 매우 다른 태도로 접근했다. 1918년 봄 프랑스에서 인플루엔자 유행병이 발생하자 육군 의무부는 전형적인 군대식 방법으로 이 질병을 퇴치하기 위해 전력을 기울였다. 질병 연구는 런던의 의학연구위원회Medical Research Comittee(이후 의학연구심의회Medical Research Council로 변신)와 육군병리학연구소에서 실시되었는데, 연구소는 이미 서부 전선의 야전 병원 등에 설치되어 있었다. 육군은 백신을 만들기 위해 인플루엔자 유행병의 원인을 규명하는 데 모든 시간과 인력을 투입했다. 백신은 1881년 루이 파스퇴르Louis Pasteur의 선구적 업적 이후 점차 보편화된 예방 접종의 일종이었다. 과학계는 비록 이 질병의 기원이 아직 수수께끼로 남아 있지만, 이 살인적 질병의 확산을 저지할 방법이 여전히 있다고 믿었다. 육군 의무 팀은 이미 콜레라와 이질 같은 질병을 잘 막아낸 전례가 있었기에 이 새 변종 인플루엔자 역시 문제가 될 수 없다고 생각했다. 이 미스터리한 질병을 퇴치하기 위해 군의 모든 자원이 투입되었고 전반적인 지휘는 의학연구위원회가 담당했다.

의학연구위원회는 1911년 국민보험법 규정에 따라 1913년 창립되었다. 1914년 7월 고위 공직자인 로버트 모란트Robert Morant 경이 책임을 맡아 위원회를 구성했으며, 유능한 캠브리지 생리학자인 월터 모얼리 플레처Walter Morley Fletcher(1873~1933)를 위원회의 책임자로 선임했다.

플레처는 1891년 캠브리지 트리니티 칼리지에서 자연과학 전공 과정을 우등으로 졸업하고 세인트바르톨로뮤St Bartholomew병원에서 임상 훈련을 받고 다시 캠브리지 생리학과에 조교수로 복귀했다. 이후 트리니티 칼리지 평의원에 선출되었으며 캠브리지 기준으로 봐도 뛰어난 인물이었다. 쾌활한 성격, 뛰어난 체격, 출중한 외모, 역동적인 에너지와 빠른 사고력, 우아한 언변과 문장력 등을 두루 갖췄으며 흥분을 하면 귀엽게 말을 더듬었다. 또한 마음이 따뜻하고 겸손했으며, 대가다운 풍모에다 원칙을 중시했고 인류 봉사를 위한 과학의 가치를 절대 신봉했다.

플레처는 평범한 학자의 삶에 안주하지 않았으며 자신의 지적 능력과 관리자의 재능을 발휘할 수 있는 더 큰 무대를 동경했다. 이러한 배경 속에서 그는 인플루엔자와 벌이는 전쟁이라는 큰 도전에 직면한 의학연구위원회를 진두지휘할 최고 적임자가 될 수 있었다. 1914년 8월 세계 대전이 터졌을 때, 플레처는 육군병리위원회Army Pathological Committee에서 패혈증과 가스 괴저gas-gangrene, 여타 전쟁 질병의 퇴치를 위해 노력하고 있었다.

플레처의 철저한 직업윤리는 그의 건강에 해가 될 정도였다. 업무에서 이탈하는 시간을 최대한 줄이기 위해 근처 ABCthe Aerated Bread Company(런던에서 흔히 보이는, 탄산가스로 만든 빵을 파는 가게)에서 커피와 치즈 토스트로 점심을 대신했다. 그의 아내 메이시Maisie의 증언에 따르면 플레처는 하루 종일 육군부War Office, 왕립육군의무군단, 내무부Home Office, 공군, 왕립학술원 등에서 수많은 회의를 하고 저녁에 겨우 집에 왔으며, 집에 오자마자 다시 산더미 같은 서류와 씨름했다.

1916년 2월 이런 살인적 일정 때문에 플레처는 거의 죽을 고비를 넘겨야 했다. 메이시의 표현을 빌리자면 사형 선고와 다름없는 양측성폐렴double pneumonia에 걸렸던 것이다. 그는 지독한 늑막염(폐를 감싸고 있는 흉막에 염증이 생김)을 견뎌야 했고, 고대의 거머리 치료법은 고통을 더할 뿐이었다. 농흉(폐에 고름이 차오름) 때문에 큰수술을 해야 했는데 이때 거의 죽을 뻔했다. 그런 상황에서도 그는 유머를 잃지 않았다. 그는 자신이 자리를 비운 몇 주 동안 지칠 줄 모르는 헌신적인 의사들이 수집한 치료법과 약품들의 목록을 보고 자신의 속마음을 털어놓았다. 의료계의 새 시대를 개척해 온 그는 "이 수집품들의 가치는 찰스 2세 시대의 의사들을 다 모은 것과 맞먹는 군"이라고 말했다.

플레처가 의학연구위원회 업무에 복귀할 때쯤, 인플루엔자의 첫 공습이 프랑스 북부 지역을 강타했다. 그는 프랑스의 군 병원 병리학 연구실에서 진행되는 연구를 감독하는 역할도 맡았다. 프랑스의 연구소에서 진행되는 연구들은 대유행병에 관한 공식적 전략을 수립하는 데 영국 군대 의무 팀이 수행한 결정적 역할을 잘 보여주었다. 1918년 봄부터 가을까지, 영국 육군부과 육군 의무부, 의학연구위원회는 서로 협동하여 대유행병의 공식적인 정보와 전략을 수립했다. 의학연구위원회는 의학계를 동원하는 일을 담당했다. 이 유행병이 발생하기 전에 이미 이 기관들은 서로 협력하여 군 병리학 체계를 정립함으로써 병리학연구소와 프랑스나 플랑드르에 위치한 기지 및 야전 병원들을 연계시킨 적이 있다. 이러한 체계화의 목적은 전쟁터에서 발생한 병원체를 수집, 분리, 판별하고, 이를 바탕으로 백신과 항혈청 개발을 촉진하는 것이었다. 항혈청은 특정 항원에 항체를 보유한 혈청을 말하는데, 이는 특정 질병을 치료하거나 예방하는 데 사용되었다. 군 병리학은 다양한 전쟁터 질병에 관한 치료와 예방책을 제공했고, 그 설계자들은 인플루엔자에서도 같은 성과를 기대할 수 있으리라 믿었다.

군대와 의료 연구진은 서로 많은 유사점을 공유했기에 더욱 쉽게 협력할 수 있었다. 의학계는 전통적으로 훈련과 조직, 계급, 복장, 팀워크, 전문화의 중요성 같은 점에서 군대식으로 조직되었다. 이러한 이유 때문에 의료 연구는 자연스럽게 군수품에 융화되었다. 대규모 통신 장비는 전선의 전사상자수송대Casualty Clearing Stations, CCS와 육군의 각 사단에 배속된 기지, 야전 병원을 연계시켰다. 야전 병원들은 영국 본토 내의 지역 방위군 병원들의 지원을 받았다. 방위군 병원들은 런던과 지역 주요 대학 병원들에 연결되었고, 왕립육군의무군단 내에 임시 계급과 시간제 봉급으로 고용된 고문 의사들이 운영했다.

이 모든 일의 중심에는 병리학연구소가 있었는데, 민간 의료계에서 거둔 세균학의 성과와 공중 보건의 발전에 영향을 받은 것이었다. 미래지향적인 왕립육군의무군단은 1903년부터 군의관들에게 병리학과 세균학을 교육시켰으며, 전쟁 중에 설립된 병리학연구소는 플레처의 노력에 힘입어 효율적인 전투력 유지를 위한 필수 전력으로 인정받았다.

이러한 이유 때문에 1918년 봄, 군대 내에서 인플루엔자 유행병이 발생하자마자 육군부, 육군 의무부 그리고 의학연구위원회는 인플루엔자 세균을 판별해낼 수만 있으면 병사들과 군사적 이익을 보호할 수 있는 예방 백신을 개발할 수 있다는 견해를 채택했다.

군병리학연구소는 윌리엄 부그 레이시먼William Boog Leishman (1865~1926)이 설립했다. 그는 전문 군 병리학자이자 열대의학 전문의였으며 의학연구위원회의 창립 멤버였다. 레이시먼은 병리학과 군의학을 통합시키는 데 결정적인 역할을 했다. 1914년 10월 레이시먼은 육군 의무부 총장의 병리학 고문으로 선임되었으며, 프랑스와 플랑드르의 병리학연구소 설립을 주도했다. 그는 프랑스와 플랑드르에 흩어져 있는 병원 연구소 85곳에서 근무하는 병리학자 100여 명을 관리하고, 이동식 연구소 25곳의 설립과 운용을 감독함으로써 전선에서 병리학 지원이 원활하게 이루어지도록 최선을 다했다. 또한 불로뉴에 중앙병리학연구소도 설치했다.

런던의 밀뱅크Millbank에 있는 왕립육군의과대학Royal Army Medical College의 병리학과는 이러한 작전의 운용과 병리학자 양성, 콜레라와 페스트 및 이질의 백신, 치료법과 예방법 개발 등을 주도한 중추였다. 평화 시에 개발된 백신들은 전시에 더욱 유용하게 쓰였다. 백신 개발 덕분에 그 이전의 전쟁에 비해 군인들의 희생을 훨씬 더 줄일 수 있었다.

불로뉴에 있는 육군 의무부의 중앙병리학연구소는 선임 병리학자인 앰로스 라이트Almroth Wright(1861~1947) 경이 이끌었다. 라이트의 두 보좌관 알렉산더 플레밍Alexander Fleming과 레너드 콜브룩Leonard Colebrook은 그의 곁에서 부상 감염 치료와 소독을 도왔다. 불로뉴의 연구소는 예전에 라이트가 재직했던, 패딩턴Paddington에 있는 세인트메리병원 예방접종부와 연계를 맺었다.

많은 역사학자는 영국 군대가 인플루엔자 발생 보고를 늦추고 발생 진원지를 스페인으로 주장함으로써 킬러 독감 유행병을 은폐하려 했다고 주장했다. 하지만 역사가 마이클 브레설리어Michael Bresalier는 이것이 언론 검열의 문제였다기보다는 당시 군대 의사들이 이 새 변종 인플루엔자의 정체를 진정으로 확신하지 못했기 때문이라고 보았다.

1918년까지도 인플루엔자는 파이퍼균 때문에 생기는 세균성 질병으로 추측되었다. 독일의 유력한 세균학자였던 리처드 파이퍼Richard Pfeiffer(1858~1945)는 1892년에 인플루엔자의 병원체로 생각되는 것을 분리해냈다. 파이퍼의 주장에 따르면 이 질병은 그가 독감 감염 환자의 코에서 분리해낸 '작은 막대 모양의 박테리아' 때문에 발생한다. 그는 이것의 이름을 인플루엔자균Bacillus influenzae(또는 파이퍼균)이라고 붙였는데, 이는 나중에 헤모필루스 인플루엔자 Haemophilus influenzae로 불리게 된다. 파이퍼의 발견은 의심 없이 받아들여졌다. 왜냐하면 콜레라와 페스트 같은 다른 질병이 박테리아 때문에 발생되는 것으로 알려졌기 때문이었다.

파이퍼, "박테리아가 감염병의 원인"이라고 주장

1918년 3월 인플루엔자 유행병이 프랑스와 플랑드르의 영국 원정군을 덮쳤을 때, 바로 이 이론이 군의 공식 전략의 주된 바탕이 되었다. 1918년 봄에서 여름까지의 유행병이 인플루엔자라는 가정에 따라, 육군 의무부의 병리학자들은 아픈 병사들의 가래, 비강, 혈액, 그리고 부검을 받은 몇몇 사체의 병변 등에서 인플루엔자균을 분리하려고 시도했다. 의사들은 파이퍼균을 바탕으로 한 백신을 개발할 수 있다면 다른 질병에 예방 접종을 했던 것과 같은 방식으로 독감 예방 접종을 실시할 수 있으리라 믿었다.

그런데 파이퍼균을 발견할 수 없었던 많은 의사들은 과연 이 질병이 정말 인플루엔자인지 의문을 가졌다. 이 질병에 만족스러운 정의를 내릴 수 없었기 때문에 이전에 이미 말했던 것처럼 어떤 병리학자들은 이를 원인 불명열Pyrexia(fever) of Unknown Origin 또는 줄여서 PUO라고 불렀다. 또한 삼일열이라고도 불렀는데, 육군 의무부의 솔타우 대령이 관찰했던 것처럼, 이 질병은 잠복기 3일, 발열 3일, 그리고 요양 3일이라는 특징을 보였기 때문이다. 두 가지 정의 모두 참호

열처럼 병원체나 징후를 특정하지 못하는 포괄적 용어에 머물렀다. 1918년 여름 내내, 의학 전문지에서는 이 질병의 성격과 백신 타당성 여부를 놓고 격렬한 논의가 이어졌다.

《영국의학저널》은 다음과 같이 주장했다. "같은 저널의 여러 보고서에도 불구하고 파이퍼의 인플루엔자균이 감염체라는 주장에는 대체로 의견 일치를 보이는 것 같다." 이와 달리《란셋》은 이렇게 주장했다. "이 유행병이 진정 인플루엔자인지 의심스럽다."

1918년 여름 동안 병리학계의 두 진영이 유행병의 정체와 병원체를 두고 첨예하게 대립했다. '친親파이퍼 진영'은 이 유행병이 인플루엔자이며, 파이퍼균을 찾지 못한 이유는 기술적인 문제 때문이라고 주장했다. 반면 '반反파이퍼 진영'은 이 질병이 인플루엔자가 아니거나, 아니면 다른 유기체 때문에 발생한 것이라고 주장했다.

웬만한 군 병리학자들은 파이퍼균에 친숙했다. 1915년경부터 전쟁터에서 발생한 이례적인 호흡기 질병이나 프랑스에서 발생한 국지적 인플루엔자를 판별하기 위해 파이퍼균 분리가 실시되었다. 1916년 12월 말 에타플에서 하먼드와 롤런드가 화농성 기관지염 유행병에서 파이퍼균을 분리하면서, 파이퍼균이 군대 내에서 주목받기 시작했다. 1917년 2월과 3월 군 병원에서 실시된 폐 부검의 45퍼센트에서 화농성 기관지염이 주요 증상으로 보고되었다. 사망자는 거의 모두 폐에 액체와 고름이 차오르면서 발생하는 폐폐색으로 사망했고, 이 증상은 사망자의 50퍼센트 정도에서 폐기종이나 청색증을 유발했다.

조사자들은 테스트를 실시한 20가지 사례의 폐 샘플, 가래의 배양과 도말1)에서, 비록 각기 증상은 다름에도 불구하고 인플루엔자균이 주 병원체로 나타난 것에 놀랐다. 1917년 9월 올더숏 사령부의 코노트병원에서 의료 전문 팀이 작성한 보고서 역시 이러한 관찰을 지지했다. 올더숏 팀은 테스트를 실시한 여덟 사례에서 인플루엔자균을 주 병원체로 판별했고, 또 다른 잘 알려진 호흡기 병원균, 특히 폐렴구균pneumococci, 미구균 카타르할리스Micrococcus catarrhalis, 그리고 연쇄상구균streptococci 등을 부감염체로 판별했다. 에타플 연구 팀과 마찬가지로, 올더숏 팀은 거의 모든 화농성 기관지염 환자로부터 인플루엔자균을 분리할 수 있었던 것으로 보아 심각한 종류의 인플루엔자 감염이 의심된다고 결론지었다. 불로뉴에 있는 제3캐나다통합병원의 병리학자와 의사들 역시 화농성 기관지염의 병리학적, 세균학적 연구를 실시했고 거의 같은 결론에 도달했다. 아홉 사례 가운데 하나를 제외한 나머지 모두에서 순수 배양으로 인플루엔자균을 배양할 수 있었다. 그들은 이 결과가 인플루엔자균이 이 질병을 일으키는 것임을 보여주는 열쇠라고 해석했다.

하지만 모든 연구자들이 인플루엔자균을 분리할 수 있었던 것은 아니었다. 박테리아를 배양하는 것이 지독하게 어려웠기에 배양 실패는 기술 부족으로 폄하되기도 했다. 양측이 상대방의 전문성을 폄하하면서 논란이 가열되었다. 한편, 파이퍼는 중립을 지켰다.

높은 감염률에도 불구하고 1918년 봄과 여름의 유행병은 증상이 경미한 것으로 간주되었다. 인플루엔자는 연합국과 독일 양측에 막대한 영향을 미쳤지만 감염자는 대개 회복했다. 그런데 몇몇 전문가들은 훨씬 더 치명적인 2차 공습을 이미 예견하고 있었다. 월터 플레처는 2차 공습의 여부 자체는 의문의 여지가 없으며, 다만 그의 동료 메이저 그린우드Major Greenwood의 주장처럼 시기가 문제일 뿐이라고 말했다.

메이저 그린우드는 이스트엔드 지역 의사의 아들이었으며, 런던 유니버시티 칼리지에서 수학을 전공했다. 이후 화이트채플의 런던 병원에서 수련의 교육을 받았다. 수학과 의학에서 최고의 교육을 마친 그린우드는 리스터연구소Lister Institute로 자리를 옮겼으며 통계 분석가로 일했다. 그는 리스터연구소에서 칼 피어슨Karl Pearson에게 큰 영향을 받았는데, 피어슨의 저서 《과학의 문법Grammar of Science》은 신흥 분야인 생물통계학에 관심이 있는 신세대 전염병학자들에게 큰 영향을 미쳤다. 전쟁이 터지자 왕립육군의무군단으로 입대한 그린우드는 군수부에서 피로 및 산업 폐기물에 관해 연구하다가, 1918년 여름에 발생한 제1차 인플루엔자에 관심을 갖게 되었다.

군대 내에서 인플루엔자 환자의 높은 입원율에 충격을 받은 그는 증가 추세를 그래프로 그렸고, 이를 다시 1889~1990년의 러시아 독감 유행병과 비교했다. 러시아 독감의 경우 1차 공세는 여름이 아니라 겨울에 시작되었지만, 확산의 진행 곡선은 두 유행병이 거의 동일한 것을 발견했다. 즉, 곡선이 급격히 상승했다가 다시 가파르게 하강하는 모습을 보였는데, 마치 V자를 뒤집어 놓은 모양이었다. 그린우드는 이러한 결과를 놓고 볼 때, 여름에 발생한 인플루엔자 유행병에 이어 더 치명적인 2차 공세가 1918년 가을 또는 겨울에 있을 것을 알 수 있다고 주장했다. 병원균에 대한 저항이 가장 약한 이 계절은 호흡기 질환에는 최악의 시기였다.

그린우드와 함께 일한 적은 없었지만, 플레처는 1918년 하반기에 더욱 치명적인 인플루엔자가 영국을 덮칠 것이라는 그의 판단에 수긍했다. 플레처는 나중에 이렇게 말했다. "확실히 2차 공세가 있을 것이라는 예상은 자연스러운 일이다. 또한 1차 공세가 초여름에 있었기 때문에 더욱 위험한 폐렴을 동반한 2차 공세가 겨울에 있으리라는 것 역시 잘못된 예측이 아니다." 그는 또한 의료연구위원회가 "지나치다 싶을 정도로 주의를 기울일 것"이며 "예상 시기에 구애되지 않고 2차 공세를 대비할 것"이라고 말했다.

불행히도, 육군부는 플레처의 말을 접수하지 않았다. 봄과 여름 동안 프랑스와 플랑드르에서 인플루엔자의 감염률이 높았음에도 불구하고, 육군은 인플루엔자 유행병의 2차 공세를 예상하기보다는 괴저, 패혈증, 이, 참호열 같은 현실적인 질병에 더 큰 관심을 보였다. 그럼에도 불구하고 플레처는 자신의 신념을 굽히지 않았다. 그는 아서 뉴스홈 경에게 여름철 영국에서 발생한 인플루엔자의 발생 원인을 조사하는 일을 지원해달라고 간청했고, 유행병 조사를 위해서라면 어떠한 도움도 절실하다고 보고했다. 또한 플레처는 한 가지 방책을 제안했는데, 대중교통으로 이동하는 것을 통제하면 인플루엔자의 전국적 확산을 막는 데 효과가 있을 것이라고 주장했다. 하지만 뉴스홈은 플레처의 간청을 무시했다. 그해 말 뉴스홈은 자기 변명을 위한 연설에서, 대중교통 수단이 감염의 큰 원천이 될 수 있음을 인정하면서도, 전쟁 총력의 중요성을 고려할 때 "일터와 집을 오갈 때 이용하는 차량 내의 과밀집 규제로 수많은 근로자들이 타격을 입는 일은 있을 수 없다"고 못을 박았다.

1918년 8월 5일 플레처는 《영국의학저널》과 《란셋》에 공식 보고서를 제출함으로써 병리학자들과 의료진에게 제2차 유행병에 대비할 것을 촉구했다. 또한 세균학 연구 결과를 의학연구위원회에 보내줄 것을 요청했다. 그의 목표는 연구소들과 병원 업무를 잘 조직화하고 중앙에서 체계적으로 관리하는 것이었다. 하지만 전염병은 플레처를 기다려주지 않았다. 프랑스의 전선과 영국 본토의 기지에서 치명적인 인플루엔자의 2차 공세가 감지되었다는 보고서들이 이미 의학연구위원회로 밀려들고 있었다.

7장

죽음의 송곳니

스페인 독감, 독일도 못한 유럽 정복을 해내다

1918년 여름 연합국의 승리가 서서히 가시권에 들어올 무렵, 독일 군대가 이루지 못한 것을 스페인 독감이 해냈다. 아무런 저항 없이 유럽을 정복해버린 것이다. 스페인 여인이 유럽 대륙을 휘젓자 평온한 일상은 옛말이 되어버렸다. 기차는 취소되었고 비즈니스는 무너졌으며, 소송이 연기되면서 재판도 열리지 않게 되었다. 독일의 황제도 예외가 아니었다. 7월 11일자 《뉴욕타임스》는 이렇게 보도했다. "황제 역시 독일 군대를 휩쓸었던 인플루엔자의 희생물이 되었다 (중략) 스페인 독감에 걸려 서부 전선을 떠나 본국으로 돌아갔다." 빌헬름 황제의 백성들도 병에 걸렸고, 적어도 독일 국민 40만 명이 스페인 독감으로 사망했다. 독일 귀족과 결혼한 영국 여성 에블린 블뤼허Evelyn Blücher는 제2의 조국을 짓밟은 질병을 두고 이렇게 말했다. "인플루엔자의 현실은 처참하다. 온 나라의 모든 가족이 고통을 받고 있다. 크리블로비츠Krieblowitz의 가정부로부터 마을 전체가 타격을 받았다는 이야기를 들었다. 가련한 사람들은 약도 없고 돌봐줄 사람도 없이 집 바닥에 드러누운 채 펄펄 끓는 열과 함께 오한으로 떨고 있다."

독일 함부르크에서는 매일 400명이 죽어나갔고, 가구 운반차들이 시체를 묘지로 실어 날랐다. 에블린 블뤼허는 일기에 이렇게 썼다. "우리는 매일 모든 면에서 중세의 야만으로 되돌아가고 있다. 문득 요즘에는 베옷에 재를 뒤집어쓰고 거리를 오가며 회개를 촉구하는 광신도들이 보이지 않는다는 사실에 놀라곤 한다."

프랑스 파리에서는 한 주에 1천200명이 사망했다. 프랑스 전역에서 미군 7만 명이 입원 조치를 받았고, 그중에서 거의 3분의 1이 죽어가고 있었다. 캠브리지 대학생으로서 서무병으로 자원입대한 J.S. 웨인Wane은 노르망디의 고리Gaury에서 모든 병사가 인플루엔자 유행병 때문에 야외에서 취침하도록 명령받았다는 것을 알게 되었다.

8월, 왕립 스코틀랜드 11대대의 A.J. 제이미슨Jamieson 일병은 벨기에 국경 근처 메테렌Meteren의 한 작은 헛간에 숨어 있었다.

우리 통신 소대는 작은 헛간에 숨어 있었고, 질병이 덮친 날 이동하기로 되어 있었다. 소대원들이 연이어 실려 나갔고 나는 머리가 깨질 듯이 아팠다. 그날 밤 몇 명이나 끝까지 남아서 출동할 수 있을지, 최대한 얼마나 버텨낼 수 있을지 걱정이었다. 마침내 나는 A중대에 합류해 출동하게 되었는데, 철모를 쓰고 비틀거리며 걷다가 몇 번이나 앞에 가는 병사의 등에 부딪히곤 했다. 마침내 우리는 한 폐가에 도착했고, 나는 통신선을 확인한 후 지하실의 매트리스에 쓰러져 잠이 들었다. 갑자기 중대장이 나를 흔들어 깨우더니 근무 중에 병사가 초소에서 잠이 들면 즉결 처형이라는 사실을 알고 있느냐고 물었다. 나는 내 상황을 설명했고, 그는 납득했다. 그것이 내 스페인 독감의 끝이었다.[1]

유럽에서부터, 스페인 여인은 4개월이라는 짧은 시간 안에 전 세계를 거침없이 휘저었다. 대양을 건너고 산맥을 넘어 스칸디나비아와 그리스, 이집트 그리고 인도까지 진출했다. 1918년 6월 10일 인플루엔자의 1차 공세가 인도 봄베이를 덮쳤다. 선창에서 일하던 한 명을 포함해서 경찰 세포이(영국령 하의 인도 군인) 일곱 명이 비非말라리아성 열병으로 입원 조치를 받았다. 6월 15일에서 20일 사이에 희생자가 선창가 근로자와 운송회사 직원, 봄베이항만신탁 Bombay Port Trust, 홍콩상하이은행Hong Kong and Shanghai Bank, 전신소, 주조소, 레이철사순제분소Rachel Sassoon Mills에까지 늘어났다. 사망자가 늘어나면서 은행이나 사무실에서는 대량 결근이 흔해졌다. 보건 책임자 J.A. 터너Turner는 6월의 봄베이가 감염을 확대하기 위한 모든 조건을 갖춘 거대한 인큐베이터 같다고 말했다. 도시 전체가 과밀집 상태였고, 많은 노동 인구가 질병의 확산에 매우 취약한 환경에서 살고 있었다. 6월 3일에 92명이었던 1일 사망률이 7월 3일에는 230명으로 증가했다. 《타임스 오브 인디아The Times of India》는 이렇게 보도했다. "봄베이의 거의 모든 가구는 누군가가 열병을 앓고 있으며, 모든 사무실은 직원의 결근으로 고통 받고 있다."

터너는 5월 말 봄베이에 정박한 배의 승무원들로부터 전염병이 확산되기 시작했다고 믿었다. 한편 인도 정부는 선원들이 봄베이에서 스페인 독감에 걸린 이유가 이른바 인도인의 비위생 때문이라고 주장했다. 터너는 봄베이가 군대의 출입항이었기 때문에 1915년 이래로 유행병이 불가피했다고 항변했다. 그는 봄베이항의 보건 책임자가 전염병 사례 보고를 누락했다고 비난했다. 《봄베이 크로니클 The Bombay Chronicle》은 봄베이와 인도 전체가 이러한 태만의 대가를 혹독히 치르고 있다고 주장했고, 《타임스 오브 인디아》는 보건부가 수십만 루피를 쓰고도 방역에 실패했다고 분노했다. 또한 군대 함선에서 발생한 스페인 독감이 진압되었다는 소문이 돌기도 했다.

6월 20일에 병원선이 카라치Karachi에 도착한 뒤 48시간 안에 거의 모든 환자가 스페인 독감에 걸렸다. 그들이 인플루엔자를 데리고 온 것인지, 아니면 카라치에서 감염된 것인지는 확실하지 않지만 아마도 밖에서 들어온 것일 가능성이 많아 보였다. 6월에 봄베이에서 발생한 인플루엔자는 비록 4주밖에 지속되지 않았지만 1천600명의 목숨을 앗아갔고, 수많은 근로 시간의 손실, 셀 수 없을 만큼 큰 고통과 비용, 불편을 초래했다. 유행병은 사무실과 공장 같은 실내에서 일하는 사람들에게 주로 발생했다. 사무실과 제분소의 유병률은 유럽인이 25퍼센트, 인도인이 33퍼센트, 아동이 55퍼센트였다. 아동의 비율이 놀라워 보이지만, 당시에는 많은 아동이 공장 노동력으로 고용되었다. 스페인 여인에 관한 터너의 서술은 기억할 만하다. 콜레라, 천연두, 역병 같은 질병은 원인이 알려져 있고 확산을 저지하는 것이 가능했지만, 스페인 독감은 마치 한밤중에 찾아오는 도둑처럼 은밀하고 재빠르게 발생했다.

1918년 8월 병원선 이집트호를 타고 봄베이에 도착한 왕립육군 의무군단 소속 프레더릭 브리튼Frederick Brittain은 당시 인도의 상황을 간략하게 알렸다. 8월 24일 토요일, 그의 기록이다. "카터와 함께 나퉁가Natunga 기지로 갔다가 마힘Mahim의 해안까지 걸어갔다. 이곳은 진정 이야기책에 나오는 인도 같은 풍경이다. 아름다운 바나나 나무와 코코넛 야자수가 울창하고, 야자수 지붕을 한 집들이 있다." 그런데 이러한 풍경이 갑자기 돌변한다. "우리는 마힘의 바닷가로 갔고, 시체를 막 소각한, 불타고 있는 고갯길을 따라갔다. 한 인도인이 침대 틀을 머리에 이고 바다로 나가더니 바닷물로 씻었다. 그 모습을 보노라니 고향이었다면 이 얼마나 이상한 광경이었을까 하는 생각이 들었다."

스페인 독감은 인도에서 당시 페르시아로 불리던 이란으로 확산되었다. 페르시아인에게 '바디 나스리bad-e nazleh'로 알려진 이 질병은 페르시아의 부셰르Bushehr에 도착했다. 이는 부셰르와 반다리렝게Bandar-e Lengeh 항구에 주둔한 영국과 인도 군인들 탓이었다. 그 뒤 서쪽의 바그다드Baghdad에서 케르만샤Kermanshah로, 남쪽의 시라즈Shiraz로 확산되었다. 비록 자세한 정보는 부족하지만 페르시아에서 발생한 스페인 독감은 사망자를 100만 명쯤 낸 것으로 추산된다. 이는 당시 인구의 10분의 1에 해당한다. 작가 모함마드 알리 자말사데Mohammad Ali Jamalzadeh(1892~1997)는 시라즈의 끔찍한 상황을 다음과 같이 기술했다. "제1차 세계 대전 말미에 치명적인 킬러 셋이 시라즈를 덮쳤다. 그것은 기근과 콜레라, 그리고 스페인 독감이다. 많은 사람이 죽었고 시내 곳곳에 시체가 넘쳤다. 가게와 상점은 문을 닫았다. 의사도 간호사도 약도 없었다."

인플루엔자는 전 국토를 휩쓸었고 도시보다 농촌 지역이 더 큰 영향을 받았다. 아셰어Ashair 부족의 경우는 특히 건강한 남자들이 목숨을 잃었다. 유목민인 가시가이Ghashghai 부족의 사망률은 30퍼센트에 이르는 것으로 보고되었다. 인구 5만인 시라즈의 경우에는 5천 명이 스페인 독감으로 사망했다. 케르만샤의 사망률은 1퍼센트로 보고되었는데 농촌에서는 20퍼센트에 이르는 사람이 사망한 것으로 보고되었다. 이 숫자는 과장이 섞인 것으로 보인다. 테란Tehran에서는 3개월 동안 5만 명이 죽은 것으로 보고되었다.

한 가지 측면에서 페르시아의 사망률은 세계 다른 나라들과 달랐다. 스페인 독감 유행병이 발생한 거의 모든 지역에서는 희생자가 15세에서 45세 사이의 남녀였다. 반면에 페르시아의 사망률은 기근과 아편 소비, 빈혈, 말라리아 같은 그 지역의 특수한 요인에 영향을 받았다. 페르시아에서 1918년 스페인 독감으로 사망한 사람은 90만 2천400명에서 243만1천 명 사이로 추정되며, 진정한 숫자는 두 양극단 사이 어디쯤이 될 것이다.

아프리카에서 6개월간 5천만 명 사망

1918년 8월 스페인 여인은 아프리카 대륙을 찾아왔고 오래도록 엄청난 충격을 주었다. 6개월 남짓한 기간 동안 5천만 명을 죽였고, 그로 인한 후폭풍은 몇 세대에 걸쳐 큰 영향을 미쳤다. 북아프리카 즉, 마그레브Maghrib[2]와 이집트는 이미 상대적으로 약한 첫 번째 인플루엔자를 경험했기에 웬만큼 면역을 갖게 되었지만, 사하라 남쪽의 아프리카는 그러한 경험이 없었기 때문에 인플루엔자에 감염된 배들이 프리타운과 시에라리온Sierra Leone, 케이프타운, 남아프리카, 케냐의 몸바사Mombasa에 들어오자 치명적인 2차 인플루엔자로 큰 타격을 받게 되었다. 남아프리카의 스페인 독감 유행은 나중에 다른 장에서 따로 다루기로 한다.

8월 25일 동아프리카의 나이로비에서는 런던 출신의 젊은 시드니 퍼스Sydney Peirce가 독감에 심하게 걸려 죽을 것처럼 아팠다. 다음 날에도 그는 독감으로 침대 신세를 졌지만 조금 나아졌다. 8월 27일에는 여전히 침대에 누워 있었고 상태가 좋지 않았다. 8월 28일에는 조금 걸어 다녔다.

'흑인 군대'를 훈련시키기 위해 아프리카에 갔던 시드니는 다음 달 인플루엔자의 2차 공격을 받았다. 9월 15일 그는 다시 인플루엔자에 걸렸다. 나이로비에는 독감이 아주 흔해졌다.

세계 곳곳에서 전례 없이 많은 병력이 이동하면서, 스페인 여인의 파멸 작전을 돕는 셈이 되었다. 미군 병사 수십만 명은 초만원 상태로 캠프에서 대기하다가 기차를 타고 각 항구로 이동했으며, 다시 과밀집 상태로 수송선에 올랐다. 1918년 6월 미군 27만9천 명이 유럽으로 건너갔으며, 7월에는 30만 명이, 8월에는 28만6천 명이 대서양을 건넜다. 6개월 동안 모두 150만 명의 미군이 유럽에 발을 내딛었다.

미군은 전 세계를 누볐던 많은 나라 사람들 중 하나일 뿐이었다. 뉴질랜드의 배들은 남아프리카와 인도, 그리고 호주로 가는 길에 영국 배들과 함께 시에라리온에서 재급유를 했다. 불가피하게 시에라

리온은 스페인 독감의 타격을 입게 되었다. 연합군 함대는 독일을 후
방에서 공격하기 위해 백해White Sea를 거쳐 아크엔젤Archangel로 갔
으며, 의도치 않게 스페인 독감을 데리고 가게 되었고 러시아에도 곧
독감이 퍼지게 되었다. 프랑스의 브레스트Brest에는 군함 500척이 정
박해 있었고, 미군 79만1천 명이 해군 기지에 도착하여 독감에 걸린
프랑스 군인들과 만났다. 배들이 유럽에서 치명적인 질병을 가지고
미국의 항구에 도착하자 상황은 더욱 악화되었다.

1918년 7월 22일 리버풀에서 출항한 시티오브엑시터City of
Exeter호가 기진맥진한 채로 필라델피아로 들어왔다. 승객 중에는 인
도인 선원 27명과 갑판수가 있었는데, 이들은 폐렴이 너무나 심한
나머지 즉시 병원으로 후송되어야 했다. 같은 날 인도 배인 소말리
Somali호가 세인트로렌스만Gulf of St Lawrence으로 들어왔고 인플루엔
자에 감염된 승조원 89명을 그로스섬Grosse Island에 내려놓았다.

8월 12일 노르웨이 선박 베르겐스피오르드Bergensfjord호가 인플
루엔자 환자 200명을 실은 채 뉴욕 항구로 들어왔다. 3명은 이미 항
해 중에 사망했다. 승객 11명이 브루클린의 병원으로 이송되었는데,
이들은 격리병동에 수용되지 않았다. 뉴욕시 보건국장 로열 S. 코플
랜드Royal S. Copeland는 지나치게 자신만만한 태도로 환자들은 인플루
엔자가 아니라 폐렴에 걸린 것이며, 스페인 독감은 영양이 충분한 사
람은 잘 공격하지 않는다는 망언을 했다. "우리 미군이 이 질병에 걸
렸다는 말을 들어본 적이 있는가? 물론 없을 것이다. (중략) 우리 시민
들이 이 문제로 걱정할 필요가 없다."

1918년 8월 27일 보스턴의 코먼웰스부두Commonwealth Pier에 있

는 신병 연습함에서 수병 세 명이 스페인 독감에 걸렸다. 이 신병 연습함은 실제 배가 아니고 거대한, 떠 있는 병영이었다. 약 3천700명을 수용하도록 설계되었지만 어떤 날은 7천 명을 수용하기도 했다. 해군도 초과잉 수용이었음을 인정했다. 다음날 새 환자 8명이 발생하여 치료를 받았다. 그 다음날에는 환자가 58명 발생했다. 넷째 날에는 81명이 병에 걸렸고, 다섯째 날에는 새 환자가 106명 생겼다. 현대 작가 중 한 사람인 데니스 루헤인Dennis Lehane은 독감 환자들이 감염된 배에서 옮겨지는 모습을 지켜보던 구경꾼들의 눈에 비친 끔찍한 광경을 이렇게 묘사했다. "파리한 두개골과 움푹 파인 볼, 땀에 전 머리카락과 토사물이 말라붙은 입술, 그들은 이미 죽은 사람 같았다." 세 환자에게 이미 치명적인 청색증 증상이 나타났는데, 피부가 푸른빛을 띠고 입술은 바싹 말랐으며 눈을 부릅뜨고 있었다.

코먼웰스부두의 병원이 스페인 독감 환자로 초만원이 되자, 환자 중 50명은 코먼웰스만 건너편의 첼시Chelsea해군병원으로 후송되었다. 의사들은 혈액 샘플과 후두 배양 조직을 채취했는데, 48시간 내에 두 명의 감염이 확인되었다. 이 독감 발병의 가장 큰 특징은 속도였다. 아주 건강하던 사람이 몇 시간 안에 완전히 탈진 상태에 빠졌다. 체온이 38도에서 40도로 상승했고, 환자는 탈진과 근육, 관절, 허리, 머리 부위의 통증을 호소했다. 그들은 통증을 "마치 몽둥이로 온몸을 구타당한 것 같다"고 표현했다.

첫 환자가 발생한 지 2주 만에 제1해군구역 주민 2천 명이 인플루엔자에 감염되었다. 환자들은 대부분 며칠 안에 회복했지만 그중 5~10퍼센트에서는 심각한 폐렴으로 발전했다. 9월 11일 현재, 인플루엔자 폐렴 환자가 95명 발생하여 첼시해군병원에서 치료를 받았다. 35명이 사망했으며 15~20명은 상태가 심각했다. 인플루엔자 폐렴의 사망률은 60~70퍼센트에 이르는 것으로 보였다. 부검 결과 폐조직이 액체로 흠뻑 젖어 있는 것으로 나타났다. 병리학자들은 이 질병이 인플루엔자임을 확인하기 위해 파이퍼균을 찾으려고 했지만, 항상 이 균이 나타나는 것은 아니었다. 병원 의사 중 한 사람인 J.J. 키건Keegan 중위는 이 질병을 이렇게 예측했다. "아마도 전국으로 재빠르게 확산될 것이다. 전체 인구의 30~40퍼센트가 감염될 것으로 보이며, 한 지역 안에서 4~6주 안에 급성으로 퍼질 것이다." 그의 예상은 적중했다.

이렇듯 공중 보건이 위급한 상황임에도 불구하고 군대와 민간 당국은 스페인 독감의 확산을 저지하기 위해 아무것도 하지 않는 것처럼 보였다. 9월 3일 보스턴시티병원에서 첫 민간인 사망자가 나왔다. 같은 날 시 당국은 엄격한 격리 조치를 시행하는 대신에 4천여 명이 시내를 가로지르는 자유 행진 행사를 허가했다. 미국 역사학자 알프레드 크로스비Alfred Crosby가 말했듯이, 이 행진으로 전쟁의 승리를 가져오지는 못했지만 인플루엔자 유행병의 확산은 이루어냈다.

9월 4일 캠브리지의 하버드에 있는 해군통신학교에서 첫 인플루엔자 환자가 발생했다. 9월 5일 주 보건부는 각 신문사에 유행병 소식을 전달했다. 닥터 존 S. 히치콕John S. Hitchcock은 《보스턴 글로브Boston Globe》를 통해 이렇게 경고했다. "예방 조치를 취하지 않는다면 이 질병은 아마도 도시 내 민간인 전체로 확산될 것이다." 하지만 그 어떤 예방 조치도 없었고, 하루 뒤인 9월 6일 수병 수천 명과 민간인들이 연무장에 함께 모여 통신학교의 새 건물 개관을 축하했다.

9월 8일에 보스턴에서 공식적으로 스페인 독감 환자 세 명이 최초로 사망했다. 한 명은 해군, 한 명은 상선의 선원, 다른 한 명은 민간인이었다. 일주일 후인 9월 11일 해군은 보스턴 지역에서 수병 26명이 대유행병으로 목숨을 잃었으며 로드아일랜드와 코네티컷, 펜실베이니아, 버지니아, 사우스캐롤라이나, 플로리다, 일리노이에 주둔한 해군에서도 첫 감염자가 발생했다고 발표했다. 워싱턴의 보건 당국자들은 기자들에게 스페인 독감이 미국에 상륙한 것으로 보인다고 걱정했지만 대규모 징집은 여전히 진행되었다. 그 결과 스페인 인플루엔자에 가장 취약한 연령층인 장정 1천300만 명이 미국 전역에서 모여들었으며 시청과 우체국, 학교 건물 등에 빼곡히 들어찬 채로 징집 절차를 거쳤다. 전국이 애국심으로 들끓었으며 보스턴에서만 9만 6천 명이 징집 등록을 하면서 서로에게 기침과 재채기를 해댔다. 보건 당국자들이 아무리 말을 해도 소용이 없었다. 한편 매사추세츠주의 퀸시Quincy에서는 길거리에서 갑자기 쓰러져 사망하는 사람이 세 명이나 있었다. 미국 전역에서 스페인 여인의 거침없는 진격이 계속됐다.

다시는 의학의 위대한 성취를 입에 담지 않겠다

9월 8일 스페인 독감이 캠프 데븐스Devens에서 발생했다. 매사추세츠 출신 신병 1천400명이 도착한 지 불과 나흘 뒤였다. 매사추세츠주의 보스턴에서 북쪽으로 65킬로미터쯤 떨어진 곳에 있는 캠프 데븐스는 프랑스로 파병 가기 위해 준비 중인 병사 4만5천여 명으로 미어터질 지경이었다. 같은 날 알프레드 테니슨Alfred Tennyson 소위는 소대원 중 네 명이 훈련 도중 '네 발로 기기bear-crawl'를 거부한 대가로 군법회의에 넘겨질 위기인 것을 목격했다. 그는 즉각 그 소대원들이 아픈 것을 알아차렸고 그들을 위해 중재에 나섰다. 그는 그 소대원들이 곧 캠프 데븐스를 덮쳐서 787명을 죽일 스페인 독감 유행병의 첫 희생자라는 사실은 미처 알지 못했다. 유행병의 심각성이 파악되자마자, 심한 감기를 앓고 있던 닥터 빅터 본이 감염된 신병들을 돌보도록 바로 호출되었다. 그는 이렇게 회상했다. "나는 즉시 의무감실로 갔는데 리처드 장군이 유럽의 고거스 장군 역할을 하고 있었다. 내가 안으로 들어가자, 서류를 보고 있던 장군은 고개도 들지 않은 채로 이렇게 말했다. '즉시 데븐스로 가도록 하시오. 스페인 독감이 캠프를 덮쳤다고 하오.' 그러고는 서류를 내려놓고 내 충혈된 두 눈을 보더니 다시 이렇게 말했다. '아니, 집으로 가서 쉬도록 하시오.' 나는 바로 다음 기차를 타고 데븐스로 출발했고 다음날 아침 캠프에 도착했다."

캠프 데븐스에 도착한 첫날, 닥터 본은 병사 63명이 죽는 것을 지켜보았다. 그는 나중에 회고록에서 그 처참한 광경을 이렇게 회상했다.

세계 각국의 전투복을 입은 건장한 청년들이 열 명씩 무리를 지어 병동으로 후송되어오는 모습을 본다. 그들은 병상에 눕혀지는데, 곧 모든 병상이 다 차버리지만 여전히 환자들이 밀려들어온다. 그들의 낯빛은 곧 푸른색으로 변하고, 고통스러운 기침과 함께 피 섞인 가래를 배출한다. 아침이면 사체들이 장작더미처럼 쌓여 있다. 1918년 캠프 데븐스 사단병원에서 본 이 모습들은 내 기억 세포 속에 단단히 각인되어 있다. 치명적인 인플루엔자는 인간들이 서로를 파괴하기 위해 고안한 전쟁 발명품이 얼마나 하찮은 것인지 잘 보여주었다. 그 섬뜩한 장면들은 장작이 타오르는 숲속 오두막의 난로 앞에 앉아 있는 한 늙은 전염병학자의 뇌 속에서 지금도 끊임없이 재생된다.3)

닥터 본이 맞닥뜨린 가장 섬뜩한 사실은 이 변종 독감이 마치 전쟁 자체가 그러하듯 가장 젊고 활기차며 건강한 청년들을 죽게 했다는 것이다. 건장한 청년들은 갑작스럽게 회복을 하든지, 아니면 죽어버렸다. 그 결과 그는 이제껏 쌓아온 모든 의학적 지식과 경험에도 불구하고 완전한 무기력감에 빠져버렸다. "내 인생에서 가장 슬픈 점은 군대 캠프에서 젊은이 수백 명이 죽어가는 것을 지켜보면서도 할 수 있는 게 아무것도 없었다는 것이다. 그 순간 나는 결단코 다시는 의학의 위대한 성취를 입에 담지 않을 것이며, 이 질병에 관한 우리의 무지함을 겸손하게 인정하겠다고 작정했다."

캠프 데븐스의 끔찍한 장면은 신참뿐 아니라 고참 군의관들도 충격에 빠트렸다. 닥터 본의 동료 중 한 사람인 닥터 로이 그리스트 Roy Grist는 친구에게 보내는 편지에서 이 새 인플루엔자의 증상을 생생하게 설명했다.

처음 나타나는 증상은 일반적인 유행성 독감이나 인플루엔자와 비숫해 보인다. 그런데 병원으로 후송되고 나면, 내가 본 것 중에 가장 끔찍한 폐렴으로 급속하게 발전한다. (중략) 몇 시간이 지나면 청색증이 귀에서부터 서서히 얼굴 전체로 퍼지는 것을 볼 수 있으며, 나중에는 흑인과 백인이 구분되지 않을 정도가 된다. 그리고 몇 시간 안에 사망에 이르게 된다. (중략) 정말 끔찍하다. 한두 명 또는 스무 명까지는 지켜볼 수 있을지 모른다. 하지만 이 불쌍한 인생들이 마치 파리처럼 쓰러져가는 모습을 보노라면 (중략) 하루 평균 100명의 죽음을 지켜보아야 했다. (중략) 폐렴은 거의 사망을 의미했다. (중략) 엄청나게 많은 간호사와 의사도 목숨을 잃었다. 시체를 실어 나르기 위해 특별 열차가 필요했다. 며칠 동안이나 관이 부족했고, 시체가 산처럼 쌓여갔다. (중략) 프랑스 전선에서 본 그 어떤 전투 현장보다 더 끔찍했다. 엄청나게 긴 막사가 시체보관소로 쓰였는데, 제복을 차려 입고 2열 종대로 길게 누워 있는 죽은 병사들 사이를 걸어가는 것은 누구라도 섬뜩하지 않을 수 없었다.[4]

이러한 환경에서 일하는 것은 몹시 우울하고도 지치는 일이었다. 그리스트는 다음과 같이 편지를 맺었다. "이곳에서 일하는 이들은 다들 좋은 사람들이다. 하지만 나는 정말 폐렴이 지긋지긋하다. 하루 16시간 동안 폐렴과 함께 먹고 살고 자고 꿈꾸고 숨 쉬어야 한다. (중략) 친구, 잘 지내라. 다시 만날 때까지 신께서 너와 함께 하시길."

스페인 독감의 공포에 관한 생생한 증언을 담은 그리스트의 편지는 1979년 오래된 트렁크 속 서류 뭉치 사이에서 발견되었다. 닥터 그리스트가 전쟁에서 살아남았는지 아니면 그가 돌보던 환자들과 함께 사망했는지는 알 길이 없다. 당시 캠프 데븐스에서 하루 100명씩 죽어 나가던 사망자 중에는 의료진도 포함되어 있었다.

베테랑 병리학자 닥터 윌리엄 웰치William Welch가 캠프 데븐스로 왔다. 그는 사망 원인이 거의 모두 폐부전lung failure임을 확인했다. 부검 결과 푸르게 변색되고 피 섞인 유체가 차올라 부어오른 폐를 확인할 수 있었다. 끔찍한 광경을 수없이 목격한, 차분하고 위엄이 서린 웰치 같은 백전노장도 눈앞에 펼쳐진 광경에 몸서리를 쳤다. 그의 젊은 동료 닥터 루푸스 콜Rufus Cole은 나중에 이런 말을 했다. "비록 잠시였다고는 해도 닥터 웰치 같은 분조차 그 상황을 감당하기 어려워했다는 사실이 무엇보다 내게는 충격이었다."

닥터 웰치는 닥터 본, 콜과 함께 즉각 매케인McCain 장군에게 더 이상 유동 병력이 없도록 캠프 데븐스를 격리 조치해줄 것을 강력하게 건의했다. 또한 최대한 신속하게 의료진을 증원시켜줄 것을 요청했다. 그러나 매케인은 전쟁에서 이기는 것이 더 중요하다는 명분으로 그들의 건의를 지연하고 시행을 미루는가 하면 아예 무시해버렸다.

이러한 독감의 맹습에 맞서 의사들의 우려와 의료진의 무기력감을 대변하는 것은 웰치의 몫이었다. 그는 조금도 주저하지 않고 자신의 우려를 솔직하게 표현했다. "이 질병은 전혀 새로운 종류의 감염이거나", 아직까지도 미신적 공포를 불러일으키는 몇 안 되는 의학 용어를 서슴없이 사용해 "또는 역병plague임에 틀림없다"고 말이다.

스페인 독감이 미국과 유럽을 마구잡이로 휩쓸고 지나가자 어떤 애국자들 중에는 스페인 독감이 사실은 일종의 생물학 무기이며 전선에서 사용된 겨자 가스의 후속품이라고 믿는 사람마저 생겨났다.

독일이 그 배후이며, 일종의 독가스를 개발하여 유보트에 실어 미국의 해안 지대에 살포하는 것이라고 믿었다. 보스턴 사람들 수천 명이 병에 걸리자 스페인 여인의 행보만큼이나 빠르게 소문이 확산되었다. 과학적인 근거가 없는 음모론 중에는 독일 스파이들이 의도적으로 보스턴 항구에 인플루엔자를 유발하는 병균을 살포했다는 내용도 있었다. 1918년 9월 17일, 비상선단공사Emergency Fleet Corporation[5])의 보건 위생 책임자인 필립 돈Philip Doane 중령은 유행병이 독일의 유보트 때문에 확산되었다고 주장했다. "독일 스파이가 인플루엔자 병균을 극장이나 사람이 많이 모이는 곳에 몰래 살포하는 것은 매우 쉬운 일일 것이다. 독일은 유럽에서 이미 유행병을 일으켰으며 미국에서 그러지 말라는 법은 없다." 또 다른 황당한 루머로는 바이엘Bayer 상표가 원래 독일 것이기 때문에, 바이엘 아스피린에 병균이 심어져 있다는 소문이 있었다. 아무리 황당한 주장이라 할지라도 공중위생국은 조사를 실시해야 했다. 독일 스파이가 육군 의무부대에 침투하여 피하 주사로 인플루엔자를 확산시켰고, 그 스파이들이 결국 발각되어 총살되었다는 말이 있었다. 육군 의무감 찰스 리처드Charles Richard 준장이 나서서 부인했지만 소용이 없었고, 결국 그는 이렇게 발표해야 했다. "미합중국 캠프에서는 군의관이나 간호사 또는 그 어떤 인원도 총살된 경우가 없음을 명백히 밝힌다." 그럼에도 불구하고 스페인 독감을 놓고 이렇게 여전히 독일을 비난하는 사람들이 있었다. "이 저주를 독일 역병이라고 부르자. 모든 아이에게 저주스러운 것과 독일이라는 말을 연결 짓도록 가르치자. 증오가 아니라, 독일 스스로 자초한 혐오스러운 진실에서 비롯된 경멸을 위해서다."

이러한 이론들을 뒷받침할 만한 구체적인 증거는 나오지 않았다. 알프레드 크로스비 같은 역사학자는 그나마 좀 더 그럴듯한 설명을 시도한다. 즉, 스페인 독감이 전쟁 그 자체에서 비롯되었다는 것이다. 독가스와 무인지대의 부패한 사체라는 치명적인 조합이 만들어낸, 사람이 만든 재앙이라는 것이다.

유럽에서 전쟁이 터질 때마다 인간들은 화학적, 생물학적 오물 구덩이를 만들어냈고, 거기에서 온갖 질병이 태어났다. 일찍이 그렇게 많은 폭탄이 터진 적은 없었고, 그렇게 많은 사람이 그렇게 오래도록 오물 속에서 지내야 했던 적도 없었으며, 그렇게 많은 사체가 땅속에 묻히지 못한 채로 부패한 적도 없었고, 겨자 가스처럼 사악한 것이 대량으로 대기 속에 방출된 적도 결코 없었다.[6]

캠프 데븐스에서 발생한 유행병에 관한 빅터 본의 증언은 섬뜩하다. "유행병 확산이 산술적 비율로 가속화된다면, 인류의 문명은 지구 위에서 곧 사라지고 말 것이다."

8장

마치 유령과 싸우는 것처럼

1918년 10월 보스턴의 모든 학교에 휴교령

내겐 작은 새가 있었네 I had a little bird

그의 이름은 엔자였지 And its name was Enza

내가 창문을 열자 I opened the window and

안으로 날아들었지, 엔자가 In-flew-enza

이 동요는 보스턴 도체스터Dorchester의 한 학교에서 미스 사이
크스Sykes 선생님 반의 3학년 여학생들이 줄넘기를 하면서 불렀던 노
래이다. 스페인 독감이 매사추세츠주를 덮쳤을 때, 겨우 일곱 살이었
던 프랜시스 러셀Francis Russell[1]은 당시를 이렇게 회상했다. "우리에
겐 삶이 영원한 것만 같았고 인플루엔자는 전혀 무섭지 않았으며 전
쟁의 흥분 속에서 발생한 한 사건에 불과했다." 마치 토마스 그레이
Thomas Grey[2]의 시 속에 나오는 아이들처럼, 아이들은 닥쳐오는 재앙

을 전혀 모른 채 마냥 즐겁게 놀기만 했다.

초기에는 의사나 시 당국자들 모두 유행병을 충분히 막을 수 있을 것으로 보았다. 1918년 9월 13일, 미국공중위생국(USPHS)의 의무총감(위생국장) 루퍼트 블루Rupert Blue는 언론 인터뷰에서 스페인 독감을 판별하는 요령을 설명한 다음, 침대에 누워 잘 쉬고 잘 먹고, 환자에게는 키니네와 아스피린을 먹이라고 권고했다. 다음 날 매사추세츠주 보건부는 미국 적십자 본부에 전보를 쳐서 보스턴으로 간호사 15명을 급파해줄 것을 요청했다. 그 이후로 뉴잉글랜드 지역의 다른 도시에서도 비슷한 요청이 이어졌다. 이러한 노력에도 불구하고 사망률은 나날이 증가했다. 9월 26일 보스턴 시민 중 123명이 인플루엔자로, 33명이 폐렴으로 사망했다. 전체적으로 매사추세츠주에서 감염 사례 5만여 건이 발생했다. 주지사 캘빈 쿨리지Calvin Coolidge는 우드로 윌슨 대통령과 토론토 시장, 그리고 버몬트, 메인, 로드아일랜드 주지사들에게 보낸 전보에서 이러한 소식을 전했다. "의사와 간호사들을 총동원했지만 한계 상황에 다다랐다. (중략) 많은 환자들이 전혀 치료를 못 받고 있다." 쿨리지 지사는 뉴햄프셔와 코네티컷에는 도움을 요청하지 않았는데, 왜냐하면 그곳 상황도 매사추세츠와 별반 다르지 않았기 때문이다.

이때쯤 스페인 독감은 보스턴에서 멀리 떨어진 루이지애나와 퓨젓사운드Puget Sound, 샌프란시스코에서도 발생했고, 매사추세츠주에서 조지아주 그리고 워싱턴주의 캠프 루이스에 이르기까지 전국 군부대 20여 곳에서도 발생했다. 이렇게 상황이 악화되었지만 시 당국자들은 시민들이 불안해할 이유가 없다고 주장했다. 《보스턴 글로브》는 의사들이 스페인 독감을 "잘 통제하고 있다"고 주장했다. 같은 날 오후 해군 본부는 새 환자 163명이 발생했다고 발표했고, 해군 소장은 "불안해할 이유가 없다"고 강조했다.

보스턴 도체스터에 있는, 프랜시스 러셀이 다니던 학교는 뉴캘버리New Calvary 묘지로 가는 길에 있었는데, 프랜시스는 교실 창문 너머로 장례식을 잘 볼 수 있었다. 관들이 쌓여 가면 토지 소유주인 존 멀비John Mulvey는 그것을 가리기 위해 예배당 옆에 큰 천막을 쳤다.

프랜시스는 이렇게 회상했다. "하얀 천막은 바람에 부풀어 있었고 마치 마른 낙엽 속의 기괴한 가을 축제 같은 느낌을 주었다. 칙칙한 장례 차량 행렬이 뉴캘버리 묘지 정문을 통과해 들어갔다." 너무 얕게 묻힌 관들이 지면 위로 솟아오르고 있었다. 교실에서 아이들이 아침 일과에 따라 구구단을 외우고 있을 때였다.

우리는 마차가 지나가는 소리, 젖은 나뭇잎을 밟는 말굽소리를 들었다. (중략) 역병이 미스 사이크스에게 마수를 뻗쳤다. 그녀는 우리에게 그 사실을 숨기려고 했기에 온통 신경이 곤두서 있었고 목소리도 날카로워졌다. 덜그럭거리는 소리가 그녀의 신경을 거슬렀다. 오후에는 햇살이 지나가는 마차의 유리창에 반사되었고, 반사된 빛이 교실 천장에 아른거렸으며, 그러면 우리는 창문 밖으로 시선을 돌리곤 했다. "정면 주시!" 그녀가 날카롭게 소리를 질렀다. 공포가 그녀를 엄습했기 때문이었다.[3]

1918년 10월 첫 주, 당국은 마침내 유행병을 막기 위해 행동을 개시했고 보스턴의 모든 학교가 휴교에 들어갔다. 프랜시스에게는 신나는 일이었다.

그 좋은 날씨에 파머체 글쓰기와 곱셈표, 그리고 미스 사이크스와 하모니카에서 해방된다는 것은 순전한 기쁨이었다. 아침에는 서리가 내리기 시작했고, 천수국은 검은색으로 변해갔지만 오후에는 따뜻한 햇살이 내리쬐었고, 귀뚜라미 소리가 요란했으며, 우리 마음은 밀크위드 솜털처럼 가벼웠다. 콜린스 연못가에는 풍년화가 만개했고, 노란 꽃실이 앙상한 가지에 드리웠으며, 그 언덕 햇살 아래서 우리는 영원한 현재 속에 몰입되었고, 바람에 흩날리는 밀크위드의 씨앗 주머니처럼 자유로웠다.[4]

그해 가을에 관한 프랜시스의 목가적인 추억은 매사추세츠주를 휩쓴 유행병의 암울한 현실과 뚜렷한 대조를 이룬다. 보스턴의 한 당직 간호사는 왜 이렇게 늦게 돌아왔느냐는 질문에 이렇게 대답했다. "아이들의 어머니가 사망했고, 아픈 아이 네 명은 방 두 개에 남겨졌으며, 아이들의 아버지는 장모와 말다툼을 벌이다가 물주전자를 장모 머리에 던져버렸기 때문이에요." 글로체스터Gloucester의 한 간호사는 이렇게 썼다. "도시 전체가 타격을 입었다. 부지불식간에 당하고 말았다."

한편 코네티컷주 뉴헤이븐New Haven에 있는 이탈리아인 이민자 동네에는 여섯 살 난 존 델라노John Delano가 살고 있었다. "그때까지의 내 삶은 많은 이탈리아 사람들이 함께 어울려 살던 기억밖에 없다.

모든 사람이 서로를 잘 알았고 늘 만났으며 음식을 나누었다. 우리는 행복한 하나의 큰 가족과 같았다. 세례식, 생일, 성만찬식 등 일이 있을 때마다 파티를 했다. 언제나 파티, 파티, 파티가 끊이지 않았다."

하지만 스페인 독감이 모든 것을 바꾸어버렸다. 존은 장의사 집과 한 길 건너 살았는데, 장의사 옆 길가에 관이 쌓여가는 것을 볼 수 있었다. 관들이 높게 쌓여가자, 그와 그의 친구들은 그 위에서 뛰어다니며 놀았다. "우리는 신이 났다. 마치 피라미드를 올라가는 것 같았다. 그러던 어느 날, 나는 그만 미끄러져서 관에 부딪혀 코가 깨졌다. 어머니는 매우 화가 났다. '관 안에는 사람들이 있지 않니? 방금막 죽은 사람들?' 어머니가 말했다. 나는 무슨 말인지 이해할 수 없었다. 왜 이 사람들이 다 죽었지?"

매사추세츠주 브록턴Brockton에서는 시 인구의 20퍼센트인 8천명이 병에 걸렸다. 시장 윌리엄 L. 글리슨William L. Gleason은 보이스카우트를 보내 경고 메시지를 전하는 등 확산을 막기 위해 노력했지만 감염은 계속 번져갔다. 브록턴의 보건위원장은 한 간호사에게 스페인 독감과 싸우는 것은 마치 유령과의 싸움 같다고 말했다. 어느날 아침 한 젊은 여성이 스페인 독감으로 브록턴병원에 도착했다. 그녀의 폐에는 이미 피가 가득 차 있었는데, 그녀는 임신 7개월째였다. 간호사는 이렇게 회상했다. "아기는 조산으로 사산했다. 하지만 나는차마 그 사실을 산모에게 밝히지 못했다."

"그녀는 아기가 보고 싶다고 계속 졸랐다. (중략) 나는 그녀에게 아기가 건강하고 잘생겼으며, 그녀가 몸을 추스르면 곧 만나게 해주겠다고 말했다. 아들, 그리고 기뻐할 남편 이야기를 하는 동안 그녀의 얼굴은 너무나 행복해 보였다. 이미 폐에 유체가 차올랐기에, 말을 하는 것이 그녀에게는 엄청나게 힘든 일이었다. (중략) 그녀는 그날 오후 죽었다. 나는 아기를 그녀의 품에 뉘였고, 그들이 마치 함께 잠을 자고 있는 것처럼 보이게 했다. 나중에 남편이 오면, 그들을 함께 볼 수 있게 하기 위해서."5)

어린 프랜시스 러셀과 그의 학교 친구들은 새로 얻은 자유를 마음껏 만끽했다. 어느 날 오후 프랜시스와 친구 엘리엇 도즈Eliot Dodds는 에버릿 너드Everett Nudd라는 아이를 따라 뉴캘버리 묘지로 갔다. 엘리엇이 물었다. "장례식 보러 갈래? 나는 맨날 가는데." 프랜시스는 비록 교실 창문 너머로 본 적은 많았지만 직접 가서 본 적은 없었기에 거절할 수가 없었다.

우리는 큰길을 따라 내려갔고, 갈색과 회색 기념 비석들, 십자가 조각상과 성심Sacred Hearts 형상, 그리고 큰 화강암 날개를 단 천사 조각상들을 지나갔다. 폐기장에서 길이 끝나자, 에버릿은 오른쪽으로 돌더니 어린 떡갈나무와 점박이 오리나무 덤불을 헤쳐 나가다가 경고하는 의미로 손을 들고는 멈추어 섰다. 바로 우리 아래쪽에서 장례식이 진행되고 있었다. 방금 판 묏자리 주위로 조문객이 마치 비 맞은 찌르레기 떼처럼 모여 있었다. 연기에 그을린 오크나무 관이 무덤 옆에 놓여 있었고, 비레타6)를 쓴 사제가 서 있었는데, 우리가 있는 곳에서도 비레타의 십자가 표시가 보였다. 그 다음 사람들이 차례로 지나가기 시작했는데, 어떤 이는 땅에서 흙을 집어 관 위에 뿌리기도 했다. 그들 뒤에서 로프를 고정한 막대기를 진 일꾼 두 명이 나타났다. 머리가 하얗고 얼굴이 붉은, 건장한 사내가 무덤가에 서서 손가락에 묻은 진흙덩이를 털어내고는 수풀 너머에 있는 우리를 쳐다보았다. 그가 얼굴을 붉히며 소리쳤다. "어서 가. 나가라고!"[7]

아이들은 수풀 뒤에 몸을 숨겼다. 프랜시스는 얼른 도망치고 싶었지만 에버릿이 그의 소맷자락을 붙들었다. 그들은 끔찍한 광경을 목격하게 되었다. 지친 묏자리꾼들은 밀려드는 일감을 감당할 수 없었기에 관에 든 시체를 버리고 관을 다시 사용했다. 아이들이 또 다른 묏자리에 모습을 드러냈을 때였다.

묏자리꾼이 구덩이에서 기어 나와 삽 옆에 섰다. 그는 늙은 이탈리아인이었는데, 긴 콧수염을 길렀고 가장자리를 누른 중절모를 썼다. 묏자리꾼은 믿을 수 없다는 듯이 우리를 쳐다보더니 입에 물었던 담배 파이프를 빼고 다시 외쳤다. "얘들아, 집에 가라. 여기서 놀면 안 돼. 집에 가, 얼른."[8]

프랜시스는 집으로 달려갔지만, 그때의 경험을 결코 잊을 수 없었다.

그날 오후 바로 그 순간, 나는 문득 시간의 의미를 깨달았다. 인생이 영원한 현재가 아니라는 것을 깨달았고, 내일조차 과거가 될 것이며, 나의 앞에 무수히 많은 날과 세월이 놓여 있다 해도 결국에는 나역시 죽을 것이라는 사실을 알게 되었다. 나는 그런 생각을 떨쳐내려고 애썼지만, 아무리 노력한다 해도 (중략) 예전처럼 자유로울 수없다는 것을 절감했다.9)

존 델라노 역시 스페인 여인의 손길에서 죽음을 피할 수 없는 인생의 운명을 처음으로 맛보았다.

어느 날, 아침이 되었지만 가장 친한 친구 세 명이 집 밖으로 나오지않았다. 문득 동네 사람들이 더 이상 서로 만나지 않는다는 사실을깨달았다. 음식을 나누는 사람도 없었고, 길거리에서 대화를 나누는이들도 없었다. 모두가 집 안에 틀어박혀 있었다. 하지만 나는 여전히 매일 아침 친구들의 집을 찾아갔다. 문을 두드리고, 친구들이 나오기를 기다렸다.10)

어느 날 아침 존은 친구들 집 문을 두드리고 누군가 나오기를 기다렸다. 하지만 아무도 나오지 않았다. "나는 무슨 영문인지 이해할수 없었다. 마침내, 어머니가 말씀하셨다. 하나님이 그들을 데려갔다고. 내 친구들은 모두 하늘나라에 가버렸다고."

뉴욕에서 600명이 넘는 어린이가 고아가 되다
뉴욕의 상황은 생각만큼 그리 나쁘지는 않았다. 미국에서 가장 중요한 출입항이었음에도 스페인 독감의 대유행 속에서 미국의 다른 도시들만큼 큰 타격을 받지는 않았다. 나중에 따로 살펴보겠지만, 오히려 가장 큰 피해를 입은 곳은 필라델피아였다. 그렇다고 해서 뉴욕이 참사를 완전히 피했다는 것은 아니다. 주요 항구로서, 다른 나라 배들이 들여오는 질병과 자기 나라 배들이 들여오는 질병에 항상 노출되어 있었다. 또한 스페인 독감은 공기 전파로 확산되었다. 전 세계적인 대규모 부대 이동이 아니더라도 여러 다른 경로로 뉴욕 시민에게 전파되었다. 가족과 재회하는 귀환 병사들의 호흡으로, 나라 이쪽 끝에서 저쪽 끝까지 여행하는 민간인들 때문에, 또한 민간인과 군인이 함께 모이는 징집 캠페인에서도 확산되었다. 10월 12일 윌슨 대통령은 뉴욕 시민 2만5천 명과 함께 '연합국 대로'[11] 행사를 이끌었는데, 이는 '광란의 애국심'의 대표적 사례였다. 같은 주간에 뉴욕 시민 2천100명이 인플루엔자로 사망했다.

9월 19일 미 해군 군함 레비아탄이 프랑스의 브레스트에서 뉴욕으로 귀환했다. 승객 중에는 미 해군부 차관보 프랭클린 델라노 루스벨트Franklin Delano Roosevelt도 있었는데, 프랑스에서 임무를 마치고 귀환하는 길에 인플루엔자에 걸렸다. 부인 엘리너Eleanor 루스벨트는 해군부로부터 루스벨트가 양측성폐렴에 걸렸다는 소식을 전해 듣고 의사와 구급차를 대동한 채 그가 하선하기를 기다렸다. 엘리너에 따르면 "브레스트에서 독감이 기승을 부렸고, 프랭클린과 그 일행은 빗속에서 치른 장례식에 참석했다. 그들이 귀환 길에 탄 배는 떠 있는 병원이 되었다. 많은 장교와 사병들이 오는 길에 사망했고 바다에 수장되었다." 또한 승객 중에는 덴마크의 악셀Axel 황태자와 그 수행원들도 있었는데, 미국을 공식 방문하는 길이었다. "그들은 독감 기운이 들자 의사를 만나는 대신에 위스키를 들고 각자의 선실로 흩어졌다. 하루 이틀이 지나자 위스키 덕분이었는지 아니면 저항력 때문인지 거의가 회복되었다."

루스벨트는 상태가 좋지 않아 배가 정박한 후 들것에 실려 하선해야 했다. 구급차가 그를 어머니 집으로 이송했고 해군 위생병 네 명이 그를 집 안으로 옮겼다. 루스벨트가 다시 회복하는 데는 한 달이 걸렸다.

미래의 미국 대통령을 껴안았던 스페인 여인은 가련한 중국 수병들에게도 격정적으로 팔을 벌렸고, 이들은 뉴욕에서 병이 들고 말았다. 독감에 걸린 중국 수병 25명이 배에서 간이 숙소로 후송되었는데, 이곳은 임시 병원으로 운용되고 있었다. 그들은 중국 말을 전혀 하지 못하는, 흰 가운과 흰 마스크를 쓴 사람들을 보고 겁에 질렸다. 어렵게 통역사를 구했지만, 스페인 독감이라는 말을 듣자마자 도망가버렸다. 가지고 있던 것들을 뺏길까봐 두려웠던 중국 수병들은 옷을 벗기를 거부했고, 독살될까 두려워 음식도 거부했다. 서로를 이해하지 못하는 비극적 상황 속에서 중국 수병 25명 가운데 17명이 목숨을 잃었다.

하지만 공식적인 분위기는 밝은 편이었다. 1918년 9월 말《미국의학협회저널Journal of the American Medical Association》은 스페인 독감이 평범하지 않아 보이기는 하지만, "그 이름에 너무 큰 의미를 부여할 필요는 없으며, 평범한 인플루엔자 이상으로 걱정할 필요는 없다"고 주장했다. 또한 스페인 독감이 실질적으로 연합군 부대에서 사라졌다고 강조했다.

이러한 주장에도 불구하고 맨해튼의 벨뷰Bellevue병원은 환자들로 북새통을 이루었다. 사람들은 침상에서, 들것에서 그리고 복도에서 죽어갔다. 소아 병동의 아이들은 세 명이 한 침대를 써야 했다. 병원 세탁부들이 놀라서 도망가버린 까닭에 깨끗한 홑이불과 베갯잇도 없었다. 병원 생활의 바탕이 되는 청결과 규칙적 일상, 규율이 모두 사라져버렸다.

대유행병 시기에 간호사 실습생이었던 도로시 데밍Dorothy Deming은 다음과 같이 회상했다. "더 이상 공식적인 회진은 없었다. 담당 의사나 인턴들도 없었다. 의사들은 아무 때나 오고갔으며, 도움이 필요하거나 지시 사항이 있을 때만 간호사를 찾았다. 마지막 환자를 진찰하고 자정이 훨씬 넘은 시간에 지친 몸을 이끌고 퇴근하는 의사들이 대부분이었다."

또 다른 간호사는 일반 간호와 자신이 매일 맞닥뜨리는 현실 사이의 괴리에 충격을 받았다.

유행병 이전까지는 죽음이 친절해 보일 정도였다. 아주 늙은 사람, 치료가 불가능한 사람에게 찾아왔고, 환자가 자각하지 못하는 사이에 갑자기 찾아오기도 했다. 하지만 지금은 젊고 건강한, 인생의 절정기에 있는 여인들에게 죽음이 무자비한 발톱을 내리꽂는다. 독감은 저항력을 무력화하고 폐를 질식시키며 심장을 집어삼킨다. (중략) 이렇게 무자비하게 스러져가는 인생 앞에는 오직 슬픔과 공포만이 남을 뿐이다.

밤새 환자를 돌보느라 녹초가 된 아침에는, 도로시(데밍의 친구인 다른 도로시)와 내가 충격에 빠진 부모들, 남편들, 그리고 아이들에게 위로하는 말을 전달하는 일이 많았다. 어느 날 새벽 유달리 슬펐던 죽음을 뒤로하고 장밋빛 구름이 거리의 잿빛 건물들 위에 멋지게 드리웠던 영광스러운 아침, 나는 문득 이때껏 속으로만 삼켰던 눈물을 이제는 토해내야 할 때가 되었음을 깨달았다. 나는 언제나 우리의 도피처가 되어주었던 리넨 벽장으로 달려갔는데, 거기에는 이미 도로시가 숨죽여 울고 있었다.12)

도로시 데밍은 전쟁을 이기기 위한 국민적 노력에 자신도 일정 부분 기여하고 있다는 사실에서 조금이나마 위안을 받았다. 이는 당시에는 매우 중요한 고려 사항이었다. 이런 상황 가운데 간호 일을 하는 것은 마치 '형제들이 아르곤Argonne에서 전투를 하고 있는 것'과 마찬가지라고 생각했다. 그러나 이러한 굳은 결의에도 불구하고, 그녀는 병동에서 흘러나오는 소음 때문에 검은 천으로 눈을 가리고 솜으로 귀를 막기 전에는 잠을 잘 수가 없었다.

워싱턴하이츠Washington Heights에 있는 컬럼비아장로교병원의 닥터 앨버트 램Albert Lamb은 자신이 전례 없는 새로운 질병을 상대하고 있다는 사실을 깨달았다. 그는 밀려드는 환자들을 이렇게 묘사했다. "그들은 월귤나무 열매처럼 파랬고 피를 토해냈다." 지금은 널리 알려진 스페인 독감의 증상들이 그 당시 평범한 인플루엔자에만 익숙했던 이들에게는 충격과 공포를 안겨주었다. 격렬하게 쏟아지는 코피와 폭발적인 출혈, 공기 기아, 청색증 등이 그것이었다. 모든 병원의 병동이 지옥 그 자체였다.

그런데 이러한 끔찍한 증거에도 불구하고 뉴욕시 보건국장 로열 S. 코플랜드는 학교와 극장을 폐쇄하는 기본적인 조치조차 거부했다. 그는 유행병이 만연한 사실은 인정했지만 심각하지는 않다고 주장했다. "나는 우리 아내가 집을 깨끗이 관리하는 것만큼 우리 극장들을 청결한 상태로 관리하고 있습니다." 그리고 기자들에게 이렇게 말했다. "그 극장들의 위생 상태를 내가 보장합니다." 코플랜드가 이러한 연설을 했던 바로 그날, 뉴욕에서는 시민 354명이 인플루엔자로 사망했다.

스페인 여인은 뉴욕의 600명이 넘는 어린이를 고아로 만들었다. 그중에는 마이클 윈드Michael Wind라는 브루클린 출신 유대인 꼬마가 있었다.

엄마가 스페인 인플루엔자로 돌아가시자 우리는 모두 방에 모였다. 두 살에서 열두 살까지 모두 여섯 명이었다. 아버지는 어머니가 누운 침대 옆에서 양손에 머리를 묻은 채 흐느끼고 있었다. 엄마의 친구들이 다 모여 충격 속에서 울고 있었다. 그들은 아버지에게 왜 알리지 않았느냐고, 왜 엄마가 아프다고 말하지 않았느냐고 소리를 질렀다. 엄마는 어제까지 멀쩡했다. 어떻게 이런 일이 벌어진 것일까?13)

아버지와 다섯 남매가 울고 있을 때 마이클은 이 사건을 이해하려고 애썼지만 도무지 그럴 수 없었다. "엄마를 쳐다보았는데, 이 모든 것이 믿기지 않았다. 엄마는 그냥 잠이 든 것처럼 보였다."

다음날 아침 마이클과 그의 동생 둘은 아버지와 함께 지하철을 탔다. 아버지가 그들 모두에게 허시 초콜릿 바를 사주었고, 그는 무언가 잘못되었다는 것을 느꼈다. 그의 예감이 적중했다. 그들 형제는 브루클린의 유대인 고아원으로 가고 있었다.

9장

폭풍의 눈

필라델피아의 모든 학교, 교회, 극장에 폐쇄 명령

죽음의 유령은 필라델피아 상공에서 그 어느 곳에서보다 더 세차게 날개를 퍼덕였다. 1918년 무렵 필라델피아는 인구 170만의 대도시였고 대체로 건강한 도시였다. 하지만 많은 이민자들이 모여 사는 몇몇 동네는 혜택을 받지 못하는 사각지대에 있었고, 미국에서 가장 오래된 흑인 게토[1] 역시 이곳에 있었다. 역사적으로 필라델피아에서는 조기 사망을 흔히 있는 일로 받아들였다. 극작가이자 한때 《라이프Life》 잡지의 편집장이었으며 1918년 10월 삼촌을 스페인 독감으로 잃었던 잭 핀처Jack Pincher는 이렇게 회상했다.

삼촌의 죽음은 그 당시 미국인 가정에서 흔히 있었던, 치명적 전염병에 따른 죽음의 하나일 뿐이었다. 지금은 상황이 많이 바뀌었지만 그때는 시대가 지금과 많이 달랐다. 성인과 아이들 모두 지금은 더이상 공포의 대상이 아닌 수많은 질병 때문에 세상을 일찍 떠났다.

예를 들면, 나의 할머니는 (삼촌보다) 일찍 세상을 떠나셨다. 할머니는 결핵으로 세상을 등진 누이의 수의를 직접 만드셨는데, 그 뒤 곧바로 똑같은 질병으로 돌아가셨다. 할머니의 막내아들은 태어날 때부터 결핵을 앓았고, 할머니보다 먼저 세상을 떠났다.[2]

9월 11일 필라델피아의 해군 기지에서 스페인 독감이 발생했다. 뉴저지의 캠프 딕스에서는 9월 15일에, 메릴랜드의 캠프 미드Meade에서는 9월 17일에 감염자가 발생했다. 9월 18일에는 필라델피아 보건국이 인플루엔자 주의보를 발령하면서 기침, 재채기, 침 뱉기 등으로 감염이 확산될 수 있음을 경고했다. 《필라델피아 인콰이어러Philadelphia Inquirer》에 따르면, 600명이 넘는 수병이 독감으로 입원했고 민간인 환자들도 있었다. 의사들이 인플루엔자가 민간인에게까지 확산되지는 않을 것이라고 주장했음에도 불구하고, 9월 21일 보건국은 인플루엔자를 신고 대상 질병으로 지정했다. 지역 해군 사령관의 의무 참모였던 R.W. 플러머Plummer 소령은 해군과 시 당국이 협력하고 있다면서 "이 질병의 확산을 지금까지 확산된 지역 선에서 저지하려고 하는데, 현재까지는 성공적이다"라고 발표했다. 의사들은 자신감에 차 있었다. 인플루엔자가 필라델피아에서 신고 대상 질병으로 지정된 날, 필라델피아핍스연구소Phipps Institute of Philadelphia의 실험실 책임자 닥터 폴 A. 루이스Paul A. Lewis는 스페인 독감의 원인인 파이퍼균을 분리해냈다고 발표했다. 《인콰이어러》에 따르면, 이때부터 의료진은 이 질병에 대항할 수 있는 절대 지식으로 무장할 수 있게 되었다. 스페인 독감의 원인 조사를 실시한 지역을 고려해보면, 닥터 루이스의 결론은 그 지역에만 국소적으로 해당하는 것이었다. 또한 그 결론은 비극적인 결과를 불렀다. 스페인 독감 백신 개발이 멀지 않다는 자신만만한 분위기 속에서 필라델피아시는 9월 28일로 예정 된 제4차 자유 국채 운동Fourth Liberty Drive 이라는 대규모 퍼레이드를 허가했다. 이 퍼레이드는 도심을 23블록이나 가로지르는 대규모 행 사였다.

합창 지휘자들과 연사들이 행진 참가자 중간중간에 배치되었고, 행 진이 멈추어 설 때마다 애국심을 고취하는 노래를 부르도록 구경꾼 들을 독려했으며, 국채를 사라고 열변을 토했다. 또한 군중 속에서 전쟁 미망인들을 불러내어 퍼레이드의 목적을 홍보하기도 했다. "이 여인들은 전부 다 바쳤습니다. 여러분은 무엇을 내어놓으시겠습니 까?" 머리 위로는 비행기가 날아갔고 대공포가 그쪽으로 사격을 했 다. 포탄이 비행기에 닿기 전에 폭발하도록 사전에 신관을 미리 조 정해 놓았다.[3]

행진이 멈추어 설 때마다, 군중들은 국채를 구매하라는 압력을 받았 다. 왜 국채를 사야 하는가? 왜 '우리 애인들'을 프랑스로 보냈는가? "여러분은 원칙을 위해 그들을 전쟁터로 보냈습니다. 그들은 이 임 무가 완수될 때까지 그곳에 머물러 있어야 합니다. 여러분이 지원을 해주어야만 그 일이 가능합니다."[4]

이 퍼레이드를 구경하던 군중 속에는 수재너 터너Susanna Turner 와 콜룸바 볼츠Columba Voltz가 있었다. 열일곱 살 난 수재너는 윌리엄펜고등학교 학생이었다. 수재너는 "우리는 전쟁과 자유를 적극 지지했다. 그래서 행진에 참가했고 노래를 불렀으며 자유 국채를 사기 위해 돈을 모았다"고 그때를 회상했다. 겨우 여덟 살이었던 콜룸바는 "정말 굉장한 노래 부르기 축제였다"면서 "거대한 엉클샘 포스터들이 군중 속에서 춤을 추었다"고 기억했다. 콜룸바와 친구 캐서린은 서로 팔을 낀 채로 노래를 불렀고 모아둔 돈으로 국채를 샀다. 그녀는 "캐서린과 나는 매우 행복했는데, 우리도 전쟁을 위한 노력에 기여한다고 생각했기 때문이다"라고 당시를 회상했다.

행진이 있은 지 하루 만에 스페인 독감은 엄청나게 확산되었다. 10월 1일 새로운 감염 사례 1천635건이 보고되었다. 의사들은 너무나 바빠서 진료 기록을 작성할 시간마저 부족했다. 따라서 실제 감염 사례는 훨씬 더 많았을 가능성이 크다. 보건국의 닥터 A.A. 케언스Cairns는 9월 11일에서 그달 말까지 7만5천 명이 감염되었을 것으로 추정했다. 호그아일랜드조선소에서는 근로자의 8퍼센트가 해고를 당했고, 많은 리벳 팀이 해체되면서 10월 3일 리벳 생산량은 8만6천 개에서 1만1천 개로 감소했다. 그날 밤 필라델피아의 모든 학교, 교회, 극장에 폐쇄 명령이 내려졌다. 펜실베이니아주 보건장관대리 닥터 B.F. 로이어Royer는 모든 놀이공원과 술집의 폐쇄를 명령했고, 위생국장 블루는 같은 조치를 전국으로 확대할 것을 건의했다. 비록 많은 타운과 도시들이 그의 권고를 따랐지만 질병 확산을 막기에는 역부족이었다.

안나 밀라니Anna Milani는 노스스트리트North Street의 이탈리아 이민자 동네에서 살던 어린 소녀였다. 그녀는 그때 있었던 어떤 비극을 이렇게 회상했다. "그날은 날씨가 화창했는데 우리는 바깥 계단에 앉아 있었다. 어스름 저녁 무렵 갑자기 비명 소리가 들렸다. 그 소녀[5]가 죽었던 바로 그 가족, 바로 그 집에서 19개월 된 아기가 숨을 거두었다. 누군가 우리에게 스페인 인플루엔자 유행병, 즉 인플루엔짜 델라 스파뉴올로Influenza de la Spagnuolo 때문이라고 말했다."

10월 5일이 마지막 날이었던 주간까지, 필라델피아 시민 700명이 독감과 폐렴으로 사망했다. 그 다음 주간에는 2천600명이 사망했고 그 다음 주간에는 4천500명이 목숨을 잃었다. 의사들은 정신없이 진료를 해야 했고 사망 사실을 당국에 보고하는 것조차 며칠씩 미루기 일쑤였다. 환자가 수십만 명 발생한 것으로 추정되었다. 병원에는 환자들이 넘쳐났으며 그들은 리무진, 마차, 심지어는 손수레를 타고 병원으로 쇄도했다. 설상가상으로 환자들을 치료하는 위치에 있는 사람들조차 질병에 감염되었다. 병원은 간호사, 잡역부, 청소부들이 부족해지자 더욱 어려움을 겪었다. 필라델피아병원에서는 간호사 40명이 병에 감염되었다. 곧 시 당국에서는 건강한 사람은 누구든 봉사자로 나서줄 것을 간청했다. 북부 필라델피아에서는 수재너 터너가 스페인 독감 희생자들을 간호하는 일에 자원했다.

나는 열일곱 살이었고 간호사가 되면 어떨까 생각하고 있었다. 그래서 목사님을 찾아가 무엇을 하면 좋을지 물었다. 목사님은 병원의 작은 옆방에서 마스크를 만들고 있었던 토마스 부인(우리 시 야구팀 필라델피아 어슬레틱스의 포수였던 토마스 선수의 아내)을 찾아가 보라고 했다. 토마스 부인은 병실 밖에서 먼저 마스크를 소독약으로 살균하게 했다. 나는 소독한 마스크를 쓰고 안으로 들어갔다. 나는 개인용 변기들을 옮겼고, 최대한 간호사들을 도왔다. 환자들은 너무나 약해 보였고 거의 죽은 사람 같았다. 가끔씩 나는 몸이 뻣뻣해지면서 이러다가 독감에 걸리는 것은 아닌지 덜컥 겁이 나기도 했다. 하지만 나는 결국 살아남았다. 그저 하루하루를 버티어냈다. 먼 미래는 생각하지 않았다.[6]

유행병 기간 동안 필수 공공 서비스도 붕괴되었다. 경관 487명이 출근하지 않았고 아동 위생국은 버려진 아이들 수백 명으로 북새통을 이루었다. 질병이 확산될까 염려되어 아이들을 고아원으로 보낼 수도 없었기에 이웃들에게 아이를 맡아달라고 부탁해야 했다. 10월 8일 펜실베이니아 벨전화회사에서는 직원 850명이 결근하자 지역 신문에 유행병 또는 전쟁과 관련된 긴급 전화가 아니면 전화를 연결할 수 없다는 광고를 실어야 했다. 다음 날 보건 복지부는 전화회사가 긴급하지 않은 전화를 거부할 수 있도록 허가했고 그러한 전화는 수천 건이나 됐다.

간호사들은 중세의 흑사병을 연상케 하는 장면들을 지켜보아야 했다. 독특한 흰 가운과 거즈 마스크를 착용한 간호사들은 도움을 간청하는 환자들이나 겁에 질려서 외려 회피하는 환자들을 상대했다. 아침에 환자 열다섯 명으로 하루를 시작했다가 일과를 끝낼 무렵에는 50명으로 담당 환자가 늘기도 했다. 어떤 간호사는 한 병실에서, 아내는 쌍둥이를 출산하고 남편은 사망하는 장면을 보기도 했다. 남편이 사망하고 아이들이 태어난 지 스물네 시간이 흘렀지만 산모가 먹을 것이라고 바닥에 놓인 사과 하나뿐이었다.

민간 정부는 일관성 없이 우왕좌왕했지만 필라델피아국방위원회Philadelphia Council of National Defense는 대유행병에 맞설 작전을 진두지휘했다. 위원회는 10월 10일 스트로브리지앤드클로디어Strawbridge and Clothier백화점에 정보국을 설치, 전화 상담 서비스 24회선을 개설하고 지역 신문에 광고를 냈다. "인플루엔자 환자들 중 의사, 간호사, 구급차, 자동차, 기타 서비스가 필요한 사람은 '필버트 100'으로 전화를 하시오. 신호음이 울리면 인플루엔자라고 말하시오." 교환대는 금방 먹통이 되었다. 벨전화회사는 회선을 두 배로 늘렸다가 다시네 배로 증설했다. 중과부적이었다. 10월 7일 경에 이미 '헬로 걸스7)' 850명이 독감으로 앓아누웠다.

유행병 때는 늘 그렇듯이 가난한 사람들이 가장 취약했다. 슬럼지역에서는 당장 독감에 걸리지 않았더라도 가장을 잃은 가족들이 굶주림과 싸워야 했으며, 자원 봉사자들이 무료 급식소에서 가져다주는 음식에 의존해야 했다. 다행히도 국방위원회에는 가용 차량이 많이 있었다. 제4차 자유 국채 운동 자동차 분과 소속 자동차 400대를 유행병 대처에 쓰도록 조치했고, 10월 10일 이후에는 구급차 15대도 배속되었으며, 개인과 택시회사도 차량 수십 대를 기부하여 의사와 간호사들을 실어 나르는 일을 도왔다.

하지만 임무를 수행하기에는 여전히 의사와 간호사, 간호조무사가 턱없이 부족했다. 확산이 시작된 지 며칠 되지 않은 10월 1일, 나이 많은 은퇴 의사들이 소집되었고 의과대학생들 역시 베테랑 의사들과 함께 하루 열다섯 시간씩 진료를 하게 되었다.

자선단체와 종교단체, 정치조직들 역시 도움을 아끼지 않았다. 학교가 폐쇄되어 일이 없었던 교사들 수백 명도 봉사에 참여했다. 도허티Daugherty 대주교는 세인트조셉수녀회 소속 간호사 200명을 응급 병원으로 보냈다. 로마 가톨릭 수녀들이 닥터 코언의 지도 아래 유대인병원에서 봉사를 했고, 세인트빈센트드폴회St Vincent de Paul Society는 음식과 의류, 돌봄 서비스를 제공했으며, 회원들은 필요하다면 무덤 파는 일도 도왔다. 순찰경관 봉사회 소속 비번 경관 수십 명은 응급 들것을 드는 봉사를 했다. 유행병이 가장 극심했던 남부 필라델피아에서는 식료품점 수백 개가 문을 닫았고, 대신 식료품을 가난한 사람과 필요한 이들에게 나누어주었으며, 소방관은 말이 끄는 응급차를 몰고 다니며 구호품과 식료품을 전달했다.

스페인 여인이 동네에 들어서기 전까지, 콜룸바 볼츠는 근처 교회에서 울려 퍼지는 종소리를 사랑했다. "종소리는 언제나 즐겁고 신나게 울렸다. 종소리는 아름다웠고, 언제나 나에게 큰 기쁨을 주었다." 그러나 스페인 독감이 동네를 덮치자 모든 것이 변해버렸다. 장의사 집 길 건너편에 살았던 콜룸바는 길가에 관이 쌓여가는 모습을 지켜보았다.

아름다운 종소리는 더 이상 울리지 않았다. 나는 하루 종일 관들이 교회 안으로 들어가는 모습을 지켜보았다. 저음의 구슬픈 장례 종소리가 울렸다. 뎅, 뎅, 뎅. 한 번에 몇 명만 교회 안으로 들어갈 수 있었다. 장례 예배는 몇 분 만에 끝났는데, 관을 향해 축성을 할 수 있을 정도로만 진행되었다. 관 하나가 밖으로 나오면 그 다음 관이 안으로 들어갔다. 하루 종일 장례 종이 울렸다. 뎅, 뎅, 뎅. 거리에는 집집마다 문에 상장喪章이 걸려 있었다. 가족 중 누군가의 장례가 진행되고 있었다. 나는 너무 무서웠고 우울해졌다. 세상이 끝나는 것만 같았다.[8]

평범한 시민들이 장례용 관 도둑질에 나섰다

필라델피아의 사망률은 가파르게 치솟았다. 10월 둘째 주에 2천 600명이 사망했고 셋째 주에는 4천500명이 독감과 폐렴으로 목숨을 잃었다. 장의사 업계도 스페인 독감의 직격탄을 맞았다. 한번은 자선 사업 단체에서 한 가난한 회원의 장례를 치르기 위해 장의사를 찾았는데, 25명에게 연락을 한 후에야 비로소 장의사를 구할 수 있었다. 시체는 며칠씩 그냥 집에 방치되었다. 사설 장의 업체들은 밀려드는 수요를 감당할 수 없었고 어떤 이는 가격을 600퍼센트나 올려서 폭리를 취하기도 했다. 묘지 측에서 가족에게 매장 비용으로 15불을 요구하고 묏자리도 직접 파게 한다는 불만이 나돌았다. 1898년부터 소규모로 장의 사업을 해온 도나휴Donohue 가족은 관들을 지키기 위해 경비원을 고용해야 했다. 당시 꼬마였던 마이클 도나휴는 그 당시를 이렇게 회상했다.

보통은 관을 훔친다는 것은 상상할 수 없는 일이었다. 그것은 무덤을 도굴하는 것과 마찬가지로 여겨졌다. 하지만 1918년 10월 인플루엔자 유행병이 사람들의 생각과 행동을 바꿔버렸다. 사람들은 절박했다. 다른 대안이 없었고 도움을 구할 곳도 없었다. 이들은 착한 사람들이었다. 예전 같으면 결코 그런 짓을 하지 않을 사람들이었다. 이들은 우리의 이웃이자 친구들이었으며, 이들에게는 관을 훔치는 것이 사랑하는 이의 장례를 치러줄 수 있는 유일한 길이었다.[9]

필라델피아시에는 시체보관소가 하나뿐이었다. 13번가와 우드스트리트Wood Street에 있었고 시체 36구를 보관할 수 있도록 설비되어 있었는데, 보통은 살인사건 희생자나 무연고 행려사망자의 시체를 보관하기에 충분했다. 10월 3주차가 되자 시체 수백 구가 몰려들었다. 복도와 방마다 시체가 넘쳐났으며 더럽고 피 묻은 시트로 시체를 덮어 놓았다. 시체들은 방부제 처리나 얼음 처리를 받지 못해 곧 악취가 나기 시작했다. 환기를 시키기 위해 문들을 열어두었는데 마치 지옥의 모습을 보는 것 같았다. 관 숫자보다 열 배나 많은 시체가 시체보관소에 몰리기도 했다.

10월 10일이 되자 시체 500구가 시체보관소에서 매장을 위해 대기하고 있었다. 장의사, 관 제작자, 묏자리꾼들은 밀려드는 수요를 감당하지 못했다. 엄청나게 많은 시체들을 처리하기 위해 시 당국은 20번가와 캠브리지스트리트Cambridge Street에 있는 냉동 창고를 임시 시체보관소로 운용했다. 유행병이 다 끝나기까지 임시 시체보관소 다섯 개가 더 운용되었다.

시체를 수습하는 것 역시 큰 문제였다. 응급 병원에서 시체를 거두어 묘지로 이송하는 것은 상대적으로 간단한 일이었지만, 집이나 숙박업소에서 시신을 수습하는 것은 훨씬 더 시간이 많이 걸리는 일이었다. 한번은 마차 여섯 대와 트럭 한 대가 도시를 돌아다니며 하루에서 나흘이 지난 시신 221구를 수습한 적도 있었다.

하루에 528명이나 되는 필라델피아 시민이 사망하자, 시내 가톨릭 자선 단체의 책임자인 조셉 코리건 신부는 말 여섯 마리가 끄는 마차를 이용하여 시신 호송대를 조직했다. 호송대는 밤낮으로 골목과 뒷길을 뒤지며 버려진 시신을 찾아 나섰다. 교구 자원봉사자와 신학생들이 삽과 가래를 들고 등유 등불로 길을 밝히며 그 뒤를 따랐다.

어린 해리엇 페렐Harriet Ferrel은 가난한 흑인 동네에 살았다. 그는 이렇게 말했다. "사람들은 공황에 빠졌다. 고통 속에 울부짖었다. 보건국은 누구든지 사망하게 되면 집 밖으로 내놓아 나중에 마차가 실어갈 수 있게 해야 한다고 공표했다. 하지만 그것은 너무나 힘든 일이었다. 사랑하는 사람을 트럭이 실어가도록 길가에 내어놓는다는 것은 너무 가슴 아픈 일이었다."

가족 전체가 스페인 독감에 걸린 셀마 엡Selma Epp은 이렇게 증언했다.

부모님은 도움을 구하러 나가셨다. 펜실베이니아병원 밖에서 몇 시간 동안 줄을 서서 기다렸지만 아무 소득 없이 되돌려 보내졌다. 다시 집으로 오신 부모님은 피마자유나 변비약 같은 것을 손수 만드셨다. 할아버지는 와인을 만드셨다. 하지만 아무것도 도움이 되지 않았다. 부모님, 숙모님들, 동생 대니얼을 포함한 우리 가족 전부와 우리 동네 사람들 모두가 병에 걸렸다. 약도 의사도 없었고 치료를 위해 할 수 있는 일이 아무것도 없었다. 할아버지는 신앙심이 깊었다. 정통 유대교를 믿었던 할아버지는 탈리스10)를 걸치고 기도를 하셨다. 하나님이 질병을 없애주기를 바라셨다. 가족들은 점점 더 약해졌다. 마침내 동생 대니얼이 숨을 멈추었다. 숙모가 마차가 오는 것을 보셨다. 가족 중 가장 기력이 남아있던 사람이 대니얼의 시신을 길가에 내어놓았다. 아무도 나서서 막는 사람이 없었는데, 그럴 힘조차 남아 있지 않았기 때문이었다. 마차에는 관 따위는 없었고, 시신들이 그대로 겹겹이 쌓여 있었다. 대니얼은 겨우 두 살이었다. 아직 어린 아이였다. 그들은 그의 시신을 마차에 싣고 그렇게 가버렸다.[11]

필라델피아의 시신 방부처리사 50명은 곧 밀려드는 수요를 따라가지 못하게 되었다. 이 문제는 적십자 장의사협회의 H.S. 에켈스 Eckels 덕분에 어느 정도 해결되었다. 에켈스는 필라델피아 시장을 통해 육군부 장관에게 도움을 청했다. 육군부 장관은 군 시신 방부처리사 열 명을 지원했다.

관이 부족한 것은 또 다른 문제였다. 값싼 관들이 매진되자 비싼 것만 남았는데, 부도덕한 장의사 중에는 이를 빌미로 폭리를 취하는 경우가 있었다. 이 문제를 해결하기 위해 필라델피아국방위원회는 지역의 목공업자들에게 여분의 관을 만들도록 주문했다. 관은 반드시 필라델피아 시민의 장례를 위해서만 사용해야 하며, 장의사들은 구매 가격의 20퍼센트를 마진 상한선으로 지켜야 한다는 엄격한 조건으로 공급되었다.

묫자리꾼들이 부족해지자 시 당국은 고속도로국에서 잡역부들을 데려왔고, 지역 감옥에서 죄수들을 동원했다. 사망자 수가 급증하여 인력만으로는 감당할 수 없게 되자 고속도로국은 굴착기를 빌려

주어 공동묘지에 큰 구덩이를 파고 가난한 사람과 무연고자들의 시신을 묻도록 했다. 나중에 친척이 나타나서 가족묘지로 이장을 원할 때를 대비해서 시신에는 인식표를 부착했다. 서부 필라델피아에서 작은 장의 업체를 운영했던 마이클 도나휴Michael Donohue는 다음과 같이 회상했다.

> 교회 묘지는 어려운 이들을 돕기 위해 애를 많이 썼는데, 특히 필라 델피아 대교구가 큰 희생을 했다. 어떤 경우에는 가족들이 직접 무덤을 파야 했는데, 그러지 않으면 묏자리를 얻을 수 없었다. 이들을 돕기 위해 대교구는 굴착기를 가져와서 성십자묘지의 42구역을 발굴했다. 이곳은 나중에 '구덩이trench'라 불렸다. 구덩이는 가난한 가족들이 장례를 신속히 치를 수 있도록 도우려는 묘지 측의 배려였다. 그들은 구덩이에 시신들을 나란히 눕혔고, 바로 그 자리에서 관을 바라보고 축성 기도를 올렸다.[12]

도나휴 가족에게는 가족의 이름이 새겨진 현대식 영구차가 한 대 있었다. 하지만 이것만으로는 많은 시신을 감당할 수 없었다. 모든 것이 공황 상태에 빠졌다. 이웃, 친구, 같이 사업을 하던 사람, 같은 교회 친구들을 묻어야 했다. 시신들이 계속해서 몰려들었다. 슬픔과 비통함은 시간이 흐를수록 점점 더 깊어져갔다. 마이클의 가족은 스페인 독감의 희생자들이 젊다는 사실에 특히 큰 충격을 받았다.

장의사들이 많이 보게 되는 시신들은 보통 40대나 50대 또는 그보다 좀 더 나이가 든 경우가 많고 간혹 90대인 경우도 있다. 하지만 1918년 가을에는 젊은이들이 죽어나갔다. 열여덟 살, 스무 살, 서른 살, 마흔 살짜리 청년들이었다. 이들은 아직 죽을 나이가 아니었다. 이들은 거의 모두 이민 1세대였고, 아일랜드, 폴란드, 이탈리아 등지에서 막 고국을 떠나온 사람들도 있었다. 이들은 약속의 땅을 찾아서 온 사람들이었다. 새 출발이란 꿈을 안고 고국을 떠나 이곳에 도착했지만 삶을 송두리째 잃어버렸다.[13]

도나휴 가족은 1898년 이래로 장부를 꼼꼼하게 기록해왔다. 그런데 필라델피아에 유행병이 퍼지고 난 후에는 스페인 독감으로 벌어진 혼란스러운 상황이 장부 기록에도 잘 드러난다.

장부는 모두 손으로 적었고 1918년도 기록은 당시 유행하던 필기체로 적었다. 1918년 초까지는 모든 사항을 제대로 기록했다. 사망자가 누구인지, 부모가 누구이며 자녀가 누구인지 한눈에 파악할 수 있다. 또한 어디에서 살았고 사망 원인이 무엇이며, 어디에서 장례식이 거행되었고 어디에 묻혔는지 일목요연하게 정리되어 있다. 하지만 1918년 10월에 이르면 장부의 기입 내용이 엉성해지고 혼란스러워진다. 어떤 내용은 지워졌고 여백에 휘갈긴 내용이 보인다. 사건의 정보는 불충분하며 시간적인 순서가 엉망이다. 무슨 일이 있었는지 파악하는 것조차 쉽지 않다. 페이지마다 비극과 혼란만이 가득하다. 돈을 받은 적도 있었고 받지 못한 적도 있었다. 우리가 묻은 사람은 대개 아는 사람이었지만 때로는 전혀 모르는 사람도 있었다.

한 엔트리에는 '소녀'라고만 적혀 있다. 또 다른 엔트리는 '폴란드 여자'다. '폴란드 남자와 그의 아기'도 있다. 누군가 이 사람들을 우리에게 부탁했음에 틀림없다. 당연히 그렇게 해야만 했다. 우리는 모든 과정을 적절하고 도덕적이며 위엄 있게 진행해야 할 책임이 있었다. '소녀'라는 엔트리 아래쪽 장부 여백에 이런 내용이 적혀 있다. "이 소녀는 구덩이에 묻혔다." 우리는 이 소녀를 구덩이에 묻었다. 아마도 달리 묻을 곳이 없었던 것 같다.[14]

한편, 콜룸바 볼츠의 부모는 병에 걸렸고 침대 신세를 지게 되었다. 콜룸바는 겁에 질렸다. 겨우 여덟 살이었다. 어찌해야 좋을지 몰랐다. 감염될까 두려워서 친척 중 그 누구도 와서 도우려고 하지 않았다. 그리고 하루 종일 끔찍한 장례식 종소리가 울렸다. 뎅, 뎅, 뎅. 심지어 잠잘 때도 들렸다.

마침내 한 이웃 사람이 나서서 콜룸바의 병든 부모를 보살펴주었다. 콜룸바도 부지런히 도왔다. 그는 겨자 연고(보호 붕대 안에 겨자씨를 넣은 습포제로 근육통 치료에 씀)를 만들어 부모님의 가슴에 붙였다. 레모네이드를 가져왔고 심부름을 했다. 콜룸바는 창문 밖을 내다보았고, 끝없는 장례 행렬이 교구 교회 안으로 들어갔다가 빠져나가는 모습을 지켜보았다. 그러다 문득 그녀의 치아가 딱딱 맞부딪치기 시작했고, 머리가 아파왔으며 열이 났고 어지러움을 느꼈다. 그녀는 침대에 누웠다.

귀에는 끔찍한 종소리만 들렸다. 뎅, 뎅, 뎅. 문득 섬뜩해졌다. 무서워서 몸을 움직일 수조차 없었다. 거의 숨소리도 없이 죽은 듯 가만히 누워 있었다. 하루 종일 장례식 종소리가 들렸다. 나는 틀림없이 이대로 죽는 것이라고 생각했다. 사람들이 나를 관에 눕히고 교회 안으로 데리고 가겠지. 그리고 저 끔찍한 종소리가 나를 위해 울리겠지.15)

어린 해리엇 페렐은 아버지와 오빠, 언니, 이모, 삼촌, 사촌들과 함께 병에 걸렸다. 해리엇의 어머니가 그들을 모두 돌보아야 했다. 가족의 주치의인 닥터 밀턴 화이트Milton White가 집으로 왔다. 그가 어머니에게, 어차피 살아남지 못할 것이기 때문에 더 이상 해리엇에게 음식을 줄 필요가 없다고 말했다. 혹시 살아남는다 해도 눈이 멀 것이라고 했다.

노스스트리트에서는 안나 밀라니가 언니 오빠들과 함께 병에 걸렸다.

통증은 정말 끔찍했다. 머리가 끔찍하게 아팠고 다리와 배와 가슴 등 온몸이 아팠다. 모두 너무 너무 아팠다. 아버지가 아이들에게 캐모마일 차를 만들어주었다. 어머니는 밀가루로 연고를 만들었다. 겨자 연고를 만들 형편이 안 되었기 때문에, 대신 밀가루를 데운 다음 따뜻한 천으로 감싸서 아이들 가슴에 대었다.16)

'형제 사랑'시에서는 삶이 참혹해졌다. 수재너 터너는 스페인 독감으로 동네 사람들이 분열되는 모습을 지켜보았다. 그의 기억에 따르면 사람들은 더 이상 서로 돕지 않았다. 아무도 위험을 무릅쓰려고 하지 않았다. 모두 이기적으로 변했다. 더 이상 인정이라고는 찾아볼 수 없었다. 공포가 사람들의 마음을 모두 메마르게 했다. 한편 안나 밀라니가 가장 좋아하는 동생, 두 살 난 해리의 상태는 점점 나빠졌다. 이웃 사람이 의사를 데리고 왔는데 양측성폐렴이라고 진단했다.

나는 해리에게 어머니와 같은 존재였다. 해리는 아프면 항상 나를 찾았다. 나 역시 아팠지만 항상 해리 곁을 지켰다. 안아주고 토닥여 주었다. 그 외에는 해줄 수 있는 것이 없었다. 해리는 눈이 크고 아름다웠다. 그런데 얼굴이 너무나 수척해져서 눈이 툭 튀어나온 것처럼 보였다. 너무나 고통스러워했다. 우리는 모두 너무나 아팠다.[17]

필라델피아의 또 다른 지역에서는, 페렐 부인이 어린 딸에게 음식을 주지 말라는 의사의 말을 무시하고 있었다. "어머니들이 어떤 사람들인지 잘 알 것이다. 아이를 먹이지 말라는 말을 따를 어머니는 없다. 아이들을 위해서라면 무엇이든 하고, 다른 사람의 말은 듣지 않는다. 나의 어머니도 내게 그렇게 하셨을 뿐이다." 해리엇의 말이다.

수재너 터너는 교구 병원에서 수녀들과 함께 간호 일을 도왔다. 유행병이 횡행하는 가운데 그녀는 간호사로서 자신의 진가를 잘 보여주었다. 수재너가 임신한 한 환자에 관해 묻자, 심부름을 돕던 프랜시스는 그녀가 죽었다고 말했다. "내가 물었다. '지금 어디에 있지?' 프랜시스가 말했다. '학교 뒤쪽 방에 있어요.' 함께 복도를 걸어가면서 내가 말했다. '프랜시스, 저쪽에서 무슨 소리가 들리는 것 같아.' 우리는 함께 안으로 들어갔다. 그녀가 아직 살아 있었다. 한 수녀가 구급차를 불렀다. 그녀는 곧 병원으로 이송되었고 그곳에서 아기를 낳았다."

안나 밀라니가 아픈 몸을 무릅쓰고 어린 동생을 돌보자, 어머니가 가서 좀 쉬라고 말했다.

어머니는 내가 해리를 돌보느라 너무 오랫동안 잠을 자지 못했다고 말했다. 나는 잠시 쉬어야 했다. 내가 누워 있는 동안 해리가 죽었다. 어머니가 나를 깨우러 왔다. 어머니는 울고 있었다. 곁에서 여동생도 울고 있었다. 해리가 죽기 전 마지막으로 눈을 떴다고 했다. 머리를 이리저리 돌리다가 "나니나Nanina"를 찾았다고 했다. 나니나는 이탈리아어식 내 이름이다. 해리는 마지막으로 내 이름을 부르고 숨을 거두었다.

시신 방부처리사도 없었기에 부모님이 해리의 몸을 얼음으로 감쌌다. 관도 없었고, 대신 하얀색을 칠한 종이 박스뿐이었다. 부모님은 해리를 박스 안에 뉘였다. 어머니는 흰색 옷을 입히고 싶어 했다. 꼭 흰색이어야 했다. 그래서 작은 흰색 슈트를 입힌 다음 박스 안에 눕혔다. 해리는 마치 잠을 자는 것 같았다. 우리는 모두 기도문을 외웠다. 사제가 와서 그를 축복했다. 어머니가 그의 얼굴에 하얀 천 조각을 덮었고, 그 다음 박스가 닫혀졌다. 사람들은 해리를 작은 마차에 실었다. 아버지와 삼촌 한 분만이 묘지까지 동행을 허락받았다. 묘지에 도착한 뒤 군인 두 명이 해리의 관을 구덩이로 내렸다.[18]

10 장

수의와 나무 상자

보드빌 극장들의 '사회적 거리 두기'

스페인 여인은 미국 동부 지역을 초토화시킨 뒤 중서부로 발길을 돌려 군인과 민간인을 공격하기 시작했다. 그녀의 발걸음을 저지하기 위한 처절한 노력은 의료진 부족으로 난항을 겪었다. 수많은 의사와 간호사들이 군대로 떠난 상황에서, 세상의 그 어떤 조직으로도 남자와 여자, 어린아이들을 돌보아줄 간호사들을 대체할 수는 없었다.

9월 11일, 인플루엔자가 시카고 북쪽 48킬로미터 거리에 있는 일리노이주 오대호 해군훈련소를 공격했고, 한 주 만에 수병 2천600명이 병에 걸렸다. 조지 마벨 브라운Josie Mabel Brown은 유행병을 막기 위해 오대호로 소집된 간호사들 중 하나였다.

조지는 미국이 참전한 지 몇 달 뒤에 간호학교를 졸업했고 이미 징집이 결정되었다. 이 당시 신임 정규 간호사들은 군에서 복무를 해야 했다. 조지는 이렇게 회상했다. "나는 군대에 가야 했다. 다른 선택의 여지가 없었다. 내가 받은 서류에는 '이제 귀하는 해군 소속입니다. 세인트루이스를 떠나지 마시오. 주소도 전화번호도 바꾸지 마시오'라고 쓰여 있었다."

조지의 실제 소집은 매우 극적으로 이루어졌다.

어느 날 나는 극장에 있었는데 갑자기 스크린이 어두워졌다. 잠시 후 스크린에 이런 메시지가 떴다. "조지 M. 브라운은 즉시 입장권 판매소로 가시오." 나는 그곳으로 갔고 거기에는 웨스턴 유니언 소년 배달부가 워싱턴 D.C.의 의료국에서 온 전보를 들고 기다리고 있었다. 내용은 이러했다. "귀하는 현 시간부로 소집되었습니다. 여행할 경비가 있습니까?" 나는 이렇게 회신했다. "돈이 있습니다. 차비를 지불할 수 있습니다." 대략 45분쯤 후에 답신이 왔다. "일리노이주 오대호로 가시오. 사용 경비를 꼼꼼히 기록하시오. 식대는 한 끼에 1달러 50센트를 넘지 않도록 하고 팁은 50센트 이상 주지 마시오. 나중에 모두 정산 처리될 것입니다."1)

조지는 낡은 풀먼Pullman2) 기차를 타고 시카고로 갔다. "기차는 우리 마을을 가로질러 갔는데, 어머니가 집 창가에 달아둔 등불이 보였다. 시카고에는 아침에 도착했다. 누군가 앞에서 신문을 보고 있었는데 이런 문구가 보였다. '일리노이주 오대호에서 6천 명이 스페인 인플루엔자로 병원에 입원.' 나는 '내가 가는 데가 바로 저기인데, 스페인 인플루엔자가 도대체 뭐지?'라고 중얼거렸다."

조지의 궁금증은 금방 해소되었다. 오대호 해군훈련소에 도착하자마자 구운 돼지고기와 애플 소스로 저녁을 먹은 뒤 곧바로 근무에 투입되었다. 조지는 눈앞에 펼쳐진 끔찍한 광경에 넋이 나갔다.

상관은 보통 환자 42명을 수용할 수 있는 병동으로 나를 데리고 갔다. 침대 위에 죽어가는 병사가 있었고 바닥에 누워 있는 병사도 있었다. 들것에 누운 채로 침대 위의 동료가 죽어서 침대를 비워주길 기다리는 병사도 있었다. 우리는 침대 위의 병사가 숨을 멈추자 수의로 그를 감쌌다. 그가 정말로 사망했는지 확실하지는 않았지만, 우리는 그의 몸 전체를 수의로 감쌌고 왼쪽 엄지발가락만 밖으로 나오게 한 뒤 인식표를 붙였다. 거기에는 그의 계급, 가까운 가족, 고향이 기록되었다. 구급차에는 들것 네 개가 실려 있었다. 환자 네 명을 내려놓고 다시 시신 네 구를 싣고 갔다.[3]

시체보관소에는 시신이 넘쳐났다. 거의 천장에 닿을 만큼 시신들이 쌓여 있었다. 장의사들은 밤낮으로 일했다. 쉴 새 없이 시신을 관에 넣어 붉은 트럭에 실었고 트럭은 시신들이 고향으로 보내지도록 기차역으로 향했다.
환자들의 치료는 거의 이루어지지 않았다.

환자들을 치료할 시간이 없었다. 체온도 재지 않았고 혈압을 잴 시간도 없었다. 그저 뜨거운 위스키 토디를 조금 줄 수 있는 여유밖에 없었다. 그들은 끔찍하게 코피를 쏟곤 했다. 어떤 때는 터져 나온 코피가 방 끝까지 날아가기도 했다. 피하지 않으면 얼굴에 누군가의 코피를 뒤집어쓸 수도 있었다. 어떤 이들은 정신 착란 증세를 보였고 어떤 이는 폐에 구멍이 생기기도 했다. 구멍이 생긴 환자의 몸은 공기로 부풀어 올랐다. 만지면 기포가 느껴졌다. 팔에 온통 기포가 생긴 것을 볼 수 있었다.[4]

최악의 상황은 그 다음에 이어졌다. "공기가 빠져나가 폐가 완전히 짜부라지면, 공기가 피부층 밑에 가두어졌다. 시신을 수의로 감싸면 몸이 탁탁 갈라지는 소리가 났다. 마치 라이스 크리스피 시리얼에 우유를 부을 때 나는 것처럼 끔찍한 소리였다."

조지는 하루 열여섯 시간을 일했지만 구급차와 영안실 사이의 중개 역할에 그칠 때가 많았다. 잠을 잘 때도 트럭이 시신을 실어가기 위해 영안실로 후진해 들어오는 소리를 들어야 했다. 사망자 숫자에 관해서는, 조지도 최종 집계가 얼마인지 전혀 감을 잡을 수 없었다. "수천 명씩 죽어갔다. 당시 오대호에는 군 병력이 17만3천 명 있었는데, 유행병이 한창일 때는 병원의 환자가 6천 명에 이르렀다. 아무도 정확한 숫자를 알 수 없었을 것이다. 도저히 숫자를 셀 수 없을 정도였다."

시카고에서는 '디즈Diz'라는 별명을 가진 젊은이가 나이를 속이고 적십자 구급차 운전병으로 입대했다. 아버지의 애끓는 만류도 뒤로한 채 어린 디즈는 시카고 남부의 적십자 구급차 훈련소로 갔고, 곧 운전법과 자동차 정비 기술을 습득했다. 그는 결국 다른 수많은 건강했던 젊은이들과 마찬가지로 인플루엔자에 감염되었고, 아버지의 우려는 현실이 되는 듯했다. 이후 귀향 조치를 받은 디즈는 어머니의 간호로 살아남았고, 나중에 월트 디즈니라는 이름으로 세계에서 가장 성공한 만화 제작자가 되었다.

전국의 극장 수천 개가 문을 닫았고, '막스 브라더스Marx Brothers'
라는 전도유망한 보드빌 배우들은 공연을 준비하고 있었다. 〈거리의
신데렐라The Street Cinderella〉라는 쇼였는데, 음악은 거스 칸Gus Kahn
과 에그버트 반 알스타인Egbert Van Alstyne이 맡았다. 하지만 그룹의
일원인 그루초 막스는 이 공연을 크게 기대하지 않았다. 그는 불평쟁
이라는 뜻의 이름에 걸맞게 형 치코Chico에 관해 이렇게 말했다. "싸
구려 잡화점에서 댄서를 여섯 명 데려왔는데 한 사람당 10달러를 지
불했다. 돈을 너무 많이 줬다." 〈거리의 신데렐라〉는 스페인 여인이
아니었다면 성공했을지도 모른다. 독감을 예방한다는 구실로 보드빌
극장들은 관객을 절반만 받도록 허락받았다. 관객의 양쪽 옆자리를
비워둠으로써 서로 면전에 숨을 내쉬는 일이 없도록 한 것이다. 또한
자신을 더욱 보호하기 위해 의료용 마스크를 쓴 사람이 많아서 웃음
소리도 크게 들리지 않았다. 그 결과 〈거리의 신데렐라〉는 독감의 또
다른 희생양이 되었고, 미시간에서 평론가와 관객 모두에게 외면을
받았다.

유행병이 한층 기승을 부리면서, 바람의 도시5) 역시 보스턴과
뉴욕, 필라델피아와 비슷한 참상을 겪게 되었다. 1918년 10월 17일
은 나중에 '검은 목요일'로 알려지게 되는데, 이날 시민 381명이 사
망하고 1천200명이 병에 걸렸다. 영구차가 부족해지자 트롤리버스
에 검은 천을 씌워서 시신을 수습하는 데 썼다. 스페인 독감의 확산
을 저지하려는 절박한 시도로 장례식을 금지하기도 했다. 시 당국은
이렇게 공표했다.

시카고에서 질병이나 기타 이유로 사망한 시신을 두고 치르는 장례식을 금지한다. 이러한 시신과 관련하여 그 어떤 모임이나 밤을 함께 새는 일 등도 금지한다. 장의사, 장의사 조수, 목사 그리고 꼭 필요한 운전사를 제외하고, 성인 가족이나 친구 열 명 이하만 장례식에 참석하는 것을 허락한다. 이러한 시신은 어떠한 경우에도 장례식을 위해 교회나 예배당 안으로 들일 수 없다.

시카고 보건 책임자 닥터 존 딜 로버트슨John Dill Robertson은 경찰에게 "사람들이 공공장소에서 재채기하는 것을 막기 위해서라면 수천 명이라도 체포하라"고 명령했다. 하지만 조금 위로가 되는 점도 있었다. 시카고 도덕위원회Morals Commission의 J.P. 브루싱엄Brushingham 목사는 10월 한 달 동안 시카고의 범죄율이 43퍼센트 감소했다고 발표했다. 하지만 애석하게도 정신 이상에는 별다른 방도가 없었다. 시카고에 거주하는 피터 마라쪼Peter Marrazo는 이곳에 온 지 얼마 되지 않은 이민자였는데, 온 가족이 끝장났다고 확신한 나머지 아내와 아이 넷을 아파트 안에 가두고는 이렇게 소리쳤다. "내 방식으로 내 가족을 치료할 것이다!" 그러고는 그들의 목을 그어버렸다. 나중에 밝혀지기로는, 그의 가족 중 그 누구도 실제로 스페인 독감에 걸리지 않았다.

알래스카주에서는 토마스 릭스 주니어Thomas Riggs, Jr 주지사가 '바깥세상'에서 벌어지고 있는 대유행병 소식을 듣고 엄격한 격리 정책을 실시했다. 알래스카 내륙 지역으로 여행을 제한하고 각 항구와 주요 길목, 강 하구 등에 연방보안관을 배치했으며, 학교, 교회, 극장, 당구장 등을 폐쇄했다. 페어뱅크스Fairbanks에서는 보안관들이 검역소를 지켰고 시민들은 정기적으로 건강을 검사받았으며 검사를 통과한 사람들은 완장을 받았다. 황무지에 있는 국경 도시 샤크툴릭 Shaktoolik에서는 좀 더 전통적인 방법을 썼다. 경비원들은 한 달에 사슴 네 마리를 급료로 받았고 격리 조치를 어긴 자들은 벌금으로 장작을 바쳐야 했는데, 톱으로 썰고 잘게 쪼갠 다음 잘 묶어서 마을 회관으로 가져와야 했다.

이러한 예방 조치에도 불구하고 스페인 독감은 저지선을 뚫고 알래스카 해안선을 따라 확산되었으며 내륙까지 침투했다. 놈Nome 에 거주하는 백인 중 절반이 인플루엔자에 감염되었고, 교육감 월터 실즈Walter Shields가 첫 희생자가 되었으며, 원주민들은 사실상 절멸되었다. 스페인 독감은 놈 지역의 이누피아트Iñupiat 에스키모를 사정없이 공격하여, 300명 가운데 176명이 사망했다. 극지 탐험가 빌할무르 스테판손Vilhjalmur Stefansson의 증언에 따르면, 이누피아트족은 스페인 독감 소식을 듣고 공황 상태에 빠져 이 오두막 저 오두막으로 몰려다니다가 질병을 확산시켰다. 온 가족이 질병에 걸려 앓아눕는 바람에 모닥불을 지킬 사람이 없어 얼어 죽은 경우도 있었다. 알래스카 원주민들 중에는 병원으로 이송되자, 사형수 감방으로 끌려왔다고 생각해서 스스로 목을 매는 사람들도 있었다. 스테판슨 역시 유행병 때문에 잇따라 초상을 접했는데, 가이드 중 다섯 사람을 잃었다. 그 가운데에는 전설적인 개썰매꾼, 스플릿 더 윈드Split-the-Wind[6] 도 있었다.

전염병 확산을 막기 위한 필사적인 노력 가운데 하나로, 릭스 주지사는 원주민들에게 각자 오두막 안에 머물 것과 밖에 나와 서로 어울리지 말 것을 명령했는데 이는 그들의 전통적 가치관을 완전히 무시하는 강권적 조치였다. 이누피아트족은 명랑하고 관대했으며 공동체적 삶을 문화적 특징으로 삼는 사람들이었다. 이들은 또한 운명론적 태도를 가지고 있어서 유행병을 두고도 백인 거주자들과는 사뭇 다른 반응을 보였다. 한 학교 선생은 이러한 기록을 남겼다.

> 그들은 스스로 무언가를 하기보다는 바닥에 그냥 앉아 죽기를 기다렸다. 나는 그들을 위해 할 수 있는 것은 다 했다. 땔감과 먹을 물을 가져다주고, 불쏘시개를 만들어주고, 대팻밥을 만들어주고, 불을 지펴주고, 음식도 만들어서 가져다주고, 심지어는 장의사와 영구차 기사 역할까지 해주었다. 원주민들은 다른 무엇보다 죽은 사람 걱정을 해야 하는 형편이었다. 나는 종종 개들이 먹으려고 달려드는 시신을 수습해야 했다.[7]

알래스카 전역에서, 마을들이 차례로 인플루엔자에 쓰러졌다. 사냥을 하기에는 몸이 너무 아팠기에 많은 원주민들이 썰매를 끄는 개들을 잡아서 먹었다. 한편, 해밀턴Hamilton에서는 개들이 사람들을 먹기 시작했다.

알래스카의 외딴 마을들은 바깥세상으로부터 고립되어 있기 때문에 스페인 독감이 어떻게 그토록 빠르게 확산될 수 있었는지 설명하기가 어렵다. 이 시점은 휴전 협정 전이었기 때문에 귀환 군인들이나 대규모 집회를 원인으로 볼 수도 없었다. 불행하게도 그에 관한 설명은 언제나 배달할 것을 모토로 삼는 서비스, 즉 우편 서비스에서 찾을 수 있다. 미국 우편 서비스와 마찬가지로, 스페인 여인도 어떠한 제약에도 불구하고 언제나 원하는 곳에 도달했다.

군용열차 타고 온 독감에 캐나다인 5만 명 희생

미국 북쪽 캐나다에서 처음으로 보고된 민간인의 스페인 독감 감염 사례는 1918년 9월 8일 빅토리아빌Victoriaville에서 발생했다. 한 달 만에 독감은 캐나다 전역을 휩쓸었다. 1918년 말쯤에는 캐나다인 5만 명이 스페인 독감으로 사망했다.

스페인 여인은 병든 병사들을 태운 군용 열차를 타고 서쪽으로 이동하여 1918년 9월 30일 매니토바Manitoba주의 주도인 위니펙Winnipeg에 도착했다. 도착한 지 나흘 만에 병사 두 명이 죽었고, 지역 철도 노동자 한 명이 사망했는데 그는 위니펙 지역의 첫 민간인 희생자였다.

시 당국은 인플루엔자 감염이 금방 지나가기를 희망했지만 10월 12일이 되자《매니토바 자유 언론Manitoba Free Press》은 다음과 같은 기사를 실었다. "위니펙과 교외 지역의 모든 학교, 교회, 극장, 댄스홀, 기타 공공장소는 오늘밤 자정 이후로 스페인 '독감'의 확산을 저지하기 위한 조치로서 무기한 폐쇄될 예정이다. 어제 하루에 시내에서 12명이 새로 감염되었다."

시 당국의 과감한 노력에도 불구하고 스페인 독감은 위니펙과 그 외곽 지역을 강타했고, 10월 31일이 되자 감염자 2천162명이 보고되었다. 미국과 마찬가지로, 의료진을 통한 대비는 의사와 간호사의 부족으로 큰 효과를 보지 못했다. 초원지대인 매니토바, 서스캐처원Saskatchewan, 앨버타Alberta의 작은 마을들은 고립으로 자가 격리를 시도했지만 캐나다를 휩쓴 스페인 여인의 거침없는 행보를 막지는 못했다. 1918년 12월 4일 키와틴Keewatin의 노르웨이하우스Norway House에 있는 외딴 허드슨만 무역회사 전초기지에 감염이 발생했다. 이미 감염이 널리 퍼진 크로우레이크Crow Lake에서 우편물을 싣고 도착한 개썰매 팀 덕분이었다. 캐나다의 이 지역은 가장 날씨가 좋은 계절조차 악천후로 유명하다. 주민들은 사냥한 짐승과 숲에서 수렵한 것으로 근근이 연명했으며 밀가루, 차, 설탕 같은 기본 식료품은 허드슨만 회사 상점에서 가죽과 물물교환으로 구했다. 먹을거리라고 할 만한 것이 거의 없는 혹한기에 스페인 독감이 들이닥쳤고, 주민들은 지독한 굶주림을 겪었다. 매니토바 베런스Berens강 인근에서 자란 해리 에버릿Harry Everett은 회고록에서 스페인 독감의 기억을 생생하게 묘사했다.

가장 먼저 기억나는 장면은 내가 그네처럼 생긴 해먹 안에 있고, 방에는 침대들이 여기저기 놓여 있으며, 한 여인이 웃옷 안쪽에서 지갑을 꺼내 아버지에게 주는 모습이다. 그때는 스페인 독감 유행병이 한창이었다. 꽤 오랜 기간 동안 아버지만이 유일하게 감염되지 않은 건강한 사람이었다. 아버지는 이 집 저 집을 다니며 화톳불을 이어갈 땔감은 있는지 살피고, 집안에 시신이 있으면 수습해 오셨다. (중략) 사람들은 사망한 사람들이 따뜻한 집 안에 계속 머물러 있었더라면 죽지 않았을 것이라고 말했다. 그들은 너무 일찍 밖으로 나갔고

감기에 걸려 감염이 재발하고 말았다.[8]

감염에서 회복한 사람들은 가족들을 먹일 식량을 구하기 위해 너무 일찍 밖으로 나갔고, 2차 폐렴에 걸렸다. 합병증으로 결핵을 앓는 사람도 많았는데, 당시 캐나다 원주민에게는 이미 결핵이 널리 퍼져 있었다.

헨리 고든Henry Gordon 목사는 래브라도Labrador의 카트라이트 Cartwright에 있는 그렌펠 미션Grenfell Mission[9]을 강타한 스페인 독감을 이렇게 회상했다.

우편물 배달선이 떠난 지 이틀 뒤, 독감이 마치 사이클론처럼 이곳을 덮쳤다. 저녁을 먹고 나서 이곳 집들이 어떤지 둘러보러 나갔는데, 눈앞에 펼쳐진 광경은 끔찍했다. 집에 있는 사람들 모두가 부엌 바닥에 쓰러져 있었는데, 스스로 음식을 먹지도 불을 지피지도 못하고 있었다. (중략) 이곳에서 감염되지 않은 사람은 모두 네 명뿐이었던 것으로 기억한다. (중략) 우편선으로 이곳에 질병을 보내놓고 이곳 주민들은 나 몰라라 내팽개쳐 둔 당국의 무신경에 대해 모든 사람의 마음속에 강력한 분노가 차올랐다. 가난한 사람들의 비참한 상황이 가슴을 저미었다. (중략) 사람들이 울부짖고 아이들이 도처에서 죽어가는 모습은 정말 비참했다.[10]

북쪽 지역의 겨울은 땅이 얼어붙어서 스페인 독감의 희생자를 매장하는 것이 불가능했다. 그래서 현지인들은 시신을 개들로부터 지키기 위한 묘안들을 고안해냈다. 어떤 시신들은 시트에 감싼 채로 지붕 위에 올려뒀는데, 봄에 매장될 때까지 으스스한 광경을 자아냈다. 노르웨이하우스에서는 매장이 가능할 때까지 시신을 오두막 안에 장작처럼 쌓아두었다. 다음은 직접 목격한 사람의 회상이다.

> 너무나 시신이 많아서 다 매장할 수가 없었다. (중략) 그래서 시신을 다 수습한 뒤 큰 나무 상자 안에 넣었다. 시신을 전부 상자 안에 던져 넣었는데 얼마나 많은 시신이 있었는지 모르겠다. 그 다음 큰 크레인을 가지고 와서 그 시신들을 함께 묻었는데, 어른도 많았고 아이들도 있었다. (중략) 그 많은 시신들을 거두어서 매장한다는 것은 정말 힘들고 끔찍한 일이었다. 오두막에 보관되었던 몇몇 시신들은 관을 만들 만한 목재가 없었기 때문에 자루 같은 데 넣어서 매장했다.[11]

노르웨이하우스에 있는 크리스천 미션Christian Mission 교구 등록 기록을 보면, 1918년에서 1919년 사이에 1천 명당 183명이 사망한 것으로 나온다. 이는 그 시점을 기준으로 20년 전과 후보다 일곱 배나 높은 사망률이다. 이 유행병 때문에 20세 이상 성인의 대략 5분의 1이 사망한 셈이다. 크리Cree족 장로인 나다니엘 케스크카포Nathaniel Queskekapow는 당시 태어나지도 않았었는데, 선조들로부터 전해 들어서 이 유행병에 관해 잘 알고 있었다. 2002년 72세였던 나다니엘은 조사원들과 다음과 같은 인터뷰를 했다. "남쪽 지역에서 아주 심하게 확산되었고, 사람들은 마치 걸어가다가 총에 맞은 것처럼 픽픽 쓰러졌다. 열 살 정도밖에 안 된 아이들도 쓰러져서 죽었다. 누구에게 말을 건넬 새도 없이 그냥 쓰러져 죽었다."

한편 다시 미국에서는, 스페인 여인이 서쪽으로 이동했는데 가는 곳마다 시신이 쌓여갔다. 일찍이 1918년 2월에 독감이 발생했던 캠프 펀스턴에서는 10월에 인플루엔자의 어마어마한 2차 공격이 들이닥쳤다. 제29야전포병연대가 이 공습으로 초토화되어 그달 말까지 1만4천 명이 감염되었고 861명이 사망했다.

이때쯤 엘리자베스 하딩 중위는 경험 많은 선임 간호사가 되었는데 볼거리, 홍역, 천연두, 디프테리아 등 생각할 수 있는 모든 전염성 질병 감염 사례를 800건이나 처리했다. 하딩이 1918년 10월 의무감실 근무를 위해 포트라일리를 떠나게 되었을 때 인플루엔자의 2차 공습이 부대를 덮쳤다.

> 내가 그곳을 떠날 무렵 환자가 5천 명을 넘어섰다. 환자를 수용하기 위해 캠프 펀스턴의 막사를 개방했다. 몇몇 간호사들이 사망했는데, 확실하지는 않지만 적어도 열여섯 명은 되어 보였다. 포트라일리에서 이미 근무 경험이 있던 간호사들은 잘 대처했지만 응급요원으로 급하게 뽑혀 온 간호사들은 크게 타격을 받았고 병에 걸린 채로 도착한 간호사도 있었다.[12]

당시 부대 의무실에서 근무 중이던 찰스 L. 존스턴Charles L. Johnston 병장은 고향의 아내에게 보내는 편지에서 당시 캠프 펀스턴의 상황을 생생하게 묘사했다.

지금 시각은 새벽 세 시쯤 되었고 가련한 병사들은 다들 잘 자고 있어. 나는 이제 제법 간호사 자세가 나오는 것 같아, 정말이라니까. 3일 내내 저녁 일곱 시에서 아침 일곱 시까지 야간 근무를 하고 있고, 주간에는 눈을 붙이기 위해 하루 종일 파리와 싸우고 있어. 고향 집에 있을 때는 잠을 별로 안 자도 괜찮았던 것 같은데, 그건 완전히 내 착각이었던 것 같아. (중략) 현재 캠프에는 환자가 6천에서 7천 명쯤 있어. 환자들을 돌보는 것이 그렇게 힘든 일인 줄 이전에는 미처 몰랐어. 그들은 물을 달라, 약을 달라, 뭐를 해 달라, 항상 보채는데 정말 거의 죽을 지경이야.

존스턴 병장은 환자들의 손발 노릇을 해주는 때를 제외하면, 환자들이 고열 때문에 이불을 자꾸 차버릴 때 다시 덮어주거나 열을 내리기 위해 스펀지 목욕13)을 시켰다. 각자 20명 넘는 환자를 배당 받았기 때문에 매우 바쁘게 움직여야 했다.

일리노이주 링컨Lincoln에서는 열 살 난 윌리엄 맥스웰William Maxwell이 목가적인 유년기를 즐기고 있었다. 나중에 자라서 《뉴요커 New Yorker》 잡지의 소설 담당 편집자이자 유명 작가가 된 윌리엄은 유년기에 경험했던 스페인 독감 유행병에 관한 생생한 회고록을 집필했다. 미국이 참전하자 그의 어머니는 전쟁을 위한 국가 총동원에 자원했다. 그는 어머니가 하얀 드레스를 입고 머리에는 붉은 십자가가 그려진 수건을 두른 채, 붕대를 감고 있는 모습을 기억했다. 어머니 나름의 봉사였지만 아직 전쟁은 갈 길이 멀었다. 스페인 독감 유행병 역시 마찬가지였다. "우리는 정말 많은 소문을 들었다. 보스턴에서 벌어진 일도 들었는데, 아침까지 멀쩡했던 사람이 그날 밤 갑자기 죽을 수 있다는 사실을 믿고 싶지 않았다."[14]

맥스웰 부인이 임신을 하자, 가족은 집에서 48킬로미터쯤 떨어진 블루밍턴Bloomington의 큰 도시 병원에서 출산을 하기로 결정했다. 윌리엄과 형은 삼촌 집에서 지내기 위해 짐을 꾸렸다. 삼촌과 숙모는 크고 음침한 집에 사는 매우 엄격한 분들이었다. "삼촌과 숙모는 매우 경직된 사고방식을 갖고 있었고 (중략) 나와 형은 그 집에서 지내는 것이 몹시 불편했다. 그 집에 관한 내 평가를 묻는다면, 돌아가신 할아버지가 관에 누워 있는 사진이 담긴 큰 액자가 거실 벽에 걸려 있었다고 말할 수밖에 없다."[15]

윌리엄은 그날 바로 병에 걸렸다. 그는 작고 마른 아이였는데 평소에는 식욕이 왕성했지만 숙모가 내놓은 크고 먹음직스러운 터키 요리를 손도 대지 않았다. 숙모는 그의 이마에 손을 한 번 대보더니 그를 2층으로 데리고 가서 삼촌 사무실에 있는 그의 침대에 눕혔다. 책상 하나와 파일 캐비닛만이 덩그러니 놓여 있는 황량한 방이었다. 이 시점에서 그는 시간 개념이 흐릿해졌다. 윌리엄은 계속해서 잠을 잤고 가끔 일어나 약을 먹었다. "가끔 밤이나 낮에 잠에서 깼던 것을 기억한다. 밤에는 숙모가 잠옷을 입고 땋은 머리를 등 뒤로 풀어 내린 모습으로 나에게 알약과 물 한 잔을 건넸다. 낮에는 보통 삼촌이 해주었다."[16]

정신이 들었다 나갔다 했지만, 윌리엄은 돌아가는 상황을 다 파악할 수 있었다. 그가 누워 있는 방은 계단 바로 위에 있었고 전화 통화 소리도 잘 들렸기 때문이다. 그는 어머니가 여전히 블루밍턴의 병원에 있다는 것과 아이가 태어났다는 것을 알게 되었다. "어느 날 숙모가 어머니에 관해 이렇게 말하는 것을 우연히 듣게 되었다. '그녀는 기대한 만큼 잘하고 있어요.' 나는 그 표현이 긍정적으로 쓰이는 것을 본 적이 없다. 사람들은 항상 무언가 나쁜 일이 생길 것 같은 때 그런 표현을 쓰곤 했다."[17]

아기가 태어난 지 3일째 되던 날, 윌리엄의 아버지가 전화를 했다.

내 방에서 전화로 오가는 대화를 들었다. 숙모가 말했다. "오, 저런, 윌Will. 내가 그러길 바란다면 그렇게 할게요." 숙모는 내 방으로 와서 나를 할머니 방으로 데리고 갔다. 나는 할머니의 무릎 위에 앉았다. 숙모가 형도 방으로 데리고 왔다. 숙모는 무슨 일이 일어났는지 이야기를 하려다가 뜨거운 눈물을 쏟았고, 나는 더 이상 숙모의 말을 들을 필요가 없었다. 가장 끔찍한 일이 일어났다는 것을 알았다. 어머니는 경이로운 분이셨고, 그녀가 죽었을 때 모든 것이 빛을 잃었다.[18]

11장

스페인 여인
워싱턴으로 가다

의도적인 인플루엔자 전파를 범죄로 규정

10월 2일, 워싱턴 D.C. 시의원 루이스 브라운로Louis Brownlow 는 환자 마흔 명이 '유행성 독감'으로 한 병원에 입원했다는 보고를 듣자마자 곧바로 조치를 했다. 그는 하루 전날 보스턴에서 시민 202 명이 인플루엔자로 사망했다는 사실을 알고 있었다. 그래서 워싱턴 에서 비슷한 유행병이 퍼지지 않도록 하기 위해 사력을 다했다. 브 라운로 의원은 학교, 극장, 당구장, 술집 등을 폐쇄함으로써 워싱턴 D.C.를 봉쇄했다. 유행병학자 닥터 제임스 P. 리크James P. Leake의 감 독 아래 비어 있는 학교에는 의료 센터를, F스트리트의 상점에는 응 급 병원을 개원했다. 부유한 도시인 워싱턴에는 자원이 풍족했기에 포드 모델 T 차량과 운전기사가 딸린 리무진이 앰뷸런스로 운용되 었다. 브라운로 의원은 이미 감염된 동료 의원 두 명과 함께 도시 방 역 책임을 떠맡았으며, 미국치료학회American Therapeutic Society[1]의 닥터 노블 P. 반스Noble P. Barnes는 다음과 같이 공언했다. "돌아다니면서 기침과 재채기를 해대는 사람은 공동체의 사회적 해악으로 취급해야 하며, 적절한 벌금과 구금형을 부과해야 한다. 또한 게준트하이트Gesundheit[2]나 갓 블레스 유God Bless You를 유발하며 돌아다니지 않도록 마스크 착용을 의무화해야 할 것이다." 적십자는 거즈 마스크를 배포했고, 광고로 대중에게 경각심을 고취했다.

법을 준수하자
마스크를 쓰자
입을 보호하자
패혈증으로부터

하지만 스페인 여인은 그리 쉽게 저지되지 않았다. 감염자 수는 금세 1만 명을 넘어섰다. 경관 수백 명과 전차 운전사들이 병에 걸렸다. 너무나 많은 소방관이 병에 걸려 쓰러졌기 때문에 소방서장은 "지금 화재가 발생한다면 도시 전체가 불타고 말 것이다"라고 걱정했다. 연방정부는 마비되었고 법원은 휴정했다. 허버트 후버Herbert Hoover[3]가 이끄는 식품관리청Food Administration에서는 직원 절반이 병가를 냈다. 의회는 방청석을 폐쇄했고, 국무부 직원들은 매일 20분씩 밖으로 나가서 숨을 깊게 들이마시라는 지침을 받았다. 인구동태통계국Vital Statistics Bureau에서 워싱턴의 사망자 수를 조사하던 W.E. 터튼Turton이라는 직원은 일하다가 쓰러져 사망했다. 《워싱턴 이브닝 스타Washington Evening Star》는 '인플루엔자로 사망한 저명인사'라는 제목으로 정규 칼럼을 연재했다.

인플루엔자로 죽는 것뿐만 아니라 이 병에 걸리는 것 자체를 거부한 유명인은 유머 작가 제임스 터버James Thurber이다. 그는 1918년 10월 15일, 걱정하는 친구에게 보내는 편지에서 당시 워싱턴의 분위기를 그만의 불손한 스타일로 묘사했다.

"여기서 보이는 것은 간호사nurses와 영구차hearses뿐이요, 들리는 것은 악담curses과 더 나쁜 일worse[4]뿐이다. 인플루엔자로 까무러치는 것은 실로 영웅적인 일이다! 지금처럼 용감하고 시적인 죽음의 시대에 인플루엔자로 죽느니 (중략) 차라리 무릎 피하 염증[5]으로 곧 죽어버리겠다."

터버는 자신이 활기가 넘치는 상태이며 독감에 관해 올바른 심리적 태도를 지키고 있다고 주장했다. 그는 "비록 나는 건강한pink상태이지만, 인플럭스 오브 엔자influx of Enza[6]가 나를 찌르려고pink 한다면 영리한 검을 골라 오른쪽으로 비틀어 찔러야 할 것이다"라고 했다.

남편 프랭클린을 비롯해 가족과 함께 워싱턴으로 돌아온 엘리너 루스벨트는 직접 목격한 끔찍한 모습을 이렇게 회상했다.

우리가 워싱턴으로 돌아오자마자 전국을 휩쓸고 다니던 독감 유행병이 이곳을 강타했다. 도시는 무서울 정도로 과밀 상태였고 각 정부 부처는 많은 인원을 보충해야 했다. 새로운 부처들이 설립되었고 여직원들은 시내 각처에 흩어진 숙소에서 한 방에 두세 명씩 합숙해야 했다. 독감이 들이닥친 다음에는 환자들을 수용할 병원들이 부족해졌다. 적십자는 쓸 수 있는 건물마다 임시 병원을 설치했고, 건물에는 부엌이 거의 없었기 때문에 자원봉사자를 동원하여 음식을 공급했다.

순식간에 남편과 다섯 아이, 그리고 하인 중 세 명이 독감에 걸렸다. 우리는 뉴욕에서 온 정규 간호사 한 명을 구할 수 있었다. (중략) 이 간호사는 양측성폐렴에 걸린 여덟 살배기 엘리엇을 전담했다. 남편은 내 방 옆에 있는 작은 방으로 옮겼고, 기관지 폐렴을 앓는 갓난아기 존의 침대는 내 침실에 두었다. 내게는 밤낮이 거의 차이가 없었다. 매순간 최대한 열심히 일했던 닥터 하딘은 하루에 한두 번은 찾아와서 우리 집 환자들을 보살폈다. 그는 우리 가족 중에는 스스로 설 수 있는 사람이 있어서 다행이며, 가족 중 아무도 일어설 수 없는 집이 많다고 했다.[7]

엘리너는 끊임없이 가족을 걱정하면서도 워싱턴에서 봉사할 수 있는 기회를 찾으려고 노력했다. 아이들이 다 잠들고 나면, 차를 타고 원래 배속되었던 적십자를 찾아가서 침대에 누워 있는 가련한 소녀들에게 격려를 전하려고 애썼다.

여섯 살 난 빌 사르도Bill Sardo의 가족은 작은 장례식장을 운영했다. 그는 언제나 죽음에 둘러싸여 있었다. 거실, 식당, 복도까지 관이 가득 쌓였다. 어린 빌 역시 지하 영안실에서 관 제작을 도왔다. 빌은 늘 무서웠다. 그는 가득 쌓여 있는 관 사이를 지나다녔는데, 그가 아는 사람들의 이름이 붙어 있었다. 온 가족이 죽어가는 집도 있었다. 죽은 사람이 어디에나 있었다.

시의원 브라운로는 엄격한 유행병 대처 방식으로 많은 목숨을 구했다. 그는 공중 보건 서비스의 유행병학자이자 말라리아 억제 전문가인 닥터 H.S. 머스터드Mustard와 함께 힘을 모았으며, 워싱턴을 '위생 구역'으로 선포하고 자립 구역 네 곳으로 나누었다. 새로 제정된 법은 의도적인 인플루엔자 전파를 범죄로 규정했고, 감염 증상이 있는 상태로 공공장소에 나가는 것 역시 범죄로 보았다. 위반하면 벌금은 최소 50달러였다.

이러한 조치에도 불구하고 워싱턴의 병원은 환자로 가득 찼다. 조지워싱턴대학병원에서는 모든 간호사가 인플루엔자에 감염되었다. 가필드Garfield병원과 리크Leake의 응급 병원에서는 환자들이 복도까지 꽉 들어찼다. 환자들에게 병실을 구해줄 수 있는 유일한 길은 장의사를 뒷문에 대기시켰다가 환자가 숨을 거두자마자 시신을 수습하게 하는 것이었다. 산 사람은 한쪽 문으로 들어오고, 죽은 사람은 다른 문으로 나가는 형국이었다.

워싱턴 인근 캠프 험프리Humphreys에서는 5천 명이 인플루엔자에 감염되었고 의무대장 찰스 E. 도어Charles E. Doerr 중령이 사망했다. 이러한 상황에도 불구하고, 브라운로는 캠프 험프리에서 군인 50명을 워싱턴으로 데려와서 무덤을 파게 했다. 부도덕한 장의사들이 가격을 엄청나게 올리는 바람에 관을 구하기가 너무 어려웠다. 워싱턴의 한 공무원은 "이 어려운 시기에 관 가격을 이렇게 올리는 것은 정말 잔인한 일이며 반역에 가까운 짓이다"라고 말했다. 브라운로 또한 도적보다 나을 게 없었다. 피츠버그로 가는 관을 실은 수레 두 대가 포토맥 야적장에 있다는 정보를 입수한 그는 그 관들을 탈취하여 센트럴고등학교 운동장으로 옮긴 다음 무장 경호원을 붙여 지키게 했다.

어느 날 오후 브라운로 의원은 독감에 걸린 아내를 돌보다가 전화 한 통을 받았다. 한 여인이 울면서, 다른 세 여자와 한 방에 살고 있는데 그중 두 명은 이미 죽었고 나머지 한 명도 지금 죽어가고 있다고 호소했다. 브라운로는 경찰에 전화하여 그들에게 찾아가 보라고 지시했다. 몇 시간 뒤 한 경관이 브라운로에게 전화로 이렇게 보고했다. "사망한 네 여인 발견."

워싱턴의 또 다른 지역에서는 한 자원봉사 간호사가 어느 집 문을 두드렸고, 들어오라는 거친 목소리를 들었다. 방 안으로 들어가자 사람들은 모두 죽어 있었고, 살아 있는 생명은 앵무새뿐이었다.

의회 역시 무사하지 못했다. 당시 40세였던 연방 하원의원 제이컵 미커Jacob Meeker는 호텔에서 인플루엔자에 감염된 뒤 10월 14일 유대인병원으로 후송되었다. 그는 여비서와 단출하게 결혼식을 올렸는데 신랑, 신부, 판사, 증인 모두 마스크를 썼다. 그리고 결혼식을 올린 지 일곱 시간 뒤에 사망했다.

시의원 루이스 브라운로와 닥터 머스터드 모두 인플루엔자의 희생자가 되었을 때쯤, 어린 빌 사르도는 아버지의 장례식장에서 일을 돕기 시작했다. 집안은 온통 관으로 가득 찼다.

유족들이 시신을 보러 오면 아버지는 내게 이렇게 말하곤 했다. "2층으로 가서 거실 세 번째 줄이나 아니면 식당 네 번째 줄을 살펴보면 시신이 있을 게다. 이분들을 그리로 모셔가거라." 그러면 나는 그들을 이끌고 다른 모든 시신을 지나 그들이 찾는 시신 앞으로 데려

갔다.8)

오랜 세월이 흐른 뒤에도 빌 사르도는 1918년 10월을 회상할 때마다 진저리를 쳤다.

아침에 일어나면서부터 밤에 잠자리에 들 때까지 나는 줄곧 공포에 떨어야 했다. 우리는 거즈 마스크를 썼다. 서로 키스하는 것도, 함께 밥을 먹는 것도, 그 어떤 신체 접촉도 두려움 때문에 할 수 없었다. 더 이상 가족의 삶도, 학교 생활도, 교회 생활도, 공동체의 삶도 존재하지 않았다. 두려움이 모든 사람을 갈라놓았다.9)

노스캐롤라이나에서는 유행병 소식이 더디게 전파되었다. 일곱 살 난 댄 통클Dan Tonkel은 아버지가 운영하는 옷가게의 옷감 코너에서 일을 도왔다. 그는 야채 가게와 동네 극장이 갑자기 문을 닫고 학교도 휴교했다는 사실을 알게 되어 깜짝 놀랐다. 학교가 휴교하자 처음에는 신이 났지만 곧 아버지 일을 도와야 했다. 왜냐하면 가게 종업원들이 모두 병들었기 때문이다.

그때부터 나는 아버지 일을 도왔다. 여성 기성복과 모자를 파는 2층 전체는 폐쇄해야 했다. 이는 중대한 결정이었다. 장사가 매우 힘들어졌다.
아버지는 종업원 중 세 명이 사망했다고 말했다. "미스 레아는 더 이상 나오지 않을 거다." 내가 물었다. "왜요?" 아버지가 말했다. "레아가 죽었기 때문이지." 미스 레아가 제일 먼저 사망한 종업원이 되었다.

나는 죽음이 무엇인지 알 만큼은 철이 들었다. 문득 상황이 이해되기 시작했다. 많은 좋은 친구들, 우리를 사랑했던 많은 이들이 죽어간다는 것을 알게 되었다.[10]

이러한 경험 때문에 댄은 의학에 불신을 갖게 되었다. 의사들이 할 수 있는 것은 아무것도 없어 보였고, 죽음의 그림자를 이끌고 다가오는 스페인 여인의 발걸음을 저지할 방법도 전혀 없어 보였다. 의료계는 이 질병에 대처할 방법을 전혀 알지 못했다. 의사들은 어떤 치료약이나 백신도 갖고 있지 않았다. 의사들은 왕진 가방에 만병통치약이 없었기 때문에 할 수 있는 것이 아무것도 없었다.

하지만 의사들은 최선을 다했다. 은퇴했다가 현업으로 복귀한 민간 의사들은 환자들의 목숨을 구하기 위해 용감히 싸웠다. 노스캐롤라이나의 애슈빌Ashville에서는 장차 소설가가 될 토마스 울프가 동네 사람들이 지켜보는 가운데 죽어가는 형의 목숨을 구하기 위해 분투하는 동네 의사의 모습을 지켜보았다.

토마스 울프의 소설 《천사여, 고향을 보라Look Homeward, Angel》에는 스페인 독감에 관한 생생한 묘사가 들어 있다. 이 소설은 당시 25세에 불과했던 울프의 형 벤자민 해리슨 울프의 실화를 바탕으로 한 작품이다. 울프의 문체는 남부 고딕 스타일로 과장되고 기괴했는데, 스페인 독감 역시 그러했다.

주인공 유진 갠트Eugene Gant는 살짝 각색이 덧입혀진 작가 자신이었다. 그는 노스캐롤라이나 시골 마을의 따분한 삶에서 탈출하여 외지에서 살고 있었는데, 어느 날 스페인 독감이 마을에 들어왔다는 어머니의 편지를 받는다. "모두가 이 병에 걸렸다. 다음 희생자가 누가 될는지는 아무도 모른다. 크고 건장한 사람이 먼저 걸리는 것 같다. 감리교 목사 핸비Hanby 씨가 지난주에 죽었다. 폐렴에 걸렸던 것이다. 그는 인생의 절정기에 있던, 매우 건강한 사람이었다."

유진은 그 다음 몇 주 동안은 아무런 소식을 듣지 못했다. 어느 비 오는 오후, 형 벤Ben이 양측성폐렴에 걸려 위독하다는 소식과 함께 집으로 오라는 전갈을 받는다. 암울한 시골 하숙집인 고향 집으로 돌아온 유진은 벤이 자연과학자의 탁자에 놓인 거대한 곤충처럼 숨을 헐떡거리는 끔찍한 모습을 목격하고 만다. "사람들은 그를 쳐다보고 있었고, 그는 축 늘어진 몸으로 아무도 구할 수 없는 자기 생명을 구해보려고 발버둥치고 있었다. 잔인하고 끔찍한 장면이었다."

가족들은 밤새 병실 문 밖에서 가슴 졸이며 상황을 지켜보았고, 벤의 상태는 호전되는 것처럼 보였다. 하지만 오후가 되자 상태가 급격히 나빠졌고, 산소를 주입하려는 시도 역시 아무 소용이 없었다. 간호사가 벤의 얼굴에 산소마스크를 씌우려고 하자, 그는 무섭게 그것을 밀쳐버렸다.

갠트 가족은 모두 마지막을 예상하고 있었고, 벤이 편안히 숨을 거두기를 희망했다. 하지만 마지막 순간 벤이 갑자기 힘을 냈다. 삶의 마지막 불꽃을 피워 올렸고, 가족들은 예전 벤의 모습을 잠깐이나마 볼 수 있었다, 마을의 반항아였던 그의 본 모습을. "벤은 갑자기 숨을 세차고, 길게 들이마셨다. 그의 잿빛 눈이 잠시 열렸다. (중략) 그리고 그는, 삶이 그러했듯, 조소적이고 두려움 없는 모습으로 죽음의 그늘 속으로 당당히 나아갔다."

12장

'독감을 어쩔 수가 없다'

인플루엔자에 효과 있다는 과대광고와 민간요법 횡행

스페인 여인이 계속해서 온 세상을 공포 속으로 몰아넣고 있는 동안, 식품 및 제약 회사들은 유행병을 이용하여 상업적 이득을 최대한 얻으려고 애썼다. 꽤 괜찮은 상표인 옥소 앤드 밀튼Oxo and Milton이나 제이스 플루이드Jeyes' Fluid 그리고 블랙 앤드 화이트 위스키Black & White Whisky 같은 회사도 돌팔이 의사나 길거리 약장수와 나란히 광고를 게재했으며, 절박한 군중에게 자기 상품을 팔기 위해 안달이 났다. 겁에 질린 사람들은 처방전 없이 살 수 있는 의약품뿐만 아니라, 민간요법이나 문화적 유산을 바탕으로 한 전통 요법에 매달렸고, 그것이 양파든 아위asafoetida(악취가 나는 약초로서 전통적으로 가슴 통증에 쓴다)이든 아편이든, 가리지 않았다. 사망률이 높아질수록 끔찍한 죽음으로부터 자신과 사랑하는 가족을 구하기 위해 무엇이든 시도해보려는 열망 또한 커져 갔다. 스페인 독감 백신 개발이 지지부진하자, 의사들은 환자들을 치료하기 위한 새로운 방법을 시도했다. 환자들을 자연 환경 속에 노출시키는 '옥상 치료법'이 나왔는가 하면, 영국에선 공립학교 아이들에게 실험적으로 과망간산칼륨을 주입하기도 했다.

비교적 감염이 뜸했던 1918년 초봄의 1차 확산으로부터 그해 말 세계를 강타했던 스페인 독감의 2차 공세에 이르기까지 일간 신문들은 점점 더 많은 인플루엔자 관련 치료제 광고를 게재했고, 제약 회사들은 독자들의 불안감을 공략하여 이득을 봤다. 런던의 《타임스》에서 《워싱턴 포스트》에 이르기까지 수많은 지면들이 독감 예방법과 처방전 없이 살 수 있는 약품 광고들로 채워졌다. '인플루엔자!'라는 제목 밑에 포마민트 라진지스Formamint lozenges의 약효를 찬양하는 광고는 이런 식이었다. "사람들이 밀집한 곳, 병균이 우글거리는 곳으로 갈 때마다 알약을 하나씩 빨아 드세요."

또 다른 광고는 이렇게 주장했다. "스페인 인플루엔자는 과장된 유행성 독감에 불과하다. 따라서 독자들은 예방책으로서 완하제 브로모 키니네Bromo Quinine를 평소보다 좀 더 많이 먹으면 된다. 이미 감염된 사람들은 예전에 신비한 비버 오일Beaver Oil로 알려진 닥터 존스 리니멘트Dr Jones's Liniment가 기침과 카타르catarrh 치료제 역할을 했던 것처럼, 힐스 카스카라 키니네 브로마이드Hill's Cascara Quinine Bromide를 먹으면 괜찮아질 것이다." 지금도 여전히 사랑받고 있는 빅스 베이포러브Vick's VapoRub 역시 공급 물량 부족을 경고하는 광고 덕분에 수요가 치솟았다.

약사들은 주의 바람!! 현재 유행병 때문에

빅스 베이포러브의 공급 물량이 부족함

콧구멍에 바르면 스페인 인플루엔자 예방 효과가 있을 수도 있다는 엘리스 크림 밤Ely's Crème Balm은 모조품이었던 것으로 밝혀졌고, 훨씬 전통적인 치료제로서 리디아 E. 핑컴Pinkham의 유명한 허브 메디슨Herb Medicine, 그리고 헤일스의 야생 쓴 박하와 타르 꿀Hale's Honey of Horehound and Tar이 있었다.

스페인 여인의 위협이 점점 커져가자 일상적 가정용품이 마치 신비한 효험이 있는 것처럼 과대 광고되는 일도 있었다.《노팅엄 저널Nottingham Journal》의 독자들은 "옥소oxo[1]로 육류 부족을 보충할 수 있다"는 제대로 된 정보를 전달받았다. 하지만 다음과 같은 교묘한 광고도 실렸다. "옥소는 인플루엔자 감염에 대비해서 면역 체계를 강화해준다." 어떤 의사의 증언에 따른 그 이유는 다음과 같다.

하루에 두세 번 옥소를 한 컵씩 마시면 훌륭한 예방책이 될 수 있다. 옥소의 활력소와 영양분이 혈관으로 재빠르게 흡수되면 면역 체계가 강화되어 질병의 공격을 막을 수 있다. 건강한 사람들은 감염을 피하고, 영양이 부족한 사람들이 희생된다는 것은 자명하다. 따라서 목표는 활력을 유지하는 것이어야 한다.

옥소와 같은 고농축 쇠고기 육수의 효용은 그 어느 때보다 오늘날에 더욱 절실하다. 옥소는 영양분을 보충하고 면역 체계의 활력을 유지해준다. 따라서 인플루엔자 유기체의 공격에 효과적인 대비책이 될 수 있는 것이다.[2]

옥소가 별로 끌리지 않는다면, 인플루엔자 확산 전후의 필수 음식으로서 홀릭스의 몰트 밀크Horlick's Malted Milk가 권장됐다. 미국인들은 '독감에 대항하는 애국 운동'의 하나로서 '양파 더 많이 먹기!'에 적극 참여할 의무가 있다는 캠페인을 접했다. 어느 플래카드에는 이런 구호가 적혀 있었다.

양파 운반차가 오늘 도착했다
빨강, 하양, 파랑 라벨이 붙은 양파다
양파를 먹자, 더 많이, 매일
그래서 '독감'을 몰아내자

한 미국인 어머니는 이 제안을 극단적으로 받아들여서 병든 딸에게 양파즙을 먹였고, 딸의 머리부터 발끝까지 양파로 감쌌다. 다행히 결과는 성공적이었고 아이는 살아남았다.

스페인 독감 유기체의 실제 성격은 아직 밝혀지지 않았지만 의사들과 일반인들 모두 병균이나 미생물과 접촉을 회피하는 것이 대비의 핵심임을 알고 있었다. 그 결과 당시 신문 광고에는 개인과 가정 위생에 관해 얼마나 강박이 심했는지 잘 드러나 있다. 스페인 독감이 영국 중부 지방으로 확산되자 《노팅엄 저널》에는 다음과 같은 광고가 실렸다. "고시지의 순정 석탄산 비누Gossage's Purified Carbolic Soap, 파운드에 9펜스, '의사의 지시'대로 마루, 욕조, 세면대, 변기 닦는 데 강력 추천. 청소와 동시에 살균 작용. 다목적 청결제." 또한 이러한 광고도 있었다. "밀튼Milton(살균 용액)없이는 그 어떤 집도 안전하지 않다." 더비셔Derbyshire에 있는 소년 기숙학교 렙튼Repton에서는 학교 의사가 실험적으로 학생들에게 담배를 흡입하게 하거나 학생들 입 안에 주로 소독제로 쓰는 무기화합물인 과망간산칼륨 용액을 뿌리기도 했다. 결과는 성공적이었고 학생들의 감염률은 낮았다.

인플루엔자 치료를 위해 전통적으로 쓰이던 약제에는 모르핀, 아트로핀atropine, 아스피린, 스트리크닌strychnine, 벨라도나belladonna, 클로로포름chloroform, 키니네 등이 있었고, 심지어 등유도 쓰였는데 각설탕과 함께 복용했다. 이 외에도 민간요법이 횡행했다. 약국에서 구입한 약제가 효과가 없으면 환자와 그 가족은 훨씬 전통적인 방법을 시도했다. 남아프리카에서 유행한 치료법은 장뇌3) 한 덩어리를 조그만 주머니에 넣어 환자의 목에 걸어두는 것이었다. 어느 여덟 살 난 소녀는 독감을 예방하기 위해 장뇌 주머니를 목에 두르고 "독일군을 쫓아내겠다!"고 선언했다. 이 치료법은 꽤 성행했고 반세기 뒤인 1918년 전염병을 이겨냈던 한 양로원 노파는 1969년 홍콩 독감 예방접종을 거부했다. 그녀는 이렇게 말했다. "나는 필요 없어. 장뇌 주머니가 아직 내게 있다니까."

노스캐롤라이나에서는 어린 댄 통클이 아위 주머니를 목에 걸었다. 지독한 냄새가 자신을 보호해줄 것이라는 믿음 때문이었다. 그는 이렇게 회상했다. "냄새가 정말 지독했다. 사람들은 냄새가 병균을 죽일 것이라고 생각했다. 그래서 우리는 모두 아위 주머니를 찼고, 모두 고기 썩는 냄새가 났다." 필라델피아에서는 해리엇 페렐이 나무껍질과 유황으로 몸을 비벼야 했고, 약초로 만든 차를 마셔야 했으며, 테레빈유와 등유를 떨어뜨린 각설탕을 먹어야 했다. 해리엇 역시 아위 치료법을 감수해야 했는데, 그의 태도는 사뭇 철학적이었다. "우리는 냄새가 지독했지만 참을 만했다. 왜냐하면 모든 사람이 그랬으니까." 로버트 그레이브스의 웨일스 집시 출신 하녀는 더욱 특이한 예방책을 가지고 있었다. 그녀는 도마뱀 다리를 주머니에 묶은 뒤 목에 걸었다. 이것은 성공적이어서, 그레이브스 가족 중에 그녀만이 유일하게 스페인 독감에 걸리지 않았다. 남아프리카에서는 폐페스트의 전통적인 치료법으로서 막 잡은 짐승을 환자의 가슴 위에 올려놓았다.

전통적인 치료법의 효능은 대개 플라시보 효과였지만 그 결과를 실제로 측정하기란 쉽지 않았다. 유타주의 메도우Meadow에서는 윌리엄 레이William Reay가 검역관으로 선출되어 말을 타고 집집마다 농장마다 돌아다니면서 아픈 사람은 없는지 도움이 필요한 집은 없는지 살폈다. 어느 날 아침 그는 경찰서장 조지 부시넬George Bushnell과 함께 파반트Pahvant 인디언들을 살펴보려고 길을 나섰다. 이들은 우테Ute 부족의 일원으로서 마을에서 10킬로미터쯤 떨어진 협곡 가장자리에서 야영을 하고 있었다. 인플루엔자가 이미 인디언 야영지를 덮쳤고, 레이와 부시넬은 인디언들이 전통적인 관습에 따라 시체들 주위에 둘러앉아 망자들이 행복한 사냥터Happy Hunting Grounds[4]에 이르기를 기원하며 노래를 부르는 모습을 보고 경악을 금치 못했다. 레이와 부시넬은 시체들을 별도 천막으로 옮기고 매장을 할 수 있을 때까지 천막 입구를 꿰매어버렸다. 그 다음에 아직 살아 있는 사람들을 돌보았다.

인디언들은 신음소리를 냈다. "약, 약, 약." 치료 주술사 역시 앓아

누웠다. 레이와 부시넬은 추장(그는 거의 말을 할 수 없을 만큼 증세가 심각했다)에게 메도우에 가서 약을 좀 구해올 수 있겠냐고 물었다.

메도우의 유일한 의사 역시 인플루엔자에 감염되었기에 레이는 여자 주술사 앤트 마사 애덤스Aunt Martha Adams를 찾아갔고, 그녀는 그에게 전통적인 거담제와 해열제로 쓰이는 야생 쓴 박하를 포함한 약초를 조금 주었다. 집으로 돌아온 레이는 19리터짜리 세탁용 솥에 받아온 약초와 베이컨(얇게 저민 베이컨을 목 주위에 두르면 목 통증에 효험이 있다고 믿었음), 그리고 도움이 될 만한 다른 것들을 넣어서 함께 끓였다. 레이의 아들 리Lee는 이렇게 회상했다.

"우리는 그것을 계속 끓였고 약 같은 냄새가 나기 시작했다. 맛도 약 같아서 꿀을 많이 넣어 먹기 쉽도록 했다. 그 다음 병에 담아서 '인플루엔자 약'이라는 라벨을 붙였다. 물론 진짜 약은 아니었지만 사람들은 그것을 약이라고 생각했기 때문에 기분이 한결 나아졌다."

약은 야영지로 운반되었고, 어린 리는 멀찌감치 떨어진 곳에서 인디언들이 약을 먹은 다음 무덤을 파는 모습을 지켜보았다. 리와 그의 아버지는 약이 정말 효과가 있었는지 알 길이 없었다. 다시 이동할 수 있을 만큼 기력이 회복되자 파반트 인디언들은 짐을 꾸려 길을 떠났다. 리는 이렇게 회상했다. "그들은 겁에 질려 있었고 그냥 무작정 떠났다. 그들이 어디로 갔는지는 모른다."

미국의 최남단 지역에서는 또 다른 전통적 치료법이 유행했다. 루이지애나에서는 감리교 병원 감독관이 약쑥으로 만든 누비이불을 추천했다. 약쑥을 플란넬 천 여러 겹으로 싼 다음 뜨거운 식초에 찍어서 환자의 가슴에 놓는 것이다. 뉴올리언스 주민들은 스페인 독감을 물리치기 위해 부두교의 부적을 샀다. 부적은 하얀 닭의 깃털부터 왼쪽 신발에 까는 다이아몬드 에이스 카드에 이르기까지 다양한 것들로 이루어졌다. 또 다른 부두교 치료법에는 하루에 세 번, 식초를 얼굴과 손바닥에 문지르면서 다음과 같은 주문을 외는 것도 있었다. "시큼한, 시큼한, 식초야, 질병을 내게서 뚝 떼어다오."

위스키는 늘 감기와 인플루엔자의 전통적 치료제로 쓰였다. 유행병 시기의 미국에서는 위스키 가격이 폭등했다. 덴마크와 캐나다에서는 처방전이 있어야만 술을 구할 수 있었고, 폴란드에서는 브랜디의 약효가 훌륭하다고 생각했다. 노바스코샤Nova Scotia주의 한 용감한 사람은 스페인 독감의 치료법으로서 진 열네 잔을 스트레이트로 빠르게 마실 것을 권장했다. 이 치료법의 결과가 어땠는지는 알려져 있지 않다. 만약 환자가 살아남았다 해도, 진행 과정을 완전히 잊어버렸을 것임은 의심할 여지가 없다.

영국에서는 왕립의사협회가 다음과 같이 선포했다. "술은 재앙을 부른다." 하지만 많은 사람이 이를 무시했다. 런던 사보이호텔의 한 바텐더는 위스키와 럼을 베이스로 새 칵테일을 만들고는 '코프스 리바이버Corpse Reviver[5]'라는 이름을 붙였다. 캠브리지셔Cambridgeshire 위즈비치Wisbech 출신인 존 프루어John Frewer라는 병사는 자신의 회복을 위스키 덕으로 돌렸다.

최후의 수단으로 (의사는) 어머니에게 내가 위스키를 마시는지 물었다. 만약 위스키에 익숙하지 않다면, 그것이 내 몸에 충격 효과를 주어서 전환점을 불러올지도 모른다고 했다. 그날 밤 나는 위스키를 텀블러로 반 잔쯤 마셨고, 몇 분 안에 검은 피가 코와 입으로 쏟아져 나왔다. 그 이후로 나는 더디지만 꾸준히 회복하기 시작했다.[6]

스페인 독감 유행병의 공포 속에서 많은 사람이 공기 자체가 유독하다고 믿었다. 이탈리아 시테르노Citerno의 한 여인은 집을 완전히 밀봉한 끝에 질식으로 사망했다. 유타주 메도우의 리 레이는 집을 밀봉했던 한 가족을 기억했다. 그들은 열쇠 구멍, 창문, 그리고 난로의 통풍구까지 다 틀어막았다.

로이 브링클리Roy Brinkley의 아버지는 버지니아주 맥스메도우즈 Max Meadows의 소작인이었는데, 그는 유행병이 창궐하자 바깥 공기가 위험하다고 판단해 아내와 네 아이를 한 방에 넣은 다음 방을 밀봉했다. 온 가족이 나무를 때는 난로 주위에 앉아 7일을 보냈는데, 화재가 발생했다. 가족은 불길을 피해 집을 나와 채소밭으로 몸을 피했고, 브링클리는 바깥의 신선한 공기를 마시게 되자 곧 죽게 될 것이라고 생각했다. 로이는 그 후 평생 동안, 갑자기 들이닥치던 맑은 공기와 욕조만큼 커보이던 양배추가 떠올라 가위눌리곤 했다. 하지만 실제로는, 집 밖으로 나오자마자 온 가족이 즉시 회복되었다.

많은 의사들은 신선한 공기가 위험하기는커녕 오히려 병실의 악취를 털어내고 환자가 회복하는 데 필수적이라고 보았다. 요크셔 핼리팩스Halifax의 한 의사는 밀방망이로 환자의 집 창문을 박살내버리자 숨을 헐떡이던 환자가 즉시 회복하기 시작했다고 보고했다. 캐나다의 앨버타에서는 한 의사가 환자들을 텐트에서 치료했고, 그들 모두가 회복했다. 밀란의 오스페달레 마지오레Ospedale Maggiore에서는 병실이 부족해 병원 뜰에서 치료를 받은 환자들이 다른 환자들보다 더 빨리 회복했다. 런던병원의 닥터 레너드 힐Leonard Hill은 모든 사람이 야외에서 잠을 자도록 권해야 한다고 주장했다. 그는 찬 공기가 혈액 순환을 촉진하며 독소 배출을 돕는다고 확신했다.

뉴욕의 루스벨트병원에서는 아이들에게 신선한 공기를 공급하기 위해 적지 않은 논란에도 불구하고 병원 옥상에 아이들을 위한 침상을 마련했다. 바람을 막을 스크린을 설치하고, 침대 속 아이들에게는 더운 물이 담긴 물병을 안겨주었다. 일반 시민들은 이러한 조치가 못마땅했지만, 매사추세츠의 병원 여섯 곳은 루스벨트병원의 사례를 따라 했다. 1918년 10월 초, 보스턴의 닥터 루이스 크로크Louis Croke는 코리힐Corey Hill에 치료공동체를 설립했다. 환자들은 텐트 안에서 치료를 받았고, 신문지로 감싼 뜨거운 벽돌로 몸을 데웠으며, 간호사들은 체에 신문지를 대서 마스크 대용으로 썼다. 그 결과는 성공적이었다. 환자 351명 가운데 사망자는 35명뿐이었다. 보스턴에 있는 다른 병원들에서는 인플루엔자 환자의 절반 정도가 사망했다.

참호열을 연구하고 있던 닥터 윌리엄 바이엄William Byam은 영국으로 소환되어 런던 햄스테드Hampstead의 한 병원에서 인플루엔자 환자들을 치료했다. 병원의 병동에는 환자들이 넘쳐났고 영안실에는 시체가 천장까지 쌓였으며 관을 만들 목재도 부족했다. 많은 사람이 폐렴으로 목숨을 잃었고, 청색증의 특징인 자줏빛 도는 청색 피부를 보였다. 한편, 어떤 환자가 병원에 도착했는데 그도 악성 폐렴과 청색증으로 병이 깊어졌고 살아남지 못할 것으로 예상되었다. 바이엄의 증언에 따르면, 의료진은 '청색' 폐렴 환자가 회복하는 경우를 본

적이 없었다. 그뿐만 아니라 이 환자는 술을 많이 마시던 사람이었다. 바이엄은 별거 중이던 환자의 아내를 설득하여 병원 방문을 요청했다. 그녀는 남편과 별거한 지 20년이 넘었고 다시는 그와 합칠 생각이 없었지만 마지못해 요청을 수락했다. 바이엄이 그녀에게 남편이 거의 죽은 것과 마찬가지라고 호소했기 때문에, 마지못해 병원을 방문하겠다고 승낙했던 것이다.

병원에 도착한 아내는 별거 중인 남편이 진보랏빛으로 변한 채 숨 쉬는 것을 힘들어하고 맥박이 매우 약한 것을 보았다. 바이엄은 환자에게 산소를 공급하기 위해 그의 가슴 피부에 빈 바늘 두 개를 삽입하고 큰 산소 실린더를 연결했다. 그날 밤 그를 곁에서 지키던 간호사가 잠이 들어버렸다. 아마도 환자들을 돌보느라 지쳐서 그랬을 테지만 치과 마취제의 영향이 있었을지도 모른다. 이유가 무엇이었든, 간호사의 몸이 산소 공급을 조절하는 밸브 쪽으로 쓰러졌던 것 같다. 왜냐하면 그녀가 다시 정신을 차렸을 때에는 산소 실린더가 완전히 비어 있었기 때문이다. 그리고 환자는 공기가 가득 찬 풍선 같은 모습이었다. 그의 피부는 산소로 탱탱하게 팽창되어 있었다. 심지어 눈꺼풀마저 부풀어 올랐는데, 너무나 부어오른 나머지 손가락으로 열려고 해도 열리지 않았다. 몸을 누르면 터질 것 같았다. 마치 레몬 스펀지 푸딩을 손가락으로 누르는 것 같은 느낌이었다. 무슨 일이 일어난 것인지 의심의 여지가 없었고, 그 간호사는 울먹이며 담당 수간호사에게 사태를 보고했다.

주사바늘이 빚은 상황은 공기가 일으킨 '외과적 기종surgical emphysema'이었는데, 이 경우에는 산소가 피하 조직에 쌓이면서 발생한 것이었다. 그런데 놀랍게도 환자는 살아남았으며, 얼마 뒤 퇴원할 수 있었다. 바이엄은 고압 산소가 환자의 혈류 속으로 퍼져 들어간 것으로 결론을 내렸다. 사태의 전개가 불만스러웠던 유일한 사람은 환자의 아내였다. 그녀는 남편이 아직 살아 있다는 사실이 마음에 들지 않았고, 닥터 바이엄이 거짓말을 했다고 몰아세웠다.

13장

'토박이 딸이 죽다'

마스크 착용 의무화, 부작용과 논란에 휘말려

1918년의 샌프란시스코는 인구 55만 명인 소도시였다. 시민 중에는 그 즈음에 이민 온 사람이 많았는데, 특히 이탈리아인과 중국인이 다수였다. 9월 21일 스페인 여인이 샌프란시스코 스카이라인에 위협적으로 모습을 드러내자, 시 보건국 책임자인 닥터 윌리엄 해슬러William Hassler는 예르바부에나Yerba Buena섬의 해군 훈련소와 기타 만안 지역의 해군 기지에 격리 조치를 단행했다.

해슬러는 시민들에게 친근하고도 존경받는 공인이었다. 1906년에 대지진이 발생하자, 자기 집 현관에 출생 및 사망 등록소를 설치하기도 했다. 그는 의무총감 루퍼트 블루와 함께 샌프란시스코 차이나타운에서 여러 차례 발생한 림프절선페스트 유행병을 잘 헤쳐 나가기도 했다. 하지만 이번에는 마음이 약해진 탓인지 흔들리고 말았다. 도시의 위생을 위한 예방책을 시행하는 대신에 샌프란시스코의 이상적인 기후가 질병을 막을 것이라고 본다면서 스페인 독감이 실제로 샌프란시스코에 이르지는 못할 것이라고 예상했다. 추가적인 격리나 학교, 극장의 폐쇄 논의는 모두 연기되었다. 그 대신에 9월 28일에 개최된 제4차 자유 국채 운동에서는 1만 군중이 관에 드러누운 빌헬름 황제의 인형을 들고 마켓스트리트를 행진했다. 주민들은 2만5천 군중에게 노래를 불러주었다. 무성영화 스타인 메리 픽포드 Mary Pickford는 베들레헴조선회사Bethlehem Shipbuilding Corporation에서 개최된 대회에 모인 수천 군중에게 연설을 했다. 10월 6일에는 15만 명이 골든게이트파크Golden Gate Park에서 열린 대회에 참여했고, 그 며칠 후에는 프랑스인 테너 루시앙 뮈라토르Lucien Muratore가 《샌프란시스코 크로니클San Francisco Chronicle》 사옥 앞 계단에 서서 5만 군중을 향해 미국 국가와 프랑스 국가를 열창했다. 국가를 부르는 동안 구급차가 사이렌을 울리며 달려왔고 군중은 구급차가 지나도록 길을 터주었다. 이는 불길한 징조였다. 그로부터 일주일 뒤, 스페인 독감 유행병은 샌프란시스코를 완전히 접수해버렸다.

유행병 확산이 확실해지자, 해슬러는 효과적으로 시민 자원을 동원했다. 시민들에게는 마스크 착용을 지시했고 도시는 자립 소구역 여러 개로 분할했다. 이러한 조치에도 불구하고 몇몇 광경은 그를 아연실색하게 만들었다. 차이나타운에서는 사람들이 길거리에서 쓰러져 가면서도 서양 의약품을 믿지 못하고 공무원의 도움을 거절하는 모습이 목격되었다. 해슬러가 할 수 있는 일은 부유한 샌프란시스코 시민들에게, 아시아인 하인들이 차이나타운에서 독감에 감염되지 않도록 집 안에 머물게 하라고 권고하는 것뿐이었다.

곧 샌프란시스코는 전력을 다하기 시작했다. 치대 학생들은 의사 역할을 맡았고, 학교 교사들은 세탁부가 되었으며, 경찰차는 구급차로 운용되었고, 경관들이 시신을 수습했다. 검시관 사무실 직원들이 모두 인플루엔자에 감염되자 소방관들이 시체 보관소를 운영했다. 샌프란시스코 시민들은 롤프Rolph 시장에게 태평양 물을 펌프로 끌어들여 길거리에 살포함으로써 거리를 지속적으로 씻어내자고 요청했다. 이에 대해 시장은 다음과 같이 대답했다. "가만히 앉아서 달이 변해가는 모습을 지켜보는 것도 좋겠지요."

해슬러는 특히 마스크의 중요성에 단호한 태도를 견지했고 다음과 같이 선언했다. "공공도로 또는 공공장소에 나오는 사람은 누구나 마스크 또는 가리개를 착용해야 한다. 음식을 먹을 때만 예외로 한다." 롤프 시장 역시 해슬러 못지않게 강경한 어조로 경고했다. "누구든지 마스크를 쓰지 않는다면 결국 죽게 될 것이다."《샌프란시스코 크로니클》도 곧바로 캠페인을 지지했고 다음과 같은 글을 실었다. "마스크를 쓰지 않는 사람은 곧 고립되고, 의심을 받게 되며, 태만한 사람으로 간주될 것이다. 부자이면서도 자유 국채를 사지 않은 사람처럼, 남들에게 눈총을 받게 될 것이다."

1918년 10월이 되자 마스크가 스페인 인플루엔자 유행병의 상징이 되어버렸다. 당시의 사진을 보면 마치 초현실적인 느낌을 받게된다. 마스크를 쓴 채로 일상생활을 하는 사람들의 모습, 교통정리를 하는 경관들, 업무에 여념이 없는 타자수들, 반려동물과 장난치는 아이들에 이르기까지 모두 마스크를 쓴 모습은 마치 옛날 공상과학 영화의 한 장면을 연상케 한다.

마스크를 가장 먼저 착용한 사람은 의사와 간호사들이다. 마스크는 외과용 거즈로 제작되었고 머리 뒤에서 끈으로 고정하는 방식이었다. 바이러스는 얇은 섬유조직을 쉽게 통과할 수 있었기 때문에 실제적으로는 큰 효과가 없었다. 물론 천 한 겹으로 바이러스를 머금은 물방울을 흡수할 수도 있지만, 효과가 있으려면 마스크가 아주 두껍고 무거워야 했다. 또한 이러한 마스크를 실내외를 막론하고 언제나 착용하고 눈을 보호할 고글까지 써야 예방 가능성이 있었다.

마스크는 눈에는 잘 띄지만 정작 실효성은 없었고, 그럼에도 널리 유행하게 되었다. 워싱턴 D.C.의 닥터 H.S. 머스터드는 마스크의 효과에 회의적이었으며 이렇게 말하기도 했다. "일반인 또는 군인들이 마스크를 쓴 모습은 우스꽝스럽고 위협적이기까지 하다."

적십자는 마스크 수천 장을 무료로 배포했지만 제조사들은 어수룩한 일반 대중에게 마스크를 팔아 이윤을 남기기에 여념이 없었다. 뉴욕 출신 의사 우즈 허친슨Woods Hutchinson은 1918년 가을에 미국을 횡단했는데, 마스크가 인플루엔자의 확산을 예방하는 효과가 있다는 주장을 지지했다. 그는 10월 말 신문 독자들을 위한 기고문에서, 패션에 민감한 여성들에게 마스크를 착용하도록 권하기 위해, 동부에서는 마스크가 효과가 있었다고 말했다. 그러면서 "여성과 아이들을 위한 시폰 베일도 일반적인 거즈 마스크와 같이 만족스러운 결과를 보였다"고 주장했다. 거즈 마스크의 공급이 줄어들자 미국 적십자 샌프란시스코 지부장은 여자들에게 린넨 천으로 독감 마스크를 만들라고 제안했다.

《샌프란시스코 크로니클》은 일부 시민들의 마스크 착용 백태를 조명했다. 표준 외과용 거즈 마스크에서 말의 목에 거는 사료주머니

처럼 생긴 방독 마스크까지, 그리고 터키풍 모슬린 얘시맥[1] 베일에
서 입과 코를 느슨하게 가려주는 엉성한 시폰 가리개까지 다양했다.
어떤 이들은 툭 튀어나온 입마개처럼 생긴 무시무시한 마스크를 착
용하고 거리를 활보하거나 시내 상점에서 쇼핑을 했다.

닥터 윌리엄 해슬러 역시 매우 정교한 마스크를 착용했는데,
《샌프란시스코 크로니클》은 이를 코믹하게 묘사했다. "돌출부는 부
분적으로 튀어나왔는데, 마치 아쟁쿠르Agincourt 전투[2] 때 프랑스 기
사들이 쓴 헬멧 같은 모습이었다. 하지만 철제 입마개처럼 앞으로 많
이 튀어나오지는 않았다. 또한 겉면은 보통 사람들이 흔히 쓰는 마스
크와 같이 거즈로 감쌌다." 당시에 가장 유행한 세 가지 스타일은 해
슬러와 같은 '아쟁쿠르', 경관들이 애용한 사각형 '라비올리', 그리고
특히 젊은 여성들에게 사랑받은 베일이었다.

거의 모든 샌프란시스코 시민들은 마스크 착용을 흔쾌히 받아들
였는데, 특히 이를 '내 몫을 다하는 것'으로 인식했다. 이는 전시 상황
에서 매우 중요한 의미가 있었다. 거의 모든 시민이 마스크 착용 지
시를 이행했지만, 경찰은 10월 27일 하루 동안 마스크를 착용하지
않았거나 제대로 착용하지 않았다는 죄목으로 시민 110명을 체포했
다. 이들은 치안방해죄로 기소되었고, 대부분 5달러짜리 벌금형을
선고받았다. 이 돈은 적십자에 기부되었다. 이후에도 체포는 계속되
었고, 위반자는 적은 벌금이나 며칠간의 구류 처분을 선고받았다. 그
런데 곧 이 법의 집행이 사회적 문제로 떠올랐다. 경찰서장은 기자들
에게, 너무 많은 주민이 체포되어 구류형을 받게 되면 곧 유치장에
자리가 부족하게 될 것이라고 말했다. 체포자 수가 늘어나자 실제로

교도소는 꽉 찼고, 판사들은 밀린 사건들을 처리하기 위해 매일 늦은 밤까지 그리고 일요일까지 격무에 시달려야 했다.

어떤 이들은 마스크 착용을 단순히 번거로운 일로 치부했고, 잡히지 않는다는 확신만 있으면 공공장소에서 마스크를 쓰지 않기도 했다. 또한 아무도 보는 사람이 없다고 생각하거나 깜빡 잊어버리고 마스크를 안 썼다가 잡히는 불운한 사람들도 있었다. 특히 샌프란시스코를 거쳐 가는 통근자들 중에 그런 사람이 많았는데, 페리에서 아침 담배를 피우느라 마스크를 잠시 내려 썼다가 잡히는 경우가 많았다. 변명할 여지를 주지 않기 위해 적십자는 페리 터미널에 가판대를 설치하여 마스크가 없는 승객들이 마스크를 살 수 있도록 했다.

마스크가 없어서 잡힌 주민은 대개 단순히 마스크 착용을 깜빡한 경우였지만, 공공장소에서 마스크를 착용하도록 강요하는 것에 심히 분개하는 부류도 있었다. 시 법조인이었던 한 여성은 마스크 조례가 합법적으로 시행되지 않았기 때문에 전적으로 헌법에 위반되며, 따라서 마스크를 착용하지 않은 시민을 체포한 모든 경관은 개인적으로 그 책임을 져야 한다고 주장했다.

마스크 착용 거부로 발생한 극단적 사례가 1918년 10월 28일자 《샌프란시스코 크로니클》에 소개되었다.

인플루엔자 마스크 착용 거부, 검역관이 총격

시민 수십 명이 황급히 몸을 피하는 가운데, 검역관 H.D. 밀러는 오늘 아침 시내 약국 앞에서 인플루엔자 마스크 착용을 거부한 편자공[3] 제임스 위서James Wisser에게 총을 쏴서 그를 중태에 빠트렸다.

경찰에 따르면, 위서가 지시를 거부하자 밀러는 먼저 공중에 위협사격을 했다. 그러자 위서는 밀러에게 달려들었고, 몸싸움 과정에서 실탄이 발사되어 위서의 팔과 다리에 맞았다. 위서는 센트럴 응급병원으로 후송되었고, 밀러의 명령에 따르지 않은 죄로 구금되었다.

마스크 착용으로 인한 익명성은 범죄자들에게 뜻밖의 호재가 되었다. 어느 날 밤 택시기사 W.S. 티크너Tickner는 마스크를 쓴 사내 세 명을 차에 태웠는데, 이들은 총기 강도로 돌변하여 그를 길가에 버리고 차를 몰고 그대로 달아났다. 이들의 신원은 마스크 때문에 밝혀지지 않았다.

부모를 모두 잃고 쓴 《가톨릭 소녀의 추억》

스페인 여인은 샌프란시스코에 유행성 질병을 퍼뜨려놓고 할리우드의 화려한 불빛에 이끌려 해안선을 따라 남쪽으로 내려갔다. 그녀에게 희생당한 사람 중에는 젊고 아름다운 영화배우 머틀 곤잘레스Myrtle Gonzalez가 있었다. 그녀는 무성영화 78편에 출연한 베테랑이었고, 2년 전 출연한 영화 〈로스트 레이크의 소녀The Girl of Lost Lake〉는 큰 호평을 받았다. 머틀은 예전에 유니버설 스튜디오에서 조감독을 했었고, 육군 장교로 복무 중인 청년 앨런 와트Allen Watt와 결혼한 뒤 배우 일을 그만두고 워싱턴에 있는 남편의 기지에서 그와 함께 새로운 삶을 시작했다. 은막에서는 활동적인 여인 역할을 꾸준히 연기하긴 했지만, 그녀는 실제로 군대 기지의 삶을 즐길 만큼 건강한 체질은 아니었다. 그래서 유행병이 터지기 전 몸을 추스르기 위해 로스앤젤레스에 있는 부모의 집으로 갔다. 1918년 10월 22일, 머틀은 부모의 집에서 스페인 독감으로 생을 마감했다. 당시 그녀의 나이는 불과 27세였다.

또 다른 영화배우 릴리안 기시는 운이 좋았다. 릴리안은 1918년 10월 말 의상을 입어보러 나갔다가 집으로 돌아오는 길에 스페인 독감에 감염되었다. D.W. 그리피스Griffith의 멜로드라마 〈깨어진 꽃송이Broken Blossoms〉 촬영을 위한 의상이었다. 이 영화에서 당시 24세였던 그녀는 권투선수의 딸이자 학대받는 12세 소녀 역에 캐스팅되었다. 비록 그녀는 의사 두 명과 간호사 두 명에게 치료를 받을 만큼 부유했지만 병세는 금방 좋아지지 않았고, 그녀의 어머니는 다음과 같은 전보를 집으로 보냈다.

우리가 돌보기 시작했기에 곧 회복할 것입니다. 마침내 열이 40도에서 38.8도로 내려갔습니다. 만약 상태가 악화되면 다시 연락드리겠습니다.

릴리안은 휴전 협정을 축하하는 종소리가 울려 퍼지는 가운데 회복했다. 그녀의 증언에 따르면, 독감이 초래한 단 하나의 나쁜 점은 보기 싫은 잠옷이었다. 그녀는 팬들에게 이렇게 말했다. "유일하게 유쾌하지 않은 점은 독감이 내게 플란넬 잠옷을 남겨주었다는 사실이다. 겨우내 이 잠옷을 입어야 했는데 정말 끔찍했다."

거의 죽을 뻔했던 경험은 릴리안에게 적어도 한 가지 이점을 안겨주었다. 릴리안은 20세에다 키도 컸기 때문에 그리피스가 그녀를

12세 소녀로 캐스팅한 것을 두고 말들이 많았다. 그래서 그리피스는 극중 소녀의 나이를 15세로 올렸는데, 막상 촬영이 시작될 즈음에는 릴리안이 인플루엔자 때문에 너무나 야위어서 극중 소녀의 역할에 잘 어울리게 되었다.

한편, 태평양 연안 북쪽의 시애틀에서는 매카시McCarthy 부부가 어린 네 자녀와 함께 동부로 돌아갈 계획을 세우고 있었다. 여섯 살 난 딸 메리Mary는 나중에 커서 유명한 작가가 되어 당시의 여행 경험을 회고록《가톨릭 소녀의 추억Memories of a Catholic Girlhood》에 남겼다. 잇따른 비극적인 사건들은 1918년 10월 말에 시작되었다.《시애틀 포스트 인텔리전서Seattle Post-Intelligencer》는 이들 가족의 슬픈 일정표를 다음과 같이 기록하고 있다. "매카시 부부는 10월 30일, 어린 네 자녀와 함께 시애틀을 떠나 앞으로 새로이 정착하게 될 미니애폴리스로 향했다."

1918년 10월 30일 저녁, 시애틀에서 출발하는 노던 퍼시픽 Northern Pacific 열차 소속 노스 코스트 리미티드North Coast Limited호에 탑승한 가족은 테스Tess와 로이Roy 매카시 부부, 그들의 자녀인 여섯 살 메리, 네 살 케빈Kevin, 세 살 프레스턴Preston, 그리고 한 살 셰리든 Sheridan이었다. 또한 신흥 백만장자인, 로이 매카시의 형제 해리Harry 매카시와 그의 사랑스런 아내 줄루Zulu가 동행했다. 해리와 줄루는 로이 매카시 가족의 이사를 돕기 위해 미니애폴리스에서 시애틀로 왔다. 22번가 934번지(현재는 22번가 E)에 있던 테스와 로이의 집은 이미 팔렸고, 가족들은 해리, 줄루와 함께 시내에서 가장 화려한 뉴 워싱턴호텔에서 시애틀의 마지막 날들을 보낸 참이었다.

매력적이지만 무책임한 면이 없지 않았던 로이 매카시는 공군에서 복무 중인 동생 루이Louis 매카시의 귀향 휴가에 맞추어 미니애폴리스에 있는 본가로 가기 위해 안달이 나 있었다. 또한 로이의 부모 역시 그를 본가로 불러들이려고 했는데, 그렇게 하는 편이 부모의 재정적 지원에 여전히 의존하는 그의 생활 태도를 고치는 데 도움이 되리라고 생각했기 때문이다. 하지만 상황은 더할 나위 없이 최악이었다. 스페인 독감이 미국 전역을 휩쓸고 있었을 뿐만 아니라, 로이의 건강 상태도 매우 좋지 않았다. 거기다 어린 아이 넷을 데리고 장기간 열차 여행을 한다는 것은 매우 힘든 일이었다. 메리 매카시의 회상에 따르면, 출발 전날 호텔 방의 분위기는 매우 침울했고 줄루 숙모와 막내는 이미 병이 든 상황이었다.

내키지 않는 상황이었음에도 불구하고 매카시 가족은 1918년 10월 30일 수요일, 열차에 올랐다. 아픈 가족들은 침실 칸에 누워 있었고, 메리와 아버지는 차창 밖으로 멋진 로키산맥의 경치를 바라보았다. 로이 매카시가 딸에게 바위들이 굴러 내려와서 지나가는 열차들을 박살내는 이야기를 한창 신나게 하고 있을 무렵, 메리의 치아들이 서로 부딪히기 시작했다. 처음에는 아버지의 이야기가 무서워서 그러는 줄 알았는데, 실상은 스페인 독감 증세가 나타나기 시작한 것이었다. 가족들이 모두 독감 증세를 보이자, 열차 차장은 매카시 가족을 노스다코타North Dakota 초원 한가운데에 있는 작은 역에 내려놓겠다고 위협했다. 그러자 로이 매카시는 총을 꺼내어 그에게 겨누었다.

마침내 미니애폴리스 역에 도착한 가족을 기다리고 있던 것은 들것과 휠체어, 걱정이 가득한 공무원들, 그리고 메리의 조부모였다.

그들은 한 사람씩 차례로 열차에서 들려 내려졌다. 그로부터 일주일 뒤에 다음과 같은 기사가 《시애틀 포스트 인텔리전서》에 실렸다.

토박이 딸이 죽다

매카시 부인이 지난 수요일에 사망했으며, 그녀의 남편은 다음날 사망했다. 자녀들은 회복 중이다. 딸의 중병 소식을 접한 친정 부모 프레스턴 부부는 지난 수요일 시애틀을 떠나 미니애폴리스로 향했는데, 그들이 도착하기 전에 매카시 부인은 사망했다.

사망 당시 테스 매카시는 29세, 로이는 39세였다.

한편, 자녀들은 조부모에게 의탁하는 신세가 되었다. 인플루엔자 유행병이 극심했던 몇 주 동안, 병원에는 남은 병실이 없었고 사람들은 마스크를 쓰고 다니거나 집 안에 틀어박혀 밖으로 나오지 않았다. 극심한 전염 공포 때문에 모든 서비스가 마비되고 사람들이 서로를 적대시하던 때였다.

재봉실에서 지낸 몇 주 뒤, 자녀들은 현실에 눈을 뜨기 시작했다. 피마자유, 항문 체온계, 적십자 간호사들, 그리고 절약하는 분위기에 익숙해져 갔다. 처음에는 부모가 병원에 있다고 들었고, 몇 주가 지난 뒤에야 비로소 어머니와 아버지가 사망했다는 사실을 알게 되었다. 메리의 할머니는 부모의 죽음이 마치 그들의 잘못이기라도 한 듯이 말했다. "충격과 슬픔이 뒤섞인 듯한 어조로, 아버지가 젊은 어머니와 함께 인플루엔자로 갑자기 죽는 바람에 우리가 곤경에 빠졌다고 말했다. 마치 어머니가 예쁜 비서라도 되는 것처럼, 그래서 두 사람이 함께 사후세계라는 낙원으로 무책임하게 도망이라도 친 것처럼 말했다."4)

콜로라도주 덴버Denver시의 캐서린 앤 포터는 많은 구독자 수를 자랑하는 지역 신문《록키 마운틴 뉴스Rocky Mountain News》의 기자 였다. 28세에다 그 무렵 이혼까지 한 캐서린은 한 주에 20달러로 생활하기 위해 애를 썼다. 커피와 도넛으로 연명하면서 옷을 사기 위해 돈을 모았다. 또한 캐서린은 담배를 많이 피웠는데, 덕분에 마른 몸매를 유지하여 좋아하는 드레스를 입는 데는 도움을 받았지만 건강은 크게 해치게 되었다. 1918년 10월 스페인 독감이 덴버를 덮쳤을 때 캐서린은 요크스트리트York Street 1510번지의 하숙집에서 살고 있었다. 캐서린이 독감에 걸리자 집주인은 그녀를 내보내려 했는데, 이미 병원은 만원이었고 그녀는 달리 갈 곳이 없었다. 다행히 그녀의 친구들이 지역 응급위원회 책임자였던 그녀의 담당 의사에게 호소해서 운 좋게 병실에 들어갈 수 있었다.

하지만 도움은 너무 늦은 것처럼 보였다. 그녀가 카운티 병원에 입원했을 때에는 이미 9일째 체온이 40.5도를 넘어가고 있었다. 캐서린의 언니 게이 포터 할러웨이Gay Porter Holloway가 덴버로 급하게 와서 그녀를 보살폈고, 또 다른 자매인 키티Kitty에게 매일 전화를 했다. 두 자매는 캐서린이 당장이라도 죽을지 모른다고 생각했다. 그녀의 가족은 장례식을 준비했으며, 신문사의 동료들은《록키 마운틴 뉴스》에 실을 그녀의 부고를 미리 써놓았다. 한편, 오랜 고열에 시달린 캐서린은 생사를 넘나들었고 의식을 잃었다 찾기를 반복했으며 끔찍한 환각과 환청에 시달렸다.

어느 일요일 오후, 의사들은 그녀에게 더 이상 해줄 수 있는 것이 없다는 판정을 내렸고, 스크린 뒤에 홀로 남겨진 캐서린은 죽음을 기다렸다. 게이는 키티에게 전화를 해서 캐서린을 위한 특별 미사를 준비하고 있다고 알렸고, 젊은 인턴들은 마지막 수단으로 캐서린에게 실험적인 스트리크닌strychnine 주사를 놓기로 결정했다. 기적적으로 캐서린의 체온이 떨어졌고, 게이는 크게 기뻐하며 키티에게 캐서린이 살 것 같다고 전화를 했다.

하지만 회복 과정은 간단치 않았다. 캐서린은 이때의 경험을 나중에 《청황색 말, 청황색 말 탄 자》에서 다음과 같이 회고했다. "끔찍하고 강렬한 고통이 뜨거운 불처럼 혈관을 타고 흘렀으며, 썩어가는 살과 고름이 토해내는 부패의 악취가 그녀의 코를 가득 채웠다." "힘겹게 눈을 뜨자 얼굴을 덮은 거친 하얀 천 사이로 청황색 불빛이 눈에 들어왔고, 죽음의 냄새가 그녀의 몸에 깃들었다는 것을 알게 되었으며, 고개를 들기 위해 몸부림을 쳤다."

캐서린의 회복 과정은 몇 달 동안 이어졌다. 머리카락은 하얗게 변해서 빠져버렸고(머리카락이 다시 자랄 때까지 두건을 썼다), 맨처음 일어나 앉기를 시도했을 때에는 침대에서 굴러 떨어져 팔이 부러졌다. 또한 한쪽 다리에는 정맥염phlebitis(피부 바로 밑 혈관에 혈전으로 염증이 생김)이 생겼고, 다시는 걸을 수 없을 것이라는 말을 들었다. 하지만 캐서린은 다시 걷겠다는 의지가 대단했고, 앓아누운지 6개월 만에 다시 첫발을 내딛을 수 있었다.

스페인 독감에서 살아남은 경험은 캐서린에게 커다란 영향을 미쳤다. 여생 동안 그녀는 자신이 겪었던 역경을 신의 계시로 여겼고,

자신에게 주어진 특별한 목적을 이루기 위해 자신이 살아남았으며, 그 운명을 반드시 이루어야 한다고 생각했다.

스페인 독감은 내 삶을 말 그대로 두 토막으로 나누는 분기점이 되었다. 그 이전의 삶은 준비를 위한 과정이었고, 그 이후의 삶은 놀라운 방식으로 완전히 바뀌어버렸다. (중략) 내 생각에 나는 이미 죽음에 참여를 했고, 죽음을 맛보았으며, 거의 죽은 것과 다름없었다. 나는 기독교인들이 말하는 '환상 속에서 신을 보는' 경험을 했고, 그리스인들이 말하는 '행복의 날'을 경험했으며, 죽음 직전에 즐거운 환상을 보았다. 만약 누군가 그러한 경험을 하고도 살아남는다면, 그래서 다시 이전의 삶을 되찾는다면, 더 이상 다른 사람들과 같은 삶을 살 수는 없다. 이것은 스스로 속일 수 없는 확실한 사실이다. 나는 그러한 경험을 했다. 나는 내가 다른 사람들과 다를 게 없다고 생각하는 실수를 저질렀으며, 다른 사람들처럼 살려고 노력했다. 하지만 그것이 사실이 아니라는 것을 깨닫기까지는 오랜 시간이 걸렸다. 나에게는 나만의 운명이 있으며, 나는 그 운명에 맞는 삶을 살아야 한다.[5]

캐서린은 나름의 방식대로 자신만의 삶을 살아야 한다는 깨달음을 얻었고, 큰 성공을 거두었다. 이후 퓰리처상을 수상한 캐서린은 자신의 스페인 독감 경험을 단편 소설 《청황색 말, 청황색 말 탄 자》에 기록으로 남겼다.

14장

치명적 항해

망망대해의 군 수송선이 지옥으로 변하다

1918년 9월 20일, 미 해군 수송선 레비아탄호는 뉴저지주의 호보켄Hoboken을 떠나 프랑스의 브레스트로 갈 준비를 하고 있었다. 이 배를 포함한 여러 배들은 10월 한 달 동안 병력 10만여 명을 대서양 건너 프랑스로 보낼 계획이었다. 프랑스로 떠나는 아홉 번째 항해를 준비 중인 레비아탄에는 각기 다른 군대 조직 열 곳에서 차출된 병력이 승선할 계획이었는데, 여기에는 간호사와 보충 전투 병력이 포함되어 있었다.

1918년 미 해군의 수송선으로 운용된 레비아탄호는 원래 1914년 함부르크Hamburg에서 건조되었으며 본디 명칭은 파털란트 Vaterland로서 독일 여객 선단의 자랑이었다. 1917년 미국이 참전할 당시 파털란트호는 뉴욕 항구에 정박 중이었다. 독일인 선장은 배를 침몰시키기를 거부했고, 그 결과 파털란트호는 '세계 역사상 가장 거대한 전쟁 포로'가 되었다. 1917년 4월 6일 미 관세청은 이 배를 압류했고, 곧 인원과 장비를 투입하여 운용할 수 있도록 선박청으로 넘겼다. 거의 3년 동안 호보켄의 건식 독dock에서 대기 중이던 파털란트호는 1917년 7월 25일 마침내 해군부로 인계되었고, 해군 소속 배로 취항하여 수송 임무를 부여받았다. 미합중국 대서양함대, 순양함과 수송선단 사령관 미 해군 앨버트 클리브스Albert Cleaves 중장이 지휘를 맡았고, 미국 해군 전함 레비아탄USS Leviathan으로 개명되었다.

압류 당시 파털란트호에는 호화로운 물품, 유리 제품, 은식기, 고급 와인 등이 즐비했는데 곧바로 관세청에 모두 압류되었다. 그 과정에서 황제를 위해 디자인된, 80개짜리 금제 커피 서비스 세트가 자취도 없이 사라져버렸다. 1918년 9월경, 보석과 모피로 치장한 사교계 명사들은 장교 50명과 사병 1천 명 이상으로 이루어진 미합중국 해군 승무원으로 대체되었다. 비록 배의 외관은 기존의 화려한 페인트가 벗겨지고 독일 유보트의 감시망을 교란하기 위한 위장 무늬로 바뀌었지만, 배에는 몰락 전의 화려한 시절을 떠올리게 하는 것들도 남아 있었다. 그것은 로마네스크풍의 수영장과 반짝이는 거울, 화려한 카펫 그리고 장밋빛 양단 커버 의자들을 갖춘 일등석 살롱이었다. 하지만 어쩔 도리가 없는 일이었다. 만찬 식당은 병사 식당으로 개조되었고 수영장은 수하물 보관소로 바뀌었으며, 이전 수하물 보관소는 함내 영창과 화약고로 개조되었다. 웅장한 무도회장과 극장은 병원으로, A갑판의 체육관은 감염 환자를 위한 격리 병동으로, 의사들의 사무실은 진료실과 조제실로 개조되었다.

프랑스까지 수송하기 위해서 병사 1만 명이 레비아탄의 독립 갑판 14개에 밀집되어 수용되었다. 거대한 굴뚝 세 개를 바라보면 누구라도 전시 상황임을 상기할 수 있었는데, 굴뚝 중 하나는 통풍구였으며 위풍당당한 위용을 자랑했다. 약간 뒤로 기울어진 자세로 곳곳에 배치된 무시무시한 대포들은 마치 귀를 납작하게 젖히고 이빨을 드러낸 채 웅크리고 있는 사자를 연상케 했다. 어려운 시기에는 많은 아름다운 것들이 그렇듯이, 레비아탄에도 무언가 비극적인 면이 엿보였다. 특히 찢어질 듯이 울리는 사이렌이 그러했다. 해질녘과 이른 새벽, 간수의 거대한 쇠 목청은 영혼을 쥐어짜는 듯한 비명을 토해냈다. 마치 비통한 세상이 토해내는 절규처럼, 비명 소리는 끊어질 듯하다가 다시 이어졌다. 첫 출항일, 배의 항해 일지에는 이런 기록이 남았다. "전서구 w-7463, 공중으로 날아올랐다가 C갑판에 떨어져 즉사." 어쩌면 앞으로 닥쳐올 불행의 불길한 징조였다.

당시 미 해군 전함 레비아탄은 세상에서 가장 큰 배였다. 야간 당직 사관은 근무 때 20킬로미터를 커버해야 했다. 또한 가장 빠른 배 중에 하나였는데, 22노트의 속력으로 물살을 갈랐고, 직선 항로가 아닌 이상 유보트가 따라붙을 수 없다고 생각되었기에 보통은 호위함 없이 기동했다. 병사들은 장난스럽게 이 배를 리바이네이션Levi Nathan이라고 불렀는데, 이 배에는 이미 슬픈 과거가 있었다. 9월, 프랑스 브레스트에서 미국으로 돌아오는 항해 중에 몇몇 승객과 승무원이 인플루엔자로 사망했고 바다에 수장되었다. 당시 환자 중에는 젊은 프랭클린 D. 루스벨트도 있었는데, 그는 겨우 목숨을 건졌다. 이제 레비아탄은 뉴저지의 호보켄에서 프랑스로 아홉 번째 항해를 준비하고 있었다. 승선 병력은 다음과 같았다.

총병력 9천336명. 제57공병연대. 캠프 맥아더, 험프리, 핸콕, 잭슨에서 차출된 9월 보충 병력. 제73의무대 보충 병력. 제401부교 트레인, 제467부교 트레인, 제486부교 트레인, 제302물탱크 트레인, 제323야전통신대대, 제60, 62야전병원, 여군, 제31사단 상륙 및 임시 숙영 병력, 제31사단 사단장 리로이 S. 라이언Leroy S. Lyon 중장.[1]

제대로 편제를 갖춘 유일한 부대는 버몬트에서 온 제57공병연대뿐이었다. 1918년 9월 27일 밤, 제57연대 병력은 뉴저지 캠프 메릿Merritt에서 알파인 랜딩Alpine Landing까지 한 시간쯤 행군을 시작했다. 알파인 랜딩에서 허드슨강의 레비아탄까지는 다시 페리로 이동할 예정이었다. 하지만 이 야간 행군은 예상 외로 시간이 많이 걸렸다. 행군이 시작되자마자 정체가 시작되었다. 스페인 독감 증상이 나타난 병력들이 행군 대열에서 이탈하기 시작했다. 가장 합리적인 대응은 행군을 포기하고 막사로 복귀하는 것이지만 이 경우에는 선택 사항이 아니었다. 육군과 레비아탄의 스케줄은 유동적이지 않았다. 건강하든 그렇지 않든 그 누구도 기다려줄 수 없었다. 뒤처진 병력이 합류할 수 있도록 잠시 휴식한 다음, 행군이 재개되었다. 그런데 일부 병력은 쓰러진 곳에 그대로 머물렀고, 일부는 억지로 행군을 지속했으며, 대열에 합류하기 위해 개인 물품을 버리고 몸을 가볍게 하기도 했다. 행군 병력 뒤에는 트럭과 구급차가 따라왔고, 쓰러진 병력을 수습하여 캠프의 병원으로 수송했다. 이 행군에서 얼마나 많은 병력 손실이 있었는지는 알려져 있지 않다.

제57연대 병력은 거의 모두 알파인 랜딩까지 행군을 마쳤고, 다시 페리에 올라 두 시간 동안 차가운 물보라를 맞으며 강을 따라 이동했다. 호보켄 부두에서 마지막 검사가 이루어졌고 그 과정에서 더 많은 병사가 쓰러졌다. 적십자에서 커피와 빵을 공급했는데, 이는 오랜 시간이 지난 후에 이루어진 그들의 첫 식사였다. 병력은 건널 판자를 지나 레비아탄에 승선했고, 24시간 만에 처음으로 잠을 잘 수 있었다. 이 기간은 병사들의 면역 체계를 약화시키고 독감과 폐렴에 대한 저항력을 무너뜨릴 만큼 힘든 시간이었다.

레비아탄은 9월 29일 오후에 항구를 떠났는데, 출항 전에 이미 120명이 병에 걸렸다. 다음은 항해 일지 기록이다. "많은 인원과 간호사 몇 명이 출항 직전에 하선해야 했다. 상륙 부대가 큰 부두에 정렬해 있었는데, 몇몇 병사는 독dock 위에 힘없이 쓰러졌다. 우리는 꽤 많은 병력이 캠프에서 여기까지 오는 도중에 힘없이 길가에 쓰러졌다는 보고를 받았다."

이러한 차질에도 불구하고 레비아탄은 승무원 2천여 명과 육군 병력 1만여 명 그리고 간호사 200여 명을 태우고 출항했다. "하늘은 맑았고, 우리는 배들이 가득 찬 큰 항구를 서서히 빠져 나온 뒤 곧바로 바다로 나갔다. 도중에 레비아탄이 뉴욕 항구에 드나들 때 항상 도선사 역할을 하는, 샌디훅 도선사협회의 도선사 맥래플린McLaughlin 선장을 내려주기 위해 한 번 멈추었을 뿐이다." 항해 일지에는 승무원들의 걱정이 잘 드러나 있다. "모두 어려운 시간이 다가오고 있음을 예감했다."

미국 전역이 스페인 독감 유행병에 타격을 입고 있었지만, 육군은 여전히 걱정할 이유가 없다고 주장했다. 10월 4일, 레비아탄이 바다에 나가 있는 동안 미 연합국 원정군의 프랜시스 A. 윈터Francis A. Winter 준장은 언론 인터뷰에서 모든 것이 예정대로 진행되고 있으며 유행병을 걱정할 이유가 없다고 말했다. 그는 공포심을 불식시키고 사기를 진작하기 위해 이렇게 주장했다. "병력을 수송하기 시작한 이래로, 항해 중에 대략 사망자 50명이 발생했을 뿐이다."

비록 병력 1만1천 명을 수송했던 이전 항해만큼은 아니었지만, 여전히 레비아탄은 병력을 과잉 수용하고 있었다. 원래 수용 정원은 6천800명인데 이를 절반 이상 초과 수용한 것이다. 미국 정부는 이러한 행태를 사실 그대로 '50퍼센트 과적'이라고 부르는 대신에 '집약적 적하'라고 불렀다. 선내는 초만원이었다. 병사들은 침상 400개가 들어가는 철제 선실에 수용되었다. 침상에 누워 있거나 카드놀이를 하는 것 말고는 할 수 있는 것이 없었다. 선내의 둥근 창은 검게 칠해져 있었는데, 밤에는 창을 꽉 닫아서 불빛이 적 잠수함에게 노출되지 않도록 했다.

규칙과 금지사항은 정확하고 엄격하게 시행되었다. 야간에 갑판 위의 담뱃불은 800미터 밖에서도 관측되었고, 이를 탐지한 적 잠수함은 앞에서 잠복 중인 다른 잠수함에게 신호를 보냈다. 이들 '깊은 물속의 골칫거리들'은 보통 쌍을 이루어 작전을 수행했다. 등화관제가 얼마나 엄격했는지 살펴보면, 군법회의를 거쳐 한 병사는 수감되었고 한 장교는 계급이 강등되었다. 배의 군목을 돕던 한 육군 군목은 군법회의에 회부한다는 위협을 받았는데, 죽어가는 병사의 소원을 들어주기 위해 선내의 창을 조금 열었기 때문이었다. 등화관제 때문에 레비아탄의 삶은 거의 어둠 속에서 이루어졌다.

여기에 더해서 환기 시스템이 열악해 땀이 흘러내려도 거의 아무런 도움을 주지 못했고, 철제 구조물이 만들어내는 소음은 거의 아비규환 수준이었으며, 수천 명이 만들어내는 발자국 소리, 외침소리, 비명 소리는 철제 벽, 계단, 통로를 따라 계속해서 울려 퍼졌다.

그리고 마침내 악몽이 시작되었다. 출항 전에 환자 120명이 레비아탄에서 내렸음에도, 뉴욕 항구를 떠난 지 24시간 안에 스페인 독감의 증상이 여기저기서 나타나기 시작했다. 질병 확산을 막기 위해 병력의 격리가 시행되었다. 감염 위험을 줄이기 위해 그룹 별로 식당에서 식사를 했고, 이후에는 각자의 막사 내에서 머물게 했다. 초기에는 격리가 자신들의 안전을 지켜준다는 믿음 때문에 이 규칙이 잘 지켜졌다.

하지만 곧 병실의 모든 침상이 환자로 채워졌고, 나머지 인원은 정규 막사에 그대로 방치되었다. 이들에게는 모두 스페인 여인의 치명적 증상이 나타났는데, 기침, 오한, 정신 착란 및 출혈 같은 증상을 보였다. 간호사들 역시 감염되어 쓰러졌다. 제57공병연대의 연대장 깁슨 대령은 당시를 이렇게 회상했다.

배는 초만원이었다. 선내 환경은 인플루엔자가 급속도로 확산될 수밖에 없는 조건이었다. 환자의 숫자가 가파르게 늘었다. 워싱턴에 상황을 보고했지만 연합군의 지원 요청이 너무나 절실했기에 어떤 대가를 치르더라도 우리는 가야만 했다. 의사와 간호사들도 쓰러졌다. 동원할 수 있는 모든 의사와 간호사가 버틸 수 있는 극한까지 활용되었다.[2]

첫날 하루 만에 700명이 발병했고 레비아탄은 유행병의 직격탄을 맞았다. 끔찍한 진실이 사실로 드러났다. 스페인 여인이 미군 및 간호사와 함께 프랑스로 가는 배에 승선했던 것이다. 질병의 확산을 저지하기 위해 환자와 건강한 병사를 신속히 격리해야 했다. 병실에서 감당할 수 없는 초과 환자들을 위해 좌현 3구역의 F선실에 병상 200개를 마련했다. 그 다음에는 우현 2구역 E선실 안의 침상을 환자들에게 돌리고, 건강한 병사들은 아래쪽 H-8구역으로 보냈다. 이곳은 환기가 잘 안 돼서 사람이 지내기에 부적합하다는 판정을 받았던 곳이었다. 10월 3일이 되자, 2구역 E선실의 좌현 쪽 침상 463개를 환자용으로 지정했고, 이전에 이 침상들을 사용했던 병사들은 각자 선내에서 지낼 곳을 알아서 찾도록 했다. 암울한 '의자 앉기 게임'처럼, 병든 병사 세 명이 건강한 병사 네 명을 몰아냈다. 4단 벙커 침대의 맨 위 칸은 환자용으로 쓸 수 없었는데, 간호사도 올라갈 수 없고 환자도 내려올 수 없기 때문이었다. 이 배의 역사가는 이 끔찍한 항해 중에 육군 간호사들이 보여준 활약을 이렇게 기술했다. "이들은 끔찍한 재앙 속에 나타난 천사들이었다. 이 용감한 미국 처녀들은 머나먼 이국땅에서 위험을 무릅쓰고 자신을 희생하기 위해 편안한 고향 집을 떠나왔다."

환자 수가 급증했고 상당수가 폐렴으로 발전했다. 레비아탄의 선실에는 아픈 병사 2천 명을 수용할 공간이 없었고, 그렇게 많은 환자를 치료할 방법도 없었다. 병에 걸리지 않은 의사와 간호사들은 덜 심한 환자와 극심한 환자를 분리하는 시스템을 고안해냈다. 체온이 37.2도 이하로 떨어진 환자는 무조건 병실에서 나와 본대로 복귀하도록 조치했다.

얼마나 많은 사람이 병에 걸렸는지 알아내는 것은 불가능했다. 많은 환자들이 도움을 청하기 위해 스스로 움직일 수조차 없어서 자기 침상에 그대로 머물렀다. 거친 바다 때문에 생긴 뱃멀미는 문제를 더욱 어렵게 만들었다. 뱃멀미를 경험해보지 못한 젊은이들은 병실을 찾아갔고, 미숙한 위생병들은 이들을 받아들였다. 한편 진짜 독감 증상 환자들은 병실이 없어서 되돌려 보냈는데, 이미 정신 착란 증세를 보이는 환자들은 자기 막사를 찾아가지 못하고 그대로 갑판 바닥에 드러누워 버렸다. 어떤 이들은 무작정 병실로 들어가서 아무 침상이나 비어 있는 곳을 차지했다.

상황은 시시각각 악화되었다. 육군 의무감 데커Decker 대령은 이러한 병참 문제를 풀 수 있는 군 경력을 갖춘 유일한 인물이었는데, 그 자신이 10월 1일에 쓰러지고 말았다. 군의관 두 명도 함께 발병하여 항해 내내 자기 숙소에 머물렀고, 간호사는 200명 가운데 30명이 독감에 쓰러졌다. 점점 악화되는 상황에서 불과 의사 11명만이 고군분투해야 했다.

레비아탄보다 4일 먼저 출항한 브리튼Briton호에서는 로버트 제임스 월리스Robert James Wallace 일병이 비슷한 증세를 보이고 있었다. 출항한 지 며칠 뒤 월리스 일병은 '매우 끔찍한' 느낌으로 기상했고, 의무 장교에게 자신의 증세를 보고했다. 의무 장교는 그의 체온을 잰 다음 그에게 담요와 장비를 챙겨서 갑판에 침상을 마련하라고 지시했다. 갑판은 바람 불고 추워서 싫다고 월리스가 항의하자, 의무 장교는 이렇게 말했다. "맘대로 해. 네 체온은 39.4도야. 너는 지금 환자다. 선실에 내려가서 모두를 감염시키고 싶다면 그렇게 해!"

월리스 일병은 칼바람을 맞으며 다른 환자들이 있는 갑판으로 나갔고, 모포를 깔고 외투로 몸을 감싼 뒤 모자를 쓰고 잠을 청했다. 최상의 환경과는 거리가 멀었지만, 적어도 갑판은 환기만큼은 완벽했다. 월리스 일병은 의식이 오락가락했고 채색 비단 줄이 나오는 꿈을 꾸었는데, 그 줄을 타고 내려가지 않으려고 애를 썼다. 그렇게 하면 탈영이 되기 때문이었다. 파도가 갑판 위로 흩어졌고, 환자들의 모포를 모두 적셔버렸다. 어느 날 밤, 월리스 일병의 식기가 어두운 갑판 너머로 요란한 소리와 함께 사라져버렸다. 다음날 아침, 그의 모자와 각반도 사라지고 없었다.

매일 아침 위생병들이 갑판에 나와 환자들을 확인했고 간밤에 사망한 인원들을 데리고 갔다. 죽은 사람을 데려가는 모습을 보며 살아남은 사람들은 '다음은 누굴까' 생각했다. 어느 날 아침, 월리스 일병은 갑판 아래 호사스러운 일등석 살롱으로 옮겨졌다. 아주 오래전, 전쟁 전에 일반 승객들이 유흥을 즐기던 곳이었다. 과거 쾌락의 정령들이 양단 커버를 씌운 소파와 부드럽고 따뜻한 카펫 위를 어슬렁거리고 있었다. 월리스 일병은 여전히 바닥에서 자야 했지만 적어도 카펫은 편안했고, 하루에 세 번 음식을 먹을 수 있었다. 어느 날 밤, 한 간호사가 나타나서 그에게 힘들지 않느냐고 영국식 억양으로 물었다. 그녀는 그에게 따뜻한 음료를 가져다주었고, 12일 동안 벗지 않아서 그의 발에 달라붙어 버린 양말을 벗겨내고 그의 발을 닦아주었다. 월리스 일병은 반세기가 지난 뒤에도 이 간호사에게 감사의 마음을 잊지 않았다. "비누 묻은 고운 손으로 내 발을 부드럽게 닦아주던 그 모습은 내 마음속에 단단히 각인되어 있다. 천국에 가게 되면 그에 대해 꼭 감사할 것이다."

살롱의 환경은 갑판 위보다는 위생적이었지만 그렇다고 회복을 보장해주는 것은 아니었다. 어느 날 밤, 한 동료 환자가 애타게 물을 찾았다. 하지만 월리스 일병은 직접 물을 갖다 줄 수 있는 형편이 아니었다. 그래서 그는 위생병을 불렀고, 잠이 들어버렸다. 그 환자는 다시 물을 찾았고, 월리스는 그 환자를 위해 다시 물을 요청했다. 그리고 월리스는 다시 잠에 빠졌다. 이런 일이 여러 번 반복되다가 마침내 그 환자가 속삭였다. "이제는 그만 해도 돼, 더 이상은 필요 없어." 다음날 아침 위생병들이 들어왔고, 자신을 보호하기 위한 마지막 본능적 몸부림이었던 듯이 긴 안락의자 밑에 웅크린 채 죽어 있는 동료를 발견했다. 위생병들은 장례를 치르기 위해 그를 싣고 나갔다.

한편, 레비아탄에서는 다시 상황이 더 악화되었다. 병사들의 선실은 환자들 때문에 더욱 혼잡해졌고, 불량한 환기시설 때문에 악취가 코를 찔렀다. 매일 청소를 하지 않으면 이들 막사는 금방 돼지우리로 변했다. 설상가상으로 병사들의 사기도 바닥에 떨어졌다. 각기 다른 부대 열 곳에서 뽑혀온 병사들은 모두 징집병이었고, 단일 지휘관에 대한 복종심이나 복무 기강 역시 확립되어 있지 않았다. 레비아탄은 호위함도 없이 망망대해에서 홀로 항해 중이었고, 스페인 독감은 시시각각 병사들을 쓰러뜨리고 있었으며, 선내를 휘젓고 다니는 스페인 여인의 유령이 마치 손에 닿을 듯이 느껴졌다. 배가 대서양을 가로질러 나아가면서 유보트의 어뢰 공격 위험성도 점점 커졌다. 갑판 아래의 모습은 마치 전쟁이 휩쓸고 지나간 전쟁터 같았다. 깁슨 대령은 다음과 같이 회고했다.

직접 목격하지 않고서는 결코 상상할 수 없는 광경들이 펼쳐졌다. 많은 환자들이 비강 출혈로 홍수처럼 쏟아낸 피가 선실 안 사방에 흥건했고, 침상 사이 공간이 너무나 협소했기 때문에 간병인들은 이를 피해 다닐 수도 없었다. 갑판은 축축하고 미끄러웠으며, 신음과 겁에 질린 울부짖음, 치료를 갈구하는 아우성이 어우러져 진정한 지옥의 모습을 연출하고 있었다.[3]

15장

죽음의 배

'밀집'이 독감 확산의 주요 원인임을 깨닫다

미 해군 전함 레비아탄에서 스페인 독감의 첫 사망자는 제55보병연대 11대대 소속 하워드 콜버트Howard Colbert 일병이었다. 그는 10월 2일 18시 8분에 대엽성폐렴으로 사망 선고를 받았다. 그는 수병으로서 의무대에서 복무했다. 군목에게 죽고 싶지 않다고 말했는데, 왜냐하면 고향 집에서 자기를 몹시 필요로 하기 때문이라고 했다. 같은 날 오전, 이 사건으로 자극을 받은 육군 장교들은 건강한 병사들에게 화물칸으로 내려가서 육군 병력의 객실을 청소하고 환자를 데리고 나오라고 명령했다. 하지만 병사들은 명령에 불복하여 지시를 이행하지 않았다. 그 어떤 위협도 역병의 공포보다 더 큰 공포를 불러일으킬 수 없었다. 하지만 레비아탄이 떠다니는 시체 안치소가 되기 전에 누군가는 나서서 청소를 해야 했다. 육군과 해군은 전통적으로 서로 독립적인 조직으로 인식되었지만, 수병들에게 아래쪽 육군 병력이 머무는 갑판을 청소하라는 명령이 내려졌고, 수병들은 영웅적으로 이 지시를 이행했다. 의심의 여지 없이 그들의 행위는 질병 확산을 늦추었다. 더 이상 명령 불복종은 없었다. 스페인 독감의 위력에 혼이 난 병사들은 명령 불복종에 따른 혼란이 상황을 더 악화시킬 뿐이라는 것을 인식했다.

10월 2일 이후로 하루도 거르지 않고 사망자가 발생했다. 콜버트 일병이 사망한 다음날 세 명이 사망했고, 그 다음날에는 일곱 명, 그 다음날에는 열 명이 사망했다. 레비아탄호의 전쟁 일지에는 끔찍한 사실들이 기록되었다. "오늘까지 사망자 수는 21명이다. 소규모 시체 방부 처리 병력으로는 증가하는 사망자들을 감당할 수 없다. (중략) 오늘까지 사망자 수는 45명이다. 도저히 시체 방부 처리를 제때에 해낼 수 없다. 몇몇 사체는 이미 부패가 진행되고 있다." 사망자의 시신을 보관할 장소가 없었다. 시체보관소는 살아 있는 환자들을 위한 진료실로 운용되고 있었다.

항해 초기에는 사망자의 계급, 사망 원인 등 비교적 자세한 내용이 레비아탄의 항해 일지에 자세히 기록되었다. "12시 45분 톰슨, 얼 Thompson, Earl, 사병 4252473, 중대 불명, 항해 중 사망 (중략) 15시 35분 사병 O 리더Reeder 항해 중 대엽성폐렴으로 사망 (후략)." 하지만 레비아탄이 뉴욕을 떠난 지 일주일쯤 되었을 때에는 사망자가 급증해서 '항해 중 사망'이란 어구를 더 이상 적지 않았다. 사망자가 너무 많아지자 간단히 이름과 사망 시간만 기록되었다. 14시 아무개. 14시 2분 아무개. 14시 15분 아무개 ······.

환자와 사망자의 신원을 제대로 파악하는 것도 불가능했다. 환자들은 상태가 너무 좋지 않아서 자신의 신상정보를 제대로 말하지 못했다. 모든 병사의 목에 인식표 줄이 걸려 있었지만 아직 이름과 계급, 군번이 새겨져 있지 않았다. 따라서 레비아탄의 사망자와 생존자의 신원을 정확히 기록하기란 불가능했다.

바다에 시신을 수장하는 것이 점점 간소화되었다. 전통적으로 수장은 오랜 시간에 걸쳐 정중하고 엄숙하게 진행되었다. 하지만 스페인 독감 유행병의 공포 속에서 이러한 전통은 설 자리를 잃었다. 이미 부패가 진행 중인 시신을 가능한 한 신속하게 배 밖으로 처리하는 것이 급선무였다. 한 수병은 프레지던트그랜트President Grant호에서 벌어지는 수장 장면을 자신의 배 윌헬미나Wilhelmina의 갑판에서 지켜보았다. 늘 몇 마디 기도 뒤에 배의 깃발이 잠시 내려졌다가 수의에 싸인 시체가 바다로 떨어뜨려졌다. "눈물이 났고, 목이 메었다. 그것은 최악의 죽음이었다. 아무 이름도 없이 바다로 떠내려갔다."1)

10월 7일 병사 31명이 더 사망했고, 마침내 레비아탄은 브레스트 항구에 도착했다. 항해 일지에는 암울한 사망자 수가 다음과 같이 기록되어 있다. "브레스트에 도착하기까지 육군 병사 96명과 수병 3명이 사망했다." 증상이 심한 환자를 제외한 모든 인원이 즉시 하선했고, 환자 969명은 육군 병원으로 후송되었다. 자기 목숨의 위험을 무릅쓰고 수많은 병사의 생명을 구한 육군 간호사들은 육지에 발을 내딛으며 눈물을 흘렸고, 수병들에게 애정 어린 작별 인사를 건넸다. 레비아탄호의 역사가는 이들을 다음과 같이 기록하고 있다. "그들은 진정 천국에 들어갈 자격이 있다."

레비아탄의 항해 때 사망한 사람 중에서 58명의 시신은 프랑스 땅에 매장되었고, 33명의 시신은 미국으로 송환되었으며, 7명의 시신은 교전 지역의 바다에 수장되었다. 레비아탄은 3일 뒤 브레스트를 출발했다. 출항 다음날 일출 때 군목이 기도를 드린 다음에 반기가 올려졌고, 영결 나팔이 울려 퍼졌으며, 조포가 일제히 발사된 후, 죽은 병사들의 시신이 담긴 관들이 서서히 바닷속으로 내려졌다. 배는 21노트의 속력으로 나아갔는데, 승무원들은 적 잠수함의 공격이 있지 않을까 염려했다.

7일간의 맑은 날씨 속에 적 잠수함의 위협을 뒤로하고 레비아탄은 마침내 뉴욕으로 귀환했다. 항해 일지에는 안도의 기운이 잘 드러나 있다. "10월 16일 아침 우리는 마침내 뉴욕항에 정박했다. 정말 어려운 항해였는데, 무사히 항해를 마치게 되어 모두 크게 안도의 한숨을 내쉬었다."

프랑스로 가는 레비아탄호의 아홉 번째 항해에서 사망한 사람의 숫자에 관해서는 명확한 기록이 없다. 배의 갑판 일지에는 사망자가 70으로 나오지만, 전쟁 일지에는 76으로 기록되어 있다. 종전 후 승무원들이 기록한 〈미 해군 전함 레비아탄의 역사The History of the USS Leviathan〉를 보면, 항해 도중에 육군 76명과 수병 3명이 사망한 것으로 나오는데, 책의 다른 부분에서는 각각 96명과 3명으로 나온다. 이러한 혼동은 레비아탄호의 역사를 기록한 이들이 프랑스와 미국 사이의 왕복 항해에서 발생한 사망자 수를 기록했기 때문이거나 아니면 당시 배를 엄습했던 유행병의 여파로 사망자 수가 단순히 잘못 기록되었기 때문일 것으로 생각된다.

정확한 숫자가 무엇이든, 레비아탄호가 브레스트 항구에 도착한 이후에도 사망자는 계속 발생했다. 10월 8일 당시 환자 280명이 여전히 배에 남아 있었고, 그중에서 14명이 그날 사망했다. 항해 중에 살아남은 환자들 중 수십 명은 하선 뒤에 육지에서 사망했다. 걸을 수 있는 병사들은 몰아치는 폭풍 속에서 폰타네잔Pontanezan의 육군 캠프까지 6.5킬로미터를 행군해야 했다. 마침내 캠프에 도착했지만 막사는 아직 준비가 안 되어 있었고, 캠프 병동은 환자로 가득했다. 미합중국 해군의무군단의 W. 챔버스Chambers 소령은 이미 이와 비슷한 끔찍한 사례의 경험이 있었다. 한 달 전, 스페인 독감 환자 1천700명이 브레스트에 들어왔다. 수송선에서 내린 병력의 독감과 폐렴 치사율은 육지의 환자보다 10퍼센트쯤 더 높았다. 챔버스는 지역의 군 병원에 병상을 더 늘릴 것을 지시했고, YMCA는 미군 휴양소로 지어진 건물을 병상 75개짜리 병원으로 개조했다. 야전 응급치료소에는 위생병이 충원되었고, YMCA와 콜럼버스 나이츠Knights of Columbus 구급차들은 행군 대열을 따라가면서 쓰러지는 인원을 수습했다. 10월 7일 밤, 걸을 수 없는 환자 600명은 차로 후송되었다. 그중 370명은 회복 중이었고 150명은 여전히 독감을 앓았으며 80명은 폐렴을 앓았다. 행군 중 쓰러진 네 명은 사망했다. 그 이후로도 레비아탄을 타고 온 인원들 중 수백 명이 사망했다. 제57연대 인원 중에서만, 123명이 케루온Kerhuon 병원에서, 40명은 제23기지 병원에서, 그리고 몇 명은 제5해군병원과 란데르나우Landernau의 병원에서 사망했다. 제57연대 인원 중 거의 200명이나 되는 독감 희생자가 바다가 내려다보이는 람베젤렉Lambezellec에 묻혔다.

레비아탄의 비극은 수송선이 연합국에 골칫거리가 될 수도 있음을 잘 보여주었다. 이러한 배들은 떠다니는 바이러스 배양기 역할을 하다가 육지에 닿으면 폭발적인 감염을 일으키고는 했다. 가장 극단적인 사례가 6일 동안 항해를 마치고 9월 21일 밤에 영국 사우스햄프턴Southampton에 도착한 영국의 올림픽RMS Olympic호였다. 바닷속에 가라앉은 타이타닉호의 자매선이었던 올림픽호는 5천600명을 수송했는데, 항해 중에는 450명이 독감 증세를 보였고 단 한 사람만이 사망했다. 9월 29일 16시 경까지 승객 중 독감 환자가 급증했다. 올림픽호에 승선한 전 병력의 3분의 1인 1천947명이 병원으로 후송되었고 그중 140명이 사망했다.

브리튼호에 승선한 월리스 일병은 스페인 독감에 시달리다가 리버풀 항에 도착한 뒤 제319공병연대에 합류했다. 두서없이 모인 병력은 우왕좌왕했고, 월리스 일병 옆에 서 있던 병장 하나는 군장 무게를 못 이겨 휘청거리다가 정신을 잃고 바닥에 쓰러졌다. 장교들이 급하게 그를 살펴보았고, 그중 하나가 이렇게 소리쳤다. "죽었다!"

월리스 일병과 제319연대는 기차를 타고 리버풀 근교 노티애시Knotty Ash로 향했다. 거기에서 미군 캠프까지 행군할 예정이었다. 육군 트럭이 월리스 일병이 합류한 환자 부대의 짐을 챙겨서 트럭에 실었다. 비가 억수같이 퍼부어 빗물이 목덜미를 타고 쏟아져 내렸다. 쓰러지는 병사들이 생기기 시작했다. 결국 제319연대의 에드워드 B. 폴리스터Edward B. Pollister 대위가 환자 부대의 상황을 파악한 뒤 이들을 캠프까지 트럭으로 후송했다. 군용 텐트 속에서 밤새 비바람에 시달린 뒤 독감 바이러스로 인한 2차 감염으로 중이염에 걸려 고통 속에 만신창이가 된 월리스 일병은 보급하사관에게 새 모자와 각반을 요청했으나, 되돌아온 것은 지옥으로 꺼지라는 외침뿐이었다. 브리튼호에서 스페인 독감에 걸렸다가 살아남았지만 리버풀에서 죽게 생긴 월리스 일병은 즉각 무단이탈을 감행했다. 그는 취사장으로 갔는데, 이탈리아계 미국인 취사병이 그를 불쌍히 여겨서 받아주었고, 회복될 때까지 그를 먹이고 보살펴주었다. 회복한 뒤 캠프로 복귀한 월리스 일병은 아무런 징계도 받지 않았는데, 사실은 유행병의 혼돈 속에서 아무도 그가 없어진 것조차 몰랐다. 무단이탈 덕에 목숨을 구했지만 그에게는 잊지 못할 스페인 여인의 낙인이 찍히고 말았다. 머리털이 모두 새하얗게 변했다가 다 빠져버렸던 것이다. 이 낙인이 모두 지워지기까지는 오랜 세월이 걸렸다.

워싱턴에서는 장군들이 미 연합국 원정군을 프랑스로 수송하는 과정에서 발생한 인명 손실의 문제점을 자각하기 시작했다. 미국에서 스페인 독감을 수입하지 않아도 이미 프랑스의 여러 전선은 스페인 독감으로 큰 타격을 받고 있었다. 독감 확산의 주요 원인 중 하나가 과잉 수용이라는 사실을 깨닫게 되었고, 휴전 협정이 발표된 11월 11일 무렵에는 수송선의 수용 인원을 30퍼센트 감축했다. 또한 장군들은 늦가을에 외투도 없이 담요 한 장만 지급한 채 병력을 대서양 건너로 보내는 것은 미친 짓이라는 점에 동의했다. 항해 전에 병력의 건강 상태를 더욱 철저히 검사했고, 몇몇 병력에게는 목에 뿌리는 스프레이와 안면 마스크를 지급했다. 올림픽호와 핸더슨Henderson호에 승선한 전 병력은 항해 중에 마스크를 착용했는데, 그 실효성에 관해서는 논란이 있었다. 또한 이미 인플루엔자 유행병에 노출된 경험이 있는 인원만 해외로 보내는 것이 권장되었는데, 이들에게는 어느 정도 면역성이 갖추어져 있을 것이라고 생각했기 때문이다. 하지만 결국 그 어떤 예방 조치도 큰 효과를 보지는 못했다. 스페인 여인을 제압하려는 온갖 시도와 노력에도 불구하고, 그녀는 여전히 난공불락의 끔찍한 적으로서 위용을 과시했다.

레비아탄호가 수송선에서 발생한 최악의 인플루엔자 감염 사례는 아니었다. 같은 시기에 프레지던트그랜트호에서는 병력 5천 명가운데 97명이 사망했다. 마치March 장군은 프랑스로 건너가는 길에 사망한 병사들도 전쟁에서 자기 역할을 다한 것이라고 선언했지만, 남겨진 가족들에게는 아무런 위로가 되지 않았다.

16장

'밤에 도적같이'

독감, 남아공의 금과 다이아몬드를 훔치다

1918년 10월 1일 오전 3시 30분, 남아프리카 비트바테르스란트 분지Witwatersrand Basin의 이스트랜드East Rand 광산에서 승강기 기사 W.E. 힐Hill이 흑인 광부로 가득 찬 승강기를 지상으로 끌어올리고 있었다. 조종간 앞에 앉아 있던 힐은 갑자기 몸을 움직일 수 없었고, 눈앞에서 섬광들이 폭발하는 것 같았다. 힐이 마비 상태로 움직이지 못하게 되자, 승강기는 계속 상승하여 천장을 들이받았다가 다시 91미터 아래 땅속으로 곤두박질쳤다. 결국 승강기는 수직 갱도에 그대로 추락했으며, 그 안에 있던 광부 스무 명이 사망하고 여덟 명이 중상을 입었다.

이 비극적인 사건의 원인은 기사의 과로나 만취 또는 약물중독이 아니었다. 힐에게 갑작스럽게 스페인 독감이 발병했던 것이다. 다행히도 공식적인 사고 조사반은 그에게 과실치상죄를 묻지 않았고, 신경계에 발생한 충격을 원인으로 지목했다. 그리고 이러한 충격이 발생하게 된 이유를 그가 스페인 인플루엔자 감염의 후유증을 제대로 인지하지 못했기 때문으로 보았다. 힐은 그 뒤로 적어도 한 달간은 복직할 수 없으며, 광산 의료진이 근무 적합 판정을 내린 뒤에만 복직할 수 있다는 판결을 받았다.

힐의 끔찍한 사고는 광산 사고 방지위원회가 승강기 조작 기사들에게 조금이라도 특이한 증상이 발생하면 즉각 보고하도록 권고한 이후에 발생했다. 목숨을 잃은 광부 스무 명에게는 이러한 권고가 너무 늦은 감이 있었겠지만, 이는 적어도 남아프리카의 한 지역에서 스페인 독감을 매우 심각하게 받아들이고 있었다는 것을 시사했다.

남아프리카에서 스페인 독감이 처음으로 언급된 것은 1918년 9월 9일이었다. 더반Durban 지역에서 그리 심하지 않은 유형의 독감이 처음 발생했다. 랜드Rand의 금광 지역에서는 9월 18일쯤에 처음 발생했는데, 심각하게 받아들여지지 않았다. 9월 27일까지 광부 1만4천 명이 인플루엔자에 감염된 것으로 보고되었는데, 대부분이 흑인 노동자였고 백인도 100명쯤 포함되었다. 특히 흑인 노동자들이 폐렴에 취약한 것으로 알려졌다.

초기에 남아프리카 의료계는 스페인 독감에 큰 경각심을 갖지 않았다. 인플루엔자를 일상적 재앙으로 간주했고, 환자가 아주 어리거나 나이가 많은 경우 또는 기존의 다른 질병이 있는 경우가 아니면 그리 치명적이지 않은 것으로 보았다. 킴벌리Kimberley의 저명한 의사 닥터 E. 올리버 애시Oliver Ashe는 이 질병의 발생에 너끈히 대응할 수 있다고 믿었다.

거의 30년 전에 런던(화이트채플), 셰필드, 그리고 메이드스톤 Maidstone에서 유행병을 치료한 경험이 있었기에, 나는 유행성 인플루엔자를 잘 알고 있다고 생각했다. 그래서 유행병 발생 소식이 전해졌을 때, 그저 몇 주 고생하면 될 것으로 생각했다. 나이가 많거나 허약한 사람, 알코올 중독자라면 사망률이 다소 높겠지만, 환자 대부분은 경미한 증상에 그칠 것으로 예상했다.[1]

처음에는 인플루엔자의 영향이 미미했다. 사망자도 드물었고 회복은 빠르게 이루어졌다. 《로이터》는 이 질병의 발생이 "심각하게 여겨지지 않았고, 일시적인 불편은 있겠지만 심각한 손실은 없을 것으로 생각되었으며, 많은 사람이 감염되었지만 사망자는 한 명뿐이었던 것으로 미루어 안심해도 될 것으로 여겨졌다"고 보도했다.

그 결과 남아프리카 연방[2]은 1918년 9월 스페인 독감 유행병이 발생했을 때 전혀 준비가 되어 있지 않았다. 의료계와 공중보건국은 다른 나라의 유행병 상황에 관해 무지했고, 인플루엔자는 신고 대상 질병도 아니었다. 연방으로 들어오는 배들이 질병을 들여올 수 있다는 공식적 경고도 없었고, 전쟁 때문에 유럽의 유행병 소식도 거의 전해지지 않았다. 언론 보도나 의학 저널에는 스페인 독감이 감염률은 높지만 치사율은 낮다는 주장이 소개되었다. 이곳 사람들은 대재앙이 다가오고 있다는 사실을 전혀 인지하지 못했다.

케이프타운에서는 1918년 7월, 비교적 가벼운 스페인 독감의 1차 확산이 있었고, 주민들에게는 어느 정도 면역성이 생겼다. 하지만 1918년 9월에 케이프타운을 강타한 치명적 변종 인플루엔자는 전혀 다른 이야기였다.

9월 13일, 유럽으로 파병되었던 남아프리카 원주민 노무단South African Native Labour Corps 1천300명을 태운 귀국선 야로슬라브Jaroslav 호가 시에라리온에서 출항하여 케이프타운으로 들어왔는데, 여기에는 인플루엔자 환자 43명이 포함되어 있었다. 배가 케이프타운에 정박할 때 환자 13명이 여전히 심각한 증상을 보이고 있었고, 그날 밤한 명이 사망했다. 그 결과 인플루엔자 환자들은 우드스톡Woodstock의 제7군사병원으로 후송되었고, 나머지 인원은 로즈뱅크 캠프에 격리 수용되었다. 격리된 인원 가운데 증상을 보이는 사람이 나타나지 않자, 9월 16일과 17일에 전원 귀가 조치되었다. 바로 그 다음날, 로즈뱅크 캠프 스태프 중에서 인플루엔자 환자가 발생했는데 병력을 수송한 수송대와 병원 의료진 중에서 감염자가 발생했다. 9월 19일, 두 번째 수송선 베로네즈Veronej호에서는 더 많은 감염 환자가 발생했는데, 이 배 역시 시에라리온의 프리타운에 들른 적이 있었다. 병력들은 이전과 마찬가지로 격리되었고, 독감 증상이 없는 인원만 귀향이 허락되었다. 하지만 이러한 예방 조치에도 불구하고 10월 6일까지 케이프타운의 스페인 독감과 폐렴 사망자 수는 하루에 160명을 넘어서게 되었다.

인플루엔자의 발생과 야로슬라브호 및 베로네즈호의 도착 사이에 연관성이 있다는 사실이 알려지자, 맨 먼저 나서서 수송선이 질병을 들여왔다고 주장한 것은 신문이었다. 《케이프 타임스Cape Times》는 보건 당국자들의 대중을 위한 책임감이 현저히 부족하다고 주장했고, 《드 버거De Burger》는 보건 당국의 태만을 비난했다.

케이프타운은 치명적 유행병이 확산되는 데 최적의 조건을 갖추고 있었다. 인구는 27만 명을 상회했고 수천 명이 군에서 복무했으며, 인종 또한 백인과 흑인, 케이프인Cape Colored(이 지역 원주민은 아프리카인과 유럽인의 혼혈로서 스스로를 케이프인으로 불렀다)으로 다양했다. 인플루엔자는 제6구역과 말레이쿼터Malay Quarter의 비위생적인 빈민가와 공동주택촌에서 창궐했다. 스페인 독감은 여전히 신고 대상 질병이 아니었기에 공식적인 기록은 없었지만, 10월 1일에 《케이프 아거스Cape Argus》는 다음과 같이 주장했다. "한 집 건너 한 집마다 환자가 생겼다는 말이 돌고 있다." 하지만 스페인 독감이 목숨을 위태롭게 할 만큼 심각하다고 생각한 사람은 거의 없었다. 제6구역에서 붓 만드는 일을 하던 스무 살 원주민 존 스미스John Smith는 9월 30일에 사망했다.

당시 케이프타운대학교에 다니던 한 여학생은 이렇게 회상했다. "다들 농담처럼 가볍게 여겼다." 그녀가 감염되자 한 친구는 이렇게 말했다. "그녀는 스페인 독감에 걸렸어. 그게 뭐 호들갑을 떨 일인가?" 오페라하우스에서는 한 관객이 기침을 하자, 배우가 즉석에서 애드립을 날렸다. "저런, 스페인 독감인가 보죠?" 그러자 관객들이 박장대소했다.

하지만 며칠 만에 분위기가 바뀌었다. 흑인 동네에서는 사망자가 속출했고, 제6구역과 말레이쿼터의 길거리에서 사람들이 쓰러져 죽어가는 모습이 보도되자 대중의 분위기가 급변했다. 의사와 간호사들은 환자들을 치료하기 위해 고군분투했고, 약사들은 때 아닌 호황을 맞아 영업시간을 늘려가며 키니네와 아스피린, 신문 광고에 나오는 의약품들을 판매하느라 정신이 없었다. 10월 6일 일요일, 한 의사의 조수는 일기에 이렇게 썼다. "하루 종일 전화와 도어 벨이 정신 없이 울려댔다. 인플루엔자 유행병의 대규모 확산이 완연해졌다. 매우 끔찍했다." 한 의사는 이렇게 말했다. "문 밖으로 나가기가 두려울 정도였다. 어디를 가든 사람들이 몰려들었다."

상점과 은행이 인력 부족으로 문을 닫고, 학교가 폐쇄되고, 법원도 휴원하자 케이프타운은 유령도시가 되었다. 식료품이나 구운 빵도 공급되지 않았다.

10월 5일, 한 관객이 이렇게 말했다. "티볼리Tivoli극장이 토요일 저녁에 이렇게 한산했던 적이 있었는지 모르겠다. 이것만 봐도 이 새로운 독감이 케이프타운의 사교 생활에 얼마나 큰 영향을 미쳤는지 알 수 있다."

또 다른 생존자는 스페인 독감의 영향에 관해 이렇게 회상했다. "그것은 마치 갑자기 블라인드를 내린 것과 같았다." 또 다른 언론인은 성경 구절을 인용해서 당시 분위기를 절묘하게 묘사했다. "재앙은 '마치 밤에 도적같이' 케이프타운에 들이닥쳤다."

10월 7일 월요일, 《케이프 타임스》의 부고란은 이미 한 지면을 다 채웠고, 전쟁 소식 대신에 유행병 소식이 1면 머리기사가 되었다. 같은 날 《스타Star》지의 특파원은 이렇게 기사를 썼다. "케이프타운은 지금 독감에 감염되어 있다." 《케이프 아거스》의 칼럼니스트는 스페인 독감의 많은 희생자가 젊고 건강한 사람이라는 비극적 사실을 두고 이렇게 말했다. "죽음은 이처럼 밀집된 공간을 이용해서 가장 젊고 건강한 이들을 잡아갔다."

케이프타운의 정부 관료들이 유행병을 퇴치하기 위해 특별위원회를 구성하느라 여념이 없는 사이, 많은 시민들은 개인적인 슬픔을 무릅쓰고 구조 활동에 적극 헌신했다. 젊은 사무원 A. 반오드van Oord는 가까운 친구가 죽었다는 소식을 들었다. 키가 크고 체격이 건장한 친구였고, 나이는 그와 같은 스무 살이었다. 반오드는 깊은 충격을 받았으며, 이런 마음이 들었다고 회상했다. "내가 독감에 걸려 죽는다는 것은 전혀 문제가 되지 않았다. 사실은 나도 그렇게 되기를 바랐다!" 그는 우드스톡경찰서에서 초과 근무를 하며 사망자 등록을 받았다. 내심 자기도 독감에 걸려 죽기를 희망했다. 하지만 조그만 사무실 안에서 연신 기침을 해대는 사람들, 슬픔과 눈물에 젖은 사람들 속에 둘러싸여 있었음에도 그는 재채기 한번 하지 않았다.

그 와중에도 사망률은 계속 상승했다. 10월 8일에서 13일 사이 스페인 독감과 그 합병증에 따른 사망자 숫자는 하루에 300명 이상씩 증가했고, 그 주간의 총사망자는 2천404명에 이르렀다. 이를 두고 《케이프 아거스》는 "케이프타운 역사상 가장 끔찍한 주간이자, 끔찍한 사망률이 낳은 희대의 재앙"이라고 기술했다. 몇 년이 지난 뒤 프레스나예Fresnaye의 한 독감 생존자는 당시를 이렇게 회상했다. "동네에서 독감으로 죽은 사람의 소문이 돌았고, 모든 집이 블라인드를 굳게 내려버렸다. 영문을 모르는 어린아이들은 침울한 분위기 속에서 숨죽여 말하는 어른들의 모습에 숙연함을 느꼈다." 누군가 죽었다는 소문들이 떠돌아다녔고, 지역 국회의원이었던 모리스 알렉산더Morris Alexander는 자신의 장례식에 관해 문의하는 《케이프 타임스》 편집장의 전화를 받고 아연실색했다.

곧 의사들마저 일반인들처럼 이 치명적 유행병의 경과를 걱정하기 시작했다. 저명한 의사 닥터 F.C. 윌못Willmot은 친한 친구가 케이프타운이 전멸할 것 같은지 질문하자 이렇게 대답했다. "누구에게도 말할 수 없는 것을 자네에게만 말해줌세. 내 평생 처음으로 공황 상태에 빠졌다네. 아마도 그렇게 될 것 같네."

10월 12일이 되자 애덜레이Adderley와 세인트조지스트리트는 대낮에도 거의 사람이 없었고, 케이프타운은 죽음의 도시 같았으며, 인플루엔자 외에는 그 어떤 것도 생각하거나 말하는 사람이 없었다. 당시 시내 중심가를 걸어갔던 한 작은 소녀는 이렇게 회상했다. "죽은 듯이 조용한 도심이 소름끼치도록 무서웠다." 노회한 정치인 존 X. 메리맨John X. Merriman은 10월 17일 일기에 이렇게 썼다. "텅 빈 케이프타운은 매우 황량했다." 사람들이 거리에서 쓰러져 죽어가는 상황에서, 케이프타운대학교에 다니던 21세 학생은 이렇게 회상했다. "케이프타운은 진정 죽은 자들의 도시였다."

1665년 런던 대역병 때를 연상케 하듯, 매일 아침 마차가 돌아다니며 시신을 거두어 묘지로 이송했다. 감형을 대가로 차출된 죄수들이 시체를 차곡차곡 쌓았는데, 가끔 방수포가 벗겨지고 꼬리표가 달린 팔다리가 드러나기도 했다. 한 목격자는 이렇게 기록했다. "나는 실제로 마차가 돌아다니는 것을 보았다. 종을 울리면서 지나갔는데, 마부가 이렇게 소리쳤다. '죽은 시신을 가져오시오!' 마치 흑사병 이야기를 읽었을 때처럼 몸서리가 쳐졌다."

케이프타운의 장의사들은 모두 감당 능력을 초과했고, 많은 사람들이 직접 사랑하는 사람의 시신을 묘지로 옮겨야 했다. 자동차와 택시를 이용할 수 없게 되자 전통적인 상여(관을 싣는 수레 또는 손수레)를 이용하거나 외바퀴 손수레에 관을 싣고 묘지까지 밀고 갔다. 유행병 확산으로 관이 부족해지자 많은 시신이 담요 한 장에 감싸인 채로 매장되었다.

스페인 독감이 반도를 따라 점점 확산되어가자 원주민인 아프리카인들이 다음 희생자가 되었다. 랜드에서 도보로 귀향길에 올랐던 많은 광부들이 걷는 도중 길이나 초원 지대 또는 숲 지대에서 목숨을 잃었다. 음푸말랑가Mpumalanga 지역 금광 캠프인 그라스코프 구역의 한 농부는 이렇게 증언했다. "길가에 널브러진 채로 죽어가는 원주민들을 만나는 것은 아주 흔한 일이었다." 그는 또 이렇게 회상했다. "원주민 한 무리가 길에서 죽어가는 병든 아이를 보고 겁에 질려 도망가는 모습도 보았다. 병든 원주민이 더 이상 걸을 수 없게 되면, 그와 함께 가던 친구나 형제들은 그냥 그를 버리고 갔다."

죽어가는 광부들은 초만원 열차로 이송되었다. 흑인 전용 칸의 상황은 매우 끔찍했을 것이다. 한번은 검표원이 '질병이 만연해 있다'는 이유로 흑인 전용 칸에 들어가기를 거부한 적도 있었다. 그곳에 들어간 한 승객은 "섬뜩할 정도로 엉망이었다"고 고백했다. 《드 버거》의 피터스버그Pietersburg 특파원은 메시나Messina로 가는 철도의 선로 가에 널브러진 흑인의 시체가 즐비했다고 기록했다. 10월 중순, 상황이 매우 악화되자 랜드를 오가는 많은 흑인 승객들을 위해 열차에 병원 칸이 추가되었다.

스페인 독감은 남아프리카 광산 산업에 치명적인 영향을 미쳤다. 중앙광산협회장 리오넬 필립스Lionel Phillips경은 광산회의소 의장에게 보내는 사적인 편지에서 이렇게 고백했다. "인플루엔자는 회사 이익에 막대한 타격을 입혔고, 회사의 미래에 큰 불안감을 초래했다. 금광산업을 집어삼키려는 악재가 잇따라 터지고 있다." 손실은 재정적 수준에서만 평가되었고, 1918년 11월 현재 랜드의 광산 48개 가운데 17개가 당기 순손실을 입은 것으로 나타났다. 광산 소유주들은 이에 큰 관심을 보였지만, 광산노동자들에게는 극도로 냉담했다.

케이프타운에서 기차를 타고 온 승객들 때문에 전염병이 퍼진 킴벌리의 다이아몬드 광산들은 스페인 독감으로 더욱 막대한 타격을 입었다. 킴벌리는 불량한 위생 시설과 열악한 주거 환경, 과잉 수용으로 원래부터 온갖 질병이 창궐했다. 스페인 독감은 초만원인 감옥과 군대 캠프, 흑인 주거지, 드비어스De Beers 구내 주거촌 등에서 폭발적인 확산을 보였다. 드비어스의 총괄 관리자는 나중에 인플루엔자 유행병 위원회에게 다음과 같이 말했다. "유행병 발생 이전에 이미 열악한 환경이 조성되어 있었기 때문에, 유행병이 발생하자마자 급속도로 확산된 것이 전혀 놀라운 일은 아니었다."

초기에는 의사와 당국자들이 인플루엔자 발생을 대수롭지 않게 여겼고, 통상적 예방책만 준수한다면 크게 걱정할 것이 없다고 생각했다. 하지만 전염병이 킴벌리 전역으로 확산되자 전형적인 스페인 독감 증상들이 나타나기 시작했다. 폐에서 나는 탁탁 터지는 소리, 피 섞인 가래, 혀의 백태, 피부 청색증, 비강 및 구강 출혈 외에도 설사, 구토, 독특한 악취가 있었는데 마치 곰팡이가 심하게 핀 지푸라기 같은, 잊을 수 없는 1918년 인플루엔자 냄새였다. 한 생존자는 다음과 같이 회상했다. "너무나 지독한 냄새였다. 마치 콧속을 찌르는 것 같았다." 많은 의사들이 이 질병은 인플루엔자가 아니라 무언가 훨씬 더 사악한 것이라고 결론지었다. 킴벌리의 한 의사는 자기가 지금 보고 있는 것은 새로운 변종 폐렴이라는 결론을 내렸다. 그 의사는 인플루엔자유행병위원회에 이렇게 말했다. "나는 손과 발에 괴저가 발생한 환자를 확인했다. 인플루엔자나 보통 폐렴으로는 괴저가 발생하지 않는다." 다른 전문가들의 의견은 페스트가 이 치명적 유행병의 주범이라는 기존 이론을 연상케 했다. 피터마리츠버그Pietermaritzburg의 그레이병원 책임자로서 저명한 세균학자인 닥터 알렉산더 에딩턴Alexander Edington은 이 질병의 병원균이 페스트와 관련 있다고 주장했고, 닥터 W. 퍼비스 비티Purvis Beattie는 《케이프 타임스》에서 이 유행병이 사실은 폐페스트이며, 당국에 이 사실을 곧 통지할 것이라고 말했다.

대중은 이러한 페스트 이론을 받아들였다. 《스타》지의 한 흥분한 독자는 이렇게 말했다. "도대체 언제까지 '인플루엔자'에 관한 허튼소리를 늘어놓을 생각인가? 인플루엔자는 시체를 검게 만들지 않는다. 폐페스트만이 그렇게 한다." 많은 아프리카너Afrikaners(아프리칸스3)를 제1언어로 쓰는 네덜란드계 주민)들도 이러한 진단에 동의했다. 많은 기독교인은 역병에 관한 성경의 언급에 마음이 끌렸고, 이 유행병을 도덕적 타락에 따른 신의 형벌로 생각했다. 남아프리카연방 대통령 루이스 보타Louis Botha 장군은 영국계와 아프리카너가 화합하지 못하는 것에 대한 벌이라고 주장했다. "이 유행병은 형벌로써 우리를 정신 차리게 하려고 신이 사용한 수단 중에 하나임이 증명될 것이다. 이를 통해 영국계와 아프리카너들이 서로 오해를 불식하고, 더욱 깊은 애정과 관용, 협력으로 신앙적 문제뿐만 아니라 정치적 문제에서도 진정으로 서로 하나가 되는 국가를 이루어야 할 것이다." 보타 자신도 이듬해에 스페인 독감의 희생자가 되었고, 1919년 8월 27일에 사망했다.

이 질병의 병인론에 관한 다른 이론들은 유럽과 미국에서 한창 떠돌았던 주장들을 연상케 했다. 《케이프 타임스》는 이렇게 주장했다. "스페인 독감은 독일군이 사용한 독가스와 직접적 관련이 있을지도 모른다." 한편, 다른 이들은 스페인 독감이 전쟁터에 버려져 부패한 많은 시체들에서 기인했다는 주장에 동의했다. 이러한 이론은 널리 받아들여졌으며, 남부 로디지아Southern Rhodesia의 외딴 마니카랜드Manyikaland 지역에 사는 응강가[4]나 주술사들도 다음과 같이 확신했다. "백인들의 큰 전쟁에서 너무나 많은 사람이 죽임을 당했다. 죽은 이들의 피가 이러한 큰 질병을 불러왔다."

스페인 여인은 남아프리카에서 새로운 이름을 얻었다. 아프리카너들은 이 질병을 '롱페스트longpest'라 불렀는데, 이 질병이 인플루엔자가 아니라 페스트의 일종이라는 견해를 반영한 것이었다.[5] 흑인들은 스페인 독감을 음베탈랄라mbethalala 또는 드리닥식테driedagsiekte라고 불렀는데, 이는 '세게 때리는 것' 또는 '너를 때려 눕혀서 잠들게 만드는 것'이라는 뜻이었다. 아프리카 원주민들이 처음으로 희생된 한 지역에선 카페르식테Kaffersiekte라는 이름이 붙었는데, 이는 '흑인의 질병'이란 뜻이었다. 한편 백인들이 먼저 희생된 지역에서는 흑인들이 이 질병을 '백인의 질병'이라고 불렀다. 이름이 어떻게 붙여졌든지 간에 그 의미는 명확했다. 이 질병은 평범한 인플루엔자가 아니었고, 전 연방을 공포의 도가니 속으로 몰아넣었다. 끔찍한 이야기들이 돌아다녔는데, 어떤 환자들은 죽은 것과 다름없는 혼수상태에 빠졌다가 묘지로 가는 길에 되살아나기도 했다. 어떤 사체들은 검게 변해서 몇 시간 만에 부패되었고, 이 알 수 없는 질병은 새와 돼지 그리고 개코원숭이까지 죽음으로 몰아넣었다. 이 '역병'은 검은 빗속에서 탄생했기 때문에, 여기에 노출된 살덩이는 검게 변한다는 말도 떠돌았다.

또 다른 다이아몬드 광산인 두토이츠판Dutoitspan에서는 9월 30일에 조업이 중단되었다. 킴벌리의 백인 중에서 감염자가 많이 발생하면서 많은 인원을 손실했기 때문이다. 마을의 삶이 정체되었고, 드비어스는 구내 주거촌에서 많은 사망자가 발생했다는 소문 속에 조업을 일시 중지했다. 두토이츠판에서 봉사를 마치고 집으로 돌아온 한 간호사는 가족에게 이렇게 말했다. "그곳의 실제 상황이 어떤지는 아무도 몰라요."

흑인 직원 1만1천455명 가운데 거의 4분의 1이 한 달 안에 사망했고, 10월 5일에서 14일 사이에는 하루 사망자가 100명 이하로 내려간 적이 없었다. 10월 8일, 9일, 10일에는 하루 사망자가 300명을 상회했다. 곧 구내 주거촌 세 곳의 병원들이 환자로 넘쳐났고, 환자를 수용하기 위해 베란다에도 매트리스가 깔렸다. 웨슬턴Wesselton 구내 주거촌 병원은 환기를 위해 한쪽 벽 일부를 허물어버렸다. 드비어스 회사의 세인트존구급대 간호사들은 간호 인력을 보충하기 위해 소환되었다. 폐렴이 늘어나고 사망자 수가 증가하자, 드비어스 회사는 모든 광산에서 조업을 중단해야 했다. 상황은 끔찍했는데, 조업

중에 쓰러져 죽는 사람이 생겼고 병원 바닥은 죽어가는 환자로 넘쳐 났으며 이송해야 할 시체들은 수북이 쌓여갔다. 한 의사는 이렇게 말 했다. "전쟁에서 끔찍한 장면을 숱하게 목격했지만, 주거촌에서 원주 민들이 인플루엔자로 죽어가는 모습만큼 끔찍한 장면은 일찍이 없었 다." 10월 6일, 총괄 관리자 알페이오스 윌리엄스Alpheus Williams는 세 인트 존 간호사들(그중에는 그의 아내도 있었다)의 철수를 결정했는 데, 조금 더 지체하면 끔찍한 사망률 탓에 모든 이가 질병에 감염될 것이 확실해 보였기 때문이었다. 그로부터 며칠 뒤, 드비어스는 자사 사망자를 지역 묘지에 묻는 것을 중단했고, 대신에 관내 부지를 묘지 로 사용했다.

아직 독감에 감염되지 않은 근로자들은 살아남으려면 신속히 구 내 주거촌이라는 죽음의 덫을 떠나야 한다는 사실을 깨달았다. 10월 8일부터 떠나는 것을 허락해달라는 요청이 이어졌는데, 그들은 차라 리 집으로 돌아가서 가족을 돌보다가 죽겠다고 말했다. 일주일 동안 드비어스 간부들이 이들을 설득했지만 점점 더 많은 광부들이 떠나 기를 간청했고, 인원은 곧 엄청나게 불어났다. 드비어스 경영진이 여 러 대안을 논의하는 동안 광부들은 떠나기로 결정했고, 만약 드비어 스가 허락하지 않는다면 회사 측이 사격을 한다 해도 무력으로 돌파 할 것이라고 선언했다. 결국 드비어스가 굴복해 10월 18일부터 귀환 이 시작되었다. 2주 반에 걸쳐 5천 명 넘는 생존자가 고향으로 떠났 는데, 대부분은 철도를 이용했다. 드비어스는 감염이 의심되는 사람 은 아예 승차하지 못하도록 했고, 여행 도중 발병하는 사람에게는 필 요한 것을 제공했다.

다른 광산과 비교해보더라도 월등히 높은, 자사 구내 주거촌의 사망률에 큰 충격을 받은 드비어스 경영진은 반드시 개선이 이루어져야 한다는 사실을 깨달았다. 스페인 독감과 같은 또 다른 치명적인 유행병의 위험을 감당할 수는 없었다. 드비어스의 회장은 1918년 12월 연례 총회에서 환호 속에 이렇게 약속했다. "원주민들에게 유행병 이전보다 더 쾌적하고 위생적인 주거촌을 제공하기 위해 어떠한 비용도 아끼지 않고 지원할 것이다." 하지만 지하 갱도의 환경 개선에 관해서는 아무런 언급도 하지 않았다.

17장

죽음의 가을

마하트마 간디와 영국 총리도 사선을 넘나들다

1918년 가을, 전선에서 들려오는 소식은 희망적이었지만 거의 모든 연합국 가정에는 암울한 분위기가 감돌았다. 지구촌 곳곳에서 많은 가정이 스페인 여인이나 전쟁 때문에 사랑하는 가족을 잃었다. 이러한 배경 속에서 스페인 여인은 죽음의 행진을 이어갔고, 중단 없이 살육을 자행했다. 그녀는 정치인이나 화가, 군인, 시인, 작가, 새 신부를 가리지 않았다.

1918년 9월 11일, 영국 총리 데이비드 로이드 조지David Lloyd George가 '도시의자유상'을 받기 위해 맨체스터에 도착했다. 이 상은 맨체스터시가 수여하는 최고의 영예였다. 로이드 조지의 성장지는 웨일스지만 출생지는 맨체스터의 콜튼온메들록Chorlton-on-Medlock이었기에, 맨체스터시는 이 유명한 아들을 자랑스러워했다. 그가 탄 지붕 없는 마차가 맨체스터시를 지나가자, 피카딜리와 딘스게이트 지역에 줄지어 선 귀향 군인들과 시민들은 그를 열렬히 환영했다. 《맨체스터 가디언》은 이러한 열기를 "흥분의 도가니"라고 표현했고, 마차가 앨버트스퀘어에 도착하는 데 한 시간이나 걸렸다. 이 과정에서 로이드 조지는 맨체스터에서는 흔한 비에 흠뻑 젖어버렸다.

다음날, 도시의자유상 시상식에서 로이드 조지는 전쟁에 관해 강력한 연설을 했다. 청중에게 영국의 승리를 가로막을 수 있는 것은 심장마비뿐이라고 역설했지만, 곧 그의 건강이 멀쩡한 상태가 아니라는 것이 분명해졌다. 그를 곁에서 지켜본 한 사람은 나중에 로이드 조지가 수척해 보였고 어딘가 불편해 보였다고 증언했다. 하지만 그 당시에 그의 연설은 아주 강력한 인상을 남겼다.

시상식 뒤에 그는 미들랜드호텔에서 열린 한 만찬 모임에 참석했고, 맨체스터 연대와 다른 랭커셔 부대들의 활약상에 관해 짧은 연설을 했다. 개혁 클럽의 만찬에서 또 다른 연설을 할 계획이 잡혀 있었지만, 저녁이 되자 총리의 상태가 매우 나빠졌다. 그는 침대 신세를 져야 했고, 이후의 모든 계획이 취소되었다. 이후 9일 동안 그는 맨체스터 시청에 마련된 숙소의 침대에 누워서 쉬어야 했다. 그의 방은 건물의 전면부에 있었고, 그는 나중에 끝없이 쏟아지는 비를 맞고 서 있는 존 브라이트John Bright[1]의 동상을 바라보던 일을 회상했다.

저명한 이비인후과 전문의였던 윌리엄 밀리건William Milligan 경이 로이드 조지의 상태를 살펴보기 위해 소환되었다. 그의 측근들은 그의 발병 소식이 새어 나가지 않도록 각별히 주의했다. 영국의 총리가 인플루엔자에 감염되었다는 소식이 알려지면 일반 대중의 불안감은 증폭되고, 적국의 사기는 올라가 버리는 결과를 낳을 수 있었다. 그래서 일반 대중에게는 그가 전날 비를 맞아서 가벼운 감기에 걸렸다고 발표했다. 사실은 그가 그해 여름 맨체스터 시민 10만 명을 감염시키고 322명을 사망하게 만든 치명적 변종 스페인 독감에 감염되었을지 모른다는 사실은 철저히 은폐되었다.

로이드 조지의 상태가 악화되자 윌리엄 밀리건 경은 위험을 감수하고라도 총리가 인플루엔자에 걸렸다고 발표하기로 결심했다. 앨버트스퀘어로 가는 자동차를 통제함으로써 로이드 조지가 시끄러운 경적 소리에 시달리지 않도록 했고, 언론은 최대한 그의 건강 상태가 심각하지 않은 것처럼 보도했다.

나중에 당시 관방장관이었던 모리스 행키는 총리의 상태가 사실은 매우 위중했다고 고백했고, 개인 수행원이었던 뉴넘Newnham은 아슬아슬한 상황이었다고 말했다. 한 전기 작가에 따르면, 로이드 조지는 세계의 위기가 고조되고 있을 때 병세가 매우 위중했으며, 그가 전력을 다해 어려운 상황을 돌파해야 할 시점에 갑작스럽게 위기가 찾아 온 셈이었다.

9월 21일이 되자 로이드 조지는 윌리엄 밀리건 경과 산소 호흡기를 단 채 런던에 돌아갈 수 있을 만큼 건강을 회복했다. 그는 다우닝가 10번지2)에 잠깐 들른 뒤, 시골 별장인 웨스트 서섹스의 대니파크Danny Park로 가서 요양했다. 열정과 정력이 넘치는 로이드 조지였지만 스페인 독감으로 거의 죽을 뻔했다.

그는 아내 마거릿에게 이렇게 편지를 썼다. "상태가 점점 나아지고 있기는 하지만, 아직 기력을 완전히 회복하지는 못했소. 불행하게도, 혹은 다행히도 상황이 너무 빨리 변하고 있어서 국정을 완전히 손 놓지는 못하고 있소. 매일 누군가가 이곳을 방문하는 실정이오."

9월 말까지 그는 의료진의 조언에 따라 모든 공적 모임을 취소했다. 10월 4일, 그가 프랑스로 떠나는 길에는 밀리건이 자기도 동행하겠다고 고집을 부렸다.

그는 마거릿에게 이렇게 편지를 썼다. "나는 채링크로스역에서 8시 열차로 떠나오. 체온은 여전히 매우 낮고 맥박은 매우 약한 상태요. (중략) 어제는 첫 국무회의를 주재했고, 덕분에 완전히 녹초가 되어 아직까지 피곤한 상태라오. 다음 주까지 프랑스 여행을 연기할 수 없다는 게 안타까울 따름이오. (중략) 베르사유에서 머물 생각이오. (중략) 파리 호텔보다는 훨씬 조용할 테니."

로이드 조지의 전기 작가가 말한 것처럼 당시 상황에서 그가 건강을 회복한 것은 매우 놀라운 일이었다. 만약 그때 영국이 스페인 독감으로 지도자를 잃었다면 국가의 사기는 완전히 가라앉았을 것이다.

1918년 10월 2일, 또 다른 유명한 지도자가 스페인 여인의 손길에 거의 죽을 뻔했다. 며느리와 어린 손자를 인플루엔자로 잃었던, 49세의 마하트마 간디 역시 이 질병의 증상을 보이기 시작했다. 간디가 명상과 기도를 위해 머물렀던 아메다바드Ahmedabad의 사바르마티 아시람Sabarmati Ashram에도 스페인 독감이 엄습했다. 당시 간디는 봄베이의 병원에 입원하여 종기 수술을 기다리고 있었고 이질로도 고생했는데, 갑자기 모든 치료를 거부했다. 다른 많은 환자와는 달리 그는 임박한 죽음을 담담히 받아들였다.

간디는 아내와 아들의 죽음으로 여전히 괴로워하고 있던 아들 하릴랄Harilal에게 이렇게 썼다. "내 마음은 평온하다. 그래서 죽는 것이 전혀 어렵지 않다." 간디의 의사들은 그를 살리려고 끈질기게 애를 썼고 그의 지지자들 역시 마찬가지였다. 주간지 《프라자 반두Praja Bandhu》는 이렇게 주장했다. "간디 씨의 목숨은 그의 것이 아니라, 인도의 것이다."

간디는 결국 억지로 염소젖을 마셨다. 이는 그의 종교적 신념에 반하는 일이었다. 이후 간디는 회복했고, 다른 사람에게도 자신의 치료법을 권했다. "웬만큼 회복한 것 같아도 완전히 침대에서 휴식해야 하며, 소화하기 쉬운 유동식을 먹어야 한다. 열이 떨어지고 3일 만에 일터와 평상식으로 돌아가는 사람이 많은데, 그러면 다시 재발하여 치명적인 결과를 낳기 쉽다."

간디는 살아남았지만, 위생장관의 표현을 빌리자면 인도는 '국가적 재앙'으로 만신창이가 되었다. 스페인 독감은 전형적으로 10세에서 40세 사이 연령층에 치명적이었고, 남자보다 여자가 사망률이 높았다. 1918년 6월에서 12월까지 인도인 1천700만 명이 스페인 독감으로 사망했다. 봄베이도 끔찍한 타격을 입었다. 1918년 9월 10일에서 11월 10일까지 2만258명이 사망했다. 남서 계절풍이 불지 않고 작황이 나빠지면서 상황은 더욱 악화되었다. 그 결과 봄베이에는 식량난이 심한 지역에서 몰려온 피난민이 매우 많았다. 아메다바드에서는 3천527명이 사망하였고, 가난하고 혜택도 받지 못하는, 가장 계급 낮은 시민들이 가장 높은 사망률을 보였다.

봄베이의 위생국장은 보건 대책으로 인플루엔자를 막을 수 없다는 비관적 태도를 보이면서도 환기가 열악한 실내보다는 야외에서 취침할 것과 살균제 사용을 권장했다. 《타임스 오브 인디아》는 독자에게 과망간산칼륨으로 입안을 헹구고, 폐렴이 발생하면 입원할 것을 권고했다. 병원의 병상이 모자라자 학교를 병원으로 사용했다. 정부가 제대로 일을 하지 않는다는 것이 일반 국민의 생각이었는데, 고위 관료들의 대부분은 언덕에 머물렀고, 일반 국민은 운명에 맡겨졌다. 기근으로 인한 식량 부족과 오염된 식수는 상황을 더욱 악화시켰으며, 식민 정부의 무관심은 비난을 받았다. 600만 명이 아무런 도움도 없이 시궁창의 쥐처럼 인플루엔자로 목숨을 잃었다. 캘커타Calcutta 역시 상황은 암울했다. 《AP》통신은 다음과 같이 보도했다. "후글리Hooghly강에는 시체가 가득했고, 도시의 거리에도 버려진 시체들이 즐비했다. 병원은 초만원이었고, 치료 공간을 만들기 위해 시체를 옮기는 것조차 불가능했다. 화장터와 매장지에는 말 그대로 시체가 산더미처럼 쌓였다."

영국에서는 윌리엄 블레이크William Blake의 시 〈예루살렘〉의 작곡가로 잘 알려진 휴버트 패리Hubert Parry가 1918년 10월 17일 스페인 독감으로 죽었다. 그가 남긴 문화적 업적을 기리기 위해 그는 런던의 세인트폴대성당에 묻혔다. 아들이 아버지보다 먼저 죽는 일도 드물지 않았는데, 전쟁은 너무나 많은 젊은 남자들을 죽였다. 〈셜록 홈스〉의 작가 아서 코난 도일Arthur Conan Doyle 경은 특별한 아픔을 겪어야 했다. 아들 킹슬리Kingsley가 1916년 솜Somme 전투에서 부상을 당했는데, 다행히 부상에서 회복하면 살아남을 것으로 기대했다. 하지만 잔인하게도 스페인 독감이 허약한 상태의 킹슬리를 덮쳤고, 결국 그는 1918년 10월 28일 사망했다. 일찍이 심령론에 심취했던 아서 경은 아들의 죽음에서 해답을 찾기 위해 이 새로운 신념 체계에 더욱 빠져들었다.

그 와중에 스페인 여인의 학살은 유명인과 보통 사람을 가리지 않고 계속 이어졌다. 자원봉사 응급구호대의 베라 브리튼은 런던으로 돌아왔고, 맹렬한 유행병 속에서 책무를 다하기 위해 분투했다. 노팅엄에서는 젊은 캐서린 웨이드 달튼Katherine Wade Dalton이 1910년 10월 23일, 레이스마켓 구역의 세인트메리교회에서 결혼식을 올렸다. 그로부터 일주일 뒤 그녀는 스페인 독감으로 쓰러졌고 세인트메리교회에서 장례식이 열렸다. 상심한 캐서린의 남편과 가족은 그녀를 기리기 위해 교회 유리창에 스테인드글라스를 설치했다. 더 이상 시체를 매장할 곳이 없어지자, 지역 의회는 같은 날 빅토리아바스 Victoria Baths 수영장의 물을 빼고 임시 시체 보관소로 운용했다. 그 주간이 끝나는 1918년 11월 16일에는 노팅엄의 사망자가 6만 명에 이르러 전국 최고치를 기록했다.

10월 26일, 런던에서는 평화주의자 캐롤라인 플레인이 다음과 같이 적었다. "인플루엔자가 매우 심각하다. 평화가 임박했음에도 사람들은 기뻐하지 않았다. 기차와 전차 승객들의 얼굴에 우울한 기운이 뚜렷했고, 사람들이 하는 이야기는 온통 인플루엔자로 죽은 슬픈 사례들뿐이었다. 공포감이 널리 퍼졌다."

그로부터 나흘 뒤 그녀는 이렇게 기록했다. "10월 30일자 《맨체스터 가디언》 런던 특파원의 보도에 따르면, 사람들은 인플루엔자에 엄청난 공포감을 느끼고 있다. 의원과 약국은 사람들로 넘쳐난다."

스페인 독감으로 경찰 인력이 부족해져 법과 질서에 위협이 되었으며, 치안 부재가 점차 현실로 다가왔다. 1918년 11월 1일자 《타임스》는 이렇게 보도했다. "메트로폴리탄 경찰 1천445명과 런던 소방대원 130명이 인플루엔자로 병가를 냈다. 어제 오전 7시까지 24시간 동안 런던 시내에서 44명이 갑작스러운 발병으로 쓰러졌고, LCC 구급차에 실려 병원으로 후송되었다." '영국에서 가장 아름다운 여성'으로 불렸던 레이디 다이애나 매너스는 근위 보병 제1연대에서 복무 중인 약혼자 더프 쿠퍼에게 이렇게 편지를 썼다. "이 폐렴 페스트는 정말 무서워요. 아름다운 파멜라 그리어 피츠제럴드Pamela Greer Fitzgerald는 3일 만에 죽었어요." 파멜라 그리어는 스페인 여인에게 희생된 사교계의 많은 꽃 가운데 하나였다. 《태틀러Tatler》잡지로부터 사교계에서 가장 아름다운 여인 중 한 명으로 지목되었고, 포틀랜드스퀘어의 자택을 병원으로 내놓았던 듀보스 테일러Dubosc Taylor도 스페인 독감으로 사망했다. 생존자 중에는 자원봉사 응급구호대에서 근무한 라벤더 슬론 스탠리Lavender Sloane-Stanley 양과 리머릭Limerick 백작의 외동딸 레이디 빅토리아 브래디Lady Victoria Brady도 있었다.

런던 중심부에서는 닥터 배즐 후드가 자신의 매릴본병원Marylebone Infirmary을 지키기 위해 안간힘을 쓰고 있었다. 당시 매릴본은 런던의 낙후한 빈민 구역이었다. 후드의 미출간 회고록을 보면, 들불처럼 매릴본을 휩쓸고 지나간 스페인 독감의 참상을 잘 알 수 있다.

"나는 그 어떤 환자도 거절하지 않았다. 영양실조와 과로에 시달리는 가난한 이곳 주민들의 상황을 잘 알았기 때문이다. 모든 상황을 고려할 때, 진료 결과는 나쁘지 않았다고 생각한다. 물론 이곳 빈민가의 인플루엔자·폐렴 환자는 예후가 좋지 않을 수밖에 없었다."

며칠 사이에 패딩턴병원에서 아픈 병사들에게 감염된 환자 200여
명이 이곳으로 온 뒤, 끔찍한 인플루엔자 유행병이 몰아쳤다. 모든
훈련 과정은 생략되었다. 영웅적인 병원 의료진은 환자들을 먹였고,
기초적 간호를 바탕으로 재빨리 움직였으며, 정신 착란 환자들을 병
실에 붙들어 두었다. 환자는 계속 늘어나고 간호사는 차례로 감염되
어 숫자가 줄어들면서 매일 매일 상황이 악화되었다. 모두 아홉 명,
용감한 간호사들이 잊을 수 없는 이 유행병에 목숨을 잃었다. 지금
도 친구의 목숨을 구하기 위해 용감히 싸우다가 쓰러져 죽어가던 그
들의 모습이 눈에 선하다.

후드는 남은 가족들의 사생활 보호를 위해 동료들의 이름을 익
명으로 처리해줄 것을 요청했다. 그 결과, 다음 발췌문에서 후드의
동료들은 익명으로 등장한다.

10월 말 우리는 첫 간호사를 폐렴으로 잃었고 11월 7일에는 간호사
네 명을 더 잃었다. 마지막 간호사는 우리와 함께 일한 지 4일밖에
안 된 신참이었다. (중략) 특히 기억에 남는 사람은 옆 병동에서 X 간
호사를 돌보았던 간호사다. (중략) 내가 무슨 짓을 하거나 무슨 말을
해도 아무런 소용이 없었다. (중략) 그녀는 그 간호사를 구하겠다는
열망 하나로 자기 자신을 모두 불살랐다. 결국에는 두 사람 모두 희
생되고 말았다. 매력적인 작은 아이리시 간호사는 그렇게 순직했다.
지금도 복도에서 나에게 이렇게 말하고 있는 그녀를 본다. "간호사
님이 조금 나아보이나요? 잘 회복하고 계신가요? 제가 더 해드릴 만

한 것이 없을까요?" 그녀는 한순간도 자기 자신을 생각한 적이 없었다. 그녀의 죽음은 나뿐만 아니라 모두에게 엄청난 타격을 주었다. 나는 그때의 충격을 여전히 극복하지 못하고 있다.

후드의 회고록에는 스페인 독감의 냉혹한 증상 역시 생생하게 묘사되어 있다.

끔찍한 급성 인플루엔자·폐렴에 걸렸던 한 간호사를 기억한다. 그녀는 침대에 가만히 누워 있지 못했다. 침대 옆 벽에 자신을 세워달라고 계속 졸랐고, 연신 피 섞인 가래를 엄청나게 쏟아냈다.
나는 그녀의 삶이 얼마 남지 않았다는 것을 알았고, 소원대로 그녀가 최대한 편안한 자세를 잡도록 해주었다. 이 유행병은 의사로서 내가 경험한 가장 끔찍한 질병이었고 내게 가장 힘든 시간을 선사했다. 1918년 12월 첫 주, 내원 환자는 하루 779명에 이르렀고, 간호 인력은 100명 이하로 떨어졌다.

유행병의 공격은 의료진도 피해가지 않았는데, 후드 역시 마찬가지였다.

11월 말경, 간호사 중 감염된 사람의 숫자는 점차 감소하기 시작했다. (중략) 가장 나쁜 상황은 확실히 지나간 것 같았다. (중략) 그러다가 내가 쓰러졌다. 점차 병실을 찾아다니는 것이 힘들어지는 것을 느끼고 있었다. 건물에 엘리베이터가 있기는 했지만 작동이 너무 느렸기 때문에 다른 층으로 옮겨 다닐 때 그것을 쓸 수 없었다. 당시에 나는 야간 근무를 비롯해서 하루 15~16시간 동안 진료를 했는데, 최대한 빠르게 해야 했다. 4년 반 동안 지속된 전쟁으로 쌓여온 피로와 스트레스가 마침내 한계에 이르렀고, 11월 말 나는 더 이상 진료를 이어갈 수 없게 되었다. 혼자 서 있는 것도 힘들게 되었고, 벽에 기대어 서야 할 정도가 되었으며, 결국 3개월짜리 병가를 받았다.

후드는 전쟁에서 살아남았고, 출간되지 않은 회고록을 사후에 남겼다. 그의 기록을 통해 스페인 독감 유행병 시기의 런던 병원이 어떠한 모습이었는지 생생하게 들여다볼 수 있다.

오스트리아 비엔나에서는 엄청난 재능이 있었지만 추문이 끊이지 않았던 젊은 화가 에곤 실레가 첫 임신 중인 아내 이디스Edith를 돌보고 있었다. 실레는 미성년 소녀를 유혹했다는 죄목으로 형사 고발을 당한 전력이 있었는데, 마침내 가정을 꾸리고 작업에 전념하고 있었다. 그는 천부적인 재능을 지닌 화가였다. 특출한 묘사 능력과 범상치 않은 색감을 갖추었고, 이러한 재능을 거장답게 활용하여 끊임없이 변화하는 듯 보이면서 심하게 왜곡된 듯한 섬뜩한 인물들을 묘사해냈으며, 마치 하늘에서 내려다보는 듯한 관점에서 무언가 찡그린 듯하면서도 희화화된 풍경을 그려냈다. 또한 그는 타고난 약골이었으며, 스페인 독감이라는 흉악한 괴물의 상대가 되지 못했다.

10월 27일, 실레는 어머니에게 이렇게 썼다. "9일 전에 이디스가 스페인 독감에 걸렸고, 폐렴으로 발전했습니다. 또한 지금 임신 6개월입니다. 상태가 매우 위중하여 목숨이 위태롭습니다. 저는 이미 가장 나쁜 상황을 생각하고 있고, 그녀는 호흡하는 걸 매우 힘들어하고 있습니다."

실레는 죽음이 가까웠음을 강하게 느끼고 있었으며, 이는 그의 작품에서도 잘 드러난다. 그는 임종 스케치를 즐겨 그렸다. 1918년 2월, 실레의 멘토이자 상징주의 화가인 구스타프 클림트Gustav Klimt가 뇌졸중으로 쓰러진 뒤 스페인 독감에 걸리자, 실레는 그의 임종을 화폭에 담았다. 10월 27일에는 죽어가는 이디스를 스케치했다. 강렬하면서도 부드러운 그림 속에서 이디스는 슬픔에 젖은 눈으로 그림 밖을 뚫어져라 쳐다보고 있었다. 그녀는 그 다음날 생을 마감했다.

실레는 감염을 피하기 위해 할 수 있는 모든 것을 했다. 하지만 몸이 워낙 약했던 그는 1918년 10월 31일, 히칭거 하우프트슈트라세Hietzinger Hauptstrasse에 있는 장모의 집에서 숨을 거두었다. 그는 죽어가면서 이렇게 말했다. "전쟁이 끝났다, 가야 한다. 내 그림이 온 세상의 미술관에 전시될 테니까."

부고에는 그의 죽음의 아이러니가 잘 드러나 있다.

그는 자신의 이름을 전 세계에 알린 분리파 전시회가 끝난 지 얼마 되지 않아 사망했다. 비엔나에서 가장 유명하고 부유한 화가가 될 기회가 찾아온 바로 그 순간에 죽었다. 또한 그는 옛 오스트리아 제국의 몰락과 함께 세상을 떠났다. 그는 '미술계에서 가장 촉망받던 젊은 인상파 화가'였다. 그의 나이는 불과 28세였다.

1918년 11월 초, 스위스 태생인 소설가 블레즈 상드라르Blaise

Cendrars는 파리 교외에서 끔찍한 광경을 목격했다. 들판에 수북이 쌓인 채 기름이 뿌려진 역병 환자들의 시체가 불타고 있었다. 시내에 더 이상 관이 없었기 때문이었다. 파리에 도착한 상드라르는 유명한 현대주의 시인 기욤 아폴리네르Guillaume Apollinaire(1880~1918)를 만났다. 그는 제1차 세계 대전에 참전하여 숱한 전투와 두부 총상, 두개골 절개와 군진의학[3]을 경험하고도 살아남았으며, 두부 총상으로부터 회복 중이었다. 두 사람은 몽파르나스Montparnasse에서 점심을 함께 먹으며 시사 현안, 전쟁보다 더 많은 희생자를 만든 스페인 독감의 유행에 관해 대화를 나누었다. 그로부터 5일 뒤 상드라르는 아폴리네르가 있는 건물 앞을 지나다가 건물 관리인에게서 그가 스페인 독감에 걸렸다는 이야기를 전해 들었다. 급하게 건물 안으로 들어간 상드라르는 아폴리네르의 아내 자클린Jacqueline을 만났다. 그녀 역시 아팠지만, 검게 변해버린 남편만큼 심하지는 않았다. 상드라르는 급하게 의사를 불렀는데, 의사로부터 손을 쓰기에는 너무 늦었다는 말을 들었다. 아폴리네르는 다음날인 11월 9일 토요일 저녁에 사망했다.

상드라르는 아폴리네르의 장례식에 관한 범상치 않은 기록을 남겼는데, 이는 마치 국장國葬과 블랙 코미디를 결합해 놓은 것 같았다. 장례식은 전통적인 로마 가톨릭 장례식답게 평범하게 시작되었다.

마지막 면죄 선언이 선포된 뒤 아폴리네르의 관이 세인트토마스아퀴나스성당을 떠났다. 관은 깃발로 감싸여 있었는데, 기욤이 썼던 지휘관 헬멧이 화관 사이 프랑스 국기 위에 놓였다. 의장대가 호송대를 서서히 이끌었고, 그 뒤에 가족들이 따라갔다. 그의 어머니와 아내는 상복을 입고 따랐는데, 자클린은 남편을 앗아간 유행병에서 살아남았지만 여전히 매우 약한 상태였다.[4]

그 뒤를 아폴리네르의 가까운 친구들이 따라갔는데, 그중에는 막스 자코브Max Jacob, 파블로 피카소Pablo Picasso가 있었고, 파리의 작가들과 언론이 그 뒤를 이었다. 그런데 장례 행렬이 생제르망Saint-Germain 코너에 이르렀을 때 휴전 협정을 열광적으로 축하 중이던 군중 행렬과 맞닥뜨렸다. 이 군중 속 남녀들은 열렬하게 손을 흔들고 노래를 불렀으며 춤을 추고 서로 입을 맞추었다.

상드라르는 이러한 모습을 견딜 수 없었고, 결국 도중에 연인 레이몬Raymone과 화가 페르낭 레제Fernand Leger와 함께 장례 행렬에서 이탈했다. 상드라르는 이렇게 말했다. "정말 환상적이었다. 파리는 축제 분위기였고, 아폴리네르는 죽었다. 나는 우울하기 그지없었다. 어이없는 상황이었다."

독감에 걸리지 않도록 따뜻한 음료부터 마신 그들은 택시를 타고 페르 라셰즈Père Lachaise 묘지로 갔는데, 장례식은 이미 끝나 있었다. 광대한 묘지 안에서 아폴리네르의 묘를 찾던 그들은 새로 판 무덤 두 개를 발견했고, 작업 중이던 무덤 파는 사람들에게 도움을 청하며 그들을 계속 귀찮게 했다. 결국 무덤 파는 사람들이 그들을 딱하게 생각해, 왜 도움을 줄 수 없는지 설명해주었다. "독감과 전쟁 때문에, 의뢰인들은 우리가 묻는 사람들의 이름을 우리에게 알려주지 않습니다. 숫자가 너무 많기 때문이지요." 상드라르는 찾는 사람이 매우 중요한 인물이며, 기욤 아폴리네르 중위라고 설명했다. 하지만 무덤 파는 이들은 여전히 도움을 줄 수 없었다. 작업 책임자가 대답했다. "예포가 두 차례 울렸습니다. 중위가 두 명이었어요. 어느 무덤이 찾는 분인지 모르겠네요. 직접 찾아보십시오."

일행은 근처에서 한 무덤을 발견했다. 얼어붙은 흙더미는 아폴리네르의 머리를 닮았고, 풀은 그가 두개골 절개 수술을 받은 상처 부위의 머리카락을 닮아보였다. 착시 현상에 충격을 받은 상드라르와 그의 친구들은 무덤을 떠났고, 그곳은 곧 차가운 안개로 뒤덮였다.

상드라르가 말했다. "그 친구였어. 그를 본 거라고. 아폴리네르는 죽지 않았어. 금방 다시 나타날 걸세. 내 말을 명심하라고."

상드라르는 평생 아폴리네르가 죽었다는 사실을 믿지 못했다. 적어도 그에게 아폴리네르는 죽은 자의 왕국이 아니라 그림자의 왕국에 살고 있었다. 그의 이상한 장례식은 말도 안 되는 이야기처럼 느껴졌다. 그 이상한 사건이 프랑스 심령론의 창시자 알란 카르덱Allan Kardec의 무덤 근처에서 일어났다는 사실 또한, 죽음 너머에서 비밀 메시지를 받았다고 생각한 상드라르의 심증을 더욱 굳혀주었다. 카르덱의 무덤에는 이런 글귀가 새겨져 있다. "태어나고, 죽고, 다시 태어나고, 끝없이 진보한다. 그것이 법칙이다."

세계 대전은 끝났지만 '독감 전쟁'은 이어져

프랑스 파드칼레Pas-de-Calais 아르케Arques의 왕립육군의무군단 제18전사상자수송대의 J. 쿡Cook 대위는 인플루엔자 유행병이 발생했음을 깨달았다. 세인트오메르 근처의 크리스천브라더스학교에 추가로 수송대가 배치되었다. 하루에 인플루엔자 환자 600명이 몰려들어 대형 천막을 치고 추가로 병상을 설치했다. 간호사 30~40명과 의료진 40명이 이들을 돌보느라 녹초가 되었다. 이 시점에서 쿡 대위는 영국 신문들의 보도 내용을 냉소적으로 비웃었다. "현재까지 인플루엔자 유행병은 프랑스의 영국 군대에게 아무런 영향을 미치지 않았다."

아르케의 제4통합병원에서는 자원봉사 응급구호대 소속 키티 케니언Kitty Kenyon이 일기에 이렇게 썼다. "이 새로운 독감은 어디에서나 모든 사람을 차례로 쓰러뜨리고 있다." 키티는 특별히 위생병 프랭클린의 죽음을 괴로워했다. "그는 위생병으로 오래 복무했기 때문에 환자들의 마지막 순간을 너무나 잘 알고 있었고, 자신 역시 자신이 돌보았던 환자들과 마찬가지로 들것에 실려 영국 국기를 덮은 채 실려 나갈 것도 알고 있었을 것이다. 얼마나 힘들었을까? 그는 내가 아는 가장 친절한 위생병이었다."

카미에르의 제26통합병원에서 수습간호사로 일했던 마거릿 엘리스Margaret Ellis에게는 인플루엔자 환자를 돌보는 것이 극도로 암울한 일이었다. "그들은 모두 대소변을 가리지 못했고, 계속해서 침대보를 갈고 씻겨주어야 했다. 한 소년을 머리부터 발끝까지 씻겨주었는데, 10분 후에 다시 해야 했던 적도 있었다."

위메르의 제55통합병원에서 근무했던 자원봉사 응급구호대 소속 페기 모튼Peggy Morton은 스페인 독감의 섬뜩한 증상을 이렇게 회상했다. "한 사람이 기억난다. 가림막 너머로 우연히 보게 되었는데 한 위생병이 그를 닦아주고 있었다. 그의 얼굴은 검푸른 색이었다." 페기는 위생병에게 그만두라고 말한 다음, 간호사에게 그 환자의 증상을 보고했다. 그 남자는 그날 저녁 숨을 거두었는데 다음날 아침 이미 그의 몸에서 부패가 진행되고 있었다. "사람들은 인플루엔자라고 말했지만, 우리에게는 무언가 끔찍한 역병처럼 보였다."

수송선을 타고 유럽으로 건너간 미 육군 간호사 메리 돕슨Mary Dobson 역시 그러한 공포를 느꼈다. 메리와 동료 간호사 20여 명은 항해 중에 병이 났다. 하지만 병사 수백 명이 아픈 상황에서 그들을 돌보아줄 사람은 없었다. "온몸이 끔찍하게 아팠고 특히 등과 머리가 아팠다. 마치 머리가 끊어져나갈 것 같았다. 배의 병원칸에서는 끔찍한 악취가 났다. 그 전에도 그 후에도 그처럼 끔찍한 냄새는 맡아본적이 없다. 이 바이러스에는 독이 있었기 때문에 끔찍할 수밖에 없었다."

유럽으로 항해하는 도중에 병사 80명이 죽었지만, 바다에 수장되지는 않았다. 대신 그들은 브레스트로 이송되어 군 묘지에 매장되었다. 날씨가 너무 더웠기 때문에 배의 냉장고에서 모든 부식을 꺼내고 그곳에 시체를 보관해야 했다.

스페인 독감은 인플루엔자가 아니며, 그보다 훨씬 더 사악한 것이라는 공포감이 프랑스 전역에 널리 퍼지기 시작했다. 독감으로 생긴 폐 합병증으로 질식과 청색증 증상이 나타났으며, 이는 콜레라 증상을 연상케 했다는 사실이 이러한 이론에 신빙성을 더해주었다. 프랑스 언어학자 알베르 도자Albert Dauzat는 프랑스 중부 오베르뉴 Auvergne 지역 이수아르Issoire의 한 사례를 소개했다. B라고 알려진 한 정육점 주인은 아들이 알자스 전선에서 폐렴으로 사망했다는 소식을 전해 들었다.

부모에게 병사의 사망 소식을 전달한 군목은 관행대로 관용적 표현을 써서 젊은 병사의 사인을 폐 독감이라고 말했다. 이는 의심의 여지가 없는 사실이었지만, B의 아들이 콜레라로 죽었다는 소문이 떠돌았다.

나처럼 편지를 읽은 사람들이 이렇게 말했다. "독감 때문에 사람이 죽지는 않아. 콜레라가 틀림없어. 참모장교들은 아픈 병사나 군목들에게 자기 마음대로 병명을 쓴다니까." 병사의 아버지도 내 말에 동의하며 이렇게 말했다. "나는 이 스페인 독감이 사실은 콜레라라는 것을 확실히 믿는다. 최근에 전선에서 휴가를 받아 이곳을 다녀간 위생병이 내게 말해주었는데, 수습한 시체들의 몸에 검은 반점들이 있었다고 했다. 그 정도면 확실하지 않은가?"[5]

라스무센Rasmussen에 따르면, '콜레라 괴담'은 집단적 사고의 한 예이다. 모든 과학적 사실에도 불구하고, 인플루엔자가 사실은 콜레라의 일종이라고 믿는 것이다. 스페인 독감의 확산과 그 폭발적 파괴력에 관한 극심한 공포를 보여주는 또 다른 사례는 코르시카Corsica 쿠톨리Cuttoli 마을의 한 의사 이야기에서 찾아볼 수 있다.

쿠톨리에서 사는 한 의사가 어느 토요일에 치과 진료를 위해 며느리와 함께 아작시오Ajaccio로 갔다. 돌아온 지 3일 뒤인 월요일에 며느리가 죽었다. 의사 역시 얼마 뒤 죽었다. 가족들의 요청 때문에 의사의 시신은 보통의 경우처럼 신속하게 매장되지는 않았다.

가까운 친족을 기다렸고, 그가 도착하자 관의 뚜껑을 열었다. 사람들이 몰려가서 시신과 마지막 인사를 나누었는데, 가족 중 아홉 명이 독감에 감염되어 사망했다. 의사의 장례식이 있던 바로 그날, 의사의 시신이 한 시간 반쯤 머물렀던 성당에서 견진성사가 거행되었다. 신자들은 주교 앞에서 나아갔다가 다시 교회로 돌아와 종교 예식 두 개에 참여했다. 그로부터 며칠 뒤 주민 250명이 기관지폐렴에 걸렸고 침대 신세를 지게 되었으며, 주민 1천100명 가운데 450명이 감염되었다. 최종 보고된 감염자수는 600명이었고, 그중에서 54명이 사망했다.6)

야전병원에서 죽음은 다반사였지만 죽음을 지켜보는 것은 여전히 힘든 일이었다. 카미에르의 제26통합병원 소속 수습간호사 마거릿 엘리스는 영국 국기를 싫어하게 되었다. 왜냐하면 죽은 병사를 들것으로 실어나갈 때 항상 영국 국기로 감쌌기 때문이다.

가장 안타까운 사연은 제4통합병원의 간호사 메리 매콜Mary McCall이 들려준 이야기였다. "매우 어린 새댁이 부상당한 남편을 보기 위해 병원으로 왔다. 아마도 병원으로 오기 전에 이미 감염되었던 것 같다. 병동으로 들어온 뒤 얼마 안 되어 쓰러졌기 때문이다." 어린 새댁은 하루 이틀 뒤에 사망했다. 불쌍한 남편에게는 정말 끔찍하게 비극적인 일이었는데, 그 역시 나중에 감염되어 사망했다.

휴전 협정 소식조차 프랑스의 많은 간호사들에게는 별로 위로가 되지 못했다. 마거릿 엘리스는 다음과 같이 씁쓸하게 회상했다. "휴전 협정이 선포된 날, 병동에서는 그 소식을 아는 사람이 아무도 없었다. 모두 정신 착란 증세를 보였고, 너무 증세가 위중해서 소식을 이해할 만큼 의식이 또렷하지 않았다. 한 사람도 이해하지 못했다, 단 한 사람도."

전쟁이 터지자 육군 군무원으로 봉사하기 위해 캠브리지대학교를 떠났던 J.S. 웨인은 프랑스에서 스페인 독감으로 고생했던 생생한 경험을 기록으로 남겼다. 11월 4일에 이미 복통을 느꼈던 웨인은 11월 11일에는 휴전 협정 축하 무드를 즐길 만큼 회복했지만, 그 이후 오랜 기간 질병에 시달려야 했다. "아침에 일어나자 가슴이 뻣뻣했고, 나중에는 두통이 매우 심해졌다. 오후 내내 매우 기계적으로 일을 했다. (중략) 계단을 기어 내려와 군무원들에게 급료를 지불하고 다시 침대로 돌아갔다." 이후, 지나가던 왕립육군의무군단 위생병이 그의 체온을 쟀는데 38.8도였다.

달빛이 환하던 밤, 나는 인플루엔자 환자로 분류되어 들것에 실려 구급차를 타고 제19전사상자수송대로 이송되었고, 대형 천막 안의 병상에 누웠다. 그 뒤 며칠 동안은 기억이 뚜렷하지 않다. 인플루엔자가 점점 약화되기 시작했고, 가벼운 식사를 했으며, 이틀 뒤에는 나이 많은 지휘관으로부터 "증세가 거의 사라진 것 같다"는 말을 들었다. 체온은 13일에 38.4도와 39.2도, 14일에 37.8도와 37.7도였다. 당시 나의 담당의였던 클라크 소령은 곱슬머리였는데, 평온한 모습이었다.[7]

11월 14일은 웨인의 25세 생일이었다. 그는 고향에서 편지 몇

통을 받았고, 어머니에게 손목시계를 받았다.

15일 저녁에는 체온이 39.5도였는데 그 뒤 39.4도 넘게 유지했다. 17일에 닥터 걸링Gurling이 내 담당의사가 되었고, 체온을 네 시간마다 재기 시작했다. 18일 닥터 G는 차트에 폐렴(좌측 폐)을 기록했다. 그날 밤 체온이 40.6도까지 올라갔고, 수간호사가 어머니 집 주소를 물었다. 그 다음은 기억이 희미하다. 더럼 광부 출신 위생병이 나를 닦아주었고, 내 뜨거운 손을 안타까워했던 것이 기억난다. 늦은 오후 간호사를 찾았는데, 당장 올 수 없다는 말을 들었다. 나는 무엇 때문에 간호사를 찾았는지 잊어버렸고, 몸이 몹시 아팠으며, 그러다가 왜 자꾸 생각이 오락가락했는지 깨달았다. 중국인 노무단에 관해 무언가 혼동이 있었기 때문이다. 19~21일, 체온은 37.7~40도를 오르내렸고, 밤에는 수면제를 먹기도 했다. 폐에 이상이 있다는 것을 알 수 있었고, 호흡을 제한하려고 노력했다. 22일, 오른쪽 폐도 감염되었지만, 아직 가장 나쁜 상황은 아니다. 간호사들은 나에게 아스피린, 미스트 암 앤드 카브Mist Amm & Carb(전통적 심장 약으로 쓰이는 탄산암모늄) 그리고 벨라도나8)를 주었다. 이때쯤 나는 다른 천막의 병상으로 옮겨졌는데 스미스 사관이 거기에 있었다. 그는 이틀 내내 밤새 소리를 질러댔고 나는 잠을 자기 위해 수면제를 먹었다. 셋째 날 밤 9시쯤 그가 죽었다. 나는 원래 있었던 천막으로 돌아왔고, 야간 담당 간호사 큘리Kewley가 이야기해줄 때까지 그 사실을 알지 못했다. 23일, 11일간 고열이 지속된 뒤 처음으로 체온이 37.3도로 떨어졌고, 그 뒤로는 0.1~0.2도 이상 올라가지 않았다. 간호사 쿨리는 맨체스터 근교 출신으로 순박하고 친절했다. 닥터 걸링이 매일 와서 나를 진찰했다. 한번은 그가 간호사에게 이렇게 말했다. "이 친구는 세상에서 가장 불평이 없는 친구야."9)

여행을 할 수 있을 만큼 회복되자, 웨인은 들것에 실려 제10환자 수송열차로 옮겨졌다. 열차에는 음식은 있었지만 세면 시설은 없었다. 그 다음 웨인은 루앙으로 후송되었다가, 오랜 시간 밤길을 달려 제8통합병원으로 후송되었다. 거기에서 이틀 밤을 머문 뒤 트루빌Trouville로 이송되었는데, 영국으로 건너가기 위해서는 그곳이 더 용이했기 때문이었다. 웨인은 자신을 담당할 의사가 '알코올 친화적인 의사'임을 알고 안도했다. 그 다음 그는 제74통합병원으로 갔고 제1사관병동으로 이송되었다. 그 병동은 반원형 조립식 막사였는데 그곳에서 12일 동안 지냈다.

리처드 풋Richard Foot 일병 역시 그의 증상 때문에 부대를 잠시 이탈할 수 있었다. 휴전 협정을 얼마 앞두고 풋 일병의 제62사단은 점령군과 함께 독일로 행군하라는 명령을 하달 받았다. 이것은 대단한 영예였는데, 국토방위군 중에서는 오직 두 사단만이 이 작전에 참여할 수 있었다. 다른 하나는 제51하일랜드사단이었는데, 이들 두 사단은 1917년 아브랭쿠르havraincourt 전투와 1918년 마른Marne 전투에서 큰 전과를 거두었다. 하지만 종전을 얼마 앞둔 시점에서 이러한 영예는 전투만큼이나 많은 사상자를 쏟아냈다.

모뵈주Maubeuge에서 쾰른Cologne의 라인 교두보까지 200여 마일을 행군했고, 크리스마스이브에 쾰른 서쪽 아이펠Eifel에 도착했다. 그 이전 22개월 동안 전선에서 작전 중 전사한 인원보다 더 많은 병사가 독감과 그 합병증으로 사망했다. 뚝 떨어진 기온과 종종 눈이 내리는 궂은 날씨 속에 폐렴 환자를 병원으로 후송하는 것은 쉽지 않은 일이었다. 곳곳에 설치된 임시 병원에서 군의관들이 '고군분투했지만' 잘 갖추어진 병원에서 멀리 떨어져 있었고, 병원 열차가 행군 부대까지 다다르기에는 선로의 보수 상태가 좋지 않았다.

독감에서 살아남은 운 좋은 병사들은 행군 도중에 낙오하여, 온정적인 프랑스와 벨기에, 또는 독일 가정집에서 열이 떨어질 때까지 요양을 한 이들이었다. 나 역시 그들 중 하나였다.10)

풋 일병은 벨기에의 티르샤토Thy-le-Château 마을에서 병이 났다. 그는 말을 끌고 하루 종일 걷다가 오후에 몸이 많이 안 좋다고 느꼈다. 설상가상으로 국가가 왈츠풍으로 연주되는 가운데 여단 병력이 통과할 때까지 30분 동안 선 채로 경례를 해야 했다. 병들고 지친 그의 몸이 좌우로 비틀거렸다. 빵집 2층에서 임시 숙영을 하게 된 풋 일병은 황산키니네quinine sulphate 다섯 알을 녹여 넣은 약을 마시고 체온을 쟀다. 체온이 섭씨 40.5도로 나오자 다시 서른 알을 더 먹고 정신을 잃었다. 그의 부대는 그를 놔두고 행군을 계속했고, 그는 따뜻한 침대에서 키니네를 마시며 열이 떨어질 때까지 3일을 더 머물렀다. 그다음 운 좋게 트럭을 얻어 타고 80여 킬로미터 전방에 있던 본대에 합류할 수 있었다.

햄프셔 보틀리Botley 출신인 병장 피터 오텐Fitter Othen은 그리 운이 좋지 않았다. 오덴 병장은 점잖고 능력 있는 군인이었으며, 포대의 창설 멤버였고 능력이 뛰어나 항상 작전 중인 포대와 함께했다. 풋 일병은 독감에 걸린 오덴 병장을 구급 마차에 태웠는데, 그는 고맙다는 표시로 풋 일병의 손을 꼭 잡았다가 놓았다. 오덴 병장은 병원으로 후송되기 전에 죽었다.

일생에서 가장 어두웠던 시기에 관한 풋 일병의 증언은 서리한 돼지에 얽힌 코믹한 일화 덕분에 다소 밝은 분위기로 마무리되었다. 서리한 돼지를 편자공 대원들이 잡았고, 포대 장교들이 통구이를 하여 크리스마스 특식으로 부대원들에게 서빙했다. 독일군 포로들은 그 장면을 경이롭다는 표정으로 지켜보았는데, 독일 사관들이 그토록 격의 없이 사병들과 어울리는 모습을 결단코 본 적이 없었기 때문이다.

그보다 전방의 살로니카Salonica에서는 간호사 도로시 서튼 Dorothy Sutton이 스페인 독감에 감염되어 사투를 벌이고 있었다. 도로시는 버킹엄셔Buckinghamshire 하이 위콤High Wycombe에 있는 어머니에게 보내는 편지에 이렇게 썼다.

지난번에 '독감'에 걸려 편지를 쓴 뒤 3일 동안 침대에 누워 있었습니다. 독감은 올 여름 군대 내에 큰 혼란을 일으켰습니다. 감염되지 않은 사람은 거의 없고, 폐렴으로 사망한 사람만 해도 이 부대가 전쟁에 참여한 이래 사망한 전사자보다 더 많습니다. 3일 뒤에 다시 근무에 복귀했지만, 저는 꽤 잘 지내고 있습니다. 휴전 협정이 조인될 당시 저는 침대에 누워 있었는데, 예포 소리가 들렸습니다. (중략) 그

래서 전투가 중지되었다는 사실을 곧 알 수 있었습니다.[11]

전쟁은 마침내 끝났고 많은 사람이 안도의 한숨을 내쉬었지만,
스페인 여인은 싸움을 그칠 생각이 전혀 없었다.

18장

휴전 기념일

휴전 축하 군중 속으로 몰래 파고든 재앙

1918년 11월 11일 아침, 캐롤라인 플레인은 햄스테드의 집에서 런던 시내의 챈서리레인Chancery Lane으로 떠났다. 처음에는 모든 것이 평상시와 다름없는 여정처럼 보였다.

그날 아침, 햄스테드에서 승합차를 타고 챈서리레인으로 가는 길이었다. 모든 것이 여전히 전쟁 중인 것처럼 보였다. 그러다가 모닝턴Mornington 지하철역에 이르렀을 때쯤이었다. 갑자기 대포 소리가 나더니 머리 위에서 굉장한 폭발음이 울려 퍼졌다. "공습이다, 공습이야!" 한 여인이 집에서 뛰쳐나와 걱정스럽게 하늘을 올려다보았다. 그러다가 이것이 휴전을 의미하는 것일지도 모른다는 생각을 미처 하기도 전에, 사람들이 건물에서 거리로 쏟아져 나왔다. 마침내 전쟁이 끝났다. 전쟁 무기들을 내려놓은 것이다. 군중이 급속하게 늘어났다.[1]

축하의 대부분은 별다른 불상사 없이 이루어졌다. 항공부 옥상에서 축하 폭죽이 터지자 한 관료가 "공습이다! 모두 피해!"라고 소리친 에피소드는 있었다. 교회 종소리가 일제히 울렸고, 애국의 합창 소리가 울려 퍼졌으며, 강에서는 예인선들이 뱃고동을 크게 울렸고, 11시가 지나자 시장 관저 근처에는 엄청난 인파가 몰려들어 런던의 심장부를 가득 채웠다. 《데일리 익스프레스》는 이렇게 보도했다. "모두의 마음에서 우러나오는 기쁨 속에 노래와 성가와 영광스러운 찬가 〈만복의 근원 하나님Praise God from whom all blessing flow〉의 화음이 울려 퍼졌다." 또한 신문은 독자들에게 다음과 같은 사실을 상기시켰다. "11월 11일은 프랑스 병사들이 위대한 성인을 기리는 날, 성 마르틴 축일Martinmas이었다."

의회 삽화가 마이클 맥도나Michael MacDonagh 역시 깜짝 놀랐다. 경찰서와 소방서에서 발사된 대포 소리가 울려 퍼졌고, 근처 사람들이 외치는 소리가 멀리 퍼져나갔다. 그는 밖으로 나가서 무슨 일인지 물어보았다. 사람들이 외쳤다. "휴전이오! 전쟁이 끝났소!" 하지만 맥도나는 기쁜 소식에 흥분이 되면서도 한편으로 묘한 기분이 드는 것을 부정할 수 없었다. 뛸 듯이 기쁘지는 않았다. 전쟁이 끝났다는 안도감은 있었다. 더 이상 연합국이 패망하는 끔찍한 일은 없을 것이라는 안도감이었다.

휴전 기념일에 많은 사람이 맥도나의 감성에 공감했다. 독일과 치른 전쟁은 끝났지만, 런던을 겨냥한 스페인 여인의 공세는 멈추지 않았다. 지난 2주 동안 2천 가구 넘게 사랑하는 사람을 인플루엔자로 잃었다. 육군부나 해군부로부터 남편, 아들, 형제가 집으로 돌아올 수 없다는 전보를 받고 슬픔에 빠진 가정도 많았다. 이들에게 전쟁은 비극일 뿐이었고, 휴전 기념일이었지만 괴로움 속에서 홀로 있고 싶을 뿐이었다. 로체스터Rochester대성당의 주교 역시 휴전 기념일 감사 예배를 담담하게 진행했다. 그는 아들이 바다에서 죽었다는 소식을 불과 몇 시간 전에 통보받았다.

4년 동안 이어졌던 전쟁의 휴전 소식은 어떤 이들에게는 아무런 감흥도 전해주지 않았다. 소설 《밤과 낮Night and Day》의 마지막 장을 집필 중이던 버지니아 울프는 길 건너에서 일하고 있던 주택 페인트 기술자를 창문 너머로 힐끔 쳐다보았다. 예포가 울려 퍼지자 페인트 기술자가 하늘을 한 번 쳐다보고는 다시 일을 계속하는 모습을 지켜보았다. 울프 역시 그처럼 소설 작업을 이어갔다. 친구 윌프레드 오언을 포함하여 여러 친구들의 사망 소식을 들은 시인 로버트 그레이브스는 웨일스의 군 캠프 근교를 걸으며 죽은 이들을 생각하고 눈물을 흘렸다.

많은 사람이 여전히 끔찍한 고통과 이별로 괴로워하는 동안 또 다른 많은 사람들은 미친 듯한 축하로 종전을 기념했다. 휴전 기념일은 열광적인 파티를 갈구하던 런던 시민을 위한 좋은 구실이 되었다. 축제 분위기는 '마페킹의 밤'(1900년 1월 1일, 제2차 보어전쟁 중 오랜 기간 포위되었던 남아프리카의 도시 마페킹이 해방된 것을 축하하는 행사)을 넘어섰다. 맥도나는 이렇게 썼다. "오늘의 축제 분위기는 다른 행사들을 완전히 압도했다. 사람들은 자제력을 완전히 포기해버렸다. 시내와 웨스트엔드의 거리 수십 곳이 인파로 메워졌고, 시외곽 지역도 나름대로 도심의 소동에 동참했다." 이는 옛 영국의 영화를 떠올리게 하는 효과를 냈다. 옛 영국의 분위기가 물씬했다. 마치 엄청나게 스케일이 큰 햄스테드 히스Hampstead Heath의 공휴일 같았다. 차분한 캐롤라인 플레인마저 흥분 속으로 빠져들었다.

대단히 활기가 넘치는 모습이었다. 외치는 소리, 부르는 소리, 휘파람 소리가 울려 퍼졌다. (중략) 챈서리레인에는 활기가 넘쳐흘렀다. (중략) 챈서리레인 모퉁이에 서 있던 늠름한 경찰관은 손뼉을 치며 춤추자고 조르는 소녀들에게 둘러싸였다. 그는 위기에 능숙하게 대처했다. 조금도 동요가 없는 엄숙한 표정으로 아무 말 없이 소녀들이 서 있던 좁은 골목에서 소녀들을 한 명씩 차례대로 돌려세웠다. 마치 새로운 세계가 시작되기라도 한 듯, 관습과 전통은 녹아내렸다. 사관과 병사들이 동등한 관계로 어울렸다. 사병들이 사관들을 훈련시켰고, 군수 공장 여직원들이 장교와 사병들로 구성된 소대를 지휘했다. 군국주의 정신은 코미디로 바뀌었다.[2]

마이클 맥도나에 따르면, 런던은 완전히 통제력을 상실했다.

나는 웨스트민스터에서 급하게 서둘렀다. 오늘 같은 날에는 국회의사당과 버킹엄궁전 근처에서 가장 재미있는 일들이 벌어질 것이라고 생각했다. 전차는 초만원이었고, 흥분한 승객들은 웃거나 떠들었으며, 조용히 생각에 잠긴 이들도 있었다. 아이들은 모두 학교에서 일찌감치 하교했다. 우리가 '더혼스'[3] 근처 케닝턴로드Kennington Road에 있는 초등학교를 지나갈 무렵 소년소녀들이 쏟아져 나와 미친 듯이 소리를 지르고 발을 굴렀다. 가게들에는 임시 휴업을 알리는 팻말들이 많이 붙어 있었다. 상점들은 마치 일요일처럼 셔터를 내렸다. 오늘 같은 날 도대체 어떤 사람이 일을 할 수 있을까? 자전거를 탄 보이스카우트들은 공습 후에 늘 그랬듯이 "경보 해제!"라고 외치며 지나갔다.[4]

맥도나는 웨스트민스터브리지 지하철역에서 석간신문 가판대를 보았는데, 종이가 부족했던 터라 몇 년 만에 처음 보는 광경이었다. "런던이 정상적인 삶으로 돌아온 것을 보여주는 신호였다. 그리고 그 신문에는 이런 헤드라인이 있었다! '모든 전선에서 전투가 중단되었다!' 만세!"

웨스트민스터의 국회의사당에서는 빅벤이 4년의 침묵을 깨고 다시 종을 울릴 준비를 하고 있었다.

나는 시계탑을 올려다보았다. 정오까지 채 5분이 남지 않았다. 시계 관리를 담당하는 콕스퍼스트리트Cockspur Street의 덴트 앤드 컴퍼니 Dent & Co 직원들이 매 정시를 알리는 장치가 다시 작동할 수 있도록 준비를 끝내둔 상태였다. 매 정시를 알리는 장치는 15분마다 차임을 울리는 것보다는 덜 복잡한 메커니즘이었다. 시곗바늘이 열두 시를 가리키자, 빅벤은 그만의 깊고 엄숙한 톤으로 정시를 알리기 시작했다. 너무나 친숙하고 오랜 소리였다. 가장 감동적인 순간이었다. 의회 광장에 모인 군중은 마지막 종소리가 울릴 때까지 조용히 침묵 속에 서 있었다. 그러고는 일제히 함성을 내질렀다.[5]

비록 날씨는 비 예보와 함께 흐리고 우중충했지만, 그 누구도 날씨를 신경 쓰지 않았다. 팔러먼트스트리트와 화이트홀은 사람들로 가득 찼고, 거리는 온통 흥분의 도가니였다. 런던은 비즈니스는 접어두고, 거리로 뛰쳐나가 소리 지르고, 노래 부르고, 춤추고, 울고, 무엇보다 스스로 완전히 망가지려는 충동에 사로잡혔다.

국회의사당 주변은 초만원이었고, 많은 승합차, 택시, 자동차들은 실내뿐 아니라 지붕까지 군인과 민간인을 가득 채운 채 대로를 겨우 지나다녔다. 승객들은 인도의 보행자들보다 더욱 흥분한 목소리로 소리를 지르고 노래를 부르며 손짓을 해댔다. 사람들은 소음을 만들기 위해 최대한 목청을 끌어올렸을 뿐만 아니라, 소음을 만들 수 있는 것이라면 그 무엇이라도 차고, 던지고, 두드리고, 짓이겼다.

소동 속에서 맥도나는 다양한 소음을 들을 수 있었다.

자동차의 경적 소리, 자전거의 핸드벨 소리, 쟁반을 두드리는 소리, 경찰의 호루라기 소리, 장난감 트럼펫의 찢어지는 소리 등이 어울려 지옥의 오케스트라를 이루었다. 많은 익살스러운 장면 중에 정복을 입은 대령이 자동차 지붕에 앉아서 저녁 식사를 알리는 종을 울리는 모습과 실크 모자에 영국 국기를 꽂은 교구 목사가 교구 주민들을 이끌고 행진을 하면서 힘차게 노래를 부르는 모습이 있었다.[6]

혹시라도 전쟁이 끝났다는 것을 의심하는 사람이 있다면, 화이트홀 정부 청사의 여직원들이 저지른 미친 짓을 보는 것으로 충분히 의심을 해소할 수 있었다. 그들은 청사의 창문을 통해 모든 전쟁 관련 서류 양식을 사람들 머리 위로 던져버렸다. 엄청나지 않은가!

버킹엄 궁전 주위에도 수많은 인파가 몰려들어 소형 국기를 흔들었고, 한목소리로 "우리는 왕을 알현하기를 원한다!"라고 외쳐댔다. 빅토리아 기념비는 기어오르는 엄청난 인파 때문에 거의 없어질 뻔했다. 왕과 왕비가 궁전의 발코니에 나타나자 군중은 '희망과 영광의 나라Land of Hope and Glory'[7]를 열창하며 그들을 열렬히 반겼다. 그다음 '티퍼러리Tipperary'[8]를 불렀는데, 이는 슬픈 추억을 불러일으켰다. 맥도나는 궁금했다. '전쟁 초기에 이 노래를 불렀던 젊은이들 중에 몇이나 집으로 돌아올 수 있을까?'

트라팔가Trafalgar 광장에서는 모자와 작업복을 입은 채로 군수공장을 뛰쳐나온 군수품 제조 여공들이 군인들과 어울려 즐겁게 뛰놀았다. 흥에 겨운 초급장교들이 나타나 경찰 호루라기를 불면서 영국 국기로 치장한 대형 테디 베어 주위를 돌며 춤을 추었다. 일단의 미군들은 '리온Lyons'이나 A.B.C. 찻집에서 가져온 웨이트리스 쟁반을 탬버린처럼 두드리며 '양키 두들Yankee Doodle'을 불렀다. 택시들은 각기 지붕에 식민지 병사와 소녀를 태운 채 천천히 거리를 지나갔다.

실크 모자와 프록코트를 입은 증권거래소 직원들은 돌멩이를 넣은 깡통주전자를 든 '밴드'를 이끌고 강둑길에서 노섬벌랜드애비뉴Northumberland Avenue까지 행진했다. 이들이 만들어낸 음악은 '지옥의 달그락 소리'였다.

이 광경을 지켜본 맥도나는 마치 대규모 집들이처럼 성대한 가족 파티를 즐기는 듯한 인상을 받았다. 새로운 런던의 시작을 축하하면서, 수년간 지속된 근심과 걱정을 뒤로하고 평화와 안녕의 새 시대를 알리는 축제였다. 유례없는 사건에 걸맞게 모든 사람이 참여해서 마음껏 흥을 돋우었다. 자기 절제와 가식을 모두 던져버리고 성대한 유흥에 완전히 빠져들었다.

경찰과 군대는 모닥불과 불꽃놀이에 관한 기존의 규제를 일시 철폐했다. 땅거미가 진 뒤, 켄트주의 하이드Hythe 시민들은 독일 황제 인형을 불사를 수 있었다. 비록 현실에서는, '영국이 가장 싫어하는 사람'은 그날 밤 벤팅크Bentinck 백작의 초대로 네덜란드 아메롱겐Amerongen에서 만찬을 즐겼지만 말이다. 집안에 불을 켜는 것에 관한 규제 역시 철폐되었다. 체펠린 비행선의 공습이 시작된 뒤 '어스름한 불빛dim glimmer'이 의무화된 이래 처음으로 대도시의 밤이 다시 환하게 밝혀졌다. 그날 늦은 밤, 정부는 전시국토방위법Defence of the Realm Act을 중단했을 뿐 아니라 강력한 탐조등을 밝혔다.

런던 시민들과 휴가 나온 군인들이 트라팔가 광장을 가득 메웠고, 서로 손을 잡고 노래를 부르며 춤을 추었다. 근위 보병 제1연대에서 대위로 복무했던 작가 오스버트 시트웰Osbert Sitwell에게는 그런 광경이 마치 브뤼겔 더 엘더Bruegel the Elder의 작품 〈케르메스Kermesse〉의 한 장면처럼 보였다. 시트웰 대위는 〈발레뤼스Ballets Russes〉 공연을 위해 런던에 체류 중이던 발레 단장 세르게이 디아길레프Sergei Diaghilev, 댄서이자 안무가인 리오니드 마시네Leonide Massine와 함께 트라팔가 광장과 템스강 사이에 있는 아델피Adelphi에서 개최된 파티에 참석했다. 파티에 참석한 명사 중에는 D.H. 로렌스와 독일 태생 아내 프리다Frieda가 있었다. 프리다는 7개월 전 전사한 전설적인 비행사 바론 폰 리히토펜Baron von Richthofen의 사촌이었다. 근처에 있는, 트라팔가 광장이 내려다보이는 유니언 클럽에서는 '아라비아의 로렌스' T.E. 로렌스Lawrence가 전쟁에 참여했던 두 고고학자 친구와 함께 저녁을 먹으며 조용히 축하에 참여했다.

근위 보병 제1연대의 더프 쿠퍼 중위는 축하할 기분이 아니었지만 밖으로 나갈 수밖에 없었다. 그는 리츠Ritz에서 약혼녀 레이디 다이애나 매너스와 저녁을 먹었다. 더프는 일기에 이렇게 썼다. "엄청나게 사람이 많았다. 음식이 나오는 시간은 무지하게 길었고, 막상 나온 음식은 차갑고 끔찍했다. 전혀 즐겁지가 않았고, 다이애나와 나는 될 수 있는 대로 빨리 그곳을 빠져나와 세인트제임스스트리트로 돌아왔다. 거리는 미친 열기로 가득했다. 다이애나와 나는 우울한 기분이 들었고, 그녀는 감정에 북받쳐 흐느꼈다."

다음날 아침 잠에서 깬 더프는 열이 나는 것을 느꼈다. 침대에 누운 채로 이런 생각을 했다. '전쟁에서 살아남았다가 런던의 아파트에서 독감으로 죽는다면 얼마나 아이러니할까.' 다음 달 더프의 누이 스테피Steffie가 독감에 걸린 뒤 폐렴으로 악화되었다. 더프는 도버스트리트에서 의사 닐 아노트Neil Arnott를 만났다. 의사는 스테피가 몇 분 전에 숨을 거두었다고 말했다. 지난 밤 열이 떨어지고 상태가 호전되는 것처럼 보였지만, 이미 그녀의 폐에는 독이 가득 찼고, 희망이 없다는 것을 알고 있었다.

콜로라도에서는 캐서린 앤 포터가 휴전 협정에 관한 자신의 반응을 소설《청황색 말, 청황색 말 탄 자》에 담았다. 캐서린의 또 다른 자아인 미란다Miranda[9]는 침대에 누워 자다가 병원 밖 거리의 대혼란에 잠에서 깨었다. "종들이 일제히 울려댔고, 공중에서 소리들이 서로 충돌하여 뒤엉켰다. 경적 소리, 휘파람 소리, 사람들의 외침 소리가 대기를 갈랐다. 검은 창 너머로 섬광이 번쩍였다가 어둠 속으로 사라졌다."

미란다가 무슨 일이냐고 묻자, 간호사 미스 태너가 대답했다. "들려? 환호하고 있잖아. 휴전이야. 전쟁이 끝났다고."

하지만 연인 아담을 스페인 독감으로 잃은 미란다는 기뻐할 기분이 아니었다. 미국 국가를 부르는 늙은 여인들의 노랫소리가 종소리에 묻혀 들리지 않게 되자 미란다가 고개를 돌려 이렇게 말했다. "부디 창문을 열어주세요, 제발. 여기는 죽음의 냄새가 가득해요." 그녀가 간청했다.

휴전 소식은 미란다를 멍하게 만들었다. "더 이상 전쟁도, 더 이상 재앙도 없다. 대포 소리가 그친 정적만이 가득하다. 커튼을 드리운 조용한 집들, 텅 빈 거리, 암울한 내일. 하지만 이제 모든 것이 새롭게 시작이다."

전쟁에 나갔던 아이들이 집으로 돌아온다!

코네티컷주의 뉴헤이븐에서는 유행병으로 많은 친구들을 잃은 존 델라노가 휴전 소식을 들었다.

소방서는 휘슬을 울렸고, 공장들은 증기 휘슬을 불었으며, 사람들은 거리로 뛰쳐나와 냄비와 솥을 두들겼다. 전쟁에 나갔던 아이들이 집으로 돌아온다! 뉴헤이븐의 그랜드스트리트에서는 성대한 퍼레이드가 펼쳐졌고, 모든 참전용사들이 철모와 각반을 착용하고 군복 차

림으로 행진했다. 사람들은 깃발을 흔들었고, 울고 껴안으며 키스를 했다.[10]

노스캐롤라이나주의 골즈보로Goldsboro에서는 댄 통클이 아버지의 당구 친구들 때문에 해도 뜨기 전에 잠에서 깼다. 그들은 아버지 가게 밖에 드리운 대형 미국 국기를 빌리고 싶어 했다. 몇 시간 뒤 깃대에 꽂힌 깃발은 마을을 통과하는 승리 퍼레이드를 선도했다. 댄에게는 즐거운 시간이었다. 사람들은 공포를 잊은 채 거리로 쏟아져 나와 서로 껴안고 입을 맞추었다. 진정 기쁘고 즐거운 시간이었다. 거대한 인파가 골즈보로를 행진했다.

퍼레이드가 지나간 뒤 골즈보로의 삶은 급속히 정상으로 복귀했다. 마치 스위치를 켠 것 같았다. 비즈니스와 극장은 다시 문을 열었다. 학생들은 학교로 돌아갔다. 농부는 다시 농산물을 가득 실은 손수레를 끌고 나왔으며, 다른 상인들도 1, 2주 안에 모습을 드러냈다.

필라델피아에서는 부모와 함께 스페인 독감에서 회복한 콜롬바 볼츠가 더 이상 죽은 자를 위해 '뎅, 뎅, 뎅' 울리는 조종 소리를 괴로워하지 않게 되었다. 대신에 "교회 종소리는 다시 아름답게 울려 퍼지기 시작했다. 그날 필라델피아의 모든 교회 종들이 울렸는데, 그것은 진정 최고로 아름다운 소리였다. 종소리와 함께 모든 사람이 집 밖으로 나왔다. 독감 따위는 잊어버리고, 다시 함께 모여 전쟁이 끝났음을 축하했다. 다시 내 삶에 기쁨이 되돌아왔음을 느꼈다."[11]

안나 밀라니의 활기찬 이탈리아 동네에도 거리의 삶이 제자리를 찾았다. "모든 아이들이 다시 밖으로 나와 놀기 시작했다. 어부는 신선한 생선을 실은 수레를 끌고 왔다. 손수레 상인은 싱싱한 채소를 팔았다. 나의 어머니, 모든 어머니들이 밖으로 나와 생선과 채소를 샀다."12)

휴전 기념일의 축하에 관한 기록 말미에서 마이클 맥도나는 이렇게 결론을 지었다. "너무나 오랜 시간 우리는 죽음과 파괴의 그림자에 억눌려 있었다. 이제 우리는 다시 앞을 바라본다. 삶의 빛을 바라본다. 적어도 우리에게는 전쟁에서 돌아오지 못하는 이들 때문에 흘린 눈물로 삶의 빛을 잃는 일은 없을 것이다."

불행하게도 이 '삶의 빛'이 모든 사람을 비추지는 않았다. 닥터 빅터 본이 관찰했듯이, 11월에 휴전 협정은 조인되었지만 의학과 질병 사이에는 휴전이 있을 수 없었다.

전쟁은 끝났지만 스페인 여인은 사라지지 않았다. 맨체스터에서는 보건국 책임자 닥터 제임스 니벤이 대규모 집회가 불러올 재앙을 경고했음에도 불구하고, 휴전을 축하하기 위해 앨버트스퀘어에 운집한 군중 사이를 스페인 여인이 활보했다. 《맨체스터 이브닝 뉴스》가 "많은 사람이 집을 뛰쳐나옴으로써 미생물 수억 개가 전파되었을 가능성"을 우려했음에도 사람들은 니벤의 경고를 무시했고, 수천 명이 시내로 쏟아져 나와 휴전을 축하했다. 1918년 11월 마지막 주, 니벤은 한 주에 383명이 인플루엔자로 사망했다고 기록했다. 이는 6월 마지막 주에 비해 두 배나 되는 숫자였다. 진정한 재앙이 도시를 덮쳤다.

캐나다에서는 스페인 여인이 귀향한 군인들과 함께 여행을 계속했고, 뉴질랜드에서는 치명적인 '휴전 독감'을 촉발했다.

19장

검은 11월

지금껏 겪지 못했던 죽음의 끔찍한 모습들

1918년 11월 12일 화요일 9시 정각, 휴전 협정이 조인된다는 소식이 뉴질랜드에 도착했다. 소식이 전파되자 주요 도시와 마을의 주요 도로는 축하 인파로 넘쳤다. 전차는 운행을 중지했고 상점과 회사들은 문을 닫았으며 법원도 휴원했고, 극장 역시 대중을 즐겁게 해주기를 포기했다. 일상이 중지되었는데, 거리를 멈춘 것은 스페인 여인이 아니라 환희였다. 거리의 모든 시민이 손에 깃발을 든 것처럼 보였는데, 여기서 모든 시민이란 수천 인파를 뜻했다.

크라이스트처치에서는 열여섯 살 난 목공 수련생 스탠 세이모어 Stan Seymour가 다음과 같이 회상했다.

휴전 축하를 위해 성당 광장에 갔던 것을 기억한다. 내가 본 것 중에 가장 큰 인파가 몰렸다. 해외에서 막 돌아온 군인들도 있었고, 기쁨에 겨운 군중은 만취해 있었다. 사람들은 전혀 모르는 사람을 껴

안고 입을 맞추었다. 사람들이 너무 많아서 다른 사람들의 팔꿈치가 내 갈비뼈를 찔렀고, 큰 장화들이 내 발가락을 밟았다.[1]

고어Gore 출신 젊은이 알렉스 디키Alex Dickie에 따르면, 그 다음 날은 공휴일로 지정되었고 쇼그라운드에서는 휴전 축하 행사가 마치 스포츠 축제처럼 열렸다.

우리 고어스쿨 학생들은 그곳으로 행진을 했고, 열차들은 쉬지 않고 '힙, 힙, 후라Hip, hip, hurrah' 하고 휘슬을 울렸다. 우리가 행진하는 동안, 백발 넬슨 선생님이 각 반을 차례로 따라오면서 다음날 학교 에 나오지 말고 통지가 있을 때까지 집에서 대기하라고 했다. 그때 부터 긴 여름 방학이 시작되었다.[2]

하지만 이러한 장밋빛 분위기는 전혀 즐겁지 않은 방향으로 바 뀌었다. 갑작스러운 인플루엔자 유행병 발생으로 학교들이 문을 닫 았고, 거리에는 휴전을 축하하는 사람들이 있었지만 어떤 이들은 이미 통곡을 하고 있었다. 당시 오클랜드Auckland 근교의 오네홍가 Onehunga에서 살았던 가정주부 로라 하디Laura Hardy는 휴전 기념일 을 이렇게 회상했다. "하루 종일 장례 행렬이 우리 집 앞을 지나갔다. 거친 나무판으로 만든 관 수백 개였다. (중략) 이런 슬픔과 비통에 휩 싸인 마을에 휴전 뉴스가 도착했다. 정말 기뻐하는 가정은 거의 없었 다."

케이트 쇼Kate Shaw의 형제 앵거스 카너챈Angus Carnachan 병장은 젊은 군인이었으며, 페더스톤Featherstone 군대 캠프에서 복무 중 휴전 소식을 들었다. 아직 인플루엔자에서 완전히 회복하지 않았던 앵거스는 마을로 들어가 축하에 동참했다가 다시 병이 재발했고 결국 사망했다. 케이트는 다음날 시누이를 데리러 갔던 '악몽의 기차 여행'을 이렇게 회상했다. "가는 길 내내 유행병으로 생을 마감한 사람들의 장례 행렬을 볼 수 있었다."

크라이스트처치에서는 어린 스탠 세이모어도 나서서 스페인 독감 희생자들을 돕는 데 힘을 보탰다. 스페인 독감이 그가 사는 펜덜튼Fendalton이라는 부유한 동네를 덮쳤고, 그는 병든 사람을 도우러 나선 어머니를 따라 식료품을 나르고 집 청소를 도왔다. 며칠 만에 가장 부유한 집들마저 썩어가는 음식과 흘러넘치는 요강으로 악취가 진동하기 시작했다. 스탠은 "어머니가 드레스의 긴 소매를 걷어붙이고 쓰레기들을 치우기 시작하던 모습을 기억한다"고 회상했다.

다른 모든 악취보다 더욱 심한 악취가 있었다. 누군가 죽어서, 시신 수습을 기다리는 집에서는 매우 독특한 냄새가 났다. 썩은 음식이나 흘러넘친 요강의 냄새와는 다른 특이한 냄새였다.

이미 전쟁에 동원되었던 뉴질랜드의 의사와 간호사들은 유행병에 대처하기 위해 분투했다. 그중에서 단연 돋보이는 인물은 닥터 마거릿 크룩섕크Margaret Cruikshank였다. 그녀는 1897년 여성으로서는 두 번째로 오타고의대를 졸업했고, 여성 최초로 의사 면허를 받은 뒤 진료를 시작했다. 그녀는 또한 에딘버러와 더블린의대에서도 공부했다. 닥터 크룩섕크의 동료 닥터 바클리Barclay가 군의무대에 자원하자 그녀가 홀로 진료를 책임졌고, 닥터 바클리의 자동차도 물려받았다.

유행병 기간 동안 닥터 크룩섕크는 쉬지 않고 진료했고, 운전기사가 인플루엔자에 감염되자 자전거를 타고 마을 회진을 돌았으며, 먼 곳을 가야할 때에는 말을 이용했다.

웰링턴의 닥터 데이비드 로이드 클레이David Lloyd Clay는 이미 인플루엔자 유행병을 경험한 적이 있었기 때문에, 1918년 새 유행병이 웰링턴을 덮쳤을 때 처음에는 별로 걱정을 하지 않았다. 그는 영국과 웨일스에서 8천800명의 목숨을 앗아갔던 1889~1990년 러시아 독감 유행병 기간에 맨체스터병원에서 인턴을 했었기에 이 유행병을 잘 안다고 생각했다. 그는 당시 영국의 환자들에 관해 이렇게 말했다. "사망자는 대부분 나이가 매우 많은 분들이었고, 합병증은 드물었다." 하지만 이 새로운 변종 인플루엔자의 증상이 심상치 않다는 것을 깨닫고는 점점 더 걱정을 하게 되었다.

> 1918년 독감은 임상적으로 매우 다른 양상을 보였다. (중략) 감염 초기에 고통의 징후가 나타났고, 24~36시간 안에 심각한 증상들이 나타났다. 두통은 매우 격렬했다. 정신 착란은 때로는 약하게 때로는 심하게 나타났고, 미친 듯이 맹렬하게 발현되는 경우도 있었다. 거의 모두 극심한 흉부 통증을 느꼈다. 환자들은 흔히 자신의 고통을 이렇게 표현했다. "선생님, 내 속의 내벽이 다 뜯겨나간 것 같아요." 사람들은 고통 중에 소리를 질렀고, 특히 증상이 심한 경우 크게 소리를 질렀다. 체온은 40도까지 올랐고, 기침이 심해지면 코와 폐에서 피가 나왔으며, 어떤 경우에는 직장rectum 출혈도 있었다.[3]

닥터 클레이는 유행병 기간 중에 극도로 과로했다. 스페인 독감이 웰링턴에 나타난 지 4일째 되는 날, 그는 쉬지 않고 22시간 동안 진료를 했는데, 240킬로미터를 다니며 152곳을 회진했다. 가정마다 평균 환자 두 명을 진료하는 강행군이었다.

어린 아서 코맥Arthur Cormack은 휴전 기념일 기간 동안 고어Gore의 고향 마을이 변해가는 모습을 지켜보았다.

시내는 유령 도시 같았다. 절반이 넘는 회사가 문을 닫았고, 문을 연 곳도 곧 닫을 것 같았다. 오후 과업을 수행 중인 보이스카우트를 제외하고, 돌아다니는 사람이 아무도 없었다. 보이스카우트들은 재난을 입은 집들에 구운 쿠키를 전달하는 일을 훌륭히 해냈다. 이 음식은 미스 맥허치슨MacHutchison과 피전Pigeon 부인이 고어고등학교 뒤편 요리 기술 학원에서 준비한 것이었다. 그들은 다른 봉사자들과 함께 여러 어려운 가정들에게 말로 표현할 수 없는 도움을 주었다.[4]

사람들은 도움이 절실히 필요했다. 한 여인이 한 사례를 회상했다.

그 이야기는 평생 내 기억 속에 남아 있다. 한 어린아이가 배가 너무 고픈 나머지 정육점을 찾아가 고기를 조금 달라고 했다. 고기를 얻은 그는 어떻게 요리하면 되는지 물었다. 정육점 주인은 왜 어머니에게 요리해달라고 하지 않는지 물었다. 아이는 부모님이 침대에서 잠이 들었는데 이틀이 지나도록 일어나지 않는다고 대답했다. 아이

와 함께 집을 방문한 정육점 주인은 영원히 잠들어 있는 아이의 부모를 발견했다.5)

크라이스트처치에서는 어머니를 도와 인플루엔자 환자를 돕던 어린 스탠 세이모어가 스페인 독감에 걸렸다.

나는 열이 매우 높았고 땀을 많이 흘렸다. 잠옷과 침대보가 흥건히 젖어버렸다. 어머니는 잠옷을 꼭 짜주겠다고 말씀하셨다. 어머니가 열을 내리기 위해 스펀지로 나를 닦아주셨다. 망상은 독감의 또 다른 특이한 증상이었다. (중략) 전에는 이런 망상을 가져본 적이 없었다. 무섭고, 혼란스럽고, 통제할 수 없는 끔찍한 망상이었다.
겨드랑이가 엄청나게 부어올랐다. 너무 부어올라서 팔을 옆으로 가만히 내릴 수 없을 정도였다. 허벅지에는 큰 자줏빛 검은 반점이 생겼다. 누구라도 중세의 흑사병 증상과 비슷하다는 것을 알 수 있었다. 어떤 사람들은 이 증상이 단순히 독감이라고 했지만, 오히려 역병에 더 가까운 것으로 보였다.

스탠은 이 알 수 없는 치명적인 질병의 기원에 관해 나름 이론을 갖추고 있었는데, 유럽과 남아프리카 그리고 미국의 많은 독감 희생자들도 비슷한 생각을 했다. "나는 여전히 이 질병이 제1차 세계 대전 때 전쟁터의 무인지대에서 버려진 채로 썩어간 시체들과 뭔가 관련이 있다고 생각한다. (하략)"6)
사우스아일랜드 오아마루Oamaru의 시드 무어헤드Syd Muirhead는 아버지가 평소보다 일찍 퇴근하셨던 날을 회상했다. 아버지는 얼굴이 붉었고 열이 무척 높았다.

어머니는 즉시 객실 침대에 아버지를 모셨다. 이 방은 손님이나 특별한 경우를 위해 예비해둔 방이었다. 어머니는 남는 수건과 양푼, 포르말린 병, 소독제로 쓸 포름알데히드 용액을 가지고 오셨다. 아버지는 목이 거의 쉬었고, 아무것도 먹거나 마실 수 없다고 했다. 하지만 어머니는 아버지에게 귀리죽 한 접시를 권했다. 아버지는 종이와 연필, 그리고 손짓으로 비상 상황을 대비해 찬장에 숨겨 둔 위스키 한 병이 있다고 했다. 그리고 죽에다가 위스키를 섞어서 주면 먹겠다고 했다. 어머니는 순순히 위스키 반병을 귀리죽에 부으셨다. 아버지는 순식간에 그것을 마셨고 곧 땀에 흠뻑 젖으셨다. 아버지는 땀을 엄청나게 흘렸고 침대보를 여러 번 갈아야 했다. 아버지는 정신이 오락가락했고, 다시 목소리를 되찾는 것에 관한 알 수 없는 말을 중얼거렸다. 하지만 곧 회복하셨고, 위스키가 준 충격과 효과 덕분에 기적적으로 회복한 것이라고 늘 말씀하셨다.[7]

엠파이어호텔의 종업원이었던 로라 매컬킨Laura McQuilkin은 심한 독감에 걸렸다.

어느 날 밤 목욕을 한 다음에 갑작스럽게 독감에 걸렸다. 나는 창문을 활짝 열어둔 채로 침대에 누웠다. 여러 호텔 사람들이 와서 나를 찾았다. "로라, 어서 와봐. 할 일이 있어." 하지만 나는 이불 밖으로 나가지 않았고, 머리맡으로 밤새 신선한 바람이 불어왔다.

다음 날 아침, 약사 켄Ken 씨와 의사가 호텔에 와서 모두에게 포르말린을 뿌렸다. 나는 천장에 트럼프 카드가 뿌려져 있는 것이 보인다고 말했다. 혀가 굉장히 부어올랐다. 켄 씨가 키니네 약을 내어주셨다. 그들은 나를 윈터쇼 건물로 옮기려고 했는데, 나는 그냥 여기에 있겠다고 했다.

나중에 그들은 당시 내 피부가 검은색으로 변했고, 이미 가망이 없다고 생각했다는 말을 해주었다. 몇몇 죽은 사람들이 있었다. 상사의 아내, 하녀, 남자 바텐더, 여자 바텐더 모두 들것에 실려 나갔다. 하지만 나는 살아남았다. 일주일간 어머니를 뵈러 집으로 갔는데, 그곳 와이라라파Wairarapa 역시 상황이 좋지 않았다.[8]

의사와 간호사들은 과로가 일상이 된 상황에서 가끔 블랙 코미디 같은 일들을 마주치고는 했다. 크라이스트처치병원에서는 간호사 위니프레드 머프Winifred Muff가 신혼여행 중에 에딩턴 레이스Addington Races에서 쓰러진 커플을 치료했다.

아내는 다시 호텔로 보내졌는데, 누구도 어느 호텔인지 알지 못했다. 남편은 내가 근무하는 병동으로 왔다. 그는 정신 착란이 심했고, 한번은 찬송을 부르다가 그 다음에는 욕을 했다. 그는 아무도 안 보는 사이에 잠옷 차림으로 병실을 빠져나와 리카르톤호텔 쪽으로 뛰어갔다. 환자 이송을 담당하는 사람들이 달려가 그를 붙들어서 외바퀴 손수레에 실어왔다. 왜냐하면 다른 운송 수단이 없었기 때문이

다. 그는 그날 늦은 시각에 사망했다.[9]

또 다른 망상 환자인 부유한 농부가 간호사 머프에게 말했다. "나를 막지 말란 말이야. 변기를 가지러 20마일을 가야 해. 하인이 말을 대기시킨 채 나를 기다리고 있다니까."

당시에는 이런 일들이 전혀 웃기지 않았지만, 휴식 시간에 간호사들이 모여서 이야기를 나누다 보면 우스운 생각이 들기도 했다. 예를 들어, 한 의사는 끈끈한 청진기를 가지고 휴게실로 들어왔다. 그는 한 노파를 진료했는데, 청진기로 가슴에서 나는 소리를 들은 다음 일어서려는데 청진기가 붙어서 떨어지지 않았다. 노파가 말했다. "시럽이야, 감기에 아주 좋지!"

손돈노멀Thorndon Normal학교에 세워진 임시 병원에서 자원봉사 간호사로 일했던 웰링턴의 도로시 호벤Dorothy Hoben은 이렇게 회상했다. "어느 날 밤 구급 대원이 적어도 100여 킬로그램은 되어 보이는 엄청난 몸무게에 몹시 더러운 여인을 데리고 왔다. 처음에 검은 스타킹을 신고 있는 줄 알았는데 알고 보니 때였다. (중략) 그녀는 아주 많이 아팠다. 그 가련한 여인은 적어도 깨끗한 몸으로 죽었다."

어떤 경우에는, 뉴질랜드를 강타한 스페인 독감 유행병이 예상치 않은 방식으로 사람들의 좋은 면을 보여주었다. 테아와무투Te Awamutu의 페기 클라크Peggy Clark는 그런 사례를 회상했다.

가장 끔찍한 상황에서 의사임을 자처하는 한 사내가 등장하여 능숙하고 정성스럽게 환자들을 돌보았다. 오랜 세월이 흐른 뒤 아버지는 팔머스톤노스법원으로부터 이 의사에 관해 물어보는 편지를 받았는데, 이 사람이 아버지를 추천인으로 내세웠다고 했다. 사실 이 사람은 1918년에 와이케리아감옥을 탈출한 탈옥수였고, 의사 자격도 없는 사람이라고 했다. 아마도 다시 문제를 일으킨 것 같았다. 아버지는 주저 없이 유행병 시기에 그가 보여준 헌신을 칭찬하는 답장을 썼다.10)

어떤 경우에는 정신 이상이, 계속되는 공포 때문에 생기는 유일하게 온당한 반응처럼 보이기도 했다. 오클랜드의 진 포레스터 쿠오이Jean Forrester Quoi는 세인트존구급대 대원이었고, 세돈메모리얼테크Seddon Memorial Tech의 응급병원에서 일을 했다. 진의 환자 중에 '힌두교 사람'이 있었는데, 그는 정신 이상 증세를 보였다. 자꾸만 4시가 되었느냐고 물었으며 그때 죽을 예정이라고 했다. 4시가 되었지만 그는 죽지 않았다. 그는 자기가 죽지 않았다는 사실을 받아들일 수 없었고, 너무나 미쳐 날뛰는 바람에 정신 병원으로 후송되었다.

오클랜드 세인트존구급대의 모리스 오캘러건Maurice O'Callaghan은 그레이린Grey Lynn에 있는 한 집을 찾았다가 끔찍한 광경을 보았다. "3일 전에 죽은 한 사람을 발견했다. 그의 시신이 침대에 있었고, 아직 죽지 않은 그의 아내도 같은 침대에 있었는데, 그녀는 정신이 나가 있었고 죽은 남편 곁에 누운 채 일어나지 못했다."

사우스오타고South Otago 오와카Owaka의 자원봉사 간호사 아이비 랜드레스Ivy Landreth는 끔찍한 일이 있었던 어느 밤을 떠올렸다. 그녀가 근무를 서고 있을 때, 한 사내가 스스로 목을 그어 사망했다.

"내 형제가 그의 시신을 수습한 사람 중 하나였다. 나는 그가 전쟁에 나가 있을 동안에도 그토록 끔찍한 일은 본 적이 없다고 말했던 것을 기억한다. 파스샹달 전투에서 자기 왼쪽 팔을 잃었음에도 말이다."

세계 곳곳의 여러 나라에서도 마찬가지였겠지만, 대유행병은 뉴질랜드에서 많은 가족의 비극을 불렀다. 캐틀린스Catlins 구역의 쿠이파파Kouipapa에서는 간호사인 메이 뉴먼May Newman 수녀가 경찰로부터 응급병원에서 일하라는 명령을 받았다. 뉴먼의 집이 방금 화재로 몽땅 타버렸고, 부모를 잃은 동생들을 그녀가 돌봐야 하는 상황에 일어난 일이었다. 어느 날 오후, 그녀의 동생 더글라스가 길가에 쓰러져 있고 그의 말이 그 곁에 서 있는 모습이 발견되었다. 더글라스는 오와카의 병원으로 후송되었는데, 그곳에서 근무하던 메이 역시 환자가 되고 말았다. 메이는 또 다른 환자가 스스로 목을 그었을 때 야간 근무를 서고 있었다. 그녀는 의사가 그의 목을 꿰매는 동안 그 환자의 머리를 받치고 있었다. 더글라스는 살아남았지만, 회복되었을 때 메이는 이미 사망해 있었다. 더글라스는 메이가 억지로 간호 의무를 이행하다가 죽게 된 것이라고 주장했다. "이 사내는 내 누이의 얼굴 정면으로 거친 숨을 내쉬었다. 나는 그것이 누이가 역병에 걸린 이유라고 믿는다."

사우스랜드Southland 윈튼Winton 근처 라임힐스Limehills에서 낙농업을 하는 호킨스 가족에게 스페인 독감이 찾아와 거의 모든 가족이 감염되었다. 당시 어린아이였던 이디스 호킨스Edith Hawkins는 아직 인플루엔자에 감염되지 않은 4개월 된 동생 짐Jim을 안은 채 침대에 눕기를 거부하던 어머니를 기억한다. 어머니는 가끔 유황을 뜨거운 석탄 위에 뿌려서 증기를 만들었는데, 이디스는 유황이 불타면서 만들어내는 아름다운 색깔들을 보며 즐거워했다.

가족들은 이디스의 아버지를 제외하고 모두 회복되었는데, 아버지는 11월 24일 서른셋의 나이로 세상을 떠났다.

우리는 곧 관을 구할 수 있었다. 비록 창백한 푸른 벨벳으로 감싸인 여성용 관이었지만 운이 좋은 셈이었다. 홀랜드 할아버지와 앤더슨 할머니가 늙은 말 샌디에게 마구를 채운 뒤, 아버지가 우유를 공장에 가져다줄 때 쓰던 수레를 끌게 했다. 친구들이 관을 수레 위에 실었다. 두 사람이 수레 앞, 좌우에 한 명씩 앉았다.[11]

이디스는 현관 계단에 앉아 있었고, 어머니는 쌍둥이를 양손에 한 명씩 붙들고 현관에 서 있었다. 가족들은 그들이 길을 따라 내려가다가 모퉁이를 돌아 시야에서 사라지는 모습을 바라보았다.

북아메리카와 남아프리카에서 그랬던 것처럼 원주민들은 백인 주민들보다 더 높은 사망률을 보였다. 1918~1919년 유행병 기간 동안 뉴질랜드인이 모두 8천753명 사망했다. 여기에는 마오리 원주민 2천160명이 포함되었는데, 당시 마오리인의 총인구 추정치는 5만 1천 명이었다. 《검은 11월. 뉴질랜드의 1918 인플루엔자 대유행병 Black November: The 1918 Influenza Pandemic in New Zealand》의 저자 제프리 W. 라이스Geoffrey W. Rice에 따르면, 뉴질랜드의 유럽계와 마오리 원주민의 사망률에는 큰 차이가 있었고, 마오리는 유럽계보다 독감에 죽을 확률이 7배나 높았다. 1918년 11월 22일자 《푸케코헤 앤드

와이쿠 타임스Pukekohe and Waiku Times》에는 다음과 같이 도움을 간청하는 기사가 실렸다.

테아와무투는 지금 매우 딱한 처지다. 회사들은 다 문을 닫았고 사망률은 엄청나다. 주거지가 넓게 퍼져 있다는 점도 큰 문제다. 병든 가족들은 쓰러져 있다가 거의 희망이 다 사라질 때쯤에야 발견되고는 한다. (중략) 정말 끔찍한 상황이다.

파라웨레의 마오리 역시 끔찍한 고통을 겪고 있는데, 백인들을 돌볼 사람도 거의 없는 형편이라 매우 비관적인 상황이다. 테아와무투처럼 마을 사무소에 임시 병원을 설치하는 것을 논의 중이지만 아무런 원조도 받지 못하고 있는 실정이다.

이 역병이 푸케코헤를 쓰러뜨리도록 내버려두지 말라. 즉각 과감한 조치를 실시하라.

템스에서 응급 병원을 운영하는 줄리어스 호그번Julius Hogben이 마오리 환자가 대부분 수용된 병동을 책임졌다. 많은 이들이 최후의 수단으로 병원을 찾았다. "그들은 병원에 가면 죽는다고 말했는데, 실제로 상태가 심각한 사람들이 병원에 왔기 때문에 죽는 사람들이 더러 있었다. 인플루엔자 외에도 영양 부족으로 고통 받는 사람이 적지 않았다."

14세 소년이 피골이 상접한 상처투성이 상태로 입원했는데, 하루 만에 목숨을 잃었다. 나중에 알려진 사실에 따르면 그는 지난겨울 내내 말린 상어고기로 겨우 연명했다고 한다. 노스랜드Northland 타노아Tanoa의 플로렌스 하산트Florence Harsant는 마오리족의 운명론적 태도를 이렇게 회상했다. "독감이 얼마나 빨리 희생자들을 데려갔는지 잘 보여주는 사례가 있다. 우리 동네에 앤드류라는 마오리가 있었는데, 어느 날 어머니가 베란다에 나가 있을 때 앤드류가 말을 타고 지나가며 이렇게 인사했다. '안녕히 계세요, 아주머니. 제가 많이 아파요. 내일까지 살지 못할 듯싶습니다.' 그는 정말 다음날 아침 숨을 거두었다."

뉴질랜드의 외딴 지역 환자들을 돌보는 데에는 물류 문제가 크게 대두되었다. 호키앙가Hokianga 라웨네Rawene의 아이비 드리펠Ivy Driffell은 1918년에 호키앙가병원에서 젊은 간호사로 일하고 있었다.

나는 신참 간호사였지만 말을 잘 탔기 때문에 오지의 마오리 촌으로 파견을 나갔다. 먼저 오포노니에서 배를 타고 호키앙가강을 건너야 했고, 그 다음 말을 타고 모래 언덕을 넘고 해안을 내달렸다. (중략) 의사도 약사도 항생제도 없었고 브랜디 한 병과 아스피린, 그리고 우리의 판단만 남아 있을 뿐이었다. 우리가 도착하기 전에 그리고 그 후에도 많은 마오리가 사망했다.

나는 말을 타고 매일 64킬로미터쯤 달렸다. 곁길이 너무나 많았다. 한 집에 갔는데, 아버지, 어머니, 그리고 작은 아이가 병에 걸려 있었다. 아이는 병세가 위중했기에 떠나기 전 가지고 있던 것을 다 주었다. 다음날 아침 아이는 죽었고 부모는 들것에 실려 대형 옥수수 창고로 옮겨졌다. 창고로 올라가보니 아버지 상태는 그리 나쁘지 않았지만 어머니는 위중했다. 나는 그녀에게 줄 수 있는 것을 다 주었고 아버지에게는 브랜디 조금과 아스피린을 주었다. 그러자 그가 크게 분노하며 말했다. "이건 불공평해. 나보다 그녀에게 더 많이 줬잖아!" 그녀는 그날 밤에 죽었다.12)

기독교여성금주운동 '마오리 조직책'이었던 플로렌스 하산트는 아버지가 마오리 학교 선생님이어서 마오리어에 능숙했다. 그녀는 한 의사가 그녀에게 인플루엔자 유행병은 그가 본 질병 중에 흑사병에 가장 가까운 것이었다고 말한 것을 기억했다.

플로렌스의 임무 중 하나는 마오리 여인의 머리카락을 자르는 것이었다. 의사는 "머리카락의 무게와 머리카락 때문에 발생하는 열이 고열을 떨어뜨리는 데 도움이 되지 않는다"고 주장했다.

그달의 신부였던 한 소녀는 아주 아름답고 긴 갈색 머리카락을 가지고 있었는데, 이는 남편의 자랑이자 기쁨이었다. 우리가 무슨 짓을 해도 그녀의 열이 떨어지지 않았다. 마침내 의사가 나에게 그녀의 머리카락을 잘라야 한다고 말했다. 나는 그 사실을 남편에게 말하고, 남편이 눈물을 흘리는 사이에(나도 울었다), 그녀의 머리카락을 잘랐다. 나는 잘린 머리카락을 모아 남편에게 주었다. 머리카락은 마오리 사람에게 매우 성스러운 것이다. 그는 그것을 땅에 묻기 위해 가져가면서 울었다. 그녀를 스펀지로 닦아주고, 다른 환자를 둘러보고 다시 왔더니 그녀의 열이 떨어져 있었다. 그녀는 살아남았다.13)

당연하게도, 전염병은 의료진의 목숨 또한 앗아갔다. 닥터 찰스

리틀Charles Little은 와이카리Waikari와 와이아우Waiau 지역 사이 구역을
담당했으며, 크라이스트처치병원의 간호사 헵시바Hephzibah와 결혼
했다. 이들은 모두 유행병 초기에 열심히 일했고, 둘 다 인플루엔자
에 감염되었다. 헵시바는 11월 22일, 그녀가 수련을 받았던 바로 그
병원에서 숨을 거두었고 닥터 리틀은 나흘 뒤에 폐렴으로 죽었다. 충
격을 받은 마을 사람들은 이들을 기리며 병원을 건립하고, 일생을 바
쳤던 마을을 지그시 바라보는 모습의 닥터 리틀을 동상으로 세웠다.
헵시바의 동상은 없었다. 닥터 마거릿 크룩섕크 역시 헌신적인 의사
로서 존경을 받았으며, 1923년 와이마테 세돈 파크에 그녀를 기리는
동상이 세워졌다. 닥터 크룩섕크는 11월 28일에 폐렴으로 죽었고,
그녀의 장례식은 와이마테 역사에서 가장 성대하게 치러졌다.

호주에서는 보건 당국이 스페인 독감을 성공적으로 방어했다고
자신했다. 유행병이 유럽과 아프리카, 북미와 남미를 휩쓰는 동안 호
주는 엄격한 격리 조치를 시행했다. 초기에는 이러한 조치가 성공적
인 것처럼 보였다. 하지만 1919년 1월 킬러 인플루엔자 사례가《시
드니 모닝 헤럴드Sydney Morning Herald》에 처음 보도되었고, 몇 주 안
에 호주에서 가장 인구가 많은 도시가 스페인 여인에게 함락되었다.
도시가 큰 위기에 빠진 것을 깨닫게 된《헤럴드》는 다음과 같은 포고
령을 발표했다.

뉴사우스웨일스 주민들에게

전쟁보다 더 큰 위험이 뉴사우스웨일스에 닥쳐왔으며, 주민들의 목
숨을 위협하고 있다. 매일의 전투 상황이 언론에 보도될 것이다. 그

것을 눈여겨보길 바란다. 주어진 권고를 잘 따르면, 전쟁에서 이길 수 있을 것이다.

신문은 많은 사람이 몇몇 사람 때문에 위험에 빠져서는 안 된다는 사실을 강조하면서, 모두 마스크를 쓸 것을 요청했다. "그렇게 하지 않는 인간들은 독립성을 보여주는 것이 아니라 다른 사람의 목숨에 무관심함을 드러내는 것이다. 그들은 여성과, 자신 스스로를 돌보지 못하는 어린아이들의 목숨에 무관심한 것이다."

시드니에서 실시된 엄격한 격리 조치는 많은 목숨을 구했다. 미국에서처럼 모든 공공 유흥 시설은 문을 닫았고 술집과 공중전화도 폐쇄되었다. 교회 모임과 경마 대회도 금지되었다. 공공장소에서는 마스크 착용이 의무화되었다.

하지만 시드니조차 스페인 여인을 이기지 못했다. 사망률은 상승했고, 그해 말까지 호주인은 1만2천 명 사망했는데, 그 가운데 시드니 주민의 수는 3천500명이었다. 이는 아무리 강력한 격리 조치를 실시한다고 해도 대륙 전체를 스페인 독감으로부터 고립시킬 수는 없다는 점을 잘 보여준 사례였다.

20장

여파

살아남은 사람들의 고통도 작지 않았다

휴전이 스페인 여인의 죽음을 가져오지는 않았다. 그녀는 1918년 후반기에 인류를 겨냥한 사악한 전쟁을 벌인 다음, 다음해 초까지도 버림받은 병약자처럼 떠나지 않고 머뭇거리고 있었다. 4년 만에 처음으로 평화 속에 크리스마스가 찾아왔고, 런던의 《타임스》는 슬픈 어조로 이런 기사를 실었다. "흑사병 이래로 이처럼 전 세계를 휩쓴 역병은 일찍이 없었다. 또한 이처럼 담담하게 역병을 받아들인 적도 결코 없었을 것이다."

2주 뒤, 영국의 가장 어린 전쟁 영웅이 그해 스페인 여인의 마지막 희생자가 되었다. 최초로 독일 비행기를 격추한 영국 조종사였던 윌리엄 리프 로빈슨William Leefe Robinson VC1)가 1918년 12월 31일에 인플루엔자로 사망했는데, 그의 나이는 겨우 23세였다. '빌리'로 불린 리프 로빈슨은 1895년 7월 14일, 인도 쿠르그Coorg에 있는 아버지의 커피 농장에서 출생했다. 영국에서 사립학교를 다닌 빌리는 공부보다는 운동에 재능을 보였고, 샌드허스트군사학교에 입교했다. 1914년 12월에 우스터셔 연대로 배속받았으며, 다음해 3월 프랑스에 있는 왕립비행군단에 합류하여 1915년 9월에 조종사 자격을 획득했다. 빌리는 비행에 절대적인 열정을 가지고 있었다. 그는 집으로 보내는 편지에 이렇게 썼다. "구름 위 풍경이 얼마나 아름다운지 상상도 못할 겁니다. (중략) 매일 매일 비행에 쏟는 애정이 커져갑니다. 훈련이 점점 더 재미있습니다."

빌리는 제39국토방위 비행중대에 배속되었는데, 에섹스Essex의 혼처치Hornchurch 근방에 있는 야간비행 편대였다. 그는 1916년 4월에 처음으로 체펠린 비행선을 격추할 기회를 잡았는데, 효과적인 공격 위치를 잡지 못해서 실패했다. 하지만 9월 23일 밤, 또 다른 기회를 잡았다. 비행장과 조이스 그린Joyce Green²⁾ 사이 1만 피트 상공에서 통상적인 탐색 포획 작전을 수행 중이던 그는 오전 1시 10분 런던 남동쪽 울리치Woolwich 상공에서 탐조등에 잡힌 체펠린 비행선을 발견했다. 곧 추격에 나섰는데, 짙은 구름 때문에 놓치고 말았다. 이때 런던 북쪽 핀스베리파크Finsbury Park 상공에서 또 다른 비행기가 발견되었는데, 대규모 공습 편대 16기 중 하나였다. 대공포들이 일제히 불을 뿜었다. 빌리는 연료가 얼마 남지 않았지만 추격에 나섰고 아군기 두 대가 합류했다. 대공 포탄이 밤하늘을 밝혔고 적기는 폭탄을 투하한 다음 높은 고도로 상승했다. 빌리는 총탄 두 통을 적기에 쏘아 부었다. 하지만 적기는 도주를 계속했고 총탄으로는 파괴가 불가능해 보였다. 그는 선회하여 선미 쪽에서 마지막 남은 총탄 한 통을 적기의 방향타에 발사했다.

빌리는 나중에 부모에게 보내는 편지에 이렇게 썼다. "거대한 비행 물체가 화염에 휩싸인 채 사라지는 모습은 장관이었습니다. 멋있었습니다! 불꽃이 주위 하늘과 나를 환하게 비추었고, 불빛 속에서 내 비행기를 또렷이 볼 수 있었습니다. 나는 반쯤 멍한 상태로 그 광경을 바라보았는데, 무슨 일이 일어난 것인지 미처 깨닫지 못하고 있었습니다."

빌리는 계속해서 이렇게 적었다. "그때 기분? 그 기분을 설명할 수 있을까요? 거대한 비행 물체가 서서히 돌아가더니, 천천히 가라앉다가, 한순간에 거대한 불꽃에 휩싸였습니다. 나는 서서히 내가 한 짓이 무엇인지 깨닫고 흥분하기 시작했습니다."

적기는 화염 속에 폭발해 땅으로 떨어졌으며, 런던 시민 수천 명이 그 광경을 목격하고 환호했다. 적기는 허트포드셔Hertfordshire의 커플리Cuffley에 있는 한 들판에 추락했다. 사실, 엄밀히 말해서 이 비행기는 체펠린이 아니라 목조로 된 슈트란츠Schütte-Lanz 비행선이었다. 하지만 정치인들과 대중들에게는 이런 차이가 큰 의미가 없었다. 빌리가 서튼의 농장으로 돌아와 보고서를 쓰고 잠을 자는 동안, '체펠린 일요일'의 열기가 런던 전역을 강타했고, 다음날 잠에서 깬 빌리는 영웅이 되어 있었다. 그는 그로부터 48시간 안에 빅토리아 십자 훈장을 수여받았는데, 영국 상공에서 벌인 작전으로는 맨 처음 받는 훈장이었고, 또한 제1차 세계 대전 동안 공군에게 수여된 단 19개의 훈장 중 하나였다. 빌리는 윈저궁에서 조지 국왕으로부터 빅토리아 십자 훈장을 받고 나서 언론 인터뷰에서 겸손하게 이렇게 말했다. "나는 내 일을 했을 뿐입니다."

군복을 입든, 사복을 입든, 어디를 가도 사람들이 그를 알아보았다. 사람들은 고개를 돌려 그를 쳐다보았고, 경관은 그에게 경례를 했으며, 짐꾼과 웨이트리스는 머리를 조아렸고, 아기와 꽃과 모자에까지 그의 이름을 딴 이름이 붙었다. 빌리는 이렇게 외쳤다. "아, 이건 너무 심한 걸!" 젊은 여성들에게까지 그의 명성이 자자했는데, 그는 이에 관해서는 전혀 불만이 없었다. 빌리는 십자 훈장을 받은 뒤 곧 편대장으로서 프랑스로 돌아갔고, 1917년 독일의 '붉은 남작' 만프레드 폰 리히트호펜Manfred von Richthofen[3]에게 격추당했다.

독일군에게 포로로 잡힌 빌리는 4개월 동안 탈옥을 네 번 시도했으며, 재판을 거쳐 독방에 수감되었다. 빌리는 니더작센주의 홀츠민덴Holzminden수용소로 이송되었는데 이곳은 잔인하기로 소문이 나 있었다. 그는 여기에서 건강을 크게 해치게 되었다. 1918년 12월 14일, 마침내 석방되었지만 건강은 극도로 악화되었다. 설상가상으로 인플루엔자에 감염되었는데, 정신 착란 속에 감옥에서 겪은 수많은 고초들을 떠올렸다. 제1차 세계 대전의 위대한 영웅 빌리는 1918년 마지막 날 사망했다. 이름 없는, 수많은 양측의 전쟁 포로들이 스페인 독감으로 죽어갔다. 그중에는 1918년 8월에서 1919년 8월 사이에 3만여 명이 사망한 호주 군대도 있었다.

《일러스트레이티드 런던 뉴스》는 빌리의 죽음을 "끔찍한 인플루엔자의 확산"으로 인한 또 다른 희생이라며 이렇게 언급했다. "최북단에서 적도까지 희생자는 수천을 헤아리고 있으며, 지금도 여전히 희생자가 늘고 있다."

1919년 스페인 여인의 희생자 중에는 아기 존 버제스 윌슨John

Burgess Wilson의 어머니와 누이가 있었는데, 군대에서 맨체스터의 집으로 돌아온 아버지를 기다리고 있던 것은 다음과 같은 광경이었다.

나의 어머니와 누이는 죽었다. (중략) 스페인 인플루엔자 유행병이 하퍼헤이Harpurhey를 강타했다. 하나님의 존재는 의심의 여지가 없었다. 오직 신만이 4년간의 유례없는 고통과 절망 뒤에 그런 멋진 촌극을 고안할 수 있었다. 같은 방에서 어머니와 누이는 침대에 누운 채 죽어 있었고, 나는 아기 침대에서 방글거리고 있었다.[4]

아버지가 집에 도착했을 때, 아기 존이 배가 고파 울부짖는 대신에 방글거릴 수 있었던 이유는 닥터 제임스 니벤 덕분이었다. 맨체스터의 보건 책임자인 그는 독감의 제2차 공습에 대비해서 도시 전체에 대규모 구호 식량을 동원했는데, 특히 아기 음식도 빼놓지 않았다. 친절한 이웃은 본인이 독감에 쓰러지기 전까지, 아기 버제스 윌슨에게 우유를 먹여주었다. 이 아기는 결국 살아남았고, 나중에 커서 《시계태엽 오렌지A Clockwork Orange》의 작가 앤서니 버제스가 되었다.

1919년 3월, 클레멘틴 처칠Clementine Churchill의 유모 이사벨Isabelle이 스페인 독감에 쓰러졌다. 이사벨은 정신 착란 중에 클레멘틴과 윈스턴Winston의 어린 딸인 매리골드Marigold 처칠을 자기 침대로 데리고 갔다. 클레멘틴은 아기를 되찾아왔는데, 밤새 이사벨의 방을 찾아가서 이 짓을 반복해야 했다. 매리골드는 살아남았지만 이사벨은 죽었다.

스페인 독감은 '살해 후 자살' 사건의 급증과도 연관이 있는 것으로 생각되었다. 우울증이 주된 원인으로 지목되었는데, 우울증은 독감의 주요 후유증이었다. 미국과 영국의 신문들은 자기의 가족을 살해하려 한 사건들을 많이 보도했다. 런던의 이스트엔드에서는 독감에 감염된 항만 노동자 제임스 쇼James Shaw가 자기 자신과 아이 한 명을 칼로 죽였다. 큰딸은 도망쳐서 살아남았다.

1919년 2월 16일 파리 강화 회의에서 사망한 마크 사이크스 경의 이야기와 그가 사후 인플루엔자 연구에 공헌한 이야기는 이미 앞에서 다루었다. 따뜻한 날씨와 전 세계 대표단의 유입은 이미 인플루엔자 유행병을 겪은 대도시에 다시 인플루엔자를 확산시키는 데 가장 좋은 조건이 되었다. 바로 이 회담에서 미국 대통령 우드로 윌슨도 병에 걸렸다. 물론 그의 질병에 대한 상세한 내용은 아직도 논쟁거리로 남아 있다. 윌슨은 1919년 4월 3일 회담에서 병이 났다. 처음에는 복통을 수반한 독감으로 생각되었다. 침대에서 5일을 보낸 그는 4월 8일에 회담장으로 복귀했다. 그런데 복귀한 그의 모습이 이전과는 완전히 달라져 있었다. 윌슨의 경호원 에드먼드 스탈링Edmund Starling에 따르면, 그는 예전의 빠른 판단력을 상실한 것처럼 보였다. 허버트 후버는 윌슨과 협상하는 것이 마치 고집불통을 상대하는 것 같았다고 고백했다. 윌슨의 처진 왼쪽 눈과 얼굴 경련을 지적하는 사람들도 있었다. 윌슨의 주치의 캐리 그레이슨Cary Grayson은 총리 데이비드 로이드 조지와 다른 대표단에게 윌슨 대통령이 인플루엔자의 공격을 받았다고 밝혔다. 충분히 그럴듯한 시나리오였다. 윌슨은 독감이 널리 퍼진 파리에 도착하기 전, 조지워싱턴호를 타고 유럽에 왔는데, 이 배는 몇 주 전 항해에서 미군 80명이 인플루엔자로 목숨을 잃었던 바로 그 배였다. 그 무렵, 윌슨이 파리 거리를 지나갈 때 환호했던 군중 속에는 프레슬리 일병이 있었다. 그는 런던에서 인플루엔자 발생을 지켜보았고, 프랑스에서 스페인 독감에 걸렸다가 살아남은 전력이 있었다. 우드로 윌슨의 인플루엔자 감염설은 하나의 은폐 공작이었을 수도 있다. 당시 그는 고혈압 치료를 받고 있었고 이미 몇 차례 뇌졸중을 경험했다. 하지만 대중은 알지 못했는데, 이러한 사실이 알려지면 모든 전쟁을 끝낼 비책을 가진 지도자를 향한 믿음이 산산이 부서질 수 있었기 때문이었다. 닥터 그레이슨은 대통령이 매우 심각한 증세를 보인다는 사실을 잘 알고 있었다. 그는 윌슨이 파리의 아파트 가구를 재배치하려 하는 흥미로운 장면을 목격했다. 윌슨은 가구 색깔이 서로 싸우는 것 같다고 불평을 했다. "여기는 초록색과 빨간색이 섞여 있고, 저기는 전혀 조화가 되지 않아. 여기 있는 등받이가 높은 자주색 의자는 마치 길 잃고 헤매는 자주색 암소 같아. 또 햇볕이 너무 밝게 비치는 곳에 놓여 있잖아." 윌슨은 며칠 만에 회복된 것처럼 보였지만 결코 예전의 모습을 되찾지는 못했다. 그는 그 다음 9월에 심각한 뇌졸중을 겪었고, 결국 공직에서 물러나야 했다.

의학 연구진은 1918년 내내 스페인 독감의 치료제를 찾으려고 분투했지만, 그 원인조차 제대로 알아내지 못했다. 어떤 경우에는 의사들이 독감의 희생자가 되었다. 그중에는 왕립육군의무군단 소속 H. 그레임 깁슨 소령이 있었다. 그는 1919년 2월 에버빌의 제2기지 병원에서 동료 두 명과 함께 사망했다.

깁슨 소령은 부고에서 '의학의 순교자'로 추모되었다. 그는 캐나다육군의무군단의 바우만 소령Bowman, 호주육군의무군단의 코너 Connor 대위와 함께 일했다.

깁슨 소령은 이 인플루엔자 유행병의 진정한 원인균으로 생각되는 것을 발견했다. 이 세균에 관한 예비 연구 보고서가 1918년 12월, ≪영국의학저널≫에 발표되었다. 따라서 그레임 깁슨 소령의 연구가 이후 발표된 연구들보다 앞선 것이다. 하지만 발표 당시에는 세균 발견의 증거가 완결되지 못했다. 우리가 아는 대로 이제 그 증거가 완결되었고, 그의 죽음 자체가 증거의 일부를 이룬다. 그는 너무나 열정적으로 일했고, 그 결과 그가 실험하던 악성 변종 세균에 희생되고 말았다. 그 자신이 인플루엔자에 감염되었고, 폐렴으로 발전했다.[5]

의학연구심의회의 열정적인 책임자 월터 모얼리 플레처 경은 깁슨과 동료들의 죽음에 충격을 받았다. 이들은 모두 끔찍한 독감에 당하고 말았다. 깁슨과 연구 팀이 유일한 희생자는 아니었다. 플레처가 주고받은 연락을 보면, 많은 연구자들이 인플루엔자에 쓰러졌으며, 병가를 낸 사람들도 적지 않아 백신 개발이 더욱 어려웠다.

스페인 여인의 원인을 연구하던 중에 이상한 일들이 발생하기도 했다. 한번은 실험 대상인 원숭이가 연구소에서 탈출한 일이 있었다. 다음은 플레처의 회상이다.

다음날 그 원숭이는 런던 경찰청에서 발견되었는데, 추측건대 스스로 경찰에 신고하러 간 것 같았다. 경찰에 쫓기던 그는 시청으로 건너가다가 버스에 치이고 말았다. 사람들이 그의 사체를 붙잡으려고 하자, 갑자기 그는 벌떡 일어나서 내무부 전면 벽을 기어 올라갔고, 군중은 탄성을 내질렀다. 그날 밤 그는 내무부 옥상에서 죽은 채로 발견되었고, 많은 사람들이 그에게 조의를 표했다.[6]

월터 플레처는 스페인 독감 유행병에서 살아남았지만, 그의 건강은 이미 1916년에 발병한 폐렴과 흉막염으로 많이 나빠져 있었다. 그는 '의사가 아프면 최악의 환자가 된다'는 말에 딱 들어맞는 사례였다. 그는 지칠 줄 모르는 일 욕심 때문에 건강을 크게 해쳤고, 폐에서 물을 빼내는 수술에서 완전히 회복하지 못했다. 결국 수술 부위의 감염 때문에 63세에 사망했다.

스페인 독감 유행병 시기에 이 질병과 사투를 벌인 플레처의 헌신은 절대적이었다. 플레처의 아내 메이시는 이렇게 기록했다. "지난여름부터 가을까지 끔찍한 검은 인플루엔자 대유행병이 발생했다. 월터는 다행히 화를 면했지만 걱정이 많았다. 그는 그때부터 본격적으로 이 질병에 대한 공격을 시작했다." 이것은 플레처에게 필생의 과업이 되었다. 인플루엔자에 대한 공격에는 개의 디스템퍼distemper[7] 연구, 밀 힐Mill Hill에 현장 연구소 설립 등의 일들이 모두 포함되었다. 이곳에는 30년 뒤에 의학연구심의회의 연구소가 어마어마한 규모로 설립되었다.

어떤 사람들은 스페인 독감으로 너무나 큰 상처를 받아서, 대유행병이 끝난 뒤에도 그 아픔을 안은 채 살아갈 수가 없었다. 맨체스터의 보건 책임자였던 닥터 제임스 니벤은 1918년 6월에 찾아온 인플루엔자의 첫 공세를 막기 위해 최선을 다했다. 그의 실용적인 조치와 권고로 많은 목숨을 구할 수 있었다. 하지만 맨체스터시의 행정 담당자들은 휴전 기념일 축하 행사를 금지하자는 니벤의 권고를 받아들이지 않았고, 그 결과 11월 11일에 있었던 대규모 축하 집회에서 사망률이 크게 치솟고 말았다. 뛰어난 업적과 명성에도 불구하고, 그는 그 뒤로도 오랫동안 이 일로 크게 낙담했다. 1925년 9월 28일, 니벤은 맨섬Isle of Man으로 여행을 가서 한 호텔에 숙소를 잡았다. 이틀 뒤 그의 시체가 온챈 하버Onchan Harbour에서 발견되었다. 약물을 과다 투여하고 바다로 헤엄쳐나갔던 것이다.

어떤 이들에게는 독감과 벌인 사투가 행복한 이야기로 끝이 났다. 프랑스와 런던에서 자원봉사 응급구호대로 일했던 베라 브리튼은 전쟁 후 옥스퍼드대학에서 학업을 이어갔고, 제1차 세계 대전에 관한 가장 생생한 회고록 중 하나인 《청춘의 증언》에 자신의 경험을 담아냈다. 영국 육군의 군무원으로서 프랑스에서 복무하다 스페인 독감에 걸린 경험을 일기에 기록했던 J.S. 웨인 역시 공부를 마치고 학위를 받았다. 그는 1918년 가을에 영국의 집으로 돌아갔으며, 비록 그의 애인은 아니었는지 몰라도 그를 기다렸던 것이 틀림없는 한 젊은 여자와 다시 만났다. 1919년 1월 31일 금요일, 웨인은 마침내 캠브리지대학교를 졸업할 수 있었고, 이 경험을 기록으로 남겼다. "학위는 2시에 평의원회관Senate House에서 수여되었다. 나는 예복을 입었고, 우리 세 사람은 조이의 손을 잡고 함께 보위throne로 올라갔다." (조이는 당시 부총장이었던 아서 에버릿 시플리Arthur Everett

Shipley 경. 학위가 수여될 때 부총장의 손을 잡는 것은 캠브리지의 오랜 전통이다.)

독감에 감염된 미군을 프랑스로 실어 날랐던 미국 해군 전함 레비아탄은 어떻게 되었을까? 휴전 이후 전함에서 퇴역했다. 대신 또 다른 명성을 얻게 되었는데, 나중에 유명한 영화배우가 되는 인물이 1918년 11월 27일에서 1919년 2월까지 이 배의 구명정 키잡이로 일했던 것이다. 그의 이름은 험프리 보가트Humphrey Bogart였다. 완벽한 수리를 마친 레비아탄은 민간인 신분으로 돌아가 미국의 여객선이 되었고, 전쟁 전보다 더 큰 명성을 얻게 되었다. 레비아탄은 금주령 시기에 큰 활약을 했는데, 미국의 영향이 미치지 않는 공해상에 정박한 다음 배를 찾아오는 고객들에게 의료용 알코올을 공급했다. 나중에 이 배의 몰락을 이끈 것은 독일의 유보트가 아니라 대공황이었다. 높은 보수 비용과 유지 비용 때문에 미 해군 전함 레비아탄은 1938년 2월 14일, 스코틀랜드 로사이스Rosyth의 선박해체장으로 마지막 항해를 했고, 고철로 해체되었다. 지금은 이 배에서 일했던 사람들의 기억, 그리고 이 배에 관한 유명인사의 연설을 빼고는 아무것도 남은 것이 없다.

그대의 육중한 선체가 내뿜는 장엄함
경이로움과 경외감 속에 바라보노라
그대의 엄청난 규모와 힘은
우리의 예상을 훌쩍 뛰어넘었도다[8]

필라델피아에서는 콜룸바 볼츠와 친구 캐서린의 삶이 빠르게 정상으로 복귀했다. 다시 익숙한 게임을 하며 놀았고, 롤러스케이트를 타고 공원을 가로질렀다. "모든 것이 너무나 좋았다. 나의 삼촌들이 군대에서 다시 돌아오고 있었다. 그들은 병에 걸리지 않았다. 우리 가족은 모든 사람이 독감에서 회복했고, 내가 아는 사람 중에 아픈 사람은 없었다. 우리는 모두 정말 매우 행복했다. 전쟁은 끝났고, 독감은 실질적으로 사라졌다. 평화와 안녕이 도시로 되돌아왔다."9)

하지만 안나 밀라니는 어린 동생 해리의 죽음을 결코 잊지 못했다. "나는 그것에 대해 계속 생각한다. 우리 형제자매 여덟 명은 지금 같이 살고 있다. 우리는 독감에 대해 이야기한다. 어떻게 아팠고, 어떻게 그것을 견뎌냈는지를 이야기한다. 해리에 대해서도 이야기한다."10)

메리 매카시는 부모가 세상을 떠난 것과 편안한 중산층의 삶을 잃어버린 것이 잘 이해가 되지 않았다. 그녀는 형제들과 함께 부모님의 무덤을 찾았던 일을 회상했다.

일요일마다 찾아갔다. 장시간 전차를 타든지 아니면 끝없이 걷거나 기다려야 했다. 매우 지치고, 먼지를 뒤집어써야 하는 일이었다. 부모님의 두 무덤은 우리에게 남북 전쟁의 대포탄과 전사한 미군의 기념비를 떠올리게 했다. 우리는 조용히 그 앞에 서서 무언가 흥분되는 일이 일어나기를 기다리고는 했다. 하지만 두 무덤과 조그만 비석 앞에서는 아무런 일도 일어나지 않았다.11)

메리는 돌이켜보면 스페인 독감이 삶의 궤적을 바꾸어놓았다고 했다. 만약 그녀의 부모가 살아 있었다면, 삶은 좀 더 평범했을 것이다. 아이리시 변호사와 결혼을 하고, 골프를 치며 가톨릭 독서 클럽의 회원이 되었을 것이다. 그러나 그녀는 논란의 소설 《그룹The Group》의 작가로서 《파르티잔 리뷰The Partisan Review》와 《뉴욕 리뷰 오브 북스The New York Review of Books》의 지적 선동가이자 중심이 되었다. 메리의 실용주의는 《뉴요커》에서 그녀의 편집장이었던 윌리엄 맥스웰의 반응과는 매우 다른 것이었다. 맥스웰은 스페인 독감으로 어머니와 갓난 동생을 잃었을 때 뼈저린 상실감을 느꼈다고 회상했다. "그때 이후로 그 이전에는 없었던 슬픔, 마음속 깊은 슬픔이 생겼으며, 결코 사라지지 않았다. 우리는 안전하지 않다. 그 누구도 안전하지 않다. 끔찍한 일은 누구에게나 언제든 생길 수 있다."

21장

'바이러스 고고학'

바이러스의 실체, 영구 동토층에서 발견

1917년 2월에 제24통합병원에서 사망한 영국 군인 해리 언더다운 일병은 자신이 잠재적 '최초 감염자'인 줄도 모른 채, 에타플 군인 묘지의 하얀 묘비 아래에 편안히 잠들어 있었다.

해리의 시신은 방해받지 않은 채 잠들어 있지만, 다른 희생자들의 시신은 치명적인 바이러스의 비밀을 간직하고 있을지도 모른다. 이 비밀에서 스페인 독감의 원인과 병인학 정보를 얻음으로써 미래에 있을지도 모르는 대유행병의 위협을 방지할 수 있다. 지난 70여년 동안 이런 식으로 연구가 진행되어 왔는데, 스웨덴의 의대생 요한 V. 훌틴Johan V. Hultin이 맨 먼저 시도했고, 이후 워싱턴 D.C.에 있는 미군병리학연구소의 제프리 타우벤버거와 로열런던병원 의과대학의 존 옥스퍼드 교수가 진행해 오고 있다. 이들과 그 연구 팀은 인플루엔자 희생자들의 잘 보존된 시신에서 해답을 찾으려고 했는데, 1997년 홍콩에서 3세 아동이 새로운 변종 바이러스로 사망함으로써 인플루엔자 연구는 새로운 전기를 맞게 되었다.

1950년, 요한 V. 훌틴(1925년생)은 웁살라대학교 의과대학에 다니고 있었는데, 스웨덴 의대에서 시행하는 특별 프로그램의 일환으로 의대 재학 중 다른 관심 분야의 학문을 연구할 수 있는 제도를 적극 활용하여 공부하고 있었다. 그는 이미 인플루엔자에 대한 신체의 면역 반응을 연구하려고 마음먹었다. 미국으로 건너간 훌틴은 아이오와대학의 미생물학과에 등록했다. 여기에서 그는 당시 롱아일랜드의 캠프 업튼에 있었던 브룩헤이븐Brookhaven국립연구소의 저명한 바이러스학자인 윌리엄 헤일William Hale 교수를 만나게 된다. 점심을 함께 먹으면서 헤일 교수가 1918년 인플루엔자 유행병 이야기를 했고, 이것이 훌틴의 삶을 영원히 바꾸게 되었다.

헤일이 말했다. "그 유행병의 원인을 설명하기 위해 할 수 있는 것은 다 해보았네. 하지만 우리는 독감의 원인을 알 수 없었지. 마지막 남은 일은 누군가 북반구로 가서 인플루엔자 바이러스를 간직하고 있을지도 모르는 잘 보존된 시신을 영구 동토층에서 찾아내는 것이야."

이 말이 훌틴에게는 결정적이었다. 희생자들의 시신 속에서 스페인 독감의 유전적 암호에 관한 실마리를 찾을 수 있을지도 몰랐다. 훌틴은 1918년 알래스카에서 발생한 스페인 인플루엔자의 치명적인 확산을 알게 되었다. 이때의 희생자들은 영구 동토층, 즉 물의 빙점인 섭씨 0도 이하인 돌과 흙으로 이루어진 지표에 매장되어 있다.

박사학위 논문의 주제를 발견한 그는 바이러스를 추출하기 위해 시신을 발굴하러 알래스카의 북쪽 연안으로 떠났다. 훌틴은 정확한 매장 지점을 찾기 위해 해당 지역의 공문 기록과 날씨 차트를 이용했고, 영구 동토층의 자연적 변화도 고려해야 했다. 이 자연적인 변화 과정에는 문제점이 있었다. 지표가 얼었다 녹기를 반복하면서 시신의 상태에 나쁜 영향을 미쳤을 가능성이 많았다. 훌틴은 엄청난 위험을 감수해야 했다. 그의 프로젝트가 성공하리라는 보장이 없었다. 다시 말해 잘 보존된 시신을 찾기도 어렵고, 알맞은 조직 샘플을 찾기란 더욱 어려웠다.

훌틴은 미국국립보건연구소National Institute for Health에 지원을 요청했는데 응답이 없었다. 대신 미국 정부가 그의 계획을 알게 되었고, 독자적으로 연구 탐험을 추진하게 되었다. 1951년, 미군은 '프로젝트 조지'라는 암호명 아래, 알래스카 영구 동토층에서 스페인 독감의 희생자를 발굴해내는 30만 달러짜리 미션 계획을 수립했다. 혹시 이에 관한 사실 여부가 의심스러운 독자가 있다면, 당시가 냉전 시대였다는 사실을 상기해주기 바란다. 1918년에 러시아인 45만 명이 스페인 독감으로 사망했다. 만약 소련이 독자적으로 변종 바이러스를 개발하여 이를 미국에 대한 생물학 무기로 쓴다면 그 결과는 감히 상상조차 할 수 없었다.

표면적으로는 일급비밀이었던 프로젝트 조지가 아이오와대학교 당국자에게 알려졌고, 하루 만에 훌틴은 공동연구자 앨버트 매키Albert McKee 박사, 잭 레이튼Jack Layton 박사와 함께 연구 기금 1만 달러를 바탕으로 알래스카의 놈으로 떠날 수 있었다. 연구 팀은 놈에 도착해 발굴을 시작하려고 했는데, 영구 동토층이 조그만 시냇물 때문에 균열이 생겼고 위치가 달라진 것을 알게 되었다. 그 결과, 그곳에 매장된 시신은 부패하여 표본으로 적절하지 않게 되었을 가능성이 높았다.

바이러스학자 제프리 타우벤버거가 나중에 밝혀냈듯이, '영구 동토층'이란 용어는 부정확한 명칭이었다. 영구 동토층은 한데 이어진 지속적인 사이클로 움직인다. 기온은 빙점보다 조금 높거나 낮은 상태가 반복된다. 얼었다 녹기가 반복되는 것은 생물학적 시료에 최악의 상황이다. 얼음 결정이 형성되면서 세포막에 구멍을 뚫어 온갖 손상을 야기하기 때문이다. 쉽게 말해서, 그 어떤 생물학적 시료도 반복적인 동결과 융해에서 살아남지 못한다.

하지만 이에 굴하지 않고 훌틴과 연구 팀은 조종사를 구해 다른 매장지를 찾아 수어드Seward 반도로 날아갔다. 한편, 프로젝트 조지 군 탐사 팀은 굴착 장비 팀을 대동하고 놈에 도착했다. 군 탐사 팀은 뼈밖에 발견하지 못했고, 훌틴의 팀은 1918년 11월의 한 주간에 거주민의 85퍼센트가 스페인 독감으로 사망한 브레빅미션Brevig Mission으로 떠났다. 브레빅미션은 예전에는 텔러미션Teller Mission으로 알려진 곳이었다. 시신이 발굴되었고, 폐, 신장, 비장, 뇌에서 조직 샘플이 추출되어 아이오와로 보내졌다. 하지만 결과는 실망스러웠다. 포괄적인 분석에도 불구하고 살아 있는 바이러스의 흔적은 발견되지 않았다.

그로부터 근 반세기 후, 미군병리학연구소 분자생물학과장 제프리 타우벤버거 박사가 새로운 연구 프로젝트를 찾고 있었다. 워싱턴의 월터리드육군의료센터 캠퍼스에 있는 미군병리학연구소는 1862년 남북전쟁 때 한 장군이 '전쟁터의 질병'을 퇴치하기 위한 육군병리학박물관으로 설립했다. 이곳에는 방대한 조직 샘플이 소장되어 있으며, 많은 전문가들이 질병 진단을 위해 조직을 분석하고 있다. 많은 연구자들과 병원에 귀중한 자료를 제공하고 있으며, '국제 생의학계의 보루'로 평가받고 있다. 이 연구소는 해마다 외부 병리학자들로부터 2차 소견을 묻는 요청을 5만 건 이상 받고 있으며, 이곳에서 일하는 다양한 분야의 인간·동물 병리학 전문가들은 참여한 사례의 거의 절반 정도에서 크고 작은 변화를 이끌어냈다.

연구소의 책임자는 월터리드의 사령관이 아니라 미 육군 의무총감에게 지휘 보고를 하며, 연구 영역을 계속 확장해 왔다. 1991년 팀 올리어리Tim O'Leary가 세포 병리학부 책임자로 선임되었고, 분자 생물학 연구가 해부 외과 병리학의 보조로서 유용하다고 판단하여, 분자 진단 병리학 부서를 창설했다.

그 결과, 제프리 타우벤버거와 그의 연구 팀이 유방암의 유전적 구조를 파헤치고, 죽은 돌고래의 부패한 살점에서 RNA 바이러스를 추출하는 연구 프로젝트에 합류하게 되었다. 이들은 돌고래가 홍역 유형의 바이러스로 사망한 것인지, 아니면 '홍조'로 알려진, 바다 생물에게 매우 해로운 해조류의 확산으로 죽은 것인지 알아내려고 했다. 에이미 크래프트Amy Krafft 박사, 토마스 패닝Thomas Fanning 박사, 미생물학자 앤 리드Ann Reid로 구성된 타우벤버거 연구 팀은 PCR법 또는 중합효소연쇄반응Polymerase Chain Reaction 법으로 알려진 기법을 이용하여 여러 부패한 조직 샘플에서 바이러스를 되살려내는 임무를 부여받았다.

1995년에 미군병리학연구소가 재정 지원 삭감 위기에 빠지자,

타우벤버거 연구 팀은 PCR 기법이 연구소의 방대한 조직 샘플에 효과적으로 적용될 수 있음을 부각시켰다.

타우벤버거는 이렇게 인정했다. "사실은 취미로 하는 프로젝트처럼 시작되었다. 팀 올리어리와 서로 자유롭게 아이디어를 나누는 시간을 가졌다. 그렇게 해서 얻은 결론이 1918년 독감을 연구해보자는 것이었다. (중략) 1918년 독감 연구는 매우 유용할 것 같았다. 실제적으로 응용 가능한 잠재력이 크다고 보았다."

타우벤버거는 의대에서 1918년 스페인 독감 대유행병을 간략히 배웠을 뿐, 그에 관해 아는 것이 거의 없었다. 그는 알프레드 크로스비의 책《미국의 잊힌 대유행병America's forgotten Pandemic》을 읽었고, 대유행병의 방대한 스케일과 이 유행병이 '문화적 기억' 속에서 그토록 빠르게 사라진 사실에 흥미를 갖게 되었다. 특히 군 연구소에서 일하고 있었던 타우벤버거는 스페인 독감으로 죽은 미군의 사망자 수에 큰 놀라움을 느꼈다.

미국은 제1차 세계 대전에 유럽보다 훨씬 늦게 참여했다. 따라서 미군의 사망자 수는 유럽보다 훨씬 적었고, 대략 10만 명이 제1차 세계 대전에서 사망했다. 그런데 그중에서 4만 명 이상이 인플루엔자 때문에 죽었다. 따라서 젊고 건강하며 영양 상태가 양호한, 18세에서 25세 사이의 건장한 미군 병사들이 1918년 독감 때문에 많이 절명한 것이다. 생각해보면 정말 놀랄 만한 숫자가 아닐 수 없다![1]

타우벤버거는 스페인 독감 바이러스의 '남은 것'을 찾기로 결심했고, 대유행병으로 사망한 병사 75명의 조직 샘플을 청구했다. 그의 팀은 독감이 진행하여 세균성 폐렴으로 사망한 경우가 아닌, 초기 바이러스 감염으로 사망한 병사들의 샘플을 찾으려고 했다. 그 결과 가능성이 있어 보이는 샘플 일곱 개를 찾아냈다.

책상 위에 놓인 후보 샘플들을 보며 그가 흥분했다. "바로 여기 있구나! 지난 80년 동안 그 누구의 손도 타지 않았던 샘플들이!"

이 샘플들은 폐 조직에서 떼어낸 조그만 조각들로서 포름알데히드 용액으로 처리한 뒤, 파라핀 왁스 조각들에 박아 넣은 것이었다. 타우벤버거 연구 팀은 이 조직 샘플에서 바이러스의 게놈 파편들을 추출해내는 기술을 개발하려고 시도했다.

70번의 시도가 실패로 돌아간 뒤, 그들은 이 프로젝트를 거의 포기하려고 했지만 너무나 신기하게도 멈추지를 못했다. 이 바이러스에 관해 더 많이 알아가고, 이 바이러스의 확산이 불러온 대참사를 더 많이 알아갈수록, 더욱 이 프로젝트에 매진하게 되었다.

이때쯤 스페인 독감의 원인 규명을 위한 타우벤버거의 연구는 거의 집착 수준에 이르렀다. 그는 이렇게 인정했다. "그냥 어쩔 수 없는 지경에 이르렀다. 맨 처음 프로젝트는 유방암 연구였고, 그 다음은 돌고래 바이러스와 T세포 발달에 관한 연구였다. 그리고 그 다음 자연스럽게 독감 연구에 빠져들고 말았다!"

스페인 독감의 기원에 관한 연구는 길고 시간을 많이 소모해야 하는 작업이었다. 그가 말했다. "이런 식의 '바이러스 고고학'은 굉장히 고통스러운 작업이다. 그리고 시간이 아주 많이 걸린다. 그냥 냉동고에서 바이러스를 꺼내오는 그런 것이 아니다. 부검 사례들을 하나하나 찾아보아야 한다."

　1년 뒤인 1996년 7월에 획기적인 진전이 있었다. 에이미 크래프트 박사가 로스코 본Roscoe Vaughn 일병의 시신에서 추출한 폐 조직의 샘플 검사를 시작했다. 본 일병이 1918년 9월 19일에 사우스캐롤라이나 포트 잭슨에서 병에 걸렸을 때의 나이는 21세였다. 그로부터 일주일 뒤인 1918년 9월 26일 오전 6시 30분에 본 일병은 폐렴으로 사망했다. 그날 오후 2시 본 일병의 시신을 부검했고, 그의 폐에서 병리학적 시료가 채취되었다. 이제 죽은 지 80년 후에, 본 일병은 스페인 여인의 미스터리를 푸는 데 나름으로 일조하게 된 셈이다.

　본 일병이 의학에 끼친 공헌은 범상치 않은 방식으로 이루어졌다. 그의 신체가 스페인 독감에 감염되었을 때 매우 특이하게 반응한 것이다. 타우벤버거는 그의 사례를 현미경으로 보고 충격을 받았다.

　임상적으로 알 수 있었던 사실은 폐렴이 그의 왼쪽 폐에서 발견되었다는 것이다(그의 오른쪽 폐는 정상으로 보였다). 양쪽 폐가 아니라 한쪽 폐에만 폐렴이 발생하는 것 자체는 흔한 일이다. 부검 당시에도 그 사실은 확인이 되었다. 그의 왼쪽 폐에 세균성 폐렴이 크게 발생했고, 이것이 사망의 직접적 원인이 되었으며, 그의 오른쪽 폐는 거의 완전히 정상이었다.[2]

　그런데 다음 사실이 부검 당시에는 발견되지 않았던 것이다. "그런데 오른쪽 폐를 매우 주의 깊게 들여다보면, 폐의 종말 세기관지 terminal bronchioles 주변에 급성 염증이 발생한 아주 미세한 흔적을 발견할 수 있다. 바로 이것이 인플루엔자 바이러스 복제의 매우 초기 단계에서 나타나는 특징이었다."

또한 본 일병은 질병이 발전하는 과정에서 '비동시성asynchrony'을 보여주었다는 점에서 매우 특이한 경우라고 할 수 있다.

그는 인플루엔자에 먼저 감염되었으며, 그 다음 세균성 폐렴이 왼쪽 폐에서 발생하여 바이러스 감염을 능가했고, 그를 사망케 했다. 그런데 어찌된 셈인지 오른쪽 폐의 바이러스 감염이 며칠간 지연되었다. 따라서 그가 사망했을 때, 바이러스가 폐를 감염시키는 매우 초기 단계의 모습을 그대로 간직하게 된 것이다. 그것은 매우 미묘한 차이였는데, 부검 시료를 오랜 기간 충분히 관찰한 덕분에 그 미묘한 차이를 감지할 수 있었던 것이다. 인플루엔자는 확신을 가지고 판별할 수 있을 만큼 뚜렷한 변화를 남기지 않는다. 따라서 현미경을 들여다보고 이렇게 말할 수는 없다. "이것은 틀림없는 인플루엔자로군." 어느 정도 의심은 할 수 있지만, 확신은 할 수 없는 것이다. 하지만 그 시료에는 그것이 특별한 표본임을 말해주는 무언가가 있었다. 그래서 내가 그것을 식별하고 난 뒤, 바로 우리는 RNA를 추출했고 테스트를 했으며, '두둥!' 인플루엔자 바이러스 RNA를 발견하게 된 것이다![3]

채집된 유전자 물질의 상태가 타우벤버거의 표현을 빌리자면 "끔찍했기" 때문에, 그 바이러스의 정체를 알아내기 위한 대규모 염기서열결정sequencing을 시행해야 하는 엄청난 과업이 연구 팀을 기다리고 있었다.

테스트를 위한 시료가 충분하지 않을 수 있기 때문에, 타우벤버거는 본 일병의 시료를 보존해두고 다른 사례들을 더 찾기 시작했다. 또 다른 표본을 특정했는데, 이 표본은 같은 날 다른 캠프에서 사망한 병사의 것이었다. 이 표본 역시 양성으로 나왔고, 이제 연구 팀은 시료 두 개를 확보했다.

타우벤버거 연구 팀은 '미군병리학연구소에서 얻은 병리학적 시료에서 추출한 바이러스의 염기서열이 담긴 작은 조각'에 관한 초기 연구 결과를 1997년 《사이언스Science》지에 실었다. 당시 73세였던 요한 훌틴이 이 논문을 읽고 타우벤버거에게 자신의 연구에 관해 설명하는 글을 썼다. 타우벤버거는 훌틴이 알래스카에서 발견한 옛 샘플을 보고 싶다고 요청했는데, 놀랍게도 몇 년 전에 이미 소실되었다는 대답을 들었다.

훌틴은 알래스카로 돌아가 더 많은 시신을 발굴하여 동결된 시료를 채취한 뒤, 타우벤버거의 미군병리학연구소에서 분자 분석을 실시하자고 제안했다. 이러한 분석은 1951년 당시에는 불가능했던 방법이었다. 사실 DNA 구조조차 1953년이 되어서야 비로소 정립되었다. 훌틴을 말릴 방도가 없었다. 훌틴은 73세라는 나이에 브레빅미션으로 날아갔는데, 장비로는 카메라 한 대, 침낭 하나, 도구가 담긴 가방 두 개가 전부였다. 모든 경비를 스스로 부담했는데, 하이테크를 이용한 연구는 아니었으며, 잠은 지역 학교의 마룻바닥에서 잤다. 타우벤버거는 그와 동행하지 않았는데, 오히려 그 편이 더 유리했다. 많은 주민들이 여전히 훌틴을 기억했고, 그가 발굴을 하도록 허락해주었다. 타우벤버거가 말했다. "그들은 예전에 꼬마들이었는데, 이제는 지역의 어른들이 되었다. 45년이 지났지만 훌틴을 기억하고 있었고, 덕분에 그는 발굴 허락을 얻어 시신을 발굴하여 시료를 우리에게 보내왔다."

1918년 브레빅미션에서 절명한 인플루엔자 희생자 72명은 커다란 무덤에 함께 매장되었고, 그 자리에 대형 나무십자가 두 개가 세워졌다. 젊은이 넷이 자원하여 훌틴을 도왔고, 길이 8.2미터, 폭 1.8미터, 깊이 2.1미터인 구덩이를 파내려갔다. 그 결과, 처음에는 예전처럼 실패한 것으로 보였다. 뼈만 발견했을 뿐 연조직이 남아 있는 유해는 찾을 수 없었다. 그러다가 비만 여성의 시신을 발견했는데, 지방fat이 영구 동토층의 습격으로부터 장기를 보존했다.

"나는 엎어놓은 양동이에 걸터앉아 이 여인을 바라보았다. 보존 상태가 좋았다. 그녀의 폐는 상태가 좋았다. 나는 이 시신에서 바이러스를 찾을 수 있다고 보았다."4)

훌틴은 1974년 에티오피아에서 발견된 유명한 선사시대 유골의 이름을 따서 그 여인의 이름을 '루시'라고 불렀다. 루시의 장기에서 시료를 채취한 그는 이를 보존 용액에 담아 잘 포장했다. 시료의 유실을 방지하기 위해, 똑같은 시료 네 개를 나흘에 걸쳐 각각 UPS와 페덱스, 그리고 미국 우편국을 통해 보냈다. 그는 발굴한 무덤을 다시 덮었고, 학교 목공실에서 직접 제작한 새 십자가 두 개를 세웠다.

훌틴은 중요한 발견을 이루어냈다. 비록 조직 시료 세 개는 음성으로 나왔지만, 앤 리드는 루시의 시료에서 똑같은 인플루엔자 흔적을 확인했다. 루스코 본 일병의 RNA와 동일한 것임이 증명된 것이다. 곧이어 1918년 9월 26일 뉴욕의 캠프 업튼에서 인플루엔자로 사망한 당시 30세였던 제임스 다운스James Downs 일병의 시료에서도 세 번째 일치가 확인되었다. 하지만 빠진 연결고리를 제공한 것은 '루시'였다.

타우벤버거가 말했다. "동결된 시료를 이용함으로써 바이러스의 전 게놈에 대한 염기서열결정이 가능하게 되었다."

사례 세 개 모두에서 바이러스의 주요 유전자에 해당하는 헤마글루티닌 유전자hemagglutinin gene의 염기서열을 결정할 수 있었다. 그 결과, 놀랍게도 이들은 기본적으로 서로 동일했으며, 유전자 내 염기 1천700개 가운데서 오직 하나의 뉴클레오티드[5]에서만 차이를 보였다. 따라서 우리는 이것이 진정 대유행병의 바이러스라는 것을 알 수 있었다. 이것이 그 바이러스라는 데에는 의문이 없었다. 동결된 시료를 이용함으로써 바이러스 전 게놈의 염기서열을 결정할 수 있게 되었다.[6]

훌틴의 초기 연구는 마침내 정당성을 입증했다. 그와 타우벤버거 팀이 스페인 독감 바이러스를 발견한 것이다.

타우벤버거가 말했다. "1997년부터 2005년까지 바이러스 게놈의 염기서열을 완전히 결정하기 위해 엄청난 수고를 했다. 이 연구로 얻은 결론 중 하나는 이 바이러스가 조류 독감의 일종으로서 사람에게 옮겨진 것이라는 사실이다."

이 대유행병 바이러스가 어떻게 동물에서 사람으로 전파되었는지는 여전히 뜨거운 논쟁을 불러일으키는 문제로 남아 있다. 다른 바이러스학자들과 마찬가지로 타우벤버거 역시 이 캄캄한 수수께끼의 해답을 찾기 위해 최전선에서 분투하고 있다. 현재는 유전자 복제로 인플루엔자 바이러스를 만들어내는 기법을 활용하고 있다. 여러 과학자들이 '역유전학reverse genetics'으로 알려진 이 기법에 동시에 도달했다. 타우벤버거는 "옥스퍼드의 조지 브라운리George Brownlee 박사, 마운트시나이Mount Sinai의 피터 팔레스Peter Palese 박사, 그리고 위스콘신의 요시 카와오카Yoshi Kawaoka 박사가 모두 독자적으로 이를 연구했다"라고 설명했다.

'현대 분자생물학의 마법'으로 바이러스의 염기서열을 결정한 과학자들은 애틀랜타에 있는 질병통제예방센터의 '고도 봉쇄high containment' 연구소들과 캐나다 위니펙의 연구소에서 동물 실험을 실시했다. 즉, 1918년 바이러스를 마카크 원숭이들에게 주입한 것이다.

무엇이 스페인 독감을 그토록 치명적으로 만들었으며, 왜 이 바이러스가 그토록 많은 건강한 젊은이들을 사망케 했는가 하는 의문에 대해서, 타우벤버거는 이 바이러스가 사이토카인 폭풍cytokine storm으로 알려진 자가 면역 반응을 촉발했기 때문이라는 이론을 지지했다. 아이러니하게도, 환자가 건강할수록 사망할 가능성이 더 높았던 것이다. 1918년 H5N1은 특징적인 염증 반응을 일으켜서 환자의 폐에 2차 손상을 입혔다. 타우벤버거는 이렇게 설명했다. "당신을 죽이는 것은 바이러스가 아니라 몸의 면역 반응이다."

다행히도 20세기는 1918년 스페인 독감과 규모가 비슷한 대유행병을 다시 경험하지 않았다. 1957년에 아시아 독감(H2N2)이 발생했고, 1968년에는 홍콩 독감(H3N2)이 발생했다. 1947년에 치사율이 낮은 '유사 대유행병'이 있었고, 1977년의 유행병은 아이들에게 크게 유행했으며, 1976년의 돼지 인플루엔자 유행병은 대유행병의 잠재력을 보여주었다. 하지만 1918년 대유행병은 여러 환경들이 복합적으로 작용한 유일무이한 사건으로 여겨졌고, 다시 재발하지 않기를 모두가 소망하게 되었다. 그 결과, 스페인 독감의 기원에 관한 1997년의 연구는 다소 난해한 프로젝트, 즉 현실의 삶과 조금 동떨어진 학문적 탐구로 인식되었을 수도 있다. 미군병리학연구소의 프로젝트 예산은 삭감되었고, 연구의 재정 지원은 위기를 맞게 되었다. 그런데 1997년 3월 타우벤버거 연구 팀이 첫 연구 결과를 발표할 즈음에, 홍콩의 3세 아이가 H5N1 조류 독감 바이러스에 감염되어 사망하는 사건이 발생했다.

22장

홍콩 커넥션

새로운, 그리고 되풀이된 위협, 조류 인플루엔자

1997년 5월 9일 홍콩에서 한 어린 소년이 병이 들었다. 본디 활기차고 튼튼했던 3세 남자 아이 람 호이카Lam Hoi-ka는 갑자기 열이 나고 목이 아팠다. 걱정이 된 람의 부모는 의사에게 연락했고, 의사는 아이들이 흔히 겪는 질병으로 보이며 하루 이틀 지나면 괜찮아질 것이라고 했다. 람의 증상은 상기도 감염증처럼 보였는데, 전 세계 아이들이 흔히 겪는 질병으로서 바쁜 의사들은 이런 환자들을 하루에도 수십 명이나 진료한다.

하지만 5일 뒤에도 람은 회복되지 않았고, 부모는 아이를 지역 병원으로 데리고 갔다. 의료진은 증상의 원인을 밝힐 수 없어서 람을 주룽에 있는 퀸엘리자베스병원으로 보냈는데, 이곳 의사들도 진단을 내리지 못했다. 하지만 무언가 잘못된 것은 분명했다. 람의 상태가 빠르게 나빠졌다. 아이는 산소 호흡기가 없으면 숨을 쉬지 못했는데, 바이러스성 폐렴에 걸린 것으로 추측할 뿐이었다. 설상가상으로 라이 증후군Reye's syndrome 증상도 보였는데, 이 희귀병은 아이와 청소년에게 발병하며 치명적일 수 있었다. 라이 증후군은 보통 인플루엔자나 수두 같은 바이러스성 감염에 연이어 발병하며, 뇌에 물이 차서 호흡과 심장 박동을 관장하는 신경을 압박하게 된다. 상태가 여기까지 진행되면 보통은 환자가 죽는다. 람은 폐렴을 잡기 위해 항생제를 투여 받았는데, 곧 파종성 혈관 내 응고증disseminated intravascular coagulopathy으로 발전했다. 이는 혈액이 응고유curdled milk처럼 굳는 증세를 말한다. 이렇게 되면 정상적인 응고가 힘들어지고, 이는 여러 부위에서 심각한 출혈로 이어진다. 결국 람은 심각한 장기 부전으로 입원한 지 일주일 만에 사망했다. 람의 부모와 의료진은 충격을 받았고, 어떻게 20세기 후반에 건강했던 작은 아이가 그렇게 갑자기 병들어 죽는 일이 일어날 수 있는지 고통스러워했다.

람 호이카가 죽기 하루 전인 1997년 5월 20일, 의사들은 분석을 위해 그의 목구멍 기관에서 시료를 채취했다. 이 시료는 규칙에 따라 테스트를 위해 홍콩 보건국으로 보내졌다. 연구소 직원들이 이 시료를 조사했고, 3일 뒤 람이 인플루엔자로 사망했다고 결론을 내렸다. 그런데 폭넓은 테스트에도 불구하고 수석 바이러스학자 윌리나 림Wilina Lim 박사는 이 아이를 죽인 인플루엔자가 어떤 유형인지 결정하지 못했다. 테스트 결과에 따르면 1968년 홍콩 유행병을 초래한 H3N2는 아니었다. 1977년에 발생한 H1N1 역시 아닌 것으로 판명되었다. 이에 굴하지 않고, 림은 이 시료를 런던, 도쿄, 멜버른 등에 널리 퍼져 있는, 치명적 질병의 연구에 정진하고 있는 세계보건기구 협력 센터들과 조지아주 애틀랜타에 있는 미국 질병통제예방센터에 보냈다. 국제적 테러와 마찬가지로 대유행 질병은 상시적으로 가장 수준이 높은 위험이 되고 있으며, 이러한 센터들이 대유행병의 조기 경보를 담당하고 있다. 이들은 인플루엔자, 사스, 에볼라 같은 치명적인 변종 바이러스의 출현을 항상 주의 깊게 지켜보고 있다. 매년 샘플 수천 개가 테스트를 위해 이곳들에 보내진다. 림은 이 시료를 또한 우트레흐트Utrecht 근처에 있는 네덜란드국립보건연구소의 저명한 바이러스학자 얀 드용Jan de Jong에게도 보냈다.

8월 8일 금요일, 드용이 림에게 전화해서 바로 홍콩으로 날아간다고 말했는데, 왜 오겠다는 건지는 얘기하지 않았다. 림이 공항에 그를 마중하러 가자 드용은 비로소 왜 갑자기 오게 되었는지 설명했다.

"나에게 보낸 바이러스가 뭔지 알아?" 그가 물었다.

림은 처음에 H3이라고 생각했는데, 너무나 많은 변이를 일으켜서 연구소의 테스트로는 식별할 수 없었다고 대답했다.

드용이 말했다. "아니야. 그건 H5였어."

저명한 바이러스학자인 그들은 이것이 무엇을 의미하는지 잘 알았다. H5는 조류 독감이었다. 조류 독감이 지금 막 한 인간을 죽인 것이다. 이제 홍콩에서 대유행병이 발생할 것인가?

한편, 애틀랜타의 질병통제예방센터에서는 인플루엔자 부서의 책임자 낸시 콕스Nancy Cox가 휴가에서 돌아와 세계 각지에서 보내온 시료 수천 개의 분석을 재개했다. 콕스에게는 홍콩 샘플이란 순서를 기다리는 수많은 시료들 중 하나일 뿐이었다. 한 달이 지난 뒤에야 콕스 팀은 이를 검사하게 되었다. 테스트 결과를 받아본 콕스는 경악했다. 드용과 마찬가지로 콕스 역시 람 호이카가 조류 독감으로 사망한 것을 확인했다. 이는 과학자들이 오랫동안 인플루엔자의 진원지로 의심해 온 바로 그 아시아에서 발생한 사건이었다.

콕스의 첫 의무는 자기의 스태프를 보호하는 것이었다. 연구는 곧 생물안전 3+등급 봉쇄 시설로 옮겨졌고, 기존의 방호 도구를 강화하여 두꺼운 후드와 마스크를 착용하게 했는데, 그 모습은 마치 17세기 초 페스트 의사들의 현대판을 보는 것 같았다. 유사점은 이 정도로 그치지 않았다. 콕스는 세상이 치명적인 페스트의 발생에 직면해 있다고 우려했다.

람 호이카가 조류 독감으로 사망했고, 그 시료가 오염된 것이 아니라는 사실을 재확인하기 위해 테스트를 다시 실시했다. 람 호이카의 목구멍에서 채취한 시료가 홍콩연구소에 남아 있었기 때문에, 이것을 다시 테스트했다. 결과는 마찬가지였다. 조류 독감이었다.

다른 두 연구 팀, 우트레흐트의 드용 팀과 애틀랜타의 콕스 팀이 람 호이카의 조류 독감 사망을 확인했기 때문에, 이제 어떻게 감염이 이루어졌는지 알아내는 것이 매우 중요했다. 콕스의 동료인 케이지 후쿠다Keiji Fukuda 박사는 자기의 연구를 근거로 들어 인간이 조류 독감에 감염된 전례가 없다고 주장했다. 이는 미국의 타우벤버거 팀이 실시한 연구와는 무관한 일이었다. 그가 질문했다. 만약 이것이 정말 조류 독감이라면 고유한 유형인가, 아니면 새로운 유행병이 시작된 것인가? 스페인 독감의 망령을 떠올리지 않고 인플루엔자 대유행병을 생각하는 것은 불가능했다.

람 호이카가 어떻게 감염되었는지, 그의 시료가 홍콩에서 오염된 것은 아닌지 판별하기 위해 후쿠다와 장래의 저명한 조류 독감 전문가인 로버트 웹스터Robert Webster가 포함된 세계보건기구 과학자 팀이 홍콩에 도착했다.

후쿠다 팀은 주룽에 있는 퀸엘리자베스병원의 위생 상태를 꼼꼼히 검사했다. 람 호이카를 진료한 의료진의 건강 상태를 점검하고 그를 치료한 기구들을 검사했으며, 다른 환자들의 건강 상태도 살폈다. 다음으로 윌리나 림의 정부 연구소들도 조사했는데 아무런 잘못을 발견하지 못했다. 그들은 이렇게 결론을 내렸다. "정부 연구소들은 매우 깨끗했고 잘 관리되고 있었다." 림의 팀은 오염을 최소화하기 위해 모든 과정을 청결하게 진행했다. 후쿠다는 람의 주치의와 면담했고, 이를 바탕으로 람이 정상적이고 건강한 꼬마였으며 그러한 비극을 맞이할 만한 아무런 병력이 없었음을 확인했다. 다음 단계는 람이 언제 어떻게 H5 바이러스에 노출되었는지 알아내는 것이었다. 농장에 간 적이 있었는가? 아니면 학교 친구 중에 양계업을 하는 집이 있는가? 조사가 난항을 겪는 가운데, 람이 죽기 며칠 전, 그가 다니던 학교가 병아리들을 가져와 아이들과 놀게 했다는 사실을 밝혀냈다. 학교는 교실 귀퉁이에 울타리를 치고 전등을 켜둔 다음, 병아리들을 가두어놓았다. 아이들은 병아리들을 안고 놀거나 병아리에게 이름을 붙여주기도 했다. 그런데 모든 병아리가 몇 시간 안에 죽고 말았다. 이 병아리들 때문에 사람이 H5로 죽게 된 것일까? 폭넓은 검사가 실시되었지만 H5N1의 흔적은 확인되지 않았다. 하지만 죽은 병아리들이 람의 치명적 감염의 원인을 알려주는 것 같았다.

H5가 일으킨 람 호이카의 죽음은 의학적으로 미스터리다. 하지만 한 가지 위로가 되는 점도 있었다. 대유행병의 공포에도 불구하고

감염은 확산되지 않았고, 조류 독감에 따른 사망은 더 이상 보고되지 않았다. 9월에 조지아주 애틀랜타에 있는 질병통제예방센터의 낸시 콕스는 람 호이카의 죽음이 단일 사건이었다고 결론을 내렸다. 그런데 추수감사절 직전, 콕스는 홍콩으로부터 또 다른 조류 독감 사례들이 확인되었다는 전화를 받았다. 첫 사례는 11월 8일, 홍콩섬의 케네디타운 출신인 2세 남자아이였다. 아이는 11월 7일 퀸메리병원에 입원했으며, 심장이 약했지만 2일 만에 회복하여 퇴원했다. 아이의 코와 목에서 채취한 시료는 테스트 결과 H5에 양성 반응을 보였다. 11월 24일, 주룽의 37세 남성이 변종 인플루엔자 증상으로 퀸엘리자베스병원에 입원했고, 11월 26일에는 신계 지역의 마온샨 출신 13세 소녀가 두통과 기침, 발열 증상으로 프린스오브웨일스병원에 입원했다. 소녀는 12월 13일에 그곳에서 사망했다. 주룽에서는 54세 남성이 11월 21일에 발병하여 12월 6일에 퀸엘리자베스병원에서 폐렴으로 죽었다.

여섯 번째 사례는 신계 지역의 췬완 출신 24세 여성이었다. 그녀는 12월 4일 현기증과 발열로 발병한 뒤 입원했고, 상태가 심각하여 산소 호흡기에 의지한 채 몇 개월 동안 치료를 받다가 이듬해 4월에 퇴원했다. 두 명의 다른 사례는 12월 4일에 발병한, 홍콩섬 남쪽의 압레이차우 출신 5세 여아와 주룽 출신 6세 여아였다. 이 두 소녀는 12월 내내 입원했고, 12월 10일에 인플루엔자 증상으로 췬완에서 온 10세 남아와 압레이차우 출신 2세 남아도 12월 말까지 입원했다. 12월 15일, 췬완 출신 19세 소녀가 발병하여 가래를 내뱉기 시작했고, 이후 거의 6개월 동안 병원 신세를 져야 했다.

12월 16일에는 환자 세 명이 인플루엔자 증상을 보였다. 주룽에서 온 남자 아기와 신계 출신 여자 아기는 상태가 좋지 않았지만 살아남았다. 60대 여성 환자는 그러지 못했고, 크리스마스 이틀 전에 사망했다. 12월 17일에는 위안랑 출신 25세 여성이 병들었고, 급성 호흡 곤란과 폐렴으로 다음해 1월에 사망했다. 같은 날 주룽에서는 34세 여성이 신장에 이상이 생겼고 폐에 물이 차올랐다. 그녀 역시 다음해 1월에 죽었다.

12월 23일에는 열일곱 번째 사례로, 14세 소녀가 주룽에서 인플루엔자 증상과 척수 세포 질환인 조직구증histiocytosis이 발병했다. 5일 뒤에는 3세 남아가 같은 증상을 보였다. 12월 28일까지 첫 희생자인 람 호이카를 비롯하여 18명이 알 수 없는 변종 인플루엔자에 감염되었고, 그중에서 6명이 죽거나 죽어가고 있었다. '셋 중에 하나'라는 사망률은 매우 끔찍한 전망이었다. 확실히 조류 독감이 확산 중이었고, 이는 월리, 림과 그 동료들을 두렵게 했다. "그달은 끔찍했다. 이 바이러스가 어디서 발생했는지는 알 수 없었고, 사람들은 계속 감염되었으며, 매일 새로운 환자들이 생겼다. 우리는 정말 많은 스트레스를 받았다."[1] 공황 상태 속에서 증상이 경미한 사람들도 병원으로 몰려들었다. 닥터 림의 연구소는 시료들로 홍수를 이루었다. 그리고 생각지도 못한 일이 벌어졌다. 닥터 림의 16세 딸이 목구멍이 아팠다. 처음에는 피아노 레슨을 받기 싫어서 꾀병을 부린다고 생각했다. 정상적인 상황이라면 일어나서 레슨을 받으라고 했겠지만, 림은 딸에게 침대에서 나오지 말고 쉬라고 했다. "왜냐하면 걱정이 되었다. 무서웠다. 많은 사람이 그랬다." 다행히도 닥터 림의 어린 딸은 조류 독감으로 의심되는 증상에서 벗어났다.

멕시코 태생으로 미국 국립알레르기 및 질병연구소 부소장인 닥터 존 라몬테인John LaMontagne이 인도를 공식 방문하던 중 독감 발생 소식을 들었다. "5월에 독감 발생 사례가 있었다는 것을 알았는데, 이것은 6개월 간격을 두고 발생한 사건이다. 6개월 시차를 두고 재발했다는 사실이 매우 걱정스러웠다." 1918년 스페인 독감 대유행병의 제1차, 제2차 확산을 그대로 재현할 것인가? 만약 그렇다면 의학계는 분초를 다투어 백신 개발을 서둘러야만 했다.

라몬테인은 전 세계를 보호할 수 있을 만큼 충분한 물량의 백신을 개발하기 위해 즉각적인 대응에 나섰다. 필요하다면 대규모 수송 작전도 불사해야 했다. 그러는 동안 홍콩에서는 감염자 수가 꾸준히 증가했다. 11월에서 12월 말까지 18명이 입원했다. 8명에게 산소 호흡기가 필요했고, 6명이 사망했다. 1918년 때와 마찬가지로 사망자는 주로 젊은 성인이었는데, 스페인 독감 때를 연상케 하는 섬뜩한 일이었다. 라몬테인은 백신을 준비하는 제약회사들과 협상을 하다가 그들이 자사의 연구소가 H5N1에 감염될 우려 때문에 주저한다는 사실을 알게 되었고, 호주 출신 바이러스학자 케네디 쇼트리지는 홍콩의 재래시장을 조사했다.

매일 중국의 시골에서 살아 있는 닭이 홍콩으로 운반되었다. 닭은 시내의 재래시장에서 팔렸는데, 구매자 앞에서 바로 도살되었다. 홍콩 주민들은 신선한 닭고기를 좋아했다. 위생 처리라고는 찬물에 한 번 헹구는 것이 전부였고, 닭의 내장에 바이러스가 서식한다는 사실을 상기하면 이는 감염을 일으키기에 충분한 조건이었다. 생닭이 살모넬라salmonella와 캄필로박터campylobacter, 이콜라이E. coli 같은 식중독균의 온상으로 악명 높은 것은 잘 알려진 사실이었지만, 인간이 조류 독감으로 사망할 수 있다는 것은 전혀 별개의 문제였다.

아시아에서 H5N1 바이러스를 분리해냈던 쇼트리지는 어느 날 아침 재래시장을 돌아보다가 피가 얼어붙는 듯한 장면을 목격하게 되었다. "우리는 새가 꼿꼿이 서서 모이를 쪼아 먹다가, 서서히 몸이 기울더니 그대로 쓰러져 죽는 장면을 보았다. 배수구에는 핏물이 흐르고 있었다. 정말 비현실적이고 이상한 장면이었다. 그런 모습은 본 적이 없었다."[2] 다른 닭들도 똑같은 운명을 당하는 모습을 연이어 지켜본 쇼트리지는 이렇게 결론을 내렸다. "우리는 닭 에볼라를 목격하고 있었던 것이다. (중략) 새들이 그렇게 죽어가는 장면을 지켜보다가, 문득 1918년 대유행병 당시 무슨 일이 있었는지 번뜩 생각났다. 큰일이었다. 만약 이 바이러스가 이곳을 빠져나와 다른 곳으로 확산된다면 어떻게 될 것인가?"[3]

홍콩의 닭 개체 수가 지난 몇 개월 동안 조류 독감으로 크게 타격을 입었다는 사실이 밝혀졌다. 위안랑구 시골 마을의 한 양계장에서 처음으로 닭이 죽었다. 감염은 곧 두 번째와 세 번째 양계장으로 확산되었고 피해 규모도 커졌다. 한 농장주는 닭들이 걸쭉한 침을 흘리면서 몸을 떨기 시작했다고 증언했다. 목 부위의 늘어진 피부는 초록색 또는 검은색으로 변했고, 닭들의 모습은 마치 조류 좀비처럼 변했다. 어떤 암탉은 껍질이 없는 알을 낳기도 했다. 응고된 피가 기도를 막으면서 질식으로 쓰러져 죽는 닭들도 생겼다. 람 호이카의 사망 당시 거의 닭 7천 마리가 죽었다. 후쿠타의 표현을 빌리자면, 이는 실험실이 아니라 야생에서 발생한 사건이었다.

조류 독감 유행병의 악몽을 떨치려면 한 가지 해결책밖에 없었다. 예방 조치에도 불구하고, 신계 지역 위안랑구 양계장의 닭들이 바이러스에 양성 반응을 보이고 주룽의 청샤완 양계 도매 시장에서 많은 닭들이 폐사하자, 당시 홍콩의 보건국장이었던 마거릿 챈Margaret Chan은 신계 지역의 재래시장을 폐쇄하고 가금류를 대규모로 살처분하기로 결정했다.

홍콩의 농산부는 중국 본토에서 들여오는 매일 7만5천 마리 규모의 닭 수입을 금지시켰고, 1997년 12월 29일에는 경제부장관 스티븐 입Steven Ip이 "우리는 홍콩섬과 주룽섬, 신계의 모든 닭을 살처분할 것"이라고 발표했다.

《뉴욕타임스》의 엘리자베스 로젠탈Elisabeth Rosenthal에 따르면, 이는 끔찍하지만 필요한 조치였다. 엄청나게 많은 공무원들이 동원되어 지역 내 양계장 160곳, 양계 도매 시장과 소매 시장 1천 곳 이상에서 모든 닭을 수거했다. 닭들은 주인들이 도살하거나, 당국이 수거하여 독가스로 안락사시켰다. 사체는 살균한 뒤 비닐로 싸서 매립지로 옮겼다. 닭들과 근접 접촉이 있었던 거위와 오리 역시 살처분되었다.

무고한 생명체를 도살하는 것은 성경의 장면을 연상케 했다.

오늘 오전 8시, 푸른 제복을 입은 가금류 검사관의 짧은 설명을 들은 뒤 파이차이람청카이 노천가게의 종업원 네 명이 이 끔찍한 임무를 수행했다. 그들은 숙련된 손길로 닭, 오리, 비둘기와 메추라기 수십

마리를 쇠로 된 새장에서 차례로 꺼내어 목을 꺾은 뒤 날카로운 칼로 능숙하게 동맥과 정맥을 그었다. 피가 솟구쳤고, 사체는 대형 플라스틱 쓰레기통 몇 개에 던져졌다. 여전히 날개를 퍼덕이는 경우도 있었다. 검사관은 살균제와 비닐봉지를 가지고 다시 오겠다는 말을 남기고 떠났다.

기자들에게 본명을 다 밝히기를 거부한 가게 주인 탐 씨는 이렇듯 끔찍한 사건에도 불구하고 여전히 낙관하는 것으로 보였다.

그가 닭의 목을 치면서 말했다. "결국에는 이렇게 되리라는 것을 알고 있었다. 장단점이 있다. 이것으로 사람들의 공포심이 사그라지면 다시 장사가 살아날 것이다. 하지만 도살한 닭들을 대체하려면 최소 3개월은 걸릴 텐데, 그때까지 임대료를 어찌해야 할지 걱정이다.'

탐 씨는 지난달 매출이 90퍼센트나 떨어졌고, 정부는 닭 한 마리당 보상금을 3달러 87센트로 제시했는데, 이는 평상시 판매 가격의 절반 수준이라고 말했다.[4]

조류 독감에 관한 홍콩의 가혹한 대응은 적어도 당시에는 성공을 거둔 것처럼 보였다. 그 이후, 세계보건기구는 2003년 이후로 598명이 감염되어 352명이 사망했다고 보고했다. 조류 독감 사망 사례는 대부분 이집트, 인도네시아, 베트남 그리고 중국에서 발생했다. 당시까지는 사람들 사이에 쉽게 확산될 만큼 변이가 되지는 않았다. 하지만 2003년에 태국과 베트남에서 인간 감염이 다시 기승을 부렸고, 아시아 전역의 양계장에서 조류 독감이 발생했으며, 2005년에는 중동과 동유럽까지 확산되었다. 그리하여 H5N1은 인플루엔자의 대

명사가 되었으며, 스티븐 소더버그의 '바이오 스릴러' 영화 〈컨테이전Contagion〉의 모티브가 되기도 했다.

불행한 일이기는 하지만 1997년의 홍콩 조류 독감 발생은 유행병학자와 보건 당국자들에게 좋은 경고가 되었다. 이를 바탕으로 대유행병 공공 비상 대책을 수립하는 계기가 되었다. 예를 들면 영국에서는 1997년 독감 발생 기간에 홍콩에서 히스로공항으로 들어오는 승객 중에 호흡기 질환이 있는 사람은 즉각 격리 조치되었다. 또한 1918년 독감 규모인 또 다른 대유행병 발생 전망에 경각심을 불러일으키는 계기도 되었다.

제프리 타우벤버거는 이렇게 말했다. "조류 독감이 실제로 인간에게 전파되어 질병을 일으킬 수 있다는 증거를 처음으로 보여준 사건이다. 1918년 독감과 H5N1 독감 이야기는 서로 밀접한 연관이 있어서 인플루엔자에 커다란 관심을 불러일으키게 되었다. 사람들은 H5N1 바이러스가 1918년 독감처럼 젊은 연령층에서 높은 사망률을 보이는 것은 아닌지 걱정하고 있다."

한편 스페인 독감 전문가인 바이러스학자 존 옥스퍼드 교수는 홍콩 독감 발생을 '본 공연 시작 전 총연습'이라고 보았다. 홍콩 H5N1 바이러스가 전 세계 신문 지면의 헤드라인을 장식하고, 타우벤버거의 연구 팀이 1918년 독감 대유행병 바이러스 게놈의 염기서열결정을 시도하는 동안, 옥스퍼드 교수는 또 다른 연구에 참여하고 있었다. 그의 임무는 노르웨이 스피츠베르겐Spitzbergen에서 스페인 여인의 기원을 찾아내는 것이었다.

23장

무덤의 비밀들

바이러스와 싸웠던 '영웅적인' 보통 사람들

1998년 8월, 홍콩 조류 독감이 거의 매듭지어지고 제프리 타운 버거의 연구 팀이 1918년 대유행병 희생자들에게서 유행병의 기원을 판별해낼 즈음, 또 다른 '바이러스 고고학자들'이 노르웨이 스발바르드Svalbard제도의 스피츠베르겐섬으로 갔다. 이들의 임무는 노르웨이 극지의 영구 동토층에 매장된 광부들의 시신에서 조직 샘플을 추출하는 것이었다. 로열런던병원 의과대학의 바이러스학자 존 옥스퍼드 교수는 스페인 독감 유행병의 수수께끼를 풂으로써 그와 같은 독감이 미래에 다시 발생하는 것을 막으려고 했다. 즉, 어떻게 조류 독감이 종 사이의 장벽을 뛰어넘어 1918년 바이러스로 변이되었던 것일까? 1997년 홍콩 N5N1 바이러스 확산이 이 문제의 긴급성을 부각시켰다.

옥스퍼드 교수는 캐나다 지질학자 커스티 던컨Kirsty Duncan 박사의 영향으로 이 프로젝트에 참여하게 되었다. 던컨은 1993년 26세

때 알프레드 크로스비의 책을 읽고 이 주제에 관심을 갖게 되었다. "나는 가족에게 '내가 이것의 원인을 밝혀낼 것'이라고 말했다."[1] 던컨은 5년간의 조사 끝에, 스피츠베르겐섬의 작은 탄광촌인 롱위에아르뷔엔Longyearbyen에 있는 무덤의 위치를 찾아냈다. 1918년 바로 이곳 극지 영구 동토층에 광부 7명의 시신이 매장되었으며, 던컨은 그들의 유해가 스페인 여인의 기원에 관한 실마리를 줄지도 모른다고 믿었다. 제프리 타우벤버거를 소개받은 던컨은 그에게 먼저 스피츠베르겐 탐험을 도와달라고 요청했다. 제프리 타우벤버거는 이 요청을 수락했는데, 막 탐험이 시작되려는 찰나 타우벤버거와 홀틴의 연구가 큰 성과를 내면서, 실망스럽게도 타우벤버거는 이 탐험에 참여하지 않기로 최종 결정했다.

스피츠베르겐 탐험에는 옥스퍼드 교수, 조류 전문가 로버트 웹스터 박사, 밀 힐에 있는 국립의학연구소의 로드 대니얼스Rod Daniels 박사가 동참했는데, 대니얼스는 인플루엔자 전문가로서 생물 안전 4등급 연구소에서 전염성이 강한 바이러스를 연구한 경험이 있었다. 옥스퍼드 교수의 아내 길리안Gillian과 그들의 딸 에스더Esther 역시 팀에 합류했고, 에스더는 《인디펜던트》 신문에 생생한 후일담을 연재했다.

대니얼스와 옥스퍼드는 로열런던병원에 저장된, 1918년 인플루엔자 유행병 희생자에서 추출한 폐 조직 시료를 공동으로 분석해왔다. 에스더에 따르면, 안타깝게도 샘플들은 포르말린에 보존되었기 때문에 1918년 바이러스의 유전적 구조에 관한 정확한 '발자국'을 추출하는 것이 불가능했다. 스발바르드 프로젝트의 목적은 화학적 처리의 영향을 받지 않은 신선한 조직 시료를 찾아내는 것이었다.

옥스퍼드 교수는 이렇게 말했다. "만약 우리가 그 '치명적 모티프'를 식별할 수 있다면, 새로운 항바이러스 약을 개발하는 데 필요한 유전자를 특정할 수 있을 것이다." 이는 미래에 비슷한 치명적 바이러스가 발생할 경우 이전보다 효과적으로 대응할 수 있게 됨을 의미한다.

바이러스의 어떤 부분이 질병을 유발하는지 알게 되면, 홍콩의 경우처럼 새로운 인플루엔자 바이러스가 발생했을 때 가장 먼저 새 바이러스의 유전자를 보고 이렇게 질문할 수 있게 된다. "이 유전자들을 1918년 바이러스 유전자들과 비교하면 어떻지?" 만약 두 유전자가 일치한다면, 큰 문제다. 모든 자원을 쏟아부어 대유행병을 막아야 한다. 반면에 유전자 구조가 서로 다르다면 조금은 여유를 가질 수 있다.[2]

광부들의 시신 발굴은 런던의 네크로폴리스 컴퍼니가 맡기로 했다. 이들은 1852년에 창립된 전문 발굴 팀으로서 현재는 새로운 도로 건설, 주거 및 상업지구 개발 현장에서 유해를 발굴하여 재매장하는 사업을 하고 있다.

노르웨이 영구 동토층에서 스페인 독감 희생자의 유해를 찾으려는 커스티 던컨 박사의 시도는 결코 쉬운 일이 아니었다. 1918년까지 거슬러 올라가는 의료 진료 기록이 없을 뿐더러, 병원도 오래 전 파괴되었다. 목사가 처음으로 이곳에 발을 디딘 것이 1920년이기에 교구 기록도 없었다. 스발바르드가 노르웨이에 병합된 것이 1925년이므로 정부 기록 또한 없었다. 하지만 던컨은 연구를 바탕으로 탄광 회사 기술 책임자가 기록한 일지의 존재를 알아냈다. 이 일지는 지역 학교 선생이 보관하고 있었는데, 그는 이 일지의 내용을 번역해주기로 했다. 이 일지에서 광부 7인의 무덤을 지표 투과 레이더를 이용해 식별해냈다. 그들의 유해는 칼바람이 몰아치는 롱 위에아르뷔엔 골짜기의 산자락에 매장되어 있었다.

탐사와 발굴은 순조롭게 진행되지 못했다. 영구 동토층이 녹아서 표본이 손상되었을지도 모른다는 걱정이 과학자들 사이에 팽배했다. 그뿐만 아니라 전 세계의 미디어 팀이 조용한 시골 마을에 파리 떼처럼 몰려들었다. 설상가상으로 탐사 팀 내부에서도 알력이 생겼다. 에스더 옥스퍼드와 던컨을 포함한 많은 증언을 살펴보면, 팀원들의 성격 충돌로 프로젝트가 위기에 빠졌음을 알 수 있다. 저명한 과학자들은 던컨의 아마추어 같은 태도에 회의를 품었다. 던컨은 화려한 용모로 무덤가에서 '감정적인' 기자회견을 했는데, 광부들의 시신에 합당한 경의를 표해달라고 눈물로 호소했다. 발굴 작업이 인플루엔자 희생자들을 존중하는 엄숙한 분위기에서 진행된 것은 의심의 여지가 없었다. 던컨 입장에서는, 자신이 투자한 시간과 노력을 전혀 인정해주지 않는 과학 기득권층들이 점점 더 자신을 깔보고 하찮게 여기는 듯한 느낌을 받았다. 던컨은 나중에 이 탐사를 가리켜 "내 생애에서 가장 불쾌한 경험"이었다고 회고했다.

광부들이 매장된 곳을 파내려간 지 8일째가 되던 날, 대니얼스 박사의 삽이 상자의 뚜껑에 닿았다. 너무 이른 발견이었다. 겨우 50

센티미터밖에 되지 않는 깊이였고, 아직 영구 동토층이 유동적인 곳이었다. 하지만 실망스럽게도, 이 상자는 관으로 판명되었다. 옥스퍼드 교수가 말했다. "처음 그 관을 봤을 때는 우리가 찾던 관이라고 생각하지 않았다. 그 관이 첫 번째 관이라고 믿고 싶지 않았다. 프로젝트가 물거품이 되는 것처럼 보였다."

논의를 거친 끝에 탐사 팀은 그 관이 광부들의 것이 아니라고 결론을 내렸고, 계속 땅을 파내려 가기로 했다. 하지만 다음날 두 번째 관이 같은 층에서 발견되었고, 곧이어 세 번째와 네 번째가 발견되었다. 결국 관 일곱 개가 다 발굴되었고, 탐사 팀은 이 관들이 광부들의 것이 아니기를 바랐다. 로드 대니얼스는 이렇게 말했다. "관 일곱 개를 다 발굴했지만, 우리가 찾던 관이라는 증거는 없었다. 그러다가 관 안에서 1917년 신문을 발견하고서야 사실을 인정할 수밖에 없었다. 그 전까지는 우리가 찾는 시신들이 더 깊은 곳에 묻혔으리라는 희망을 포기할 수 없었다."

설상가상으로 관 하나가 파손되어 있었고, 자갈과 모래가 가득 차 있었다. 조직 샘플들이 적합할지 의구심이 일었다. 한 가족이 유해 검사를 거부했기에, 관 여섯 개를 개봉했고 유골 여섯 구가 모습을 드러냈다.

에스더 옥스퍼드의 말을 빌리자면, 그 광경은 '처량'했다. 젊은 광부들은 신문지에 싸인 채 알몸으로 매장되었다. 개인 유품도 없고, 옷도 입고 있지 않았다. 시신을 안치하는 데도 거의 신경을 쓰지 않았다. 시신 한 구만 양손이 사타구니 위에 교차되어 있을 뿐, 다른 시신들은 그대로 양옆에 내려져 있었다. 모두 물에 잠긴 흔적이 있었고,

미세한 진흙 같은 물질로 뒤덮여 있었다. 또한 관들이 서로 바짝 붙은 채로 매장되었다. 옥스퍼드 교수가 말했다. "관들 사이에 좀 더 간격이 있을 것으로 생각했는데, 관 사이 간격이 1인치도 안 되었다."

엄숙한 분위기 속에서, 캐나다 온타리오 검시관 사무소에서 온 병리학자 배리 블렌킨솝Barry Blenkinsop과 그의 동료 찰스 스미스 Charles Smith가 부검을 맡았다.

블렌킨솝은 마치 아버지처럼 조심스럽게 시신 여섯 구를 나무로 된 관 위에 내려놓았다. 메스, 칼, 겸자만 사용해 부드럽게 기관들을 들어내어 진흙을 털고 표본병에 담았다. 그는 또한 골수, 머리카락(색소 손실로 '블론드'였다) 샘플과 신문이나 노끈 같은 가공품도 수집했다.[3)]

관 속의 진흙과 시신 상태에도 불구하고, 연구 팀은 사기가 꺾이지 않았다. 발굴을 지속하기로 했는데, 레이더가 2미터 깊이에 무언가가 있음을 가리켰다. 어쩌면 다른 시신들이 묻혀 있을지도 모르는 일이었다.

하지만 희망은 오래가지 못했다. 그날 밤, 영구 동토층의 불안정한 성질 때문에 예상치 못한 일이 발생했다. 팠던 구덩이에 물이 차오르면서, 밤사이 구덩이가 무너져버렸다. 다음날 발굴 중지를 결정했고, 네크로폴리스 팀은 구덩이를 다시 메웠다. 에스더는 이렇게 썼다. "내 아버지의 꿈이 무너져 내렸다."

옥스퍼드 교수의 반응은 좀 더 실용주의적이었다. 스피츠베르겐 프로젝트가 실패로 끝난 것을 인정한 그는 비용이 더 적게 들면서 많은 시간이 필요한 '바이러스 고고학' 쪽으로 관심을 돌렸다. 천연두로 사망한 아이를 포함하여 200여 년 전에 세인트바르톨로뮤병원 근처에 납으로 된 관에 매장된 시신 두 구를 분석하는 일 등에 관심을 보였다. 2016년 인터뷰에서 옥스퍼드 교수는 "병리학 실험실, 그리고 바르톨로뮤와 로열런던병원의 검시 시신에서 채취한 인체 조직에서 최상의 임상 데이터를 얻을 수 있었다"고 말했다. 이는 유족에게 발굴 허가를 얻는 문제와 윤리적 문제를 피할 수 있는 효과적인 방법이기도 했다. "제프리 타우벤버거가 커다란 폐 표본에서 각설탕 하나 크기로 떼어낸 '폐 조각'으로 좋은 결과를 얻어낸 것은 사실이지만, 문제점은 폐의 병리학에 관한 이해가 일부에 그친다는 점이다. 감염의 병리학을 조사하기 위해서는 폐 전체나 시신 전체를 검사하는 것이 낫다."[4] 이를 위해 옥스퍼드 교수 연구 팀은 1919년 파리 강화 회의에서 사망한 외교관 마크 사이크스 경의 유해 발굴과 같은 다른 프로젝트를 시도했다. 이 발굴 이야기는 이 책의 서두에서 소개한 바 있다. 또한 옥스퍼드 연구 팀은 사우스런던과 옥스퍼드에서 납으로 밀봉한 관에 매장된 1918년 대유행병 희생자 시신 아홉 구에서 표본을 채취하는 프로젝트에도 참여했다. 옥스퍼드 교수는 장례 회사에 1918년 가을에 사망한 젊은이들의 기록을 문의하여 무덤 위치를 알아냈고, 사망 진단서를 통해 납으로 밀봉된 관으로 매장되어 보존이 유력한 사례 열 개를 추려냈다. 그중에서 1918년 트위크넘Twickenham묘지에 매장된 필리스 번Phyllis Burn이 특히 가치 있는 표본을 제공할 것으로 기대되었다. 옥스퍼드 교수가 나에게 말했다. "그녀의 가족은 유복했다. 자동차를 소유했는데, 당시로서는 매우 범상치 않은 일이었다. 따라서 그녀의 지위에 맞게 납으로 밀봉된 관에 시신을 안치하고 벽돌로 된 묘에 매장했다." 필리스 번의 유해는 잘 보존되어 장기 조직 샘플을 제공할 수 있을 것으로 기대되었다. 이는 유용한 인플루엔자 바이러스 정보를 제공할 수 있을 것이고, 이로써 수백만 명의 생명을 구할 수 있을지도 모르는 일이었다.

필리스 '힐리Hillie' 번의 짧은 생애는 이 책에서 가슴 아픈 결말을 제공한다. 여러 면에서 힐리는 전형적인 스페인 독감의 희생자였다. 젊고 건강했으며, 자원봉사 응급구호대로서 전쟁의 승리를 위해 삶을 희생했다. 이는 육군 장교 제임스 몬태규 번James Montague Burn 소령의 딸로 태어나 의무와 봉사라는 전통 속에서 자란 젊은 여성으로서는 당연한 것인지도 몰랐다.

필리스 번은 1898년에 출생했으며, 런던 남서부 트위크넘 지역 스트로베리힐의 큰 집에서 두 자매 넬리Nellie, 제시Jessie와 함께 성장했다. 그들은 1912년 3월 17일, 아버지가 45세에 암으로 사망하는 비극이 닥치기 전까지 행복하고 유복한 유년기를 보냈다.

2년 뒤 전쟁이 발발하자, 필리스와 넬리는 자원봉사 응급구호대에 지원했고, 프랑스에서 후송된 영국 부상병들을 함께 간호했다. 필리스는 젊고 건강했지만 10월 28일에 두통과 오한을 느꼈는데, 이는 전형적인 스페인 독감 증상이었다. 자신이 병에 걸린 것을 알아차린 필리스는 어머니와 자매들을 감염으로부터 보호하기 위해 집에서 나왔다. 그녀는 트위크넘 사우스필드에 있는 이웃 재닛 뉴튼Janet Newton의 집에서 머물렀는데, 이틀 뒤 사망했다. 겨우 스무 살이었다.

필리스는 트위크넘묘지에 매장되었다. 묘비에는 다음과 같은 글귀가 새겨졌다. "패니 이사벨라 번Fanny Isabella Burn의 장녀 사랑스러운 필리스 '힐리'를 기억하며."

2004년, 필리스의 조카 로더릭Roderick의 미망인 힐러리 번 컬랜더Hilary Burn-Callander는 필리스의 죽음이 가족에게 어떤 의미였는지 아직도 기억하고 있었다. "아버지를 잃은 뒤 다시 자매를 잃는 것은 정말 끔찍한 비극이었다. 자매들은 필리스를 정말 사랑했다. 필리스가 죽은 이후로 그들은 매우 조용하게 살았다. 그녀의 죽음을 결코 극복하지 못했다."

필리스의 유해 발굴 허가를 얻기 위해 옥스퍼드 교수가 처음 연락을 했을 때, 번 챈들러는 진정 당황했다고 고백했다. 옥스퍼드 교수는 이렇게 설득했다. "그녀의 흉강이 잘 보존되어 바이러스가 아직 남아 있을 가능성이 있습니다. 이는 또 다른 대유행병을 막는 데 중요합니다. 과학자들이 미래에 치명적인 유행병이 발생하는 것을 막아야 한다면, 이 일을 해야만 합니다. 오랜 세월이 흐른 지금, 필리스가 유행병의 발생을 막을 수 있게 되길 희망합니다."

슬프게도, 필리스는 그러한 공헌을 할 수 없었다. 발굴된 그녀의 관은 납으로 만든 것이 아니었다. 나무 관에 매장된 터라 쓸 만한 샘플은 채취할 수 없었다. 이러한 결과에도 불구하고, 옥스퍼드 연구팀은 대유행병 인플루엔자의 수수께끼를 푸는 것이 중요하다고 생각하여 연구를 이어나갔다.

스페인 독감은 1918~1919년 사이에 1억 명 이상을 죽였다. 옥스퍼드 교수의 말처럼, 많은 죽음이 보고되지 않았다. 우리의 적을 아는 것, 스페인 여인이 누구인지, 그 후손이 누구인지 아는 것은 또 다른 대유행병을 막는 데 매우 중요하다.

또 다른 인플루엔자 대유행병의 위협은 매우 현실적이다. 옥스퍼드 교수는 2000년에 있었던 한 인터뷰에서 이렇게 말했다. "우리는 화산학자와 같다. 지금 화산 위에 앉아 있으며, 언제 그것이 폭발할지 모르고 있다."

대유행병 독감의 위협은 테러리스트의 공격처럼 심각하다. 옥스퍼드 교수에 따르면, 영국에서 독감 대유행병이 미칠 영향은 원자력 발전소를 폭파시키는 것에 맞먹는다. 따라서 경찰, 의료진, 군 그리고 정부는 그러한 사태에 대비하여 정기적으로 비상 대책 훈련을 실시한다.

격리 계획을 점검하고 항생제, 진통제, 항바이러스 접종제를 비축해두며, 레저 센터와 대형 운동장을 비상 시체 보관소로 지정한다. 계획은 생존을 위한 필수 요소이다. 이것으로 충분하지 않다. 타우벤버거가 "영리한 바이러스 녀석들"이라고 불렀던 것처럼, 인플루엔자 바이러스는 끊임없이 변이를 일으킨다. 즉, 스페인 여인이 새로운 유형으로 언젠가 다시 돌아올 수 있다는 뜻이다. 2013년에 AIR 월드와이드 연구 및 모델링 그룹은 1918년 대유행병의 특성을 분석하고, AIR 대유행병 독감 모델을 이용해 그와 유사한 대유행병이 오늘날 발생할 때의 결과를 추정했다. 이에 따르면, 현대의 스페인 독감은 미국에서만 18만8천 명에서 33만7천 명에 이르는 사상자를 낼 것으로 추정된다.

비록 스페인 독감은 잊힌 비극이며, 너무나 비극적이어서 집단적 사고에서 지워져버렸지만, 이제 많은 의학 연구진, 작가, 역사가들이 다시 대유행병에 관심을 보이고 있다. 또한 스페인 독감의 희생자들 역시 다시 조명을 받고 있다.

어느 추운 11월 오후, 나는 화이트채플에 있는 로열런던병원의 예배당을 방문했다. 스페인 독감 희생자들을 추도하기 위해 헌정된 요하네스 슈라이터Johannes Schreiter 기념 창문을 보기 위해서였다. 예배당은 의과대학 도서관으로 바뀌었고, 새로운 세대의 학생들이 앉아 열심히 공부를 하고 있었다. 옥스퍼드 교수는 인터뷰 도중에, 캐롤라인 스워시Caroline Swash가 1918년에 목숨을 잃은 스태프들과 환자들을 기리기 위해 디자인한, 세 장으로 된 이 스테인드글라스 추상화에 관해 내게 설명한 적이 있었다. 스페인 독감의 파동을 그린 'W'자 모양 도표를 바탕으로 디자인한 것인데, 그 곁을 지나가자 빛이 아른거리면서 색깔이 변했다. 옥스퍼드 교수에게는 이 창문이 킬러 인플루엔자에 맞서 싸운 사람들의 용기와 대처를 기리는 기념비였다.

"우리는 누굴까요?" 그가 내게 말했다. "독감에 맞서기 전까지는 알 수가 없어요."

옥스퍼드 교수는 독감과 치른 싸움을 이렇게 표현했다. "이는 보통 사람들의 작고 일상적이면서도 영웅적인 행동이었어요. 1918년에는 영웅적인 행동이 서부 전선보다 가정 전선에서 더 많이 있었던 겁니다."

주석

서문

1) Joan Eileen Knight, 'The Social Impact of the Influenza Pandemic of 1918~9: With Special Reference to the East Midlands', PhD thesis, University of Nottingham, (2015), p. 2.

2) 1717~1797. 영국의 작가.

3) 인터뷰, Jeffery Taubenberger, Senior Investigator in the Laboratory of Infectious Diseases at the National Institute for Allergy and Infectious Diseases. 인터뷰 장소: The National Institutes of Health campus in Bethesda, Maryland, United States, 인터뷰 날짜: 2007년 11월 27일.

4) 헬라어에 어원을 둔 '필라델피아'의 뜻이자 필라델피아시의 별칭.

5) 성서 속 표현.

6) 교전 양군 사이 중간지대.

7) 런던 동부지역.

8) 런던의 고급 주택가.

9) 1892~1986. 영국의 배우이자 사교계 명사.

10) 스페인 여성이 의례적으로 쓰는 베일이나 스카프.

1장 희생자와 생존자

1) 세균 배양용 접시.

2) Wilfred Owen, *Collected Letters*, ed. H. Owen and J. Bell, London: Oxford University Press, 1967, p. 521.

3) 사람의 피를 빨아 먹는 곤충.

2장 '녹다운' 열병

1) Victor C. Vaughan, *A Doctor's Memories*, Indianapolis: The Bobbs-Merrill Company Publishers, 1926, p. 424 참조.

3장 이름 없는 살인자

1) Jay Parini, *John Steinbeck: A Biography*, London: Heinemann, 1994, p. 33 참조.

4장 보이지 않는 적

1) Vera Brittain, *Testament of Youth*, London: Virago Press Limited, 1984, p. 420 참조.

2) The Times, 1918년 6월 29일, p. 6.

3) Ryan Davis, *The Spanish Flu: Narrative and Cultural Identity in Spain, 1918,*

New York: Palgrave Macmillan, 2013, p. 35 (St Martin's Press LLC, 175 Fifth Avenue, New York, NY 10010).

4) *British Medical Journal*, 1918년 6월 8일, p. 653.

5) Ryan Davis, 앞의 책, p. 75.

5장 어느 치명적인 여름

1) *Detroit Free Press*, 1918년 6월 2일, p. C1.

2) 영국 레스터셔주에 속한 한 마을.

3) 독일의 체펠린이 만든 경식 비행선. 제1차 세계 대전 때 적국의 공습에 쓰였다.

4) 고대 로마 시대 때 오르빌리우스가 매질을 일삼는다 하여 제자인 호라티우스가 그를 '미친 몽둥이'라는 별명으로 부른 데서 비롯된 표현.

5) 뮤지컬 코미디의 코러스 걸.

6) 스커트 양옆이 부풀어보이도록 받치는 지지대.

7) 1890~1975. 영국의 여배우.

8) music hall. 1880~1920년대에 유행한 버라이어티 쇼인 보드빌(vaudeville) 공연을 하는 극장.

9) 러시아의 황제. 같은 이름의 푸시킨 희곡과 무소르그스키의 오페라.

10) Richard van Emden and Steve Humphries, *All Quiet on the Home Front: An Oral History of Life in Britain during the First World War*, London: Hodder Headline, 2004, p. 284.

6장 적을 알라

1) 현미경으로 관찰하기 위해 슬라이드 글라스에 바른 표본.

7장 죽음의 송곳니

1) A. J. Jamieson, memoirs, p. 5, Richard Collier Collection.

2) 모로코와 알제리, 튀니지를 말함.

3) Victor C. Vaughan, *A Doctor's Memories*, Indianapolis: The Bobbs-Merrill Company, 1926, p. 383~4.

4) R. N. Grist, 'Pandemic Influenza 1918', *British Medical Journal* (22-9 1979년 12월), pp. 1632~3.

5) 미국 선박국이 국방을 목적으로 상선들을 운용하기 위해 만든 조직.

6) Alfred W. Crosby, *America's Forgotten Pandemic: The Influenza of 1918*, new edition, Cambridge: Cambridge University Press, 2003, p. 9.

8장 마치 유령과 싸우는 것처럼

1) 1910~1989. 미국의 작가.

2) 1716~1771. 영국의 시인.

3) Lynette Iezzoni, *Influenza 1918: The Worst Epidemic in American History*, New York: TV Books, 1999, pp. 57~8.

4) Iezzoni, 앞의 책, p. 78.

5) Iezzoni, 앞의 책, pp. 51~2.

6) 가톨릭 신부가 쓰는 사각모자.

7) Iezzoni, 앞의 책, pp. 79~80.

8) Iezzoni, 앞의 책, p. 80.

9) Iezzoni, 앞의 책, p. 81.

10) Iezzoni, 앞의 책, p. 88.

11) Avenue of the Allies. 뉴욕 5번가에 임시로 붙인 이름.

12) Iezzoni, 앞의 책, p. 90.

13) Iezzoni, 앞의 책, p. 159.

9장 폭풍의 눈

1) 흑인을 비롯한 유색인종의 집단 거주지.

2) Lynette Iezzoni, *Influenza 1918: The Worst Epidemic in American History*, New York: TV Books, 1999, p. 46.

3) Alfred W. Crosby, *America's Forgotten Pandemic: The Influenza of 1918*, new edition, Cambridge: Cambridge University Press, 2003, p. 72.

4) Iezonni, 앞의 책, p. 63.

5) 이전에 죽은 어떤 소녀를 가리키는 것으로 보인다.

6) Iezzoni, 앞의 책, p. 147.

7) 전화 교환원의 별칭.

8) Iezonni, 앞의 책, p. 132.

9) Iezonni, 앞의 책, p. 157.

10) 유대인 남자가 쓰는 기도용 숄.

11) Iezonni, 앞의 책, p. 135.

12) Iezonni, 앞의 책, p. 149.

13) Iezonni, 앞의 책, p. 150.

14) Iezonni, 앞의 책, pp. 149~50.

15) Iezonni, 앞의 책, p. 152.

16) Iezonni, 앞의 책, p. 163.

17) 위와 같음.

18) Iezonni, 앞의 책, p. 165.

10장 수의와 나무 상자

1) https://www.history.navy.mil/research/library/online-reading-room/title-list-alphabetically/i/influenza/a-winding-sheet-and-a-wooden-box.html

2) 침대 설비가 있는 특별 기차.

3) 앞의 웹페이지.

4) 앞의 웹페이지.

5) 시카고의 별칭.

6) 알래스카 개썰매대회를 석권한 이누피아트인 Emui의 별명.

7) Lynette Iezzoni, *Influenza 1918: The Worst Epidemic in American History*, New York: TV Books, 1999, p. 166.

8) Ann Herring and Lisa Sattenspiel, 'Death in Winter: Spanish Flu in the Canadian Subarctic', in *The Spanish Influenza Pandemic of 1918~9: New Perspectives*, ed. Howard Phillips and David Killingray, Routledge Studies in the Social History of Medicine, Abingdon, Oxon: Routledge, 2003, p. 158.

9) 래브라도 지역의 자선 단체.

10) Ann Herring and Lisa Sattenspiel, 앞의 책, pp. 158~9.

11) Ann Herring and Lisa Sattenspiel, 앞의 책, pp. 159.

12) First Lieutenant Harding, http://www.kancoll.org/khq/1958/58_1_omer.htm

13) 물수건이나 젖은 스펀지로 몸을 닦아주는 것.

14) Lynette Iezzoni, *Influenza 1918: The Worst Epidemic in American History*, New York: TV Books, 1999, p. 66.

15) Iezonni, 앞의 책, p. 99.

16) Iezonni, 앞의 책, p. 100.

17) Iezonni, 앞의 책, p. 106.

18) 위와 같음.

11장 스페인 여인 워싱턴으로 가다

1) 미국임상약리학회(American Society for Clinical Pharmacology & Therapeutics)의 전신.

2) 독일어로 '몸조심하세요'라는 뜻으로 재채기를 한 사람에게 하는 말.

3) 1874~1964. 나중에 미국의 제31대 대통령(1929~1933)에 올랐다.

4) 각각 운을 맞춰 표현한 문장.

5) house-maid's knee. 무릎을 꿇고 청소하는 가정부에게 이런 증세가 많이 생겼다고 해서 붙은 이름.

6) '엔자의 유입'이라는 뜻. 인플루엔자와 비슷한 발음을 의도한 표현이다.

7) Eleanor Roosevelt, *The Autobiography of Eleanor Roosevelt*, London: Hutchinson & Co., 1962, p. 86.

8) Lynette Iezzoni, *Influenza 1918: The Worst Epidemic in American History*, New York: TV Books, 1999, p. 105.

9) Iezonni, 앞의 책, p. 154.

10) Iezonni, 앞의 책, p. 53.

12장 '독감을 어쩔 수가 없다'

1) 비프 스톡 큐브 상표.

2) *Nottingham Journal*, 1918년 12월 9일.

3) 의약품, 좀약 등을 제조할 때 쓰는 하얀 물질.

4) 인디언들이 '천국'을 이르는 말.

5) 죽은 사람을 되살아나게 한다는 뜻.

6) F.W.P. Frewer, Letter, 1973년 5월 11일, Richard Collier Collection.

13장 '토박이 딸이 죽다'

1) 무슬림 여성들이 얼굴에 쓰는 얇은 천.

2) 1415년 영국과 프랑스가 프랑스 아쟁쿠르에서 벌인 전투.

3) 말굽에 편자 박는 일을 하는 사람.

4) Mary McCarthy, *Memories of a Catholic Girlhood*, London: Heinemann, 1957, p 18.

5) Joan Givner, *Katherine Anne Porter: A Life*, revised edition, Athens, GA: University of Georgia Press, 1991, p. 126.

14장 치명적 항해

1) USS *Leviathan* ship's log.

2) John M. Barry, *The Great Influenza*, New York: Penguin, 2005, p. 305.

3) Alfred W. Crosby, *America's Forgotten Pandemic*: The Influenza of 1918, new edition, Cambridge: Cambridge University Press, 2003, p. 132.

15장 죽음의 배

1) John M. Barry, *The Great Influenza: The Epic Story of the Deadliest Plague in History*, London: Penguin, 2005, p. 306.

16장 '밤에 도적같이'

1) Howard Phillips, 'Black October: The Impact of the Spanish Influenza Epidemic of 1918 on South Africa', PhD dissertation, University of Cape Town,

1984, Testimony of Dr E. Oliver Ashe, p. 238.

2) 남아프리카 공화국의 전 이름.

3) Afrikaans. 네덜란드어에서 파생된 남아프리카 공화국의 공용어.

4) ngangas. 아프리카의 전통적인 무당 의사.

5) long은 아프리칸스어로 폐를 뜻함.

17장 죽음의 가을

1) 1811~1889. 영국의 자유주의 정치가, 연설가.

2) 영국 총리 관저의 별칭.

3) 군인 대상의 의학.

4) Jay Winter, *Sites of Memory, Sites of Mourning*, Cambridge: Cambridge University Press, 1995, p. 20.

5) Anna Rasmussen, '*The Spanish Flu*', in *The Cambridge History of the First World War*, Vol. Ⅲ, *Civil Society*, ed. Jay Winter, Cambridge: Cambridge University Press, 2014, p. 343.

6) 위와 같음.

7) Lyn Macdonald, *The Roses of No Man's Land*, London: Penguin Books, 1993, p. 328.

8) 독초의 하나.

9) J. S. Wane, Diaries, Richard Collier Collection, box 44.

10) Richard Foot, *Once a Gunner*, Reminiscences of World War 1, Richard Collier Collection, Imperial War Museum, pp. 108~9.

11) Miss Dorothy Sutton, letter, Richard Collier Collection, 1918년 11월 17일.

18장 휴전 기념일

1) Caroline Playne, *Britain Holds On*, London: George Allen & Unwin, 1933, p. 393.

2) 위와 같음.

3) The Horns. 유명한 선술집.

4) Michael MacDonagh, *In London During the Great War*, London: Eyre & Spottiswoode, 1935, p. 328.

5) MacDonagh, 앞의 책, pp. 328~9.

6) MacDonagh, 앞의 책, p. 329.

7) 엘가와 벤슨이 쓴 영국의 애국가.

8) 군인들이 즐겨 부르던 노래의 하나.

9) 소설 《청황색 말, 청황색 말 탄 자》의 주인공.

10) Lynette Iezzoni, *Influenza 1918: The Worst Epidemic in American History*, New York: TV Books, 1999, pp. 175~6.

11) Iezonni, 앞의 책, p. 176.

12) Iezonni, 앞의 책, p. 183.

19장 검은 11월

1) Geoffrey W. Rice, *Black November: The 1918 Influenza Pandemic in New Zealand*, Christchurch, NZ: Canterbury University Press, 2005, p. 118.

2) Rice, 앞의 책, p. 247.

3) Rice, 앞의 책, p. 241.

4) Rice, 앞의 책, p. 247.

5) 위와 같음.

6) Rice, 앞의 책, p. 118.

7) Rice, 앞의 책, p. 252.

8) Rice, 앞의 책, p. 248.

9) Rice, 앞의 책, p. 153.

10) Rice, 앞의 책, p. 195.

11) Rice, 앞의 책, p. 198.

12) Rice, 앞의 책, p. 163.

13) Rice, 앞의 책, p. 173.

20장 여파

1) 빅토리아 십자 훈장(Victoria Cross, VC) 수여자.

2) 영국 공군 기지.

3) 1892~1918. 제1차 세계 대전에서 맹활약한 독일의 전투 조종사. 붉은색 전투기를 타고 다녀 '붉은 남작'이라는 별명을 얻었다. 영어권에서는 바론 폰 리히토펜으로도 불린다. p. 284. 참조.

4) 훗날 앤서니 버제스(존 버제스 윌슨)의 회상이다. Niall Johnson, Britain and the *1918~19 Influenza Pandemic: A Dark Epilogue*, Routledge Studies in the Social History of Medicine, Abingdon, Oxon: Routledge, 2006, p. 141.

5) https://paperspast.natlib.govt.nz/newspapers/TC19190502.2.5

6) Johnson, 앞의 책, p. 145.

7) 개나 고양이의 급성전염병.

8) https://forgottenbooks.com/es/books/HistoryoftheUSSLeviathan_10213422

9) Lynette Iezzoni, *Influenza 1918: The Worst Epidemic in American History*, New York: TV Books, 1999, p. 183.

10) Iezzoni,, 앞의 책, p. 184.

11) Mary McCarthy, Memories of a Catholic Girlhood, London: Heinemann, 1957, pp 12~13.

21장 '바이러스 고고학'

1) 인터뷰, Jeffery Taubenberger, Senior Investigator in the Laboratory of Infectious Diseases at the National Institute for Allergy and Infectious Diseases. 인터뷰 장소: The National Institutes of Health campus in Bethesda, Maryland, United States, 인터뷰 날짜: 2007년 11월 27일.

2) 위와 같음.

3) 위와 같음.

4) Lynette Iezzoni, *Influenza 1918: The Worst Epidemic in American History*, New York: TV Books, 1999, p. 225.

5) 핵산을 구성하는 성분으로 인산-당-염기 구조를 이룬다.

6) Taubenberger, 앞의 인터뷰.

22장 홍콩 커넥션

1) Pete Davies, *Catching Cold: 1918's Forgotten Tragedy and the Scientific Hunt for the Virus that Caused It*, London: Penguin Books, 1999, p. 21.

2) Gina Kolata, *Flu: The Story of the Great Influenza Pandemic of 1918 and the Search for the Virus that Caused It*, New York: Touchstone, Rockefeller Center, 1999, p. 236.

3) Kolata, 앞의 책, p. 239.

4) Kolata, 앞의 책, p. 238.

23장 무덤의 비밀들

1) 존 옥스퍼드의 말이다. Pete Davies, *Catching Cold: 1918's Forgotten Tragedy and the Scientific Hunt for the Virus that Caused It*, London: Penguin Books, 1999, p. 120.

2) Esther Oxford, 'Secrets of the grave', *Independent*, 1998년 9월 26일.

3) 위와 같음.

4) 저자의 Oxford 교수 인터뷰, 2016년 9월.

참고 문헌

서적

Acton, Carol, *Grief in Wartime: Private Pain, Public Discourse*, Basingstoke: Palgrave Macmillan, 2007.

Baden-Powell, Lady, *Window on My Heart*, London: Hodder & Stoughton, 1987.

Barry, John M., *The Great Influenza: The Epic Story of the Deadliest Plague in History*, London: Penguin, 2005.

Brands, H. W., *Woodrow Wilson*, Times Books, New York: Henry Holt and Company, 2003.

Bristow, Nancy K., *American Pandemic: The Lost Worlds of the 1918 Influenza Epidemic*, New York: Oxford University Press, 2012.

Brown, Malcolm, *The Imperial War Museum Book of 1918 Year of Victory*, London: Sidgwick & Jackson, in association with the Imperial War Museum in association with Macmillan Publishers Ltd, 1998.

Brown, Malcolm, *The Imperial War Museum Book of the First World War: A Great Conflict Recalled in Previously Unpublished Letters, Diaries, Documents and Memoirs*, London: Sidgwick & Jackson, in association with the Imperial War Museum, 1991.

Brittain, Vera, *Testament of Youth*, London: Virago Press Limited, 1984.

Byerly, Carol R., *Fever of War: The Influenza Epidemic in the U.S. Army during World War I*, New York University Press, 2005.

Cannan, May, Bevil [sic] Quiller-Couch and Charlotte Fyfe (eds), *The Tears of War: The Love Story of a Young Poet and a War Hero, Upavon*, Wilts: Cavalier Books, 2002.

Cather, Willa, *One of Ours* (Introduction by Hermione Lee), London: Virago Press Limited, 1987.

Cecil, Hugh and Peter H. Liddle (eds), *At the Eleventh Hour Reflections: Hopes and Anxieties at the Closing of the Great War 1918*, Barnsley, Leo Cooper, an imprint of Pen & Sword Books Ltd, 1998.

Charles River Editors, *The 1918 Spanish Flu Epidemic: The History and Legacy of the World's Deadliest Influenza Epidemic*. Charles River Editors (2014년 10월 8일) Amazon Digital Services LLC.

Charman, Isobel, *The Great War: The People's Story*, London: Random House, 2014.

Clayton, Anthony, *Paths of Glory: The French Army 1914~18*, A Cassell Military

Paperback, London: Orion Books Ltd, 2005.

Collier, Richard, *The Plague of the Spanish Lady: The Influenza Pandemic of 1918~1919*, London and Basingstoke: Macmillan Limited, 1974.

Crosby, Alfred W., *America's Forgotten Pandemic: The Influenza of 1918*, new edition, Cambridge: Cambridge University Press, 2003.

Cunningham, Andrew and Perry Williams (eds), *The Laboratory Revolution in Medicine*, Cambridge: Cambridge University Press, 1992.

Davis, Ryan A., *The Spanish Flu: Narrative and Cultural Identity in Spain, 1918*, New York: Palgrave Macmillan and St Martin's Press, 2013.

Fisher, Jane Elizabeth, *Envisioning Disease, Gender, and War: Women's Narratives of the 1918 Influenza Pandemic*, New York: Palgrave Macmillan, 2012.

Fletcher, Maisie, *The Bright Countenance: A Personal Biography of Walter Morley Fletcher*, London: Hodder & Stoughton, 1957.

Fraser, M. and A. J. Jeeves (eds), *All That Glittered: Selected Correspondence of Lionel Phillips*, Cape Town: Oxford University Press, 1977.

Grigg, John, *Lloyd George: War Leader, 1916~1918*, London: Penguin Books, 2003.

Gorham, Deborah, *Vera Brittain: A Feminist Life,* Oxford: Blackwell Publishers Ltd, 1996.

Graves, Robert, *Goodbye to All That*, London: Penguin Books, 1960.

Givner, Joan, *Katherine Anne Porter: A Life*, revised edition, Brown Thrasher Books, Athens, GA: The University of Georgia Press, 1991.

Honigsbaum, Mark, *A History of the Great Influenza Pandemics: Death, Panic and Hysteria, 1830~1920*, London: I.B. Tauris & Co. Ltd, 2014.

Honigsbaum, Mark, Living *with Enza: The Forgotten Story of Britain and the Great Flu Pandemic of 1918*, Basingstoke, Hampshire: Macmillan, 2009.

Humphries, Mark Osborne, *The Last Plague Spanish Influenza and the Politics of Public Health in Canada*, Toronto: University of Toronto Press, 2013.

Iezzoni, Lynette, *Influenza 1918: The Worst Epidemic in American History*, New York: TV Books, 1999.

Johnson, Niall, *Britain and the 1918–19 Influenza Pandemic: A Dark Epilogue*, Routledge Studies in the Social History of Medicine, Abingdon, Oxon: Routledge, 2006.

Kanfer, Stefan, *Groucho: The Life and Times of Julius Henry Marx*, London: Penguin Books Ltd, 2000.

Kolata, Gina, *Flu: The Story of the Great Influenza Pandemic of 1918 and the*

Search for the Virus that Caused It, New York: Touchstone, Rockefeller Center, 1999.

Leake, R. E., *Letters of a V.A.D.*, London: Andrew Melrose Ltd, 1919.

Lee, Janet, *War Girls: The First Aid Nursing Yeomanry in the First World War*, Manchester: Manchester University Press, 2005.

Levenback, Karen L., *Virginia Woolf and the Great War*, Syracuse University Press, 1998.

Lombardo, Joseph S. and David L. Buckeridge, *Disease Surveillance: A Public Health Informatics Approach*, first online edition, eu.Wiley. com Wiley, 2006.

McCarthy, Mary, *Memories of a Catholic Girlhood*, London: Heinemann, 1957.

MacDonagh, Michael, *In London During the Great War: The Diary of a Journalist*, London: Eyre & Spottiswoode, 1935.

Macdonald, Lyn, *The Roses of No Man's Land*, London: Penguin Books, 1993.

Macdonald, Lyn, *To the Last Man: Spring 1918*, London: Viking Penguin Books Ltd, 1998.

Macnaughtan, S., *My War Experiences in Two Continents*, ed. Mrs Lionel Salmon, London: John Murray, 1919.

Macpherson, W. G., Herringham, W. P., Elliott, T. R. and Balfour, A. (eds), *Medical Services: Diseases of the War*, Vol. 1, London: His Majesty's Stationery Office, 1922.

Morgan, Ted, *FDR: A Biography*, London: Grafton Books, Collins Publishing Group, 1986.

Muir, Ward, *Observations of an Orderly: Some Glimpses of Life and Work in an English War Hospital*, London: Simpkin, Marshall, Hamilton, Kent & Co Ltd, 1917.

Oldstone, Michael B. A. M. *Viruses, Plagues, and History: Past, Present and Future*, revised edition, Oxford: Oxford University Press, 2009.

Palmer, Alan Warwick, *Victory 1918*, London: Weidenfeld & Nicolson The Orion Publishing Group Ltd, 1998.

Parini, Jay, *John Steinbeck: A Biography*, London: Heinemann, 1994.

Phillips, Howard and Killingray, David K. (eds), *The Spanish Influenza Pandemic of 1918~19: New Perspectives*, Routledge Studies in the Social History of Medicine, Abingdon, Oxon: Routledge, 2003.

Playne, Caroline, *Britain Holds On*, London: George Allen & Unwin, 1933.

Porter, Katherine Anne, *Pale Horse, Pale Rider: Three Short Novels*, New York: The Modern Library, Random House, 1936.

Rice, Geoffrey W. *Black November: The 1918 Influenza Pandemic in New Zealand*, Christchurch NZ: University of Canterbury Press, 2005.

Roosevelt, Eleanor, *The Autobiography of Eleanor Roosevelt*, London: Hutchinson & Co. (Publishers) Ltd, 1962.

Stevenson, D., *With our Backs to the Wall: Victory and Defeat in 1918*, London: Penguin Books, 2011.

Toland, John, *No Man's Land: The Story of 1918*, London: Book Club Associates by arrangement with Eyre Methuen Ltd, 1980.

Van Emden, Richard and Humphries, Steve, *All Quiet on the Home Front: An Oral History of Life in Britain during the First World War*, London: Headline Book Publishing, Hodder Headline, 2004.

Vaughan, Victor C., *A Doctor's Memories*, Indianapolis: The Bobbs- Merrill Company, 1926.

Waddington, Mary King (Madame Waddington), *My War Diary*, London: John Murray, 1918.

White, Jerry, *Zeppelin Nights: London in the First World War*, London: Vintage Books, 2015.

Whitford, Frank, *Egon Schiele*, London: Thames & Hudson, 1981.

Wilson, Simon, *Egon Schiele*, Oxford: Phaidon Press Limited, 1980.

Wolfe, Thomas, *Look Homeward, Angel*, 1929, http://gutenberg.net.au/ebooks03/0300721.txt.

Winter, Jay (ed.), *The Cambridge History of the First World War*, Cambridge: Cambridge University Press, 2014.

Winter, J. M., *Sites of Memory, Sites of Mourning: The Great War in European Cultural History*, Cambridge: Cambridge University Press, 1995.

Woodhead, Lindy, *Shopping, Seduction and Mr. Selfridge*, London: Profile Books, 2012.

박사 학위 논문

Knight, Joan Eileen, 'The Social Impact of the Influenza Pandemic of 1918~19: With Special Reference to the East Midlands', PhD thesis, University of Nottingham (2015); access from the University of Nottingham repository: http://eprints.nottingham.ac.uk/28545/1/JOAN%20KNIGHT%20-%20THESIS.pdf.

Phillips, Howard, 'Black October: The Impact of the Spanish Influenza Epidemic of 1918 on South Africa', PhD dissertation, University of Cape Town, 1984.

특별 장서

Caroline Playne Collection, Senate House Library, University of London.

Richard Collier Collection, Imperial War Museum.

Contemporary Medical Archives Centre, Wellcome Library, 'Notes on Marylebone Infirmary (later St. Charles Hospital) 1910~1941', compiled by Dr Basil Hood – GC/21.

학술지 논문

Blue, Ethan, 'The Strange Career of Leo Stanley: Remaking Manhood and Medicine at San Quentin State Penitentiary, 1913~1951', *Pacific Historical Review* 78 (2) (2009년 5월), pp. 210~41; published by University of California Press. Stable URL: http://www.jstor.org/stable/10.1525/phr.2009.78.2.210. Accessed 2017년 6월 20일.

Bresalier, Michael, 'Fighting Flu: Military Pathology, Vaccines, and the Conflicted Identity of the 1918~19 Pandemic in Britain', *Journal of the History of Medicine and Allied Sciences* 68 (1) (2013년 1월), pp. 87~128; https://oup.silverchair-cdn.com/oup/backfile/Content_public/Journal/jhmas/68/1/10.1093/jhmas/jrr041/2/jrr041.pdf.

Dudley, S. F., 'The Influenza Pandemic as Seen at Scapa Flow', *Journal of the Royal Naval Medical Service*, V (4) (1919년 10월).

Gill, Douglas and Dallas, Gloden, 'Mutiny at Etaples Base in 1917', *Past & Present*, 69 (1975년 11월), pp. 88~112; published by Oxford University Press on behalf of The Past and Present Society; Stable URL: http://www.jstor.org/stable/650297. Accessed 2016년 8월 22일.

Graeme Gibson, H., Bowman, F. B. and Connor, J. I., 'The Etiology of Influenza: A Filterable Virus as the Cause, With Some Notes on the Culture of the Virus By Noguchi's Method', *The British Medical Journal* 1 (3038) (1919년 3월 22일), pp. 331~5. Stable URL: http://www.jstor.org/stable/20337178. Accessed 19 June 2017.

Hammond, J. A. B., Rolland, William and Shore, T. H. G., 'Purulent Bronchitis: A Study of Cases Occurring Amongst the British Troops at a Base in France', *The Lancet* 190 (1917년 7월 14일), pp. 41~6.

Honigsbaum, Mark, 'Robert Webster: We ignore bird flu at our peril', Guardian, 2011년 9월 17일, https://www.theguardian.com/world/2011/sep/17/bird-flu-swine-flu-warning.

Oxford, J. S., Lambkin, R,, Sefton, A., Daniels, R., Elliot, A., Brown, R. and Gill, D., 'A Hypothesis: The Conjunction of Soldiers, Gas, Pigs, Ducks, Geese and Horses in Northern France during the Great War Provided the Conditions for the Emergence of the "Spanish" Influenza Pandemic of 1918~1919', Vaccine 23 (2005), pp. 940~5, online version, Elsevier, 2004년 9월 11일.

Raymond, J. K., 'Influenza on Board a Battleship', *Journal of the Royal Naval Medical Service* 5 (4) (1918년 10월).

Tanner, Andrea, 'The Spanish Lady Comes to London: The Influenza Pandemic

1918~1919', *London Journal* 27 (2) (2002).

Tomkins, Sandra M., 'The Failure of Expertise: Public Health Policy in Britain during the 1918~19 Influenza Epidemic', *Social History of Medicine* 5 (3) (1992), pp. 435~54. DOI: https://doi-org.libezproxy.open.ac.uk/10.1093/shm/5.3.435.

감사의 글

《팬데믹 1918》의 집필과 연구에 도움을 준 사람들과 기관들에 감사한다. 마이클 브리샐리어 박사, 웰컴트러스트의 마크 호닉스바움 박사, 뉴질랜드 캔터베리대학교의 제프리 라이스 교수, 러프버러대학교의 하워드 필립스 교수와 조앤 나이트 박사, 런던대학교 상원도서관 특별컬렉션의 찰스 해로웰, 리처드 존슨 박사, 캠브리지대학교 도서관 직원들, 노팅엄대학교의 홀워드도서관 및 그린필드의학도서관 직원들, 제국전쟁박물관 및 웰컴도서관 직원들. 마이클오마라북스의 피오나 슬레이터와 루이스 딕슨, 그리고 세인트마틴프레스의 찰스 스파이서와 에이프릴 오스본에게도 심심한 사의를 보낸다. 격려와 지지를 해준 가족과 친구, 그리고 에이전트 앤드류 로니에게 감사한다.

사진 출처

화보 1면 (위):   Otis Historical Archives, National Museum of Health and Medicine, AFIP, Washington, D.C. (CC by 2.0)

화보 1면 (아래):   Chicago Tribune, 1909년 10월 24일, p. 7

화보 2면 (위):   U.S. Army Medical Corps photo via National Museum of Health & Medicine website at [U.S. Army Camp Hospital No. 45, Aix-Les-Bains, France, Influenza Ward No. 1.], Reeve 14682

화보 2면 (아래):   U.S. National Archives and Records Administration. National Archives at College Park - Archives Ⅱ (College Park, MD)

화보 3면 (위):   U.S. National Archives and Records Administration. National Archives at College Park - Archives Ⅱ (College Park, MD)

화보 3면 (아래):   Harper's Magazine

화보 4면 (위):   U.S. Naval History and Heritage Command, Washington, D.C. / NH 71 USS Leviathan (ID 1326)

화보 4면 (아래):   U.S. National Archives and Records Administration National Archives at College Park - Archives Ⅱ (College Park, MD)

화보 5면 (위):   NWDNS-165-WW-269B-5; Records of the War Department General and Special Staffs, 1860~1952 ; Record Group 165; National Archives. U.S.

화보 5면 (아래):   photo by Charles L. Franck. http://hnoc.minisisinc.com/thnoc/catalog/1/152552

화보 6면: U.S. National Archives and Records Administration. National Archives at College Park - Archives Ⅱ (College Park, MD)

화보 7면 (위):   U.S. National Archives and Records Administration. National Archives at College Park - Archives Ⅱ (College Park, MD)

화보 7면 (아래):   U.S. National Archives and Records Administration. National Archives at College Park - Archives Ⅱ (College Park, MD)

화보 8면 (위):   U.S. National Archives and Records Administration. National Archives at College Park - Archives Ⅱ (College Park, MD)

화보 8면 (아래):   National Museum of Health and Medicine, Armed Forces Institute of Pathology, Washington, D.C. / source Nicholls H (2006) Pandemic Influenza: The Inside Story (CC by 4.0)

화보 9면 (위):   Dublin Heritage Museum, California. https://www.theodysseyonline.com/seek-treatment

화보 9면 (아래):	United States Library of Congress's Prints and Photographs division. https://www.loc.gov/pictures/item/2016844534
화보 10면:	https://unwritten-record.blogs.archives.gov/2018/03/13/the-1918-influenza-pandemic-photos/#jp-carousel-19868
화보 11면 (위):	United States National Library of Medicine
화보 11면 (가운데):	U.S. Naval History and Heritage Command, Washington, C.C. / NH 41731-A
화보 11면 (아래):	https://www.flickr.com/photos/statelibraryqueensland/29245747812
화보 12면 (위):	Ministry of Health, Great Britain, No. 4 Report on the Pandemic of Influenza 1918~19, His Majesty's Stationery Office, London (1920)
화보 12면 (아래):	Harris & Ewing via Library of Congress website
화보 13면 (위):	Old newspaper advertisement
화보 13면 (아래):	U.S. National Archives and Records Administration. National Archives at College Park - Archives Ⅱ (College Park, MD)
화보 14면 (위):	National Gallery of Norway Blue pencil.svg wikidata:Q3330707 Accession number NG.M.01876
화보 14면 (아래):	1942 advertisement for Dixie Cups
화보 15면 (위):	National Museum of the U.S. Navy. WiN-10-1. https://www.flickr.com/photos/127906254@N06/17022892740
화보 15면 (아래):	Lee, Joseph. https://www.flickr.com/photos/internetarchivebookimag es/14593884138
화보 16면 (위):	NSW State Archives
화보 16면 (아래):	Centers for Disease Control and Prevention's Public Health Image Library (PHIL), with identification number #8243

찾아보기

AIR 월드와이드 연구 및 모델링 그룹 354
AP 257

H1N1 18~19, 26, 35, 334
H2N2 331
H3N2 332, 334
H5N1 18, 331~332, 337, 340~341,
343~344

가필드병원, 미국 워싱턴 D.C. 185
간디, 마하트마 31, 255~256
거리의 신데렐라 169
검은 목요일 169
고거스, 윌리엄 크로포드 64~65, 127
고든, 헨리 175
곤잘레스, 머틀 209~210
공중 보건 보고서 54, 66
교도소 68, 70, 73, 208
국립의학연구소 346
국채 구매 운동 27, 55
군수부 113
그레이, 에드워드 23
그레이, 토마스 133
그레이병원, 남아프리카 공화국 피터마리츠버
그 247
그레이브스, 로버트 34, 99~100, 196, 279
그레이슨, 캐리 311~312
그리스트, 로이 128~129
그리어, 파멜라 259
그리피스, D.W. 210~211
그린, 조이스 307
그린우드, 메이저 113~114

글래드윈, 랠리지 배글리 11
글래드윈, 오브리 11
글래스고 헤럴드 88
글래스고항 88
글리슨, 윌리엄 L. 137
기시, 릴리안 31, 210
기첼, 앨버트 59
깁슨 대령 223, 227
깁슨, 그레임 34, 312~313

남아프리카 29, 35, 122, 195~196,
237~240, 245, 247~248, 279, 294, 300
남아프리카 원주민 노무단 240
너드, 에버릿 138~139
네덜란드국립보건연구소 335
네크로폴리스 컴퍼니, 영국 런던 347, 350
노팅엄 저널 92, 193~194
노팅엄, 영국 38, 92, 258
녹다운 열병 50
놈, 미국 알래스카 171, 321~322
뉴먼, 더글라스 299
뉴먼, 메이 299
뉴요커 178, 318
뉴욕, 미국 30~31, 63, 123, 140~142,
145, 169, 184, 200, 206, 217, 221,
223, 230, 232, 330
뉴욕타임스 116, 342
뉴질랜드 35, 97, 122, 288~289, 291,
297, 300, 302, 370
뉴튼, 재닛 352
니벤, 제임스 34, 93~94, 103, 288, 310,
315

닐슨, 딘 54~55

다운스, 제임스 330
다이어, 존 60
다토, 에두아르도 84
달튼, 캐서린 웨이드 258
대니얼스, 로드 346, 348~349
더들리 소령 83
던컨, 커스티 345, 346~348
데밍, 도로시 143~144
데일리 익스프레스 278
데커 대령 225
델라노, 존 136, 140, 286
도나휴, 마이클 155, 159
도어, 찰스 E. 185
도자, 알베르 268
도즈, 엘리엇 138
독일 46, 55, 76~77, 82~83, 99, 109,
112, 116~117, 123, 131, 217~218,
273~275, 278, 284, 306, 309, 316
독일 비행기 306
독일군 29, 33, 43, 76~77, 81~83, 89,
195, 248, 275, 309
돈, 필립 131
돕슨, 메리 268
돼지 인플루엔자 유행병 332
두토이츠판 다이아몬드 광산, 남아프리카 공화
국 249
드 버거 240, 245
드레이크, 리 W. 59
드리펠, 아이비 302
드비어스 246, 249~251
드용, 얀 335~336
디아길레프, 세르게이 284
디즈니, 월트 31, 168

디키, 알렉스 290
딕슨, 제임스 H. 57

라몬테인, 존 340
라스무센 269
라이 증후군 334
라이스, 제프리 W. 《검은 11월, 뉴질랜드의
1918 인플루엔자 대유행병》 300
라이트, 앰로스 109
란셋 20, 39, 111, 115
랜돌프 경 22
랜드레스, 아이비 298
램, 앨버트 144
러셀, 프랜시스 133, 135, 138~139
러시아 34, 76, 99, 123
러시아 독감 24, 93, 113, 292
러프버러 헤럴드 92
런던 소방대원 258~259
런던, 영국 16, 20, 23~24, 29, 43, 83,
88~89, 94~102, 104, 106, 108~109,
122, 192, 198, 200, 239, 244, 254,
258~259, 262, 277~285, 306~309,
311~313, 315, 334, 347, 352
레비아탄 29, 31, 141, 217~222,
224~225, 227, 229~233, 236, 316
레스터 머큐리 91
레이, 리 197, 199
레이, 윌리엄 196~197
레이먼드 중령 83
레이시먼, 윌리엄 부그 108
레이튼, 잭 321
레제, 페르낭 265
로렌스, D.H. 100, 284
로렌스, T. E. 285
로렌스, 프리다 284

로버트슨, 존 딜 170
로빈슨, 윌리엄 '빌리' 리프 306~309
로스앤젤레스 68, 71, 73
로어, 마리 96
로열런던병원 319, 345~346, 351, 355
로이드 조지, 데이비드 31, 252~255, 311
로이드 조지, 마거릿 254~255
로이어, B.F. 150
로이터 14, 239
로젠탈, 엘리자베스 342
롤런드, 윌리엄 39, 78, 111
루덴도르프, 에릭 폰 82
루스벨트병원, 미국 뉴욕 200
루시 329
루이스, 폴 A. 148~149
루스벨트, 엘리너 141, 183~184
루스벨트, 프랭클린 D. 31, 141~142, 183, 219
루헤인, 데니스 124
리드, 앤 323, 329
리비우스 22
리스터연구소 113
리처드, 찰스 131
리크, 제임스 P. 181
리틀, 찰스 303~304
리틀, 헵시바 304
리히토펜, 바론 폰 284
리히트호펜, 만프레드 폰(붉은 남작) 309
릭스 주니어, 토마스 170~171
림, 윌리나 334~335, 337, 339
림프절선페스트 33, 203

마라논, 그레호리오 86
마라쪼, 피터 170
마스크 32~33, 36, 59, 142, 151~152,

169, 182, 186~187, 200, 204~209, 213, 235, 305, 336
마시네, 리오니드 284
마오리 300~303
마온샨, 홍콩 338
마이너, 로링 50~51, 53~54, 61, 65
마치 장군 236
막스 브라더스 169
막스, 그루초 31, 169
매너스, 레이디 다이애나 34, 259, 285
매니토바 자유 언론 173
매릴본병원 29, 259
매사추세츠, 미국 30, 126, 133~134, 136~137, 200
매카시, 로이 211~213
매카시, 루이 211~212
매카시, 메리 31, 211~213, 317
매카시, 셰리든 211
매카시, 줄루 211~212
매카시, 케빈 211
매카시, 테스 211
매카시, 프레스턴 211
매카시, 해리 211
매컬킨, 로라 295
매케인 130
매키, 앨버트 321
맥도나, 마이클 278~283, 288
맥스웰, 윌리엄 178~179, 318
맨체스터 가디언 95~97, 252~253, 258
맨체스터 이브닝 뉴스 288
머스터드, H.S. 185~186, 206
머프, 위니프레드 296~297
멀비, 존 135
메리 여왕, 스코틀랜드 22
메리맨, 존 X. 244

메트로폴리탄 경찰 258
모델 T 181
모란트, 로버트 경 105
모튼, 페기 267
무디, 수재너 《시골로의 여정》 9
무어헤드, 시드 294
미 육군 13, 57, 61, 63~64, 268, 323
　병영 내 스페인 독감의 초기 확산 50~62,
　63~66
　부대 이동과 스페인 독감의 확산 27, 29,
　81, 122~132, 220~236
　제15기병대 65, 78
　제168보병연대 82
　제26사단 81
　제29야전포병연대 177
　제42사단 81
　제57공병연대 220, 223, 233
　제78사단 63
　제89사단 57
　참전 55
미 해군 29, 31, 82, 126, 135, 141~142,
148, 165~166, 203, 217~219, 229, 233,
278
미국 20, 24, 27, 29~33, 35, 51
　러시아 독감 24
　스페인 독감 사망자 수 20, 26~27, 354
　국채 구매 운동과 승전 퍼레이드 27~28,
　149~150, 153, 203~204
　스페인 독감의 초기 확산 63~75, 80~82
　유럽발 스페인 독감의 발병과 확산 123~132,
　133-146, 147~164, 165~180, 181~190,
　191~202, 203~216
미국 우편 서비스 173
미국 의무대 81
미국공중위생국(USPHS) 134

미국국립보건연구소 321
미국의학협회저널 142
미국치료학회 181
미군병리학연구소, 워싱턴 D.C. 319,
322~323, 328, 332
미커, 제이컵 186
미합중국 해군의무군단 233
민간요법 52, 103, 191, 195
밀라니, 안나 150, 162~164, 287, 317
밀라니, 해리 163~164, 317
밀러, H.D. 208~209
밀러, 루비 96
밀러드, 셜리 78
밀리건, 윌리엄 253~255

바넷, 엘시 101
바우만 313
바이러스 고고학 319, 325, 345, 351
바이엄, 윌리엄 200~202
바이엘 33, 131
바클리 291
반스, 노블 P. 182
반오드, A. 243
백신 21, 32, 52, 104, 107~111, 149,
188, 191, 313, 340
번 컬랜더, 힐러리 353
번, 넬리 352
번, 로더릭 353
번, 필리스 351~353
베로네즈호 240
베르겐스피오르드 123
베이든 파월, 올라브 44
벤팅크 284
벨전화회사, 미국 펜실베이니아 152~153
보가트, 험프리 316

보병 집결지 43
보스턴 글로브 125, 134~135
보스턴, 미국 매사추세츠 34, 123, 126, 131, 133~136, 169, 179, 181, 200
보즈워스 전투 22
보타, 루이스 247~248
본, 로스코 326~329
본, 빅터 C. 13, 30, 55~56, 79, 127~128, 130, 132, 288
볼츠, 콜룸바 149~150, 154, 161, 287, 317
봄베이 크로니클 119
봄베이, 인도 118~120, 255~256
부시넬, 조지 196
북미 원주민 65, 171~172
브라운, 조지 마벨 165~168
브라운로, 루이스 181, 184~186
브라운리, 조지 331
브래드퍼드, 존 로즈 39~41
브래디, 레이디 빅토리아 259
브레빅미션(이전 텔러미션), 알래스카 322, 328~329
브레설리어, 마이클 109
브루싱엄, J.P. 170
브룩헤이븐국립연구소 320
브리튼, 베라 34, 44~49, 79~80, 258, 315, 《청춘의 증언》 34, 49, 315
브리트, 프레더릭 120
브리튼호 225, 234~235
브링클리, 로이 199
블렌킨솝, 배리 350
블루, 루퍼트 134, 150, 203
블루, 이선 73
블뤼허, 에블린 116~117
비티, W. 퍼비스 247

빅토리아 십자 훈장 308
빌라누에바, 미구엘 84
빌헬름 황제 31, 116, 204, 218, 284
삐딸루가, 구스타보 85, 86

사르도, 빌 184, 186~187
사이언스 328
사이크스, 마크 17~19, 311, 351
사이토카인 폭풍 331
산타페 모니터 52, 54
상드라르, 블레즈 263~266
샌쿠엔틴, 미국 캘리포니아 67~74
샌프란시스코 크로니클 204~208
샌프란시스코, 미국 33, 134, 203~209
샐퍼드 리포터 93
샤크툴릭, 미국 알래스카 171
서튼, 도로시 275
세계보건기구 협력 센터 334
세계보건기구 337, 343
세실 22
세이모어, 스탠 289, 291, 294
세인트메리병원, 영국 패딩턴 109
세인트바르톨로뮤병원, 영국 런던 105, 351
세인트존구급대 249, 298
셀프리지, 로즈 89~90
셀프리지, 해리 89~90
소말리호 123
소사야, 안토니오 86~87
솔타우, 알프레드 80~81, 110
솜 전투 257
쇼, 제임스 311
쇼, 케이트 290~291
쇼어, T.H.G. 39
쇼트리지, 케네디 43, 340~341
수니가, 후안 페레즈 84

슈라이너, 에드워드 59~61, 63, 66
슈라이터, 요하네스 355
스미스, 존 241
스미스, 찰스 350
스워시, 캐롤라인 355
스캐퍼플로, 스코틀랜드 83, 88
스콧, 휴 63~64
스타 242, 247
스타인백, 존 31, 66~67
스탈링, 에드먼드 311
스탠리, 리오 68~74
스테판슨, 빌할무르 171
스페인 20, 84~87, 91, 95
스페인 독감, 1918년 팬데믹:
　기원 18, 32~33, 37~62, 130~132,
　247~249, 292~294, 319~332, 344~354
　기원에 관한 음모론 33, 130~131, 247~249
　명칭 20, 35~36, 82, 84~85, 95, 248
　바이러스 고고학 17~18, 319~332,
　345~354
　본질과 기원에 관한 의학 연구 17~19,
　32~33, 37~43, 51~52, 103~115,
　311~315, 319~312, 345~354
　사망자 수 20~21, 26~27, 35, 354
　스페인 여인 20, 30~31, 35~36, 85
　전 세계 확산 76~190, 203~251, 289~305
　정의 20
　제1차 공세 35, 63~75, 80~83, 83, 107,
　113, 118, 192, 315
　제2차 공세 20, 24, 28, 112~115,
　116~190, 192, 310, 340
　증상 20, 28~29, 39~41, 48, 50~52,
　59~60, 86, 111~112, 124, 223,
　261~262, 267~268, 291~292, 310~312,
　352

첫 발병 37~62
치료법 191~202
스플릿 더 윈드 171
스피츠베르겐섬, 노르웨이 344~346
슬론 스탠리, 라벤더 259
시드니 모닝 헤럴드 304
시애틀 포스트 인텔리전서 211, 213
시에라리온 122, 240
시카고, 미국 65, 165~166, 168, 170
시트웰, 오스버트 284
시티오브엑시터호 123
시플리, 아서 에버릿 315
신종 인플루엔자 조류 바이러스 18
실레, 에곤 34, 262~263
실레, 이디스 262~263
실즈, 월터 171

아고스토니, 주세페 74
아노트, 닐 285
아서, 뉴스홈 103~104, 114
아시아 독감 331
아이오와대학교, 미국 320~321
아폴리네르, 기욤 264~266
아폴리네르, 자클린 264~265
아프리카 26~27, 34, 121, 122, 248,
304
악셀, 덴마크 황태자 141
알래스카 18, 170~172, 320~321, 328
알렉산더, 모리스 243
알바, 산티아고 84
알폰소 13세, 스페인 국왕 20, 84~85
애덤스, 마사 197
애스퀴스, 마고 99
애스퀴스, 신시아 100~101
애스퀴스, 허버트 99

애시, E. 올리버 238
앨런, 모드 99
앨런, 시드 65, 78
야로슬라브호 240
언더다운, 해리 37~41, 47, 49, 319
언론 검열 20, 27, 109
에딩턴, 알렉산더 247
에버릿, 해리 174
에이브럼스, 아돌피 41
에켈스, H.S. 158
에타플, 프랑스 37, 39~49, 78~79,
111~112, 319
엘 리베랄 84
엘리스, 마거릿 267, 270
엘리엇, 메르틴 54
엘리엇, 어니스트 54
엡, 셀마 157
연합국 원정군 77~79, 222, 235
영국 육군 38~39, 41, 80, 104, 315
　영국 원정군 78, 110
　왕립 스코틀랜드 11대대 117
　왕립육군의무군단 38~39, 41, 106, 108,
　113, 120, 266, 271, 312
　육군병리위원회 106
　육군 의무부 80, 107~110
　제51하일랜드사단 273
　제62사단 273
　퀸스(왕립 서부 서리)연대 12대대 38
영국 해군 83
영국: *개별 지역명 참조
　스페인 독감에 관한 과학적 연구 103~115
　스페인 독감의 도래 88~102
　인플루엔자 유행병 역사 22~24
　조류 독감 344
영국군 43, 77, 82~83

영국의학저널 20, 40, 85, 111, 115, 313
오대호 해군훈련소 165~166
오덴, 피터 274~275
오언, 윌프레드 45, 279
오캘러건, 모리스 298
옥상 치료법 192
옥소 191, 193~194
옥스퍼드, 길리안 346
옥스퍼드, 에스더 346, 348~350
옥스퍼드, 존 18~19, 27, 42, 319,
344~347, 349~351, 353~355
올더숏 41, 112
올리어리, 팀 323~324
올림픽호 234~235
와트, 앨런 209
왕립비행군단 307
왕립육군의과대학, 영국 런던 109
왕립의사협회 39, 198
요크셔 텔레그래프 91
울프, 버지니아 100, 279
울프, 벤자민 해리슨 188
울프, 토마스 《천사여, 고향을 보라》 31, 188
웁살라대학교, 스웨덴 320
워싱턴 D.C., 미국 166, 181, 206, 319
워싱턴 이브닝 스타 182
워싱턴 포스트 192
윌리스, 로버트 제임스 225~227, 234~235
월터리드육군의료센터, 미국 워싱턴 322
월폴, 호레이스 23
웨스트, 허버트 포크너 《세팔로니아호, 1918년
북대서양 이야기》 9
웨슬턴 구내 주거촌 병원 249
웨인, J.S. 117, 271, 273, 315
웰스, H.G 《우주 전쟁》 9, 30
웰치, 윌리엄 130

웹스터, 로버트 337, 346

위미스, 로슬린 83

윈드, 마이클 145~146

윈터, 프랜시스 A. 222

윌리엄스, 알페이오스 250

윌못, F.C. 244

윌슨, 우드로 55, 134, 141, 311~312

윌슨, 존 버제스(앤서니 버제스) 309~310

윌헬미나 231

유보트 33, 131, 218~219, 227, 316

육군부 106~108, 114, 278

의학연구심의회 104, 313~314

의학연구위원회 86, 104~108, 115

의회, 미국 182, 186

이누피아트 에스키모 171~172

이브닝 스탠더드 96

이스트랜드 광산, 남아프리카 공화국 위트워터
스랜드 분지 237

이집트호 120

이탈리아 23, 74, 84, 136, 150, 160,
199, 287

인도 26~27, 34~35, 118~120, 122~123,
256, 306, 340

인디펜던트 346

인플루엔자유행병위원회 247

인플루엔자:

　미래 대유행병의 위험 319

　분류 32

　어원 22

　역사 23~25

　전통적인 치료법 52

　정의 109~111

　증상 22~23

일러스트레이티드 런던 뉴스 95, 309

일본 인플루엔자 66

입, 스티븐 342

자말사데, 모함마드 알리 120

자원봉사 응급구호대 34, 44, 79,
258~259, 267, 315, 352

자유 국채 운동 149, 153, 204

자코브, 막스 265

적십자 89, 134, 158, 168, 182~184,
206~208, 213, 221

전사상자수송대 107

제1차 세계 대전(1914~1818) 13~14, 17,
19~20, 26, 37, 42, 49, 55~56, 120,
264, 294, 308~309, 315, 324

　부대 이동 14, 27, 29, 141

　종전 79, 95, 232, 273, 279

　휴전 기념일 277~279, 288, 290, 293,
　315

　휴전 협정 172, 210, 235, 265,
　270~271, 273, 275, 285, 288~289

제24통합병원, 프랑스 에타플 37, 43,
46~47, 319

제26통합병원, 프랑스 카미에르 267, 270

제3캐나다통합병원, 프랑스 불로뉴 112

제4차 자유 국채 운동 149, 153, 204

제55통합병원, 프랑스 위메르 267

제이미슨, A.J. 117

체펠린 95, 284, 307~308

젠틀맨스 매거진 23

조류 독감 18, 21, 35, 42, 330, 332,
335~336, 338~339, 341~345

조지 국왕 308

조지워싱턴대학병원 185

조지워싱턴호 311

존스턴, 찰스 L. 177~178

중국 14~15, 24, 27, 33~34, 42~43, 61,

142, 340, 342~343
중합효소연쇄반응 323~324
지역행정위원회 103~104
진서 소령 81
질병통제예방센터, 미국 애틀랜타 331,
334~335, 338

챈, 마거릿 342
챔버스, W. 233
처치, 헤이든 89
처칠, 매리골드 310
처칠, 윈스턴 310
처칠, 클레멘틴 310
청색증 28, 39, 41, 48, 51, 53, 72,
78, 111, 124, 144, 200, 246, 268
청샤완 양계 도매 시장, 홍콩 주룽 342

카너챈, 앵거스 290
카라치 119
카르덱, 알란 266
카비아, 마리아노 데 85
카와오카, 요시 331
캐나다 99, 173~175, 198, 288, 331,
345, 350
캐나다육군의무군단 312~313
캔터베리수도원 22
캠프 데븐스, 미국 매사추세츠 126~128,
130, 132
캠프 딕스, 미국 뉴저지 63~65, 78, 101,
148
캠프 메릿, 미국 뉴저지 220
캠프 미드, 미국 메릴랜드 148
캠프 업튼, 미국 뉴욕 320, 330
캠프 키어니 사단 의무대장 보고서 66
캠프 펀스턴, 미국 텍사스 포트 라일리 54,

56~57, 59~60, 63, 177
캠프 험프리, 미국 워싱턴 인근 185, 220
컬럼비아장로교병원, 미국 워싱턴 하이츠 144
케니언, 키티 267
케스크카포, 나다니엘 176
케언스, A.A. 150
케이프 아거스 241~243
케이프 타임스 240, 242~243, 247~248
케이프타운, 남아프리카 공화국 30, 122,
239~244, 246
케이프타운대학교, 남아프리카 공화국 241,
244
코난 도일, 아서 257
코난 도일, 킹슬리 257
코너 대위 313
코노트병원, 올더숏 41
코로나바이러스 14, 15
코리힐, 미국 매사추세츠, 200
코맥, 아서 293
코플랜드, 로열 S. 123, 145
콕스, 낸시 335, 336, 338
콜, 루푸스 130
콜리어, 리처드 《스페인 여인의 재앙》 36
콜버트, 하워드 229
콜브룩, 레너드 109
쿠톨리, 코르시카 269
쿠퍼, 더프 34, 259, 285
쿠퍼, 스테피 285
쿡, J. 266
쿨리지, 캘빈 134
퀸엘리자베스병원, 홍콩 주룽 333, 337~338
크래프트, 에이미 323, 326
크로스비, 알프레드 125, 132, 324, 346,
《미국의 잊힌 대유행병》 324
크로크, 루이스 200

크룩섕크, 마거릿 291, 292, 304
클라크, 페기 297
클레이, 데이비드 로이드 292~293
클림트, 구스타프 263
키건, J.J. 125

타우벤버거, 제프리 25~26, 35, 42, 319, 322~332, 336, 344, 346, 351
타임스 오브 인디아 118~119, 256
타임스 20, 83, 85, 90~91, 95, 192, 258, 306
태틀러 259
터너, J.A. 118~119
터너, 수재너 149, 151, 162~163
터버, 제임스 183
터튼, W.E. 182
테니슨, 알프레드 127
테일러, 듀보스 259
통클, 댄 187~188, 195, 287
티크너, W.S. 209

파나마 운하 64
파리 강화 회의 17, 311, 351
파반트 인디언 196~197
파스퇴르, 루이 104
파이퍼, 리처드 109~112
파이퍼균 32, 86, 109~111, 125
팔레스, 피터 331
패닝, 토마스 323
패리, 휴버트 257
패튼, 조지 58
퍼스, 시드니 122
페렐, 해리엇 157, 162, 195
페르시아 120~121
페스트 109~110, 247~248, 336

페페스트 43, 61, 196, 247
포드 자동차 65, 181
포레스터, 진 298
포로 43, 47, 83, 89, 217, 275, 309
포터, 마르저리 101
포터, 캐서린 앤 《청황색 말, 청황색 말 탄 자》 31, 214~216, 285
포터, 키티 214
폴리스터, 에드워드 B. 234
푸케코헤 앤드 와이쿠 타임스 300~301
풋, 리처드 273~275
프라이드, 메이블 99~100
프라이드, 토니 99~100
프라자 반두 256
프랑스 29, 33, 37~38, 45, 57, 61, 65, 76~79, 81, 97, 101, 104, 107~108, 110~115, 117, 123, 126, 129, 141, 149, 204, 207, 217~219, 224, 231~232, 235~236, 255, 264, 266~268, 270~271, 274, 278, 307, 309, 312, 315~316, 352
프레슬리, 해리 T. 65, 78, 101, 312
프레지던트그랜트호 236
프로젝트 조지 321~322
프루어, 존 198
플러머, R.W. 148
플레밍, 알렉산더 109
플레인, 캐롤라인 98, 258, 277, 280
플레처, 메이시 106, 314
플레처, 월터 모얼리 34, 105, 112~113, 313~314
피어슨, 칼 《과학의 문법》 113
피카소, 파블로 265
핀처, 잭 147
필라델피아 인콰이어러 148
필라델피아, 미국 27, 30, 123, 141,

147~151, 154~160, 163, 169, 195, 287, 317
필라델피아국방위원회 153, 158
필라델피아병원, 미국 151
필라델피아핍스연구소, 미국 148
필립스, 리오넬 245

하디, 로라 290
하딩, 엘리자베스 58~60, 177
하먼드 J.A.B. 39~41, 77, 111
하산트, 플로렌스 302~303
할러웨이, 게이 포터 214
할리우드 209
해군통신학교, 하버드 125
해스켈 카운티, 미국 캔자스 50~54, 62, 65~66
해슬러, 윌리엄 203~205, 207
행키, 모리스 83, 254
허드슨만 무역회사 174
허비, 아돌프 59
허친슨, 우즈 206
헤일, 윌리엄 320
헨더슨호 235
호그번, 줄리어스 301
호그아일랜드조선소, 미국 필라델피아 150
호벤, 도로시 297
호이카, 람 333~339, 341
호주 34, 97, 122, 304, 309, 340
호주육군의무군단 313
호킨스, 이디스 299~300
호킨스, 짐 299
홍콩 독감 195, 332, 344
홍콩대학 43
화이트, 밀턴 162
후드, 배즐 29, 259~262

후버, 허버트 182, 311
후쿠다, 케이지 336~337
홀틴, 요한 V. 319~322, 328~330, 346
흑사병 27, 30, 61, 152, 244, 294, 303, 306
히치콕, 존 S. 125
히포크라테스 21~22
힐, W.E. 237~238
힐, 레너드 200

역사상 최악의 의학적 홀로코스트, 스페인 독감의 목격자들

팬데믹 1918

지은이 캐서린 아놀드
옮긴이 서경의
펴낸이 정규도
펴낸곳 황금시간

초판 1쇄 발행 2020년 9월 7일
초판 3쇄 발행 2022년 4월 5일

편집 권명희
디자인 구수정

황금시간
Golden Time

주소 경기도 파주시 문발로 211
전화 (02)736-2031(내선 360)
팩스 (02)738-1713

출판등록 제406-2007-00002호
공급처 (주)다락원
구입문의 전화 (02)736-2031(내선 250~252)　**팩스** (02)732-2037

값 18,000원
ISBN 979-11-87100-88-1 03900